中国现代文学馆青年批评家丛书

丛书主编 吴义勤

霍俊明 著

无能的右手

图书在版编目（CIP）数据

无能的右手 / 霍俊明著. ——北京：北京大学出版社，2013.6
（中国现代文学馆青年批评家丛书）
ISBN 978-7-301-22498-4

I. ①无… II. ①霍… III. ①诗歌研究－中国－当代 IV. ① I207.22

中国版本图书馆 CIP 数据核字（2013）第 092345 号

书　　　名：无能的右手
著作责任者：霍俊明　著
责 任 编 辑：黄敏劼　　特 约 编 辑：黄维政
标 准 书 号：ISBN 978-7-301-22498-4/I·2625
出 版 发 行：北京大学出版社
地　　　址：北京市海淀区成府路 205 号　　100871
网　　　址：http://www.pup.cn　　新浪官方微博：@北京大学出版社 @培文图书
电 子 信 箱：pw@pup.pku.edu.cn
电　　　话：邮购部 62752015　　发行部 62750672　　编辑部 62750112
　　　　　　出版部 62754962
印　刷　者：三河市腾飞印务有限公司
经　销　者：新华书店
　　　　　　650 毫米 × 980 毫米　16 开本　21.25 印张　309 千字
　　　　　　2013 年 6 月第 1 版　2013 年 6 月第 1 次印刷
定　　　价：42.00 元

未经许可，不得以任何方式复制或抄袭本书之部分或全部内容。
版权所有，侵权必究
举报电话：010-62752024　　电子信箱：fd@pup.pku.edu.cn

目　录

丛书总序　　吴义勤　5

无能的右手（导论）　1

第一辑　诗人与一个时代

海子"重塑"与当代汉语诗歌生态　6

"黄花低矮却高过了墓碑"
　　　——关于骆一禾　17

从"西游记"到"东游记"
　　　——张曙光诗歌的"雪景"、"譬喻"或精神地形学　23

谁能比我们更执著于生活和诗歌
　　　——关于多多　29

仿佛有永远的暮色
　　　——雷平阳其人其诗　34

在黑夜翻越高过腰身的围栏
　　　——江非论　39

"羞耻"的诗学与"惯见"的策反者
　　　——朵渔论　51

第二辑　文学话语与"中国现实"

在寒冷的雪中让内心和时代发声
　　——王家新的《帕斯捷尔纳克》　70

"非虚构":从文学"松绑"到"当代"困窘　75

"下槐镇"离"中国现实"有多远
　　——李南《下槐镇的一天》及吊诡的"中国诗歌"　85

想象"历史"与"现实"的"失败之书"
　　——格非的《春尽江南》与"先锋文学"的命运　94

第三辑　重叙"历史"的诗学

《今天》:诗歌传奇的历史范本　106

诗人的述史方式
　　——从《旁观者》到《左边》　112

"失声"已久的夏日白洋淀雷雨
　　——一位被"遗失"的白洋淀诗人　133

隐匿的光辉:白洋淀诗群女诗人探论　146

梁小斌为"什么""忏悔"　154

能否"重新做一个浪漫主义者"
　　——浪漫主义诗学的"末路"或"观念史"　161

重回纵横交错的历史场阈
　　——《回顾一次写作》的新诗史意义　175

打开一代人的诗歌卷宗
　　——关于《尴尬的一代》的对话　189

第四辑　模糊的"当下"与"新世纪"面孔

诗歌批评的伦理生态与"病态"机制　204

"歧路花园"的一千零一夜
　　——两岸"70后"女性诗歌的精神地理　215

被"征用"和"消费"的新世纪诗歌　238

"只有黑夜适合一颗干净的心"
　　——新世纪诗歌的几个关键词　245

拟象的欢娱与公众的窥欲
　　——影视的公共空间与诗歌生态　256

第五辑　从"广场"到"地方性"

地缘的"北方"诗学：从杏花村到白洋淀　272

广场诗学与"饥饿"之歌　298

诗歌风水在"江南"　308

最后的"江南汉语"与"地方知识"　323

我是个左撇子（后记）　331

丛书总序

中国现代文学馆是在巴金先生倡议和一大批著名作家的响应下，于1985年正式成立的国家级文学馆，也是目前世界上规模最大的文学博物馆。中国现代文学馆的主要任务是收集、保管、整理、研究中国现当代文学书籍、期刊以及中国现当代作家的著作、手稿、译本、书信、日记、录音、录像、照片、文物等文学档案资料，为文化的薪传和文学史的建构与研究提供服务。建馆二十多年以来，经过一代代文学馆人的共同努力，中国现代文学馆的事业不断发展壮大，现已成为集文学展览馆、文学图书馆、文学档案馆以及文学理论研究、文学交流功能于一身的综合性文学博物馆，并正朝着建成具有国际影响的中国现当代文学资料中心、展览中心、交流中心和研究中心的目标迈进。

为了加快中国现代文学馆学术中心建设的步伐，中国作家协会党组决定从2011年起在中国现代文学馆设立客座研究员制度，并希望把客座研究员制度与对青年批评家的培养结合起来。因为，青年批评家的成长问题不仅是批评界内部的问题，而且是一个对于整个青年作家队伍乃至整个文学的未来都具有方向性的问题。青年评论家成长滞后，特别是代际层面上70后、80后批评家成长的滞后，曾经引起了文学界乃至全社会的普遍担忧甚至焦虑。因此，首批客座研究员的招聘主要面向70后、80后批评家，我们希望通过中国现代文学馆这个学术平台为青年评论家的成长创造条件。经过自主申报、专家推荐和中国现代文学馆学术委员会的严格评审，杨庆祥、霍俊明、梁鸿、李云雷、张莉、周立民、房伟等7位优秀青年评论家成为首批客座研究员。

一年来的实践表明，客座研究员制度行之有效，令人满意。正如中国作协党组书记李冰同志在中国现代文学馆第二批客座研究员聘任仪式上的讲话中所指出的那样，第一批 7 位青年评论家在学术上、思想上的成长和进步非常迅速。借助客座研究员这个平台，通过参加高水平的学术例会和学术会议，他们以鲜明的学术风格和学术姿态快速进入中国当代文学批评现场，关注最新的文学现象、重视同代际作家的创作，对于网络文学、类型小说、青春文学等最有活力的文学创作进行即时研究，有力地介入和参与着中国当代文学的创作实践，在对青年作家的研究及引领方面发挥了不可替代的作用。作为 70 后、80 后批评家的代表，他们的"集体亮相"，改变了中国当代文学批评的格局和结构，带动了一批同代际优秀青年批评家的成长，标志着 70 后、80 后青年批评家群体的崛起。

为了更好地展示这 7 位青年批评家的成就与风采，中国作家协会和中国现代文学馆决定推出这套"中国现代文学馆青年评论家丛书"，希望这套书既能成为中国当代文学批评的重要收获，又能够成为青年批评家们个人成长道路的见证。

是为序。

吴义勤

2012 年金秋于文学馆

无能的右手（导论）

2012年7月21日，北京。那场六十余年不遇的罕见暴雨并未散去！实际上我曾经或者正在一个无比自由的时代经历了一个个黑暗的夜晚。那突如其来的暴雨甚至超出了我们对日常生活的想象。而在秩序、规则和限囿面前，我曾一次次徒劳地举起或无力地垂下右手。我们用右手写作，但是我们又一次次主动或被动地失去了真正表态和发声的机会。作为一个生活和精神世界当中不合规范的"左撇子"，庆幸的是在仍然强大的现实规训和历史惯性冲动的遗留中我尽管有着"无能的右手"，但是我为仍然存在的"左侧"个体的声音而心存冲动。

当我们似乎在一个个自媒体的电子屏幕前以及"围观"的时代获得了个人发言的权利和臧否的机会，我却仍然对此心怀疑虑。强大的历史和现实似乎仍然无处不在，只是呈现和影响的方式正在发生变化。面对着21世纪这个充满吊诡和离奇想象的新寓言国的时代，在一个个公共空间里知识分子的声音仍然匮乏而无力。而更为可悲的或许还在于一些知识分子和写作者们的自以为是，为了个人写作的精神幻觉以及市场化好天气里一个个被奖赏的金质腰牌说着谎言和肉麻的颂辞。这似乎仍然是一个缺乏宗教感的时代，这仍然是一个被惯见和粗鄙的时尚所引领的时代。这是一个可以无比炫耀金钱和肉体的时代，却也不能不是一个个思想和真正自由的个体被噤声和反复出卖的时代。

面对"糟糕"的现实，我们很容易发出不满，在不自觉中充当了愤青的角色——"我还记得八月中旬，临行前和朋友们坐在北京世贸天阶，谈论着中国现实的种种，一种空前的庸俗感，让我们倍感窒息"，"我厌恶那无处不在的中国现实，是因为它们机械地重复、毫无个性……它们一方面无序和喧闹，另一方面又连结成一个强大的秩序"①。而我想说的是我们对"现实"除了"厌恶"和厌倦之外是否还需要在文学中呈现更多其他的声音（尤其是"异质"的声音）？当我再一次面对当下中国诗歌和文学现场，我只能无奈地想到那一只只无能的右手。右手代表了秩序面前的无可奈何和精神的疲软。甚至有时候我们已经放弃了选择的机会。在我看来，尽管当下仍不乏优秀的诗人和评论者，但是因为公共空间的缺乏和一次次挤压，中国仍然缺乏公共知识分子一样的写作者和批评者。基于此，我认为1990年代尤其是新世纪以来的文学仍然是缺乏足够的命运的悲剧感和直面历史与现实的强大精神膂力。看起来我们同样并不缺乏那些所谓的与时代发声摩擦甚至碰撞的文本，甚至有着大量的书写各种与表层现实相关的作品，但是我们仍然一次次忽视了这个时代的重要之物，一次次忽视了内心和文字与现实和历史之间极其复杂而微妙的关系。

而由现场的无能和无力我想到的不能不是那些已经逝去的岁月和那些坚挺的精神躯干。

我曾一次又一次想到了马尔科姆·考利和他为同代人与自己所撰写的影响深远的《流放者归来——二十年代的文学流浪生涯》。而考利所做的正是为自己一代人的流浪生活和文学历史所刻写的带有真切现场感和原生态性质的历史见证。对于当代中国而言，这是一个并不轻松的急速、冒险和流浪的时代。我曾经看到一代又一代的人在流放以及"归来"之后的私人会客厅、广场、公园和大街上为精神和写作的自由付出了不无巨大甚至惨痛的代价，甚至时至今日其中的一些文化精英仍然在异域流放和精神流放中坚持用"母语"写作。这让我想起了1989年之后旅居荷兰阿姆斯特丹的多多。尽管他在2004年已经回到了北京，但是精神的流放和"乡愁"却并未因此而改变。十一月寒冷的阿姆斯特丹的河流，流经的是一个"异乡人"的无边落寞和孤寂。诗人就如一个缓缓爬行的蜗牛，其上是巨大而沉重的"祖国"以及同样被沦落的"母语"。

---

① 许知远：《失语》，《单向街002》，第1、4页，黄河出版传媒集团、宁夏人民出版社，2010年。

十一月入夜的城市
惟有阿姆斯特丹的河流
突然
我家树上的桔子
在秋风中晃动
我关上窗户，也没有用
河流倒流，也没有用
那镶满珍珠的太阳，升起来了也没有用
鸽群像铁屑散落
没有男孩子的街道突然显得空阔
秋雨过后
那爬满蜗牛的屋顶
——我的祖国
从阿姆斯特丹的河上，缓缓驶过……

  尽管时过境迁，包括北京在内的中国城市和乡村都发生了如此令人不可思议的改变和动荡，但是这些而今已步入老年的"地下"歌手们在诗歌和历史的殿堂里竖起了一个个巨大的音箱。一个诗歌的圣殿曾经沉落，而那些被誉为"持灯的使者"却最终照亮了一个时代夤夜的寒冷和虚无。
  在冰雪之路上，让我们再一次返观他们的身影和倾听他们的诗篇。
  在我的记忆中，早在1983年前后我所在的冀东平原上就开始大量出现了水泥厂、钢铁厂、矿厂、砖窑厂。而那些整日里大汗淋淋的挖土方、拉车运土、滑架、烧砖的"外乡"工人（大多来自张家口坝上地区以及内蒙赤峰、广西柳州等地）以及本土工人。每天的皱巴巴的少得可怜的收入却让他们笑逐颜开，因为即使这样少得可怜的收入在他们看来也是不菲的数目了。这些外乡人就住在烟熏火燎、乌烟瘴气的砖厂旁搭起简易的窝棚，在少有的工暇之余，开始寻找娱乐和轻松。青年男女们互相打闹，有的不小心就生了孩子。那些略有姿色的外乡女纷纷找个当地人家成亲、落户。我的内心时常被这样的场景所震动，当我几次站在并不高大的没有任何植物的裸露的燕山山脉的一个无名的山顶，那林立的砖厂的巨大烟囱和长年不息的炉火和浓烟以及其间蚂蚁般劳累的生命，我感到的只能是茫然和沉重。尽管我没有像这些农民工一样承受过多的艰辛，但是我二十多年的乡村生活同样是沉重、悲苦的。

当1972年冬天北岛把偷偷写好的《你好，百花山》给父亲看的时候遭到了父亲的不解和反对。而在2009年11月12日北京罕见的大雪中，在第二届中坤国际诗歌奖颁奖典礼上，北岛在受奖词中同样表达了对全球化语境下诗歌写作的难度与危机，"四十年后的今天，汉语诗歌再度危机四伏。由于商业化与体制化合围的铜墙铁壁，由于全球化导致地方性差异的消失，由于新媒体所带来的新洗脑方式，汉语在解放的狂欢中耗尽能量而走向衰竭"。

政治的寒流和城市的暖流仍在一同裹挟着那被迫流放以及如今自我流放的一代人，而当下的中国诗歌生态所存问题也并不一定比当年要少。

当革命的风暴远去，我们是否同时止息了灵魂的一次次飞翔。当城市包围农村的时代到来，我们是否会心存一点愧疚或者不满。当我们主动或被迫要求灵魂表态时，我们是不合时宜的"左撇子"，还是一次次充当了无能的"右手"？也许，"先锋之死"至少是个伪命题，但是我们已经看到了众多的"失败之书"。一则我们的一些写作是无效的，再有就是在一个频频转捩的时代，写作和生存一定程度上也注定是"失败"的。但可以肯定，我们需要这样的"失败之书"。因为，我们都曾经在历史的雪阵中阵痛，在物欲的现实迷津中走失。

还是记住一个中国作家所说的——"假如作者一定要代表什么人的话，我愿意代表的或许仅仅是失败者而已。正如我时常强调的那样。文学原本就是失败者的事业。"

2012年8月25日凌晨，北京黄寺

第一辑

诗人与一个时代

海子"重塑"与当代汉语诗歌生态

在海子亡故 20 周年之际，似乎海子的一切已经"盖棺定论"。但是海子1983年完成的第一本油印诗集《小站》的公开出现和迟来的"重生"却成为重新认识海子及其诗歌的一个重要契机。这也为反思中国当代汉语诗歌生态问题提供了平台。《小站》无论是在思想容量、诗歌理想和核心意象等方面都成了研究海子诗歌的一个必须的起点。遗憾的是，具有重要诗歌史价值的《小站》因为多年的"雪藏"而导致了海子研究和中国诗歌批评生态的停滞甚至退化。基于此，海子仍然是一个需要不断被"重塑"的未完成形态的诗人。

一 概念化、消费化的海子及失衡的诗歌生态

自从1989年3月26日之后，每年的春天都成了一个诗人的节日。这个诗人就是海子。每年三月全国各大中小学和各个省份都展开官方或民间性质的纪念活动。当我在2012年7月底从北京赶往西宁，海子强大的召唤性是不可抗拒的。在赶往德令哈的戈壁上大雨滂沱，当巴音河畔海子诗歌纪念馆的油漆尚未干尽的时候，一个生前落寞的诗人死后却有如此的荣光。海子不仅进入了中小学教材和当代诗歌史，也成了房地产开发商和各种地方政府赚得文化资本的噱头，而且海子的经典化仍在大张旗鼓加速度地继续和强化。我觉得在当下谈论海子更多的时候成了一种流行的消费行为。我之所以完成这篇关于海子以及海子研究问题的文章并不是为了加入浩大的集体性的纪念活动，而是有一个相当重要的动因在使我重新反思海子到底给中国诗歌写作和诗歌批评带来了什么？而在

我看来，海子现象已经成为当代汉语诗歌生态的一个经典化的寓言。换言之，就海子的诗歌和人生可以反观中国当代汉语诗歌生态存在的种种显豁的问题和弊病。海子在接受和传播过程中被不断概念化和消费化。与此相应，当代汉语诗歌生态也开始失衡。

而揭开中国当代汉语诗歌生态问题的序幕必须从海子开始，此外的任何诗人都不可能替代海子，因为在当下甚至多年前海子已经成了"回望80年代"的一个标志性符号甚至是被人瞻仰的纪念碑。问题的关键是在浩如烟海的关于海子的研究和回忆性的文章中，中国诗人尤其是诗歌批评界已经丧失了和真正的海子诗歌世界相对话的能力。翻开各种刊物和网站上关于海子的文章，它们大多是雷同的复制品和拙劣的衍生物。换言之，海子研究真正进入了瓶颈期，海子的刻板印象已经形成常识。人们茶余饭后津津乐道的是海子的死亡和他的情感生活，海子一生的悲剧性和传奇性成了这个时代最为流行的噱头。而海子的诗歌写作和成就倒退居其次。海子的自杀在诗歌圈内尤其是"第三代"诗歌内部成了反复谈论的热点，也如韩东所说海子的面孔因此而变得"深奥"。而对于一般读者而言海子的死可能更显得重要，因为这能够满足他们廉价的新奇感、刺激心理和窥视欲。甚至当我们不厌其烦一次次在坊间的酒桌上和学院的会议上大谈特谈海子的时候，我们已经忽视了哪一个才是真正的海子。海子死亡之后，海子诗歌迅速的经典化过程是令人瞠目的，甚至这种过程的迅捷和影响还没有其他任何诗人能够与之比肩。当然，骆一禾和西川在海子辞世之后为编选和出版海子诗集付出了相当努力，同时也费尽了周折[①]。

我们面对海子已经形成了一种阅读和评价的惯性机制，几乎当今所有的诗人、批评者和大众读者在面对海子任何一首诗歌的时候都会有意或无意的将之视为完美的诗歌经典范本。这种强大的诗歌光环的眩晕给中国诗歌界制造了一次次幻觉，海子的伟大成了不言自明的事情。所以我们

---

① 这从1989年5月11日凌晨骆一禾写给出版社编辑阎月君的信中可以得到答案。见《关于海子的书信两则》，《不死的海子》，第17—20页，崔卫平编，中国文联出版社，1999年。

可以得出这样一个结论：海子这个生前诗名无几的青年诗人在死后成了中国诗坛绕不开的一座旗帜和经典化的纪念碑。而我们也看到这位诗人生前的好友寥寥无几甚至多已作古，然而我们在各种媒体尤其是网络上却看到了那么多自称是海子生前好友的人。我们只能说海子已经是一个被完型和定型化的诗人，是一个过早盖棺定论的诗人。但是我们忽视了一个极其重要的问题，即我们目前所形成的关于海子的刻板印象实际上仍然需要不断的修正和补充，因为时至今日海子的诗歌全貌仍然未能显现。

海子作为一个诗人的完整性仍然处于缺失之中。

二　由《小站》的"重生"反观当代诗歌的生态问题

从1989年到2009年整整20年的时间里，中国的诗人、批评家和读者捧着几本海子的诗集沉浸于悲伤或幸福之中。

悲伤的是这个天才诗人彗星般短暂而悲剧性的一生，幸福的是中国诗坛出现了这样一个早慧而伟大的"先知"诗人。除了极少数的诗人和批评家委婉地批评海子的长诗不足之外，更多的已经形成了一种共识，即海子的抒情短诗是中国诗坛的重要的甚至是永远都不可能重复也不可能替代的收获。无论是《土地》(春风文艺出版社，1990年)、《海子、骆一禾作品集》(南京出版社，1991年)，还是《海子的诗》(人民文学出版社，1995年)甚至影响更大的《海子诗全编》(上海三联书店，1997年)都成为中国最具号召力和影响力的诗歌选本。在相当大的程度上，海子的诗集在其死后极短时间内面世对于推动海子在中国诗坛的影响和经典化是相当重要的。也正如当年的骆一禾向西川所强调的，我们无法指望五十年或一百年之后会有人重新发现一个过往的诗人[1]。尤其是，西川的《海子诗全编》从其刊行之日起一直是作为最权威的海子诗歌选本出现的。然而人们似乎已经遗忘了一个重要的细节，包括《海子诗全编》在内，一百年来中国作家所谓的"全集"没有一个是真正的囊括了作家所有作品的全集的。由

---

[1] 西川：《编后记》，《海子诗全编》，第934页，上海三联书店，1997年。

于政治、社会、美学以及个人的原因，种种全集都隐藏了作家的一部分甚至是相当重要的具有文学史研究价值的文本。西川编选的《海子诗全编》仍然是一部残缺的"全集"。海子这条完整的诗歌河流被中断了，而这种后果却是如此的严重而不可弥补。这正如当年的赵家璧所说的，研究一位作家的成长过程单单读他事后结成的文集是远远不够的，所以说中国作家的"全集"并不可靠，甚至有极端的诗人不断篡改和修订已经公开发表的作品。即使 2009 年 3 月西川编选的《海子诗全集》增补了海子此前从未公开发表过的一部分诗作，但是海子仍然有些诗作包括信件没有进入公众的视野。《海子诗全集》的面世是纪念海子逝世 20 周年一个很好的方式，但是在我看来，《海子诗全集》中所增补的海子生前自印的第一本油印诗集《小站》①在迟到中让我们重新面对一个诗人的青春期写作以及一个等待完善的诗人形象。这可能是包括西川等海子生前好友所没有料到的事情。

那么，为什么在海子的诗歌写作历程中具有相当重要性和研究价值的《小站》被西川给有意或无意地搁置了 20 年之久？而搁置之后对海子研究以及中国诗歌生态所带来的后果又是什么呢？首先有一点必须强调的是，关于《小站》的单独出版。据笔者所知，荣光启从 2007 年 1 月从诗人陈陟云处见到油印的《小站》并开始寻求出版社，最终湖南文艺出版社决定于 2009 年出版。在荣光启整理《小站》联系海子家人的过程中，西川已经知晓此事并嘱咐海子家人可以放心让荣光启承担此事。这是幸事！而我好奇的是作家出版社在 2009 年 3 月推出《海子诗全集》并收入《小站》是出于西川个人的考虑，还是出版社的要求，甚至是受到了荣光启单独编选和出版《小站》的某种驱动？而西川当年放弃在《海子诗全编》中收入《小站》的原因就在于其属于海子的"少年之作"。我想中国作家历来"悔其少作"的习惯成了海子和西川都同样难以避开的问

---

① 海子的一生自行油印的诗集共有 8 本：《小站》（1983）、《河流》（1984）、《传说》（1984）、《但是水、水》（1985）、《如一》（1985）、《麦地之瓮》（1986，与西川合印）、《太阳·断头篇》（1986）、《太阳·诗剧》（1988）。

题。众所周知,海子在生前所公开发表的诗作中几乎没有一首出自他的第一部诗集《小站》。如果说,海子生前是有意要回避自己的早年之作的话,那么西川继续"隐藏"《小站》也算是尽了朋友的一份责任。但是问题的症结又恰恰在此。文学史上,诗人回避或删改自己诗作的现象并非少见,鲁迅就深刻指出:"听说:中国的好作家大抵'悔其少作'的,他在自定集子的时候,就将少年时代的作品尽力删除,或者简直全部烧掉。我想,这大约和现在的老成的少年,看见他婴儿时代的出屁股,衔手指的照相一样,自愧其幼稚,因而觉得有损于他现在的尊严,——于是以为倘使可以隐蔽,总还是隐蔽的好。"而"幼年的天真,决非少年以至老年所能有。况且如果少时不作,到老恐怕也未必就能作,又怎么还知道悔呢?"①在20世纪新诗史上,诗人的作品常常是先在报纸杂志上发表,再编入各种选集和全集。而每次编入由于当代频繁的政治运动等诸多原因,很多诗人为适应形势而对作品进行修改或对篇目进行增删。这也由此造成了新诗史上具有"中国特色"的多种版本的复杂现象。而中国作家不同时期经过修改的版本,显然还未引起文学史研究足够的关注。而值得注意的是目前还很少有人注意海子诗歌文本的变动现象。笔者曾经比照了能够见到的所有关于海子的诗选和全集以及海子生前刊发这些诗歌的《十月》、《山花》、《中国作家》、《诗刊》、《诗歌报》、《东海》、《草原》、《诗选刊》(内蒙)、《山西文学》等杂志。最终我发现海子的诗歌文本中存在大量的改动情况,甚至有的诗作的变动是相当惊人的(这无异于重写)。而目前我还难以确定海子诗歌文本的修改和变动是海子个人有意为之,还是其他的编选者和刊物编辑所造成的。但是最重要的是海子诗歌的这种变动现象是值得研究的,而遗憾的是时至今日研究海子诗歌版本的史料工作几乎仍是空白。而无论是海子本人还是西川的有意回避《小站》都呈现了中国作家的"悔其少作"的通病。而正是因为《小站》在公众视野中消失了,所以有很多研究者和诗人谈论海子的时候认定其真正的写作起点是1984年而不是1983年,更不是更早时期的1982年。骆一禾在很多文章

---

① 鲁迅:《序言》,《集外集》,第1页,人民文学出版社,1973年。

中都认为海子在1984年写下的《亚洲铜》和《阿尔的太阳》是不朽名篇，此后进入了5年的天才生涯①。也即在骆一禾这里，海子的诗歌起点和价值是以忽略1983年和《小站》为前提的。而这种惯性认识也影响到了后来的诗人和研究者对海子诗歌的印象。例如余徐刚在《海子传》中就认为在1983年，无论是在诗歌的质量还是在数量上海子都远不及西川和骆一禾②。而不管这种认识是否准确，有一点是可以肯定的，很多研究者都认同海子真正的诗歌写作是从1984年开始的。而在2009年西川之所以在《海子诗全集》中增补了包括《小站》在内的诗作其原因就是当年在编选海子诗的时候觉得这些诗作在质量上尚欠火候，现在收进来是出于为研究者提供方便的考虑③。我从来都认为西川在编选海子诗歌过程中付出了艰苦的无私努力，但是就《小站》的编选问题我觉得西川犯了一个错误。这个错误就是除了极少的几个海子生前的同学和朋友曾经阅读过海子的油印诗集《小站》之外，没有任何的场合和机缘使得其他的人有幸阅读海子生平的第一部诗集。而这种延宕的过程一下子就是20年。而这致使中国的诗歌生态发生了问题，起码对于海子研究而言是如此。一个本应完整的海子和诗歌谱系就这样被人为地割断了，一个诗人写作的源头被人遗弃，一个诗人的完整性是以残缺为代价的。

而即使《小站》终于能够与公众见面，但是这种见面更具有一种黑色幽默的悖论性。因为今天的诗人、普通读者和研究者来读《小站》的时候完全是后设性质的。因为在海子已经被空前和完全地神话和经典化的今天，所有的阅读者都会不自觉地先见为主地认为海子所有的诗作都是经典，都是伟大之作。这样的阅读前提无形中再次遮蔽了海子的早期之

---

① 骆一禾：《"我考虑真正的史诗"——海子〈土地〉代序》，《骆一禾诗全编》，第861页，张玞编，上海三联书店，1997年。骆一禾在《海子生涯（1964—1989）》中同样强调"海子在七年中尤其是1984—1989的五年中，写下了200余首高水平的抒情诗，和七部长诗"。再有骆一禾在《关于海子的书信两则》中也再次强调海子的天才生活是5年（1984—1989），见崔卫平编《不死的海子》，第14页，中国文联出版社，1999年。
② 余徐刚：《海子传》，第94页，江苏文艺出版社，2004年。
③ 西川：《出版说明》，《海子诗全集》，第3页，作家出版社，2009年。

作《小站》，仍然会南辕北辙地误读海子的《小站》对于海子个人写作乃至整体性的中国诗歌界的意义。如果历史能够假设的话，如果当年的《海子诗全编》在1997年就公开《小站》的话，我想当今中国诗坛不会对海子存在那么多的误解。在当时面世《小站》可能会引起一定时间内对海子诗歌早期诗作的不满与批评，但是这种不满与批评恰恰是海子和中国诗歌界都需要的。当燎原先生在他那本著名的《扑向太阳之豹——海子评传》（南海出版公司，2001年）里在海子的死因中提及四川诗人尚仲敏对海子的中伤时我觉得这带有荒谬性，因为就诗人和诗人的交往以及诗歌的美学趣味而言，任何人都有发言和反对的权利。

我想，海子需要的不只是今天的赞美，他同样需要当时的商榷甚至批评的声音。

三 《小站》的文本意义、定位问题和海子研究的反省

从1978年开始一直到1980年代末期，中国诗人交流诗歌、清理创作、保存诗歌和传播诗歌最为有效也最为流行的方式就是油印诗集。海子从1982年开始尝试诗歌练习，而《小站》是海子大学毕业前夕在1983年的4月至6月间完成的第一本油印诗集，应该算是未完全成熟的"青春期"写作。这也是海子对自己的大学生活和诗歌写作的一个重要总结。《小站》共分5辑：第一辑《给土地》，收入《以山的名义，兄弟们》（组诗）、《东方山脉》、《小山素描》（两首）、《上山的孩子》、《恋歌》、《年轻的山群》、《丘陵之歌》、《高原节奏》；第二辑《静物》，收入《期待》、《新月》、《纸鸢》；第三辑《故乡四题》收入《门》、《栽枣树》、《红喜事》、《烟叶》；第四辑《远山风景》；第五辑《告别的两端》，收入《小站》、《小叙事》；最后为《后记》。

我们今天解读和考察海子的1983年的《小站》还需要一个参照系，即1983年同一时期海子的其他诗作以及海子此后诗歌写作的发展与变化。只有如此才能确定《小站》在海子一生的诗歌写作中所占有的位置以及相关的中国诗歌界研究《小站》的意义和定位问题。

在《海子诗全集》中明确注明写作时间是 1983 年的诗作只有《农耕民族》一首诗:"在发蓝的河水里 / 洗洗双手 / 洗洗参加过古代战争的双手 / 围猎已是很遥远的事 / 不再适合 / 我的血 / 把我的宝剑 / 盔甲 / 以至王冠 / 都埋进四周高高的山上 / 北方马车 / 在黄土的情意中住了下来 // 而以后世代相传的土地 / 正睡在种子袋里。"这首《农耕民族》与《小站》中的诗歌无论是在诗歌素材、语言成色、想象力方式和经验呈现上都具有相当的一致性和可参照性。读完《小站》中的诗,我们可以清晰地看到,海子早期的这种诗歌写作方向和努力与此后的诗歌道路基本是一致的,甚至在这些诗作中出现了"文化寻根"的史诗性寻求。谈论海子的诗歌,一个最重要的维度是他诗歌的意象谱系。众所周知,海子的诗歌写作中太阳、土地、高原、平原、草原、雨水、姐妹、村庄、母亲、远方、山脉、麦地(麦子)、天空等这些意象群体构成了海子诗歌世界的重要症候。而《小站》中所收录的诗歌已经大体呈现了这些在海子一生的诗歌写作中反复出现的核心意象,可以《东方山脉》为例。在这首诗中就出现了太阳、高原、大陆、平原、天空、村庄、麦粒、亚洲铜鼓、远方、火把等海子诗歌的重要的主导性的核心意象。甚至在一定程度上,《东方山脉》这首诗与 1984 年完成的《亚洲铜》、《阿尔的太阳》、长诗《河流》以及后来的长诗都有着谱系性和先导性的关系。可以说,从一开始海子的诗歌写作就直取中国诗歌的源头和核心。当然,从诗歌的经验、想象力、语言、技巧等方面综合考量,《小站》较之后期的诗作确实具有不成熟的"青春气息",甚至有些诗在语言和结构上过于单一、重复和拖沓。但问题的关键是,《小站》是海子一生诗歌写作的第一次总结并且对此后的诗歌写作有着重要的关联、影响。值得注意的是,《小站》中的很多诗作都出现了死亡的意象和场景,如《以山的名义,兄弟们》、《年轻的山群》、《丘陵之歌》、《栽枣树》等。这些大量的死亡意象和场景的出现也纠正了诗歌批评界的一个惯常印象,即海子在后期尤其是身体和精神出了一些问题之后才大量出现死亡的意象和场景并以此来臆测海子的自杀。而事实是,海子几乎从 1982 年一开始进行诗歌写作的时候就本源性地出现了死亡的意象和精神性场景。

而另外一个值得特别注意的问题是,《小站》中的几首诗已经透露出了海子写作大诗甚至史诗的"野心"与尝试。收入第一辑的《以山的名义,兄弟们》、《年轻的山群》、《丘陵之歌》、《高原节奏》无论是在整体构架、运思方式,还是在语言特征、诗歌理想上都具有大诗的气韵和轮廓,而我们也能够看到江河、杨炼等"朦胧诗人"以及四川那些写作长诗的诗人们影响的投影。而从第二辑《静物》开始,海子在抒情短诗方面的才华已经显现端倪,无论是纯粹、干净还是语言成色上都开始凸现海子抒情诗方面的个性,如"我要到草原去 / 去晒黑自己 / 晒黑日记蓝色的封皮"(《小站——毕业歌》)。

今天说到 1983 年海子《小站》的时候,很容易让人将其看作"欠火候"的不成熟的少年之作,或者认为更多是一种习诗阶段的青春期式写作。确实,从生理年龄和写作时间上而言,写作《小站》的时候海子才 19 岁,但是事实上海子的《小站》并非不具有重要性。这种重要性不仅在于这些诗作在经验、思想容量以及写作走向和诗歌美学上都是"海子"式的,甚至其中不乏具有"创造性人格"的重要诗作,而且这种重要性还在于这种源头性质的诗歌写作阶段对于海子此后诗歌写作不言而喻的奠基性。这是海子诗歌写作的底座。换言之,只有从连贯性和谱系性的基础上出发考察海子最初阶段的诗歌写作才能够真正贯通海子一生整体性的诗歌写作历程。如果除去 1983 年和《小站》,海子的完整性和真实性就成了最值得怀疑的问题了,而这也正是当代汉语诗歌生态长期恶性发展的一个原因。不论是政治文化、商业暴力、媒体崇拜还是美学暴动、诗歌运动、诗歌论战都是这个失衡的诗歌生态最为显豁的事实。实际上西川也注意到了这一点。在 2009 年新版的《海子诗全集》的出版说明中,他就强调"凡有写作经验的人都知道,一个人今天写的东西与昨天写的东西可能关系不大,却与半年前的某篇作品有一种内在的关联"。那么基于此我们就可以明确 1983 年的诗集《小站》对于考察海子此后甚至是一生的诗歌写作都是一个不可回避的起点。只可惜在编选《海子诗全编》时,西川还没有意识到《小站》的重要性。在《小站》的扉页上有这样一段话很值得注意:"一条汉子立在一块土地上,苦难始终在周围盘旋。他弯下身去，劳作的姿势被印在太阳、文字、城徽和后代的面貌上。这就是一切。诗的体验就从这里开始。但愿他的折光也照着这个小站。"单就这段文字我们已经看到了海子诗歌从一开始就对文化、文字的天启式的关注以及强烈的诗歌"野心"，同时也透射出海子诗歌的一个"传统"，即海德格尔、荷尔德林对海子的影响。海德格尔强调"静观"只能产生可疑的知识，而只有"操劳"才是了解和进入事物最恰当的方式。而海子恰恰在《小站》中反复强调的就是"劳作"，而这种弯身向下的劳作姿势和"体验"最终的结果和目的就是要使文字、文化、诗歌在历史和后代中以强大生命力的方式存留下来。而《小站》在今天看来同时又构成了海子一生的谶语和预言。《小站》油印诗集的封面下方是一段铁轨，也可以是看作梯子，紧挨铁轨的是一条蜿蜒伸向上方的线。这也体现了海子诗歌"行动"的冲动和高远的诗歌理想的开始，"我出发 / 背上黄挎包 / 装有一本薄薄的诗集 / 书名是一个僻静的小站名"（《小站——毕业歌》）。而这个封面的寓意恰恰最为有力地呈现了海子诗歌创作的取向和追求，而海子的诗歌从"小站"开始出发，不断向远方跋涉和寻找。而6年之后，海子诗歌的最后一次出发以及终点仍是"小站"。一个默默无名的小站和冰冷的铁轨成为牵连海子生命和诗歌的重要桥梁。而海子之所以在大学毕业离校前夕印制《小站》是有着重要的原因的。因为此时的海子最需要的就是诗人同行和朋友们的交流、对话、理解、宽容和支持。正如在《后记》中海子一再强调的"我期望着理解和交流"，"对宽容我的我回报以宽容"，"对伸出手臂的我同样伸出手臂，因为对话是人性最美好的姿势"。此外，海子敢于拿出最初的诗歌给身边的同学、朋友和诗人，在于他对自己诗歌写作的正确认识和更深层次的期待，也是对大学生活和诗歌习作阶段的一个必要的总结，"对帮助我从幼稚走向成熟，我以更加成熟的作品奉献给他"。显然，海子明确地表明此时的自己和诗歌仍然未摆脱"幼稚"，但是这种"幼稚"是走向"成熟"和"更加成熟"的必经阶段。换言之，在海子自己看来没有成长期又何来成熟期呢？而海子在《小站》中对1983年以及此前自己诗歌写作的正确认识并期望他人能够通过《小站》来对话和交流的初衷却没有达到，包括他最好的朋友也因为种种原因没有将《小站》公之于众。海子的《小站》由于这诸多原因被"雪藏"了,而海子在《小站》的后记中所希望得到理解、对话和宽容的愿望却被无边无际的孤独所取代。当 1983 年 6 月海子装订好二十余册的六十多个页码的《小站》之后,只有极少数的同学和朋友有幸目睹了这个还并没有完全"成熟"的海子诗歌的最初状貌。这些人有骆一禾、西川、陈陟云、陈四海、李存棒、甘培忠、刘大生等。海子的《小站》"出来后,同学们争相传阅,很受震动。中文系的同学说,原来法律系也有把诗写得这么好的。骆一禾就专门去找他,还在五四文学社为他搞了一个讨论会"①。而海子的《小站》尽管在校园内有着小范围的传播,但是不久之后《小站》就被人淡忘了。只是在海子死亡之后多年,那些拥有《小站》的极少的几个朋友有过只言片语的回忆,而《小站》最终在诞生的二十多年的时间从公众的视野中消失了。

  我同意西川所说的,尽管海子死亡之后中国社会和文坛发生了太多的变化,但是海子已经不再需要变化了,"他在那里,他在这里,无论他完成与否他都完成了"②。确实海子以短暂的 25 年的青春完成了重要甚至伟大的诗歌写作,他似乎已经成了定型和定性的诗人。但是,我想强调的是对于中国诗歌批评界而言海子还远远没有被最终"完成",因为海子的诗、文、书信以及其他的资料的搜集、整理还远远没有做完。而对于像海子这样重要的诗人而言,材料的重新发现和清理其意义是不可替代的。所以,在海子逝世 20 周年之际,西川的《海子诗全集》功德无量。《小站》的"重生"也给了我们重新和进一步认识海子的诗歌和人生的机会。也希望关于海子的材料能够继续被挖掘和"重生"出来,最终呈现一个不再需要变化的海子。

  基于《小站》,我们可以说海子仍然是一个需要被不断重新塑造的未完成形态的诗人,而就此展开的中国诗歌生态的失衡问题同样发人深省。

---

① 《我与海子:陈陟云访谈录》,《汉诗》,2009 年第 1 期。此访谈曾以《与海子在一起的日子——陈陟云访谈录》刊发于《星星诗刊》诗歌理论半月刊,2009 年第 2 期和第 3 期,发表时有删节。
② 西川:《出版说明》,《海子诗全集》,第 4 页,作家出版社,2009 年。

"黄花低矮却高过了墓碑"
——关于骆一禾

骆一禾（1961—1989）以其特殊的死亡方式完成了对海子的精神接力，同时也完成了对海子经典化的最为特殊的推动和加速过程。

骆一禾因其生命行迹的短暂写作时间（包括最初的习诗阶段）只有短短的10年（1979—1989）。这对于一个未完成状态的诗人而言是不公的，这对于其诗歌研究也具有诸多方面的限囿。但显然照之海子生前诗名落寞而言（即使人民文学出版社推出《海子的诗》，而新华书店的订单却只有40本），骆一禾却在生前就受到了诗坛的重视，例如其曾在1988年参加《诗刊》社的青春诗会。值得注意的是，第三届《十月》文学奖的诗歌获得者是西川（《雨季》，发表于《十月》1987年第1期），而海子是荣誉奖（《农耕之眼》，发表于《十月》1987年第4期）。

在我看来，骆一禾诗歌真正具有个性和达至成熟期是在1987年之后。而此前文学阅读（比如圣经、印度文化、梵高、斯宾格勒）的影响以及青春期性的写作特征则比较明显。而骆一禾的长诗和海子的长诗一样，不仅没有最终完成（如《大海》），而且诗歌界对其评价仍然褒贬不一。

而就骆一禾诗歌意象体系的构成而言，是值得研究者们关注和研究的。

骆一禾的毕业论文写的是北岛，并且这篇论文受到了北大一些诗歌教授的高度评价。由此不仅能够看到骆一禾的诗学素养，而且也能够看到北岛等"朦胧诗人"对骆一禾这样的校园诗人当时不小的影响。

值得强调的是，以往人们对骆一禾的诗歌写作谈论得并不多，而骆一禾和海子之间诗歌的互文性显然非常具有意味。祖国、城市、乡村、土地、麦子（麦地）、平原、太阳、少女、白虎等成为其主导性的诗歌意象。而其诗歌中尤其是前期大量存在的带有农耕文明和文化元素性的意象显然与那个时代文化寻根的集体心理以及外来文学的动因有关。由于骆一禾和海子之间极其特殊的关系和诗学上的相互影响，尤其是骆一禾对海子的影响，我们可以注意到互文意义上二人的相同以及差异。海子曾经说过骆一禾是他的"精神导师"。甚至在海子死后，骆一禾在日记里这样写道："上帝，你杀死了我自己的一个儿子。"我们能够在海子的诗歌中找到与骆一禾互相印证和呼应的诗歌意象谱系，例如最具代表性的祖国、麦子（麦地）、太阳、白虎、少女、村庄等。显然骆一禾的诗歌精神更多倾心于农耕文明的场域，其反复吟咏的乡村、平原、北方和远方就是一个明证。但是像燎原先生认为的那样，海子和骆一禾的诗歌具有"孪生性"也有些忽视了二者各自的特殊性和不可替代和重叠的层理。

由于骆一禾和海子的诗集都是在生后由朋友或亲人编订，而有些诗歌又多是草稿和修改稿，所以这对研究者提出了很多难题。这些可以相互比较的诗作可以显示出诗人写作的原生状态，这对于梳理诗人的写作路程是有帮助的。而与此同时，骆一禾和海子一样都有不断修改自己诗歌的习惯。同样值得注意的是海子和骆一禾的日记体式的诗歌写作。显然这对于二十多岁的年轻人而言，写作显然更多具有精神成长的特征。

从1987年开始，骆一禾诗歌的视野、智性、经验，转向生命的内视化以及一定程度的对"当下"时代的精神介入都逐渐显现出一个年轻诗人的开阔禀赋。这在《汉诗一束》、《市井邪狭》、《残忍论定：告别》等诗中有明显表现。而尤其是1988年，这是骆一禾短暂的诗歌写作过程中不可被低估的一年。骆一禾后期的诗歌还非常可贵地具有时代的介入性和预见性（比如对社会发展、精神走势、时代困境的个人化思考），比如《汉诗一束》中的《农民》——"你这个古老阶层一消失／最漫长的世纪改观又灾难"。我想，这句诗在21世纪的今天仍然具有实实在在的震撼性和现实感。这就是优异诗人应该具有的个人化的历史想象能力和修远视野中的智性的预见能力。骆一禾是对汉语写作抱有极大责任感的诗人，而这在中国诗人这里弥足珍贵。在1980年代末期的出国潮中，骆一禾说我绝不离开这里，绝不离开我的"母语"。

在1980年代即将结束的时候，骆一禾曾预言中国的知识分子阶层会消失。这被他不幸言中。

而1989年这位青年诗人也开始了关涉"死亡"的诗歌写作。而1989年3—4月的写作停歇期，显然是受到了好友海子之死的巨大打击。从海子自杀到骆一禾猝死期间的两个多月的时间里，骆一禾写下了一生的最后5首诗作——《灿烂平息》、《白虎》、《壮烈风景》、《五月的鲜花》和《巴赫的十二圣咏》。

> 这一年的春天的雷暴
> 不会将我们轻轻放过
> 天堂四周万物生长，天堂也在生长
> 松林茂密
> 生长密不可分
> 留下天堂，秋天清杀，今年让庄稼挥霍在土地
> 我不收割
> 留下天堂，身临其境
> 秋天歌唱，满脸是家乡灯火：
> 这一年春天的雷暴不会将我们轻轻放过
>
> ——《灿烂平息》，1989.5.10

在《灿烂平息》这首诗中，骆一禾反复强调着"这一年春天的雷暴不会将我们轻轻放过"，诗人已经在不祥的征兆中看到了死神的阴影。应该说，在诗歌写作特征和精神禀赋上，海子与骆一禾是最为接近的诗人。在骆一禾的这些最后的诗句中，我们会领受到令人颤悸的疼痛和恐慌。雨水不祥的春天，无家可归的头颅，冬日的荒凉和分裂的心脏，"消失的事物"，"划船而来的收尸人和掘墓人"，"守灵"，"满身流血"的头，这些不祥的意象群体昭示了诗人内心怎样的一番隐秘而痛苦的图景。"亚洲的灯笼还有什么 / 亚洲雀麦的灯笼 / 在这围猎之日和守灵之日一尘不染 / 还

有五月的鲜花 / 还有亚洲的诗人平伏在五月的鲜花 / 开遍了原野"(《五月的鲜花》)。

而值得注意的是，骆一禾为数不多的诗论的重要性。骆一禾的一些诗论体现于他与其他诗人的通信和日记，可惜因为种种原因这些通信和日记并未公开，甚至有的已经散逸（值得注意的是不久前发现的骆一禾在 1987 年 9 月 14 日写给刘频诗友的长信）。尤其是其任《十月》"十月的诗"的诗歌编辑期间，他不仅推动了先锋诗歌的发展，而且也借此发挥了自己的诗歌观念。其为《十月》诗歌版的引言（一份短提纲）尤其能够看到一个诗人编辑的"野心"和对诗歌写作的期许。他声称这是中国当代诗坛最简明的、也最富有雄心的纲领。在这短短的二百多个字的提纲中，他两次提到"现代意识"。可见现代意识对于骆一禾的重要性。骆一禾认为只有把经历、感触、沉思、幻想、梦境与词语凝聚在一起方可获得汇通。但是在骆一禾这里诗歌不是诗人的自铸伟词，即不是心智一角的发声，而是人类整个精神生活的通明与诗化。而一定程度上对诗歌个体性（私人性）的排斥显然并不公允。显然，骆一禾和海子一样更希望写出关涉人类整体命运、具有历史感和精神大势的宏大诗作以及对价值理性的重新思考。即诗歌写作不只是单纯的美学行为，而应该是文化的综合体。或者说像海子所说的诗歌不是修辞练习，而是精神大火的淬炼。可以想象这样的诗歌写作的难度，同时这也注定了受众群只能是"无限的少数人"。正如骆一禾强调的，1980 年代后期开始中国尤其需要回到中国大地的诗——"作为一种精神现象，诗才有自己的矿源，而不是在采剩的矿里捡哪怕很美的石头，在词章上再追加数量。在中国具有另外的速度，这是压力也是势能。当工业社会的速度不仅赋予智慧，也赋予疯狂的时候，仅仅做它的继承人而蔑视农耕之眼是人作为灵长的自大表现。"值得注意的是，骆一禾在《十月》（文学双月刊）主持的诗歌栏目"十月的诗"在当时影响非常大。很多诗人以在此能发表诗歌作为晋升重量级诗人的门槛和标志。而在每一期重点推荐的诗人诗作前，骆一禾都会做一个简短的编者按语和导读性的文字。虽然这些文字看似简短，但是串联起来能够看到骆一禾清晰的诗学理念和系统性的诗歌愿景。

无论是在海子生前的诗歌交往、诗歌发表还是在海子死亡之后的诗集的整理、出版和传播上，骆一禾都是最为重要的人物。在一定程度上，没有骆一禾以及《十月》对海子诗歌的传播和诗人经典化形象的塑造，就可能没有今天的定型化、神话的诗人海子形象。而在这一过程中，骆一禾对海子一生和诗歌的评价影响了此后中国诗歌界对海子的印象。值得注意的是应该结合当时的文学场阈重新认识骆一禾对海子评价中值得商榷的地方，从而呈现出海子更为真实的形象。而骆一禾的死亡方式也参与了海子诗歌形象的确立和经典化的过程。

海子生前发表诗作最多的一次就是由骆一禾发表在《十月》的1987年第4期的《农耕之眼》（12首）。这些诗作是《明天醒来我会在哪一只鞋子里》、《房屋》、《怅望祁连（之一）》、《怅望祁连（之二）》、《七月不远》、《敦煌》、《浑曲》、《给萨福》、《死亡之诗（之一）》、《死亡之诗（之二）》、《死亡之诗（之三：采摘葵花）》、《我请求：雨》。组诗前有一引言："我们需要回到中国大地，这样的大地它需要什么样的人呢？诗在今天需要伴生一种特殊的世界观，作为审美的诗本身即包含这一性质。这样作为一种精神现象，诗才有自己的矿源，而不是在采剩的矿里捡哪怕是很美的石头，在词章上再追加数量。在中国具有另外的速度，这是压力也是势能。当工业社会的速度不仅赋予智慧，也赋予疯狂的时候，仅仅做它的继承人而蔑视农耕之眼是人作为灵长的自大表现：能量不断趋向与熵，时空不再，天生的青山消蚀，和平如鸽子的呼吸急促，人类的生存短暂——因此将眼界推向本原，在这种艺术思维里看到大地中爱与死的恒动，那河流、马匹、雨水、儿女的过程，便是审美与生存的。"骆一禾对发表海子的诗歌是功不可没的。《十月》1989年第1期发表海子的诗剧《太阳》（选目），并且文末注明"待续"（1989年第2期《十月》续完《太阳》）。可见，骆一禾是希望连续发表和大力推介海子的。

1989年5月14日凌晨，骆一禾因突发脑溢血晕倒后被送进天坛医院并做了开颅手术，在昏迷18天后于5月31日下午13点31分病逝。而在骆一禾发病的前一天晚上，也就是13日深夜写完了生平的最后一篇文章《海子生涯》。

北方的麦田上，诗人骆一禾，海子的挚友、知己，最终如血色花朵溅洒其上，又如飞蛾一头撞向了"滚滚的火海"。是谁轻易拿走了诗人的生命，是谁的手点燃了消殒生命的雷管？

1989年第4期的《十月》的诗歌编辑已经不再是骆一禾，改为了张守仁和金蝉。这一期发表了骆一禾的长诗《屋宇——给人的儿子和女儿》（该诗获得《十月》主办的"冰熊"文学奖二等奖，也是唯一的诗歌入选作品）。编者按说：一禾走了，永远地。一禾热爱祖国，热爱人民，热爱生活，热爱诗歌，向往光明。他是《十月》最年轻的、学者型的编辑，英年早逝，使我们无限悲痛。

我们似乎应该记得诗人的诗句——"在春天到来的时候/他就是长空下/最后一场雪"。

从"西游记"到"东游记"

——张曙光诗歌的"雪景"、"譬喻"或精神地形学

我最早读到张曙光诗歌的时候已经到了 1990 年代的最后一年。

那时的人们以集体结婚和全球旅游等狂欢化的仪式来迎接世界"末日"或一个并不"新鲜"的世纪的到来。那时在北方的雪中,张曙光的诗歌以更加"北方"的方式充满了一个时代凛然惊悚的寒意——"一整个冬天雪在下着,改变着风景 / 和我们的生活。裹着现实的大衣你是否感到寒冷 / 或一种来自事物内部隐秘的联系?"(《这场雪》)。

当张曙光的诗歌中不断出现一场场"大雪"的时候(连张曙光出版的诗集也一再以"雪"来命名,如《雪或者其它》、《午后的降雪》。也许在当代诗歌谱系上,如此集中而大量地出现"雪"的核心意象的诗人也只有同时代的王家新和后来的桑克那里能够承担起"对称"或"对照"的角色),我们已经不能够只在文化地理上指认北方场域对于一个诗人的影响,而应从精神词源学上发问——诗人的精神与"大雪"一次次相遇凸显了怎样一番灵魂和词语以及"现实"相撞击的景象?而理想主义在我们所生活的时代更像是一场大雪,它纯洁、空旷、凛冽而飞扬,但是最终污浊的大地仍会吸尽它的短暂身影。是的,一场理想主义的大雪能维持多久?泥泞而寒冷的背景下,质疑、盘诘、沉痛、尴尬、放逐、担当、牺牲的诗歌精神在风雪之路上被一一展开或者掩埋,我们似乎发现词语和修辞甚至已经无法分担事物的沉重、诗人内心的沉重和时代的沉重。诗人在寒冷的雪中让内心和时代发出了嘎嘎崩裂的声响。张曙光"90 年代诗歌"的代表性文本印证了"诗与诗人的相互寻找"的过程。1990 年代

在一定程度上成为考验所有中国诗人的一个特殊时期,压抑、迷茫、困惑、沉痛、放逐成为诗人的日常生活和诗歌写作的主题。而如何以诗歌来完成由 80 年代到 90 年代中国社会的转型、诗歌写作语境和诗人心态的暴戾转换就成了 90 年代诗人所面临的挑战和难题。当然,那时读到的张曙光他更像是在完成一场长途的精神跋涉,他的诗歌今天看来充满了"90 年代"式的精神自传和灵魂箴言式的诗歌话语方式以及明显的互文性精神资源(例如相关研究者所指出的叶芝、里尔克、米沃什、洛厄尔和庞德等人对张曙光的"交叉影响")使我们也不能不在向域外诗人的张望中来打量本土诗人的集体性焦虑和寻找"精神依托"的紧张。张曙光在《西游记》等诗歌中提到的但丁、荷马、乔伊斯、詹姆士、弗洛伊德、博尔赫斯、萨特、海德格尔、德里达、维特根斯坦、雅斯贝尔斯、伊壁鸠鲁、玛丽莲等等实际上也与同时代的诗人一样在面对"带有道德气味的历史"时完成着"借尸还魂"的工作。甚至张曙光也曾在《大师的素描》一诗中通过对话向多位大师们致敬——叶芝、里尔克、庞德、艾略特、奥顿、博尔赫斯、罗伯特·洛厄尔、帕斯捷尔纳克、拉金、阿什贝利、布罗茨基。这种诗人与诗人、词语与词语之间发出的摩擦、龃龉甚至冲撞之声几乎成为"90 年诗歌"的精神症候和必备的精神练习之一,即使是于坚、伊沙等人也不能例外——区别只是在于话语呈现的方式而已。但值得注意的是,这在当时和后来的一些诗学立场迥异的诗人那里被指责为"互文"和"翻译"的"夹生饭"。而张曙光的诗歌却从来都未曾缺乏过"个人诗学"的声音。换言之,他诗歌中的"对话性"或"自我盘诘"性的质素被时人所错意揣测和误解了——"他只是在地图上到过西方 / 没有人为他办理签证,行李托运 / 绿卡,或一场虚假的婚姻——/ 他有时头疼,像套上铁箍 / 当他的思想变得狂野。于是 / 他再次返回原来的现实,面对着 / 摊开的旧书,而窗外已是二十世纪"(《西游记》)。换言之,这种诗歌"互文"式的写作实际上只是一种诗歌的"譬喻"方式或精神"词源学"而已,内里仍然是"个人化"的表达方式,所以当时那场硝烟弥漫的"盘峰"论争中所产生的诸多指责今天看来已经靠不住脚了。正如诗人当时所提问的这句话——"在你头脑的词语手册中,现在是否能够找到 / 诸如崇高深刻的词语？"当时隔多年之后，张曙光的"西游记"也许并未结束，但是他诗歌不无强烈的个人精神和个人化的历史想象能力以及反思立场已经更多倾注在这片具有"中国特色"的本土场域之中。"今非昔比"和"恍若隔世"的时光与生命的历史感、"中年感"（当年多么流行的批评关键词）愈益显豁，"在靠近里面的架子上 / 我看到了两期新到的《外国文学》/ 当年王佐良主编，这让我感到惊喜 / 带给我久已失去的激动和快感——/ 现在这些杂志我已经很久不去读了"（《在期刊门市部》）。他的"东游记"实际上是和"西游记"同时进行的，这种同时前进又不断折返的"漂泊——寻找"的方式恰恰呈现了张曙光精神地形学的复杂程度。但是，我一直坚持认为张曙光的诗歌是同时代诗人中最具有"现实感"和"个人性"的代表之一。当然我这里所提出的"现实感"与一般意义上的"现实生活"、"现实主义"是有着相当大差异的。"现实感"显然来自于一种共时性的作家对生存、命运、时间、社会以及历史的综合性观照和抒写，这种观照方式和抒写方式显然除了与当下的时代和写作具有关联之外，也同时延展到过往的历史烟云深处。换言之，"现实感"写作既通往当下又打通历史，既有介入情怀又有疏离能力。张曙光的诗歌一直在维持着"向上"和"向下"两个精神维度以及二者之间的互相观照与诘问。这正像多年前他诗歌中提到的那样，我们的日常功课就是在"楼梯"上"盘旋而上或盘旋而下"。张曙光以诗歌的方式完成了首先属于个人的精神式的自我提请，当然也是对当代诗歌精神的一种回应——"我们一直向往着顶点 / 但地面上似乎更为安全"。通过张曙光诗歌的精神地形和灵魂的"譬喻"方式，我们能够听到在"夜晚的街道和广播再次积满去年的雪"的时代，在其幽晦的上空或地下室里一直回荡盘旋着一个声音——我们是否能与时代"和解"？我们是否已经与时代"和解"？

程光炜先生在那本黑色封皮的《岁月的遗照》中完成着一场"不知所终的旅行"——在黑色衬布的角落是一把老式的木椅，椅背上搭着一块"疲惫的"却可能"驻满记忆"的方格子布。重要的是椅子缺少最关键的部位——坐垫儿。而约略渐洒过来的温暖的光晕足以呈现出"90年代"的诗歌精神——一种特有的怀念和追悼的方式。而张曙光在这个备受争议但具有相当的诗歌精神和写作立场的"显影剂"式的诗歌选本中是作为了"开篇"诗人的，并且诗选的题目也来自于张曙光的同名诗。可见在当时的研究者和"90年代"诗歌语境和本土诗学的转捩点中张曙光以及他的诗歌文本的相当的重要性，尽管这也一定程度上来自于诗人和批评家之间的交往和美学渊源。张曙光的诗歌价值不仅仅体现在90年代，更为重要的是他的诗歌精神与写作方式的延续性、变异性和启示性对于今天的意义。我这样说也许有人会怀疑我充当了一个"捧者"的角色，但就我个人的诗歌趣味而言我喜欢张曙光的诗。

1992年张曙光完成了《尤利西斯》，而《尤利西斯的归来》显然与前者形成了明显而富有意味的相互打开、彼此探询的"互文"关系。显然，《尤利西斯的归来》又不是简单地对《尤利西斯》的重新改写或者扩写。我们要追问的是，在张曙光的"西游记"和"东游记"的精神地形学中，这到底是一个怎样的"尤利西斯"？我还注意到张曙光还有一首关于"尤利西斯"的诗作《都市里的尤利西斯》。当诗人作为精神的游历者甚至"游离"者在最具象征意味的后工业时代和城市化时代的"北京"大街和地理景象中继续寻找和继续"毫无出路"的命运时，那种尴尬、反讽、悖论和虚无的体验更加以分裂甚至"喜剧"化的方式呈现出来。《尤利西斯的归来》呈现的却恰恰是最为惊心的精神悖论和某种虚无性的体验，"尤利西斯"作为一种精神主体的象喻仍然在路上，无限期地"在路上"的"精神游记"。这首诗更多体现为现代人共识性的精神命运和灵魂遭际——诗中不断出现的"家"、"岸"、"抵达"、"归来"、"途中"以高密度的纠结和互否的方式呈现了精神的漂泊无依，"他从没有离开，也不曾归来／他永远在途中"。这在另外一首诗《小心驾驶》中有着互文性的呈现，"我们有足够的时间／安排我们的生活，让一切变得适意／但我们究竟在追寻着什么？哪里是我们／旅程的终点？那里有什么？"。继续这种精神的"在路上"的"飞行"、"潜行"的疑问状态，包括张曙光在内的当下诗人似乎一直处于"游走"和"跋涉"状态中，相应地一种地理学上的诗歌写作成为新世纪以来普遍的写作现象。而这种写作尽管文本也呈现了诸多耐人寻味的联想空间，但是更大程度上这些诗歌恰恰呈现了更多的"日常状态"或一个诗意涣散时代的到来。尽管张曙光晚近时期的诗作继续呈现出精神"地形"史的维度，但已经在弱化，更多的是呈现了一种平淡和更为直接的状态。与此同时，张曙光的诗歌继续进行着"回溯"的诗歌方式，这回应了布罗茨基的名言"诗歌是对人类记忆的表达"。而这种记忆和"怀旧"显然在一个飞速奔跑的时代显得不合时宜。正如诗人所说："十年过去了，为来临的新时代欢呼／而怀旧却成为不可宽恕的罪愆。"当词语和记忆的火焰如此必然而又如此悖论的纠结缠绕在一起，诗人就不能不据此承受巨大时间风暴的涤荡和虚无的"洗礼"。巴什拉尔说"哪里有烛火，哪里就有回忆"，而对于张曙光而言哪里有火焰，哪里就有词语。而词语与火焰既是淬炼再生的关系也是焦灼拆解的关系，都不能不让一个现代诗人反复思考、盘诘和追问。斯蒂芬·欧文在《追忆》中说，在诗歌中回忆具有根据个人的追忆动机来建构过去的力量，它能够摆脱我们所继承经验世界的强制干扰。确实回忆的"链锁"把此时的过去同彼时的、更遥远的过去连接在一起，有时链条也向幻想的将来伸展，那时将有回忆者记起我们此时正在回忆过去。通过回忆我们自己也成了回忆的对象。这种立足于现场、反观过往、遥视未来的记忆的能力体现在张曙光的一系列诗作之中，如《小六面井》、《梦之书》、《生活》。据此，我们在那些已经带有了黑白质地的"胶片"性质的小六面井、供销社、南岗地下街、医院、小小的院落等场景中得以如此不够轻松地反观往日的依稀折光和惨淡经营的个人灵魂印记。张曙光正是在这些既是个人的又是时代的，既是实有的又是想象性的地形学中设置了大量的"眷顾性"的精神积淀层面的戏剧性、寓言性、想象性、吟述性和歌咏性的场景——"我们虚构着这一切／也同样被这一切所虚构"。这种具有延展性的记忆能力，在张曙光这里同时体现为过去和当下的两个精神向度，这使得他的诗歌具有了巨大的承载力和容留的力量。这正如遥远历史深处的那口小小的但幽幽而沁凉的水井，往日的倒影尽管还斑驳回荡其中，但这注定已经成了历史和生命过往的不可挽回的回响。这种对过往的回味诗人认为得到的启示只是微乎其微，也许最重要的仍然是"只是活着，活着死去"（《生活》）。这些面向过往、挽留记忆也直抵当下的诗歌实实在在成了"梦之书"或老旧的"风箱"。在风箱的呼吸吐纳中却永远都难以摆脱这坚固的黑暗"房间"。而"梦"也不能不以最虚化的方式来面对生存和精神的事实，这可能更为残酷。也需要提及的是张曙光近期的诗作有的稍嫌"细碎"，叙述的方向由于放射状的枝蔓而形成了一定的诗歌"结构"的不稳定。也值得注意的是，张曙光晚近时期的诗歌也出现了"元诗"的写作倾向，比如《谈话》、《雨中游石人山》。我想这些关于"元诗"的对话性或自问自答的写作确实呈现了多年来张曙光诗歌写作的某些症候，比如"一首诗产生于艰苦的劳作"，但是阅读者看上去却应该"显得轻松"。这正如诗人肩上扛的一根类似于粗大圆木的诗歌材料，但是却"并不感到丝毫沉重"（《谈话》）。确实，包括近期在内的诗歌张曙光也时时承担了抒写"沉重"限阈的责任，但是阅读效果与诗歌的深沉质素形成了某种"反差"。这种看似漫不经心的散淡的写作方式恰恰是承担了不无沉重的心理势能和"现实"情境，"凋谢的李子树，动物们缓缓地走向／最后的归宿，当一座座水泥的楼房／毒牙般从它们昔日的乐园生长／但似乎没有人关心这些，我们在意的／只是速度，和行驶的方向"（《小心驾驶》）。

　　张曙光的诗歌的寓言性特征在近期的写作中仍然在持续，这在一个无限提速和加速度的疯狂"驾驶"的时代无疑及时地狠踩了一脚刹车。而在"西游记"和"东游记"不断交互折返的精神地形学上，我们仍然看到了一个心事重重的迟疑者，看到了一个危险的悬崖边或高速路口他在黑夜和白雪中所擎举的那个标牌——"'哦，小心驾驶'，但我们总是会被／这样提醒，当我们的目光被周围的景物所吸引／或我们的思绪从方向盘上游离。我们把自己／交付给未来，相信一切会变得更加美好／注视着前方，却不知道下一刻会有什么发生"。

谁能比我们更执著于生活和诗歌
——关于多多

诗人多多是一个相当特异的诗人,他曾遭受到了长期的读者和研究者共谋的漠视与遮蔽。而今这位诗人已经进入了当代新诗史,并且作为白洋淀诗群的重要成员得到越来越广泛的倚重与关注。而又是什么样的机缘让我在偶然的机会下接触多多,并且几乎是一见倾心?这种一见如故的感觉对于我而言是相当强烈的,但我是不大想多说话的人,也没有将这种感觉直接告诉多多。而随着时间巨大指针的日夜划过,对于多多的一点粗略的记忆或印象反而不时呈现于面前并越来越清晰。我只想说说我眼中的多多,作为诗人和常人的多多。尽管多多曾一度写出了相当重要的小说作品,但至今尚未见到人们谈论他的小说创作。所以有时我就想,我们包括后人将翻阅的文学史著作所呈现的文学史面貌到底与真正的历史本相存在着怎样的差距与变异……

6月的北京用暴晒和烟尘以及巨大的噪音在时时鼓噪着这个夏天。当我和孙晓娅乘车赶往安定门的稻香村时,迎面扑来的巨大热浪多少叫人怀疑和多多以及李岱松见面的重要性。当多多走过来时,我几乎是有些诧异,这和我在一年前见到的多多有着不小的差异。在那次和法国诗人的座谈会上,多多仍是那样的高傲和雄辩以及深刻的幽默。当他在那个夜晚不时的端起酒杯将红色的液体和语言一起舒展的时候,似乎印证了一些人的说法,类乎多多孤傲、难以接近云云。而今天的多多却相当的谦逊,平和,灰色的衣服正好印证了北京的盛夏确实令人生厌。人终于都聚齐了,著名画家、书法理论家邱振中驱车带我们到他顺义的樱花园小聚谈诗。

多多的话就是比别人多,而我们谈论的话题仍不出白洋淀、诗人和诗歌。喧闹的灰黑的北京市区已经越来越远了,京顺路两边的树木却空前而少有的繁茂起来,远处的田野和时而斜掠过枝头的鸟雀已经显现出这个时代少有的农耕氛围。多多,这个土生土长的北京人,却在不断地纠正自己对北京的印象,他已经对北京越来越复杂的路况有些无所适从了。而当某个景物突然唤醒他的记忆时,我也感受到了他的一丝无奈和短暂的沉默。他的灰白色的头发已无可辩白地见证了任何人都不可避免的宿命,沧海桑田,人事变迁。而京郊越来越稀疏的建筑和人群也使这次少有的小聚气氛越来越自在和浓烈。远处的菜农正在田间浇水,那缓缓流动的弯曲的白亮水域将翠绿的蔬菜打点得头头是道。而正如多多所感慨的,生活(如"文革"时期)有时候竟然是那么身不由己的错乱不堪,竟然抵不上一块工整的菜田。

邱振中先生的寓所阔大敞亮、光线充足,正适于他作画、习字和写现代诗。像邱振中这样从事书法和绘画比较研究的教授博导,出生于1940年代却对现代诗写作相当用心和痴迷的确实是少数。而屋外的小花园多少点缀出少有的自然气息,墙外的几排高大的杨树和优闲的白云竟然有些像雷诺阿的风景画。这位在1989年出国,一去15年的诗人多多,真正有几个人了解他和他的诗歌呢?尽管有研究者热衷于将谈论多多的诗歌看作一种时髦。但是很显然,在交谈中多多对别人谈论他的诗歌多少有些谨慎甚至是不屑。

多多不时地翻看着邱振中先生的诗稿,此时下午的阳光给他镀上了一层金色。他将眼镜架在额顶正好别住那些白发,他不时地眯缝着眼睛又不时的沉思。那种毫不马虎的、少有的凝重而专注的神情不能不使人心生敬畏。在这一点上,多多是一个相当合格甚至优异的诗歌倾听者和阅读者。对诗人和诗歌的尊敬正证明了那句话,也是多多在高兴之余随口说出的:"还有谁能比我们更执著于生活和诗歌?"多多终于按捺不住烟瘾来到窗外的小花园吸烟,那种闲静的姿态叫我这个不吸烟的人也有些蠢蠢欲动。多多在几次闲谈中都表示了对一些诗人尤其是年轻诗人的不满,尤其对那些一天写作几十首诗的诗人多多简直是有些气愤。因为这在多多看来是对诗和诗人称号的极其不尊重和亵渎,多多说自己每写一首诗都要改七八十遍。这也相当有力地证实了为什么多多的读者总是最少的,多多的写作一定程度上也大抵属于苦吟派,尽管多多诗歌写作的才华和天赋极高,他的每一首诗作都因此而相当见功力,无论是技艺还是经验的表述都不能不让人"消化不良"。多多谈到了海外一些诗人的近况,他兴致极高的谈论着他所喜爱的诗人,曼德尔施塔姆、保罗·策兰、伊凡·哥尔、里尔克、博尔赫斯、西尔维亚·普拉斯,多多沉浸于这些在他看来伟大诗人的神奇诗句中。多多兴致勃勃地对诗歌的翻译发表意见,不无尖刻地指出中国新诗人中优秀的也找不出10个来,即使这些优秀的诗人多多也认为每人应该给一硬棍,鞭策他们自重去写出好诗,而不是自以为是动辄就说自己是什么最重要的诗人。多多的这种"尖刻"和说话时特有的神情姿态都给人以一种真诚的印象,多多就是多多啊!直截了当,从不拐弯抹角!

而阳光中多多的白发也似乎在暗示着一种距离,时间的距离、记忆的距离甚至一种交谈的距离?我的提问也总是离不开"文革"时期的诗歌写作,这也难怪我的硕士论文和博士论文都与此有关,这简直也令我坐了病。很显然,多多有些不想谈论过去,尤其是白洋淀时期和"今天"时期的诗歌状况。因为在多多看来,既然我作为诗人已经写出了自己的东西,那么我不想也没有必要夸夸其谈谈论自己的创作,不是有那么多的文学史家和研究者吗,这应该是他们的责任。而作为当事人的说法,也证明了多多的聪明和某种狡黠,他对自己诗歌的沉默让包括我在内的研究者都心存不安。因为任何阅读都不可避免有着误读的成分,而任何一句谈论多多的话都可能会被他认为是驴唇不对马嘴。这也多少让我对文学批评的正确性和必要性心存疑虑。在我几番怂恿下,尽管多多对谈论白洋淀仍心有疑虑,但他凝重的眼神和吐出的飘散的烟圈也说明他对往事的记忆被点燃了……

确实,对于在10几岁的年龄就同芒克和根子一起坐火车又坐马车来到华北的白洋淀插队落户,并且在这个诗歌江湖进行了带有异质性和现代主义色彩的诗歌写作，这肯定是令人兴奋和反复回味的事情。我曾在几年前写过一首关于白洋淀的诗，这首小诗实际上也是我对多多等人在白洋淀插队时写作和生活的一种敬畏和怀念方式。"钴蓝色的星光 / 浸泡着华北平原 / 这冬天倒空的巨大玻璃器皿 // 今夜 / 除了我 / 还会有谁无缘无故地拨回几十年前的过往 // 风声落寞着淀边的赭黄苇丛 / 紫色的泥土，渔人的篝火银丝闪现 / 冰，在此刻聚集火光 / 月光平滑的滴水玻璃潮水般滚动 // 时间抽丝般晃动 / 遥远的白洋淀 / 水中低垂的民间植物浸泡着黎明 / 也动摇着我今夜的想象。"（《月光下的白洋淀》）多多谈及自己在"文革"时期确实读了很多书，包括啃读《资本论》。多多说，芒克和根子根本就读不懂高深的《资本论》，而自己尽管也马马虎虎但比他们强多了。多多的孩子气和幽默口吻真让人忍俊不禁，而多多无疑是一个相当真诚的人，这点我是肯定的。我曾谈到很多的当代文学史和研究者都往往认为多多等人在白洋淀时期的写作与西方的现代主义诗歌有着天然的联系，而多多则认为这纯粹是个误解。多多说根子写出震惊世人的长诗《三月与末日》与艾略特的《荒原》根本就是风马牛不相及的事情，因为根子从来都没有读过，当时也不可能读到艾略特的诗。多多也谈到自己在白洋淀时期几乎没有写诗，只是在回到北京之后才写出了一些被后来的研究者反复提及的诗作。相反，多多谈及自己在白洋淀时曾写了几十首古体诗，而这更证实了多多的坦诚。多多直言不讳地讲："当时人们都在谈论毛泽东的诗词，全国人都在写古体诗，那我也得写啊！"相信多多的这些话对研究者会有相当的启示，而不像一些诗人故意隐藏自己的诗歌习作阶段，认为自己从一开始就写现代主义的诗。而一定程度上，有时候真诚和良知是衡量一个诗人是否优异的重要标准。

多多是一个善于自嘲的人，而在我的印象中敢于自嘲的人都是有大智慧和真性情的人。多多在闲谈中会不时地自嘲，当然也会顺便嘲弄他人。但多多相当严肃地说："我这辈子就是要和诗歌较劲。我要一辈子写诗，并且每一首诗都要写好！"如果一个诗人在这个浮躁和唯利是图的时代还敢于说这样认真的话，谁还能说这样的诗人不是好诗人，这样的诗人不会写出优异的诗呢？

夕阳的余晖将郊外的田野镀亮，村外的柴狗在闲散的逛来逛去，而农人仍在忙碌，他们成了这天地中最生动的风景。当我们驱车来到孙河乡政府的西甸三百的时候，隔着水泥路的对面是成片的葱绿的蔬菜和庄稼。而远处的夕阳即将消失在地平线上，吹来的风带有温馨的草叶和粪肥的气息，多多使劲吸了几口气，沉静地望着远方，驻足良久。"这很像当年'文革'时期的景色啊！"也许人面对无情的时间，回忆是一种最好的自我疗救的方式。

当暮色渐渐降临和收拢的时候，我们在村人温暖的目光中享受到少有的宁静与自足。当夜风渐渐的吹紧，当车流越来越浓密的时候，我们不得不又返回北京在喧闹的地安门分手。多多挥手道别的情景让我有些感伤，这个老大哥，这个当年的"毛头"，还是那么的倔强和温厚！他那带有美声唱法的浑厚的和充满穿透力的嗓音什么时候还会再次响起？而他深邃有力充满张力的诗行也将在无数个夜晚敲击那些在生存中充满压力而又追寻诗意栖居的人们。

多多，老大哥，诗坛有了你真的是幸运！

而当2012年春节刚过，我回到北京在国子监的大街上与多多闲聊诗歌的时候，他稍稍扬起的额头正接受迎面而来的滚滚烟尘和匆匆的人群。

仿佛有永远的暮色
——雷平阳其人其诗

雷平阳出生于1966年。在我看来任何一个人的诗歌写作的"出处"或者"来路"是相当重要的,而雷平阳的诗歌"生发地"似乎从一开始就具有某种极其强烈的"饥饿性"、命运感乃至宿命性。从1966年轰鸣闷热的夏天开始他就在故乡昭通土城乡土城村的偏远地理与精神迷津中不断前进又不断身不由己地折返寻溯。当雷平阳出生于暗不见光的农舍,当这个村庄由"欧家营"改为"爱国村",那么他多年之后是否想到这一切与诗歌相遇的时候意味着什么?这出生于1966年的沉暗的针尖也只有在多年之后才得以擦亮和现身。多年后,对于自然、故乡的命运性关联雷平阳将自己定位为一个"旁观者"。这个离群寡欢的欢乐和"饥饿"同在的"梦游者",确乎从少年时代开始就宿命性地以诗人的"非正常"性格冷静而无望地面对着身边和心灵中所有的遭际。

雷平阳的诗歌仿佛有永远的暮色一样令人在无边的苍茫中窥见人生的踪迹以及神的训谕。

与雷平阳的相遇最早的记忆来自于多年前的额尔古纳。那时正是最为寒冷的冬天,气温已经是零下三十多度。与雷平阳的第一次相遇就是从无边无际的寒冷草原开始的。深夜里我和雷平阳、李亚伟、默默、沈浩波、小引等人用热酒来取暖。我们走在空无人烟的雪野上不得不时时跺脚来去除那无比真实的寒冷的眷顾。在莽莽的原始森林里,雷平阳在风中抖落的积雪中一次次按下相机的快门。这极其空旷的边陲草原被白雪覆盖,而夜晚的璀璨星光却离诗人之心如此贴近。当雷平阳在酒桌上站起腰身，伸开嗓子吼出"月亮出来亮汪汪"时，我从这位云南汉子沉暗的脸上第一次倾听到了如此陌生的"边陲"之音。此后在江苏连云港和北京再次相遇的时候，夜晚似乎一次次充满了烟草的气息。尽管在当下的时代"诗人"已经成了十足的被质疑的角色，但是对于听从了语言和良知律令的少数人来说我们应该怀有庆幸和敬畏。他们仍然是不可多得的时代幸存者，因为他们得以保留了黑夜里那抖动的渺渺的星辉。为了主持当时《滇池》的"诗手册"栏目我多次与雷平阳通话交谈，而几年来这个栏目的广泛影响已经证明了我们多年的友谊。

尽管雷平阳的小说和散文写作已经有诸多个人气象并为业内人士称道，但是我仍然愿意面对他的文字时将他还原为一个实实在在的"诗人"形象。尽管对于诗歌界来说雷平阳已经绝对不是一个陌生者，甚至从世俗（比如某某奖项）的角度来看他已经是一个有了诸多光环的人物。但是从诗人的精神境遇而言，一定程度上雷平阳仍然是时代高速旋转的聚光灯之外的"边缘者"。他的冷静、坚深和沉暗的面色却一起构成了这个时代启示录意义上的特殊性存在。我一直听到一种声音，说在云南这个"地盘"上雷平阳是于坚的"追随者"。我对此不以为然，甚至觉得这种"外行"或者"别有用心"的说辞太过于荒诞无稽。于坚和雷平阳都因为强烈的个人性诗歌精神而难以被相互消解和抵消。一定程度上，于坚"耳感"的缺陷使得他的诗歌的内在化的声响要更为强大，而细密而高亢的意象如涧瀑令人处于思想的轰鸣之中而难以招架。而雷平阳的诗歌似乎更为平朴地将诗歌的语言和情志毫无痕迹地榫结起来，他诗歌内在的气息一次次验证了这个并不轻松的写作者的沉暗空间里冷冷的精神闪光。多年来在我的观感中雷平阳其人其诗都带有"一根筋"的性质，这来自于他的性格，也来自于他今天看来已经相当"老旧"的生存环境。而正是这种倔强、彷徨却未曾彻底迷茫的内心与诗歌的持守使得他的诗歌每于平常之处有撼人心魄的惊雷之声。他诗歌中总是有一种弥漫不散又沉沉坚固的"土气"。这种特有的味道让人踏实，也让那些被现代性和城市化时代所溺染的人们有恍如隔日之感，未免心生唏嘘。由于"旁观者"、"漫游者"和"土著"角色，雷平阳诗歌的语言在我看来更近于一种生长性的植物性的方式。它们的每一寸延伸或者弯曲都来自于环境的冷暖阴暗，都来自于每一寸心灵的惊悸与阵痛。当雷平阳在每年一有闲暇就立刻奔向云南山林草木的时候，当他一次次在黄昏溶进大地的时候，在山巅俯瞰或仰面躺下于草木之间面对遥远而切近的一切，他"云南血统"的复活与再生不能不是以巨大的尴尬、失落和无言为代价的。在此，诗歌成了致幻剂，也成了精神的安慰剂。面对着这些在加速度时代即将消逝和早已远逝之物，诗人内心的翻搅杂陈是一般人难以想象的。这个时代时时"后视"的写作者反倒是获得了同时代人少有的写作愿景和无比清晰的方向性。而那一个个从1966年即开始生长的精神的芒刺与针尖最终得以擦亮，被黑暗和隐忍一次次擦亮。这是一个为自己的精神地理抱有"写碑之心"的撰志者，这也是一个为灵魂寻找一丝亮光在寒夜侧身挤过窄门的漫游症者。更为可贵的是，尽管雷平阳的很多诗作都带有"云南"的关键词和地方性影像，但是他并不是一个观念性的写作者。雷平阳并不是一个抱有野心抒写"历史"的人，尽管他在诗歌中呈现的身份性是相当明确的，但是他的建立某种诗歌世界秩序的努力是存在的。他诗歌的视点往往很低，而频生的细节、鲜活的意象和多少带有寓言性、叙事化的笔调印证了他是一个实实在在的观察者，一个不只是识于鸟兽草木之名的观察者。雷平阳在诗歌中同样懂得适度的"沉默"，这种沉默却会让更多的人不安或者需要反复去揣测。而当下的中国诗歌单看起来个性十足，但是吊诡的则是整体性上一旦予以比较就相互抵消。在我看来雷平阳是一个保留了个体、家族和地方性知识的有着明显的"过敏史"的诗人。这种"过敏性"显然在一个人们更愿意在饭桌或床上来谈论自由和民主的人们来说要高贵得多，也艰难得多。当一个诗人在笔尖和心间以及石灰水泥覆盖的草木间还在寻找失落的"神性"和"历史性"的痕迹的时候，我们不能不说这是真正意义上的化血为墨迹的阵痛。在此，在与雷平阳每次沉默相对的时候，我更倾心于他的自足和沉静。而这种自足和沉静显然是他在奔跑了几千座大山、几千条河流以及几千个村落之后在极其痛苦的寻找中通过文字分娩之后渐渐释放的那一小部分的结果。

雷平阳的诗歌是个人的诗歌，很难想象一首与"个人"无关的诗作是如何产生的。当雷平阳在深山林莽与激流石崖间一次次远离了城市的喧嚣，他也得以在去除巨大的时代和心灵的浮尘之后还原了人和诗歌的最为直接也最为本源的相遇。在多年来的雷平阳这里我很少看到一个矫情和伪饰的声音，而这正是一种有"根"的写作，也是有着活生生的时温时冷体温的呼吸方式。但是这种诗人的"根性"却面临着时代巨大推土机的"无根"的挑战甚至惊惧。多年来我一直看到的雷平阳是一个别于他人的存在。这个差别来自于他在这个忙乱时代还时时葆有独立的精神禀赋。而当他一次次在现实的漩涡和历史诡谲的波澜中不断抽身，他就愈益感受到前所未有的沉滞。读雷平阳的诗歌绝对不是一件轻松的事情，他个人的生活与家族记忆的闪烁斑点构成了寒冷夜色里的一个个冷冷的针尖。面对离奇的、荒诞的、难以置信的社会事件和热点现象，我觉得似乎中国已经进入了一个真正"寓言化"的时代。换言之，中国正在成为"寓言国"。而多年来雷平阳的诗歌一直带有着强烈的寓言性特征。而这些经过语言之根、文化之思、想象之力和命运之痛所一起"虚拟""再生"的寓言化景象实则比现实中的那些景观原型更具有持久的、震撼的、真实的力量和可以不断拓殖的创造性空间。正是在真实地域和想象空间的交织中，一个诗人在语言的空间和自身生命履历的轨迹上呈现出波诡云谲的气象与心像，梦呓与白日梦，现实与寓言。在昭通城、欧家营、滇南山等一个个精神坐标上，诗人看到了"方言"和一个个群落的母语以及携带的全息密码的难以挽回的消失。雷平阳却在真正意义上从生命和语言的临界点出发，从血脉的根性出发，所抒写的"滇南"边地繁复地铺展开不断决绝但又犹疑的文化地理学上的"乡愁"。雷平阳近年来的诗歌写作在精神的自我挖掘、奔突和深度沉潜中发现了时代的宿疾，同时不可避免地担任了带有时下人所认为的"老旧"特征的近于孤独的"书写者"的形象。而在这一点上，雷平阳的诗歌恰恰是获得了最为先锋的成色与质素。我从来都不否认雷平阳诗歌的高蹈性的一面，但是雷平阳的意义恰恰是在于不断向下探询的姿势，天鹅绒般的监狱见证了他持续发着高烧的额头。雷平阳的诗歌声带既是暗哑的又是高亢的。而"滇南"在雷平阳的诗歌谱系中更多是作为连接历史与现实，家族与时代的一个背景或一个个窄仄而昏暗的通道。雷平阳的诗歌写作在不断印证着一个不断重复的时代话题，同时这也是一个时代诗人所必须面对的难题。换言之我们都在谈论诗歌与时代、诗歌与现实的关联，而我们却时刻在漠视这些日常生活化的真实景观，但是它们都无不处于不断消逝和灭亡的边地。

在黑夜翻越高过腰身的围栏
——江非论

2009年,盛夏的北京。江非在他送给我的诗集《独角戏》的扉页上写下:"只有记忆和灵魂唤醒。"我在《在一个秋风漫漫退去的季节》中找到了这句诗:"被灵魂和记忆唤醒/我又回到了我的出发之地/像一片傲慢的灰尘/又落回了飘起的谷地。"

夏天是酷热的,而我再次想到的是2007年1月22日。此时内蒙古额尔古纳的茫茫草原为皑皑白雪所覆盖。当江非把刚刚打印装订好的诗歌小册子《纪念册》递给我的时候,我强烈感受到了诗歌在一代人手中的热度和分量。在无比寒冷而又洁净的背景下,我们对着雪白的屋顶、苍茫的森林、高飞的鹰隼、伟大的星空来谈论诗歌。黑暗中江非手中闪烁的香烟几乎驱散了我身处祖国边陲的所有寒冷。从额尔古纳回来,江非为我们的这次相逢写了一首诗《额尔古纳逢霍俊明》:"你、真理,和我/我们三个——说些什么//大雪封住江山/大雪又封住史册/岁月/大于泪水/寂寞/如祖国。"

无论是江非早期对精神"出生地"的青春挽歌式的歌唱,还是后来乃至晚近时期对历史、生存、时间和灵魂的极具个人化想象力的"现实感"与"寓言性"相交织的诗歌文本,都呈现了一个既单纯又繁复的诗人影像。而多年来的江非就像是在茫茫的黑夜里走过乡村,走过凝霜的草径,在寒冷中爬上陡坡穿越高过腰身的高速公路围栏的赶路者。在乡村和城市之间,在肉体和灵魂之间,在时间和宿命之间,在历史和现场之间他是有时犹疑、有时坚执的"个人理想主义者"和"历史怀疑论者"。江非的诗歌中不断出现刺猬、田鼠、公路、卡车、自行车、马匹、铁锹、落日、秋天等意象，这些意象无疑见证了一个诗人的孤独、紧张、分裂、疼痛、停留和出走的精神履历。江非是诗歌写作的"早熟者"（13岁开始诗歌写作）也是时代高速旋转的聚光灯之外的"边缘者"。但是他的冷静、坚深、自由、先锋和执着却一起构成了这个时代启示录意义上的自我点燃与照亮，他的身后是无尽的历史烟尘，深不见底的地理文化沟壑以及个人和家族记忆的闪烁斑点。江非更像是这个时代的"孤筏重洋"者，他驾着自己的诗歌之筏穿行在神秘、伟大而又令人恐慌、颤悸的汹涌无比的河流之上。这是一位永远"在路上"的诗人！

一 南方，外省的"中年"

作为"70后"的代表性诗人，江非已经由山东的平墩湖背着并不轻松的行囊和诗歌卷宗去了海南的一个县城——澄迈。苏东坡曾经去过海南，确切地说是流放。那是在1097年5月的一个清晨，苏轼抵达海南的第一站就是澄迈，而在九百多年之后的一个秋天，江非也踏上了澄迈这片红色的土地，"去海南就要有去海南的样子／就要把衣服穿得单薄一些／把行李收拾得轻便一些／那么远的路途／就要煮鸡蛋、叠煎饼／准备一些路上喝的开水／就要想到炎热和台风／桉树和大海……要去的那个地方／其实并不多么荒蛮／苏东坡也曾流放那儿／就要趁着天黑之前／渡过两条河流"（《去海南就要有去海南的样子》）。我不知道对于海南而言苏轼和江非这两者之间存在着怎样的对称，我也难以确定这次不单单是地理学上的迁移对江非的生活以及他的诗歌写作会产生怎样的影响。但有一点是可以肯定的，那就是诗歌根系在不停地生长，诗歌的光芒最终会照亮南方岛国的天空。江非在去海南前后的一些带有自叙性色彩的诗作呈现了一种停留与远足、故乡与异乡、现实与理想、挽留与消失、熟悉与陌生、已知与未知之间的强大冲突。那个远行前在寒霜中抚摸蔬菜、小心翼翼的凝视着曾经熟悉的亲人、院落和田地甚至墓地的时候，那种温暖又悲伤、忧戚又希冀的心态刺痛了这个时代为人们所忽略却又清冷异常的清晨。这个生活中滴酒不沾的诗人却不能不一次次在诗歌中痛饮别离和乡愁。当我见到江非的时候,南方的阳光将他明显晒黑了,脚下的道路也有些泥泞。热带的南方也同时带来了他诗歌的"中年"气象,澎湃激荡的海浪与焦灼而理性的内心形成强烈的反差,"亚热带雨林气候的 / 岛屿与土地 / 远处的山峰此时在 / 光线中收紧着 / 光亮的皮毛 / 倾斜,显示着中年的意义"(《歧山》)。由故乡平墩湖到遥远的外省澄迈,由大葱、煎饼到南方的雨林和热带水果,江非不能不强烈感受到自身生命的成熟是以渐渐失去的青春和激情为代价的。尽管成熟并不可怕甚至是带有一种少有的秋天般的平静,但是中年的心态和带有中年特征的诗歌写作却注定要开始了:"只有果实是成熟的 / 木瓜的成熟之美 / 芒果的成熟之美 / 光啊,顺流而去的光阴 / 岁月的中年之美。"(《写信》)时间是如此强大!在月光的河岸下,那匹孤独、疲惫的"白马",它身上褐色或黑色的斑点无疑就是时间无情的烙印。这些带有过渡、分界性质的"中年"心态和记忆势能的写作带有明显的秋天般的质地,而江非这一类型的诗歌如《写信》、《坡度》、《这一年没有陨石》、《弹奏》、《去海南就要有去海南的样子》、《怜悯》、《九月的下午》、《秋日的柿树》、《在一个秋风漫漫退去的季节》、《秋赋》、《秋日的雨林布满了红色的果子让行走无法继续》等都是在秋天的背景下展开的。秋天的背景明亮而暗淡,冷寂而喧响。在江非"秋天"般的诗歌话语谱系中,整个乡村场景被宁静而忧伤的词语所隐喻、所规范,"我开始仰望天空 / 我开始相信清晨的天空肯定会有什么 / 掉下来 / 而不是带走"(《秋日》)。时间的巨大钟表和秋日下的河流所呈现的好像都是一个卑微的被囚禁的"蝈蝈",它们已经错过了青草和露水,只有被迎面而来的庞大的季节风暴带走。在这里秋风作为一个可以席卷一切的象征几乎带走了乡村生命的全部。诗人无论是在具体的生存场景中还是在怀想式的空间里都不能不面对酷烈时间的考验与捶打,记忆是无助的,而面对现实的记忆更是残忍的。在迅疾转换的时代背景中包括江非在内的这些从年龄上绝不年轻但也不算衰老的"70后"一代已经显现出少有的沧桑与尴尬,现实与理想的矛盾几乎无时无刻不在贴近略显世故而又追寻纯洁的一代人发着低烧的额头。江非近期的诗歌在葆有一以贯之的对生存现场深入探问态度的同时也频频出现了反观与回顾的姿态,这也不无印证了布罗茨基那句准确的话——诗歌是对记忆的表达,诗人也开始在现实与想象的时间河流中浩叹或失声。但是江非诗歌中的回溯和记忆的姿态恰恰是以尖厉的生存现场和个人化的发现为前提的,这些反观陆离光线中记忆斑点的诗行是以空前强烈的悖论性的反讽为叙写特征的。由此生存的尴尬、诗歌的困境、时代的悖论、异乡的冲动都在这些带有回叙性质的诗歌文本中不断得到印证与呈示,"那是什么在召唤我们 / 我们不约而同地向它奔去 / 翻越高高起垄的土豆田 / 绕着打谷场周围那些高耸的麦秸垛 // 在胸口上,解开一枚浸汗的纽扣"(《复活》)。江非在《傍晚》《河流》《冬至过后》、《不可知之兽》、《怀旧的日子》、《歧山》、《坡度》、《遗忘之地》、《传记的秋日书写格式》等回叙性的诗中不断设置和强化"另一个我"的声音,这个声音与强大的时间不断在挣裂的冲突中或决绝或迟疑地对话、磋商、盘诘与质疑。

生存重压下疲倦的江非去海南之后却仍然在夜晚完成属于灵魂、更属于生存和时代的诗歌。阅读近期江非的诗歌我强烈地感受到江非是目前中国青年诗人群体中少有的具有顽健的诗歌理想、持续的创作冲动、恒久的个人化历史想象力的诗人。在愈益加速的后工业时代的苍茫而眩晕的背景中,在一个个疯狂的旋转木马旁,江非是一个清醒的命名者,这些闪耀着良知的诗歌光芒是吸收了世事强大黑暗之后的复杂呈现。当然江非近些年诗歌中的反讽、嘲弄、无奈和荒诞的意味也愈益浓重。

二 "黑暗"的"乡愁"

值得注意的是,在江非的诗中有着大量的地理场景,而这些工业化语境中的曾经令人反复感怀的意象在诗人的世界中更多的是经过哲思的过滤和折射,因为这些物象已经沾染上时代的锈蚀的痕迹。"地理"在江非的诗歌谱系中更多的是作为连接历史与现实、家族与时代的一个背景或一个个窄仄而昏暗的通道,欲望和虚无夹击中"向后眺望"不能不是诗人的选择,而强大的诗歌精神和"出生地"的根性元素却都尴尬地成为

"空荡荡"的被追悼的词。所以在我看来,江非的诗歌始终坚持在看似日常化的真实生存场景和地理学场域中如鲁南、"临沂"、"平墩湖"、"海南"等设置大量的戏剧性、荒诞性、想象性但同时更具有强大的暗示能量和寓言化的场景。在这些苍茫的黑色场景中纷纷登场的人、物和事都承载了巨大的心理能量,更为有力地揭示了最为尴尬、疼痛也最容易被忽视的时代的华美衣服的肮脏、褶皱的真实内里。我想江非所持有的更像是黑暗中的诗学,我们已经没有必要再重复光明、天空和玫瑰,作为创造者和发现者代名词的诗人有必要有责任对大地之下的黑暗之物予以语言和想象的照亮与发掘。基于此黑暗的地下洞穴中细碎的牙齿所磨砺出的"田鼠"般的歌唱正契合了最应该被我们所熟悉然而却一直被我们所漠视的歌唱。

可以毫不夸张地说,尽管目下有一些诗人自命或被命名为"乡土派"、"新乡土派"、"农民工派"或"草根"诗人,但是真正体悟当下语境中乡村的家族、历史和个人命运,能够具备震撼人心膂力的诗作却相当匮乏。当诗人普遍陷于工业化和科技理性的官能欣快症,当一些貌似真诚的批判者在浅尝辄止中喷出各种哈气时,真正能够穿透生存的迷雾发现"黑暗中"的疼痛的诗人肯定是弥足珍贵。江非却在真正意义上从生命和语言的临界点出发,从血脉的根性出发所抒写的"地理"文化景观中铺展开不断决绝但又犹疑的文化地理学上的"乡愁"。从农耕情怀在20世纪80年代的沦落到此后急速推进的工业时代再到经济全球化时代,尽管江非的诗歌写作一直试图在多元化的路径中进行拓殖,但是他一直存留着一个黑色精神"乡愁"的见证者和命名者的身份和胎记。通往圣洁、"乡愁"之路的灵魂安栖之旅被一个个渊薮之上的独木桥所取代,而当诗人胆战心惊终于下定决心要踏上独木桥的一刻,却有一种难以控制的力量将那根木材抽走,留下永远的寒风劲吹的黑暗。黄昏退去、暗夜开始弥漫的时刻成了江非的内心图景和写作境遇。在带有命定性的境遇中江非在完成自我,这也同时是一代人的尴尬命运。近些年行走于异乡的江非不断以带有执拗性的个人视域抒写了家族的历史、个人的成长史和社会剧痛,其大多诗作所涉及的"乡土"与一些所谓的时下的"新乡土"诗人比较没有伪饰的道德涂抹和虚假的情感呻吟,而是在极富象征性的场景设置和个人感怀的具体意象的创设以及情感的抒发上都具有开阔的容留力量。在江非这里，像"乡村"、"平墩湖"、"海南"等这样的关键词，已经不再是地理学上的空间概念，而是广义的后工业化时代履带重重碾压下的剩余一角的隐喻，而作为"语言"和"求真意志"的幸存者，他反观着黑暗的无处不在，反观着工业时代的荒诞和虚无。为什么是江非这样像"鹦鸟"的诗人不断走在异乡的路上，不断在外省迷茫的路上背负着痛苦但仍然闪光的诗歌灯盏。在北方的山脉和南方雨林的较量面前，江非该怎样以诗歌来维持内心与生存的平衡，"每天傍晚，我都应该把它们带回来／给它们干净的晚饭／或者是／静止的河流／穿过人世茫茫的烟尘／一群白色的鹦鸟／于荒原上／高大，闪光／我要在院子里把它们抱紧／遣散周围的一切／在书架上放好／还给祖先沉默的灵仓"（《鹦鸟》）。在外省"混"生活是一代人最本真的生存状态，而早已"失去的故乡"则是一代人最为疼痛的精神事实。当然我所说的江非的这种"乡愁"远非一般意义上的对故乡的留恋和反观，而是体现了狂暴的城市时代景观中一个诗人的情怀和担当精神面对逝去之物和即将消逝的景观的挽留与创伤性的命名。这是面对迷茫而沉暗的工业粉尘之下遭受放逐的人、物、事、史的迷茫与坚定相掺杂的驳杂内心。江非自觉或被动地与现场、地理、生存、文化和历史产生了多层次的精神交叉和不停的摩擦，而冰冷、黑色、虚无、苍凉、疼痛无不象征了江非在特殊历史语境下的生活史、思想史和诗歌写作史的低沉底色。江非的诗歌写作在理想主义的乡土晚景的失落和欲望勃起后工业时代的夹缝之中，在精神的自我挖掘、奔突和深度沉潜中发现了时代的宿疾，同时不可避免地担任了带有时下人所认为的"老旧"特征的近于孤独的"书写者"的角色。而在这一点上江非的诗歌恰恰是获得了最为先锋的成色与质素。

优异的甚至伟大的诗人，其诗歌写作的谱系性和根系性是相当明显的，他会在自己的诗歌平原或高地上不断倔强地种下自己精心培植的诗歌作物，这些作物只在他的领地生长、壮大、成熟，其他的诗人只能在新奇、惊惧甚至嫉妒的心情中来面对这片陌生的景观。对于江非而言，无论是平墩湖时期还是现在的海南时期，他诗歌写作的精神向度和谱系性仍然在继续，就像强大的根脉在顽健地蔓延，这就是同时代甚至前此诗人少有的个人化的命名方式、顽强而开阔的现实感和尖锐的历史情怀。这种能力让他在当下的诗歌海洋中成为一座崛起的岛屿。江非所面对的首先是是寥落的时代夜色中无尽的车站、公路、铲车、铁轨、城市、城中村、城乡结合部、农村、地下室、厂矿、旅馆、菜市场，这一切成为江非的"起诉书"、"自白书"。他在"国家"、"社会"、"历史"、"人民"、"政府"、"时代"、"革命"埋置怀疑的军火！这一切成为诗人时时"清洗"的斑驳、油腻、污秽的巷道，"我们用一条红领巾吊死墙上那饥饿的虫子/从相册中向外剔着身高、属相和暴雨/我们给萤火虫盖好棺材，喂上最后一片苜蓿/给河流投上最后一票，不是让它当选/而是扔进一台正在发烧的机器"（《致哀》）。江非的《致哀》可谓是对自我和一代人成长的"尴尬"及由此而来的精神乡愁的悲壮总结。江非的诗歌质地是纯净的，也是晦暗的；他的诗歌音调是喑哑的，也是高亢的；他的诗歌基调是坚执的，也是绝望的——"我常以为我的血里有一些金属/我就是一块冷冰冰的金属/……一块磁铁。流着鲜血的铁"（《祖国》）。这两种质地奇特的糅合是他诗歌的个性，而这种诗歌个性的塑成与其特殊的观照自我、生存、时代和历史的方式是密不可分的。这也是为什么在江非的身上同时呈现出直面时代的先锋精神与独自冥想的古典情怀的原因，这在《祖国》、《花椒木》、《致哀》、《路基下的马》、《后饥饿之歌》、《虚幻之门》、《一个人去解放一个国家》、《什么样的，什么样的》、《致保尔·柯察金》等诗中都有着不言自明的典型呈现。我觉得江非更像是一匹白马，在飞速的奔跑中试图提前看清这个时代的迷雾，而在奔跑的同时他的目光又不能不在黑色的工业粉尘中投注到渐渐模糊的往日和略显老旧的事物身上。而《我们在黑夜里织一块布》、《一支手枪要有枪柄》、《三月二十日乘公交车去海口做杂志独自幻想的一会》、《刺猬歌》、《寂寞的狙击手在唱》、《燃灯》、《我们建一个省吧》等诗中诗人变得更为强大，也同时被更为强大的阴影所笼罩，其中强烈的历史意识、现场精神、怀疑立场、自我盘诘都构成了强大的力量撞击着这个疲软时代的夜晚，当然诗人内心的困顿甚至是绝望也是显豁的，"但我们还是没有看见那块可以/做成旗子的布/我们的心里／只有一块失败的布／伪造的布／最后是织布机坏了／织布机／这个一到天亮就要死去的叛徒"（《我们在黑夜里织一块布》）。

在秋风的吹拂中，柔弱而坚韧的根性力量在折射出时间无形力量啃啮的同时更暗含了一种无限向上伸张的情怀。江非本质上的对语言、文化、诗歌、生命的"宗教"般的虔敬成就了其诗歌特殊的成色。他在广阔的生活空间蕴含跌宕起伏的戚戚绵思，在想象空间中构筑起令人屏息的氛围。江非的诗歌写作在不断印证着一个不断重复的时代话题，同时这也是一个时代诗人所必须面对的难题。换言之我们都在谈论诗歌与时代、诗歌与现实的关联，而我们却时刻在漠视这些日常生活化的真实景观，但是它们都无不处于不断消逝和灭亡的边地。江非近年来的诗歌是对世纪初以来流行的阶级诗歌、乡土叙事、底层神话、"道德"律令沉疴的警告，换言之江非的诗歌写作已经证明诗人绝非是为了"流行"和"道德"而沦为庸俗的耽溺者与幼稚病患者，更非什么新一轮的"主旋律"写作的时代伦理的被强奸者。

像几乎所有的同时代人一样，在江非的心灵深处城市曾经是如此充满魔力。城市的柏油路、拖拉机、大卡车、电影院、录像厅、游乐园、高楼、电车以及花花绿绿的食品，都像一个巨大的魔方和万花筒吸附着他。但是当有一天真的"梦想照进现实"，对高节奏生活的本能排斥却让他对城市心存芥蒂甚至怀有本能性的恐惧。布满地下室、陷阱和脚手架的城市更像一个极容易使生命失重、精神失衡、道德失范的黑匣子，城市不能不是与生俱来的噩梦与炼狱，"当那辆公交车把更多的人抛在一个冷冰冰的城市里，而把它的乘客带到了麦香四溢的平墩湖和一些其它的乡村，我又一次相信，在一个黎明到来之前，总有一些事物会先于世界醒来"（《一个山东人住在平墩湖》）。江非在《我们建一个省吧》、《在临沂城混下去》等诗歌中呈现的城市是十足的充满了死亡、病痛、黑暗和荒诞的现代寓言的生发地，"……临沂城适合死亡／死亡永远只有一次／临沂城适合硬／也许你的一生就是在慢慢变硬／／临沂城适合一个女人／这个女人必须是：婊子／产妇、电台播音员、理发师、女囚、护士长／彻夜不归的少妇、被轮奸过的少女和母亲／／临沂城不欢迎我说出它的秘密"（《临沂城不欢迎妓女》）。

城市必然存在，机器依然轰鸣，物欲照旧流淌。当1999年江非和邰筐以及轩辕轼轲在临沂城里让渐紧的秋风吹透单薄的衣衫，年轻的身体被巨大的城市建筑的阴影所笼罩的时候，我们看到的是巨大时代沙盘中不断前移的城市梦魇和一代人的"后饥饿之歌"。

三　"平墩湖"的母性和父性

　　1845年7月4日，美国独立日这天28岁的美国青年亨利·戴维·梭罗只身来到了位于康科德城郊外的瓦尔登湖边，在面朝澄澈湖水的地方建造了一间属于自己的房子，然后在那里寻找属于自己的简朴、独立的空间。在那之后的150年后在中国山东一个叫平墩湖的村庄里，有一个乡村少年也开始拿起笔来开始写他的精神地理学和个人成长史的"平墩湖"。当平墩湖成为诗人抒写对象的时候我不禁又想起这个老生常谈的话题——诗人为什么住在"乡下"（精神、历史和灵魂意义上的"乡下"）？我更情愿平墩湖一年四季在江非的眼中春暖花开，但是我看到的则是漫无边际的风雪，诗人正如那棵高耸的杉树，用思想的头颅、用诗歌的身躯完成人生和生命的大诗，那枝头震落的白雪是诗人内心面对自我、时代的灵魂颤悸。在江非的诗歌中作为文化、自然、地理、生命和历史概念结合体的"平墩湖"以一种母性、父性和根性的膂力与诗人所要转述的乡村物象和人世场景慢慢融合，江非既身置其中又以一个高度旁观者的角色满怀忧戚或希冀地站在乡野平原和茫茫的两岸。既是现实的，又是想象的；既是具体的，又是符号的"平墩湖"之所以成为江非多年来诗歌写作的个人文化地理谱系学，其最重要的原因还在于，这里是他的出生地，是历史、文化、生命和灵魂的出生地，是他思考诗歌、生存和现实的难以稀释的"乡愁"。在此意义上，是江非发现和命名了"平墩湖"，而"平墩湖"也成就了江非诗歌特殊的文化地理学和"乡土"反省学意义上的母性、父性与根性。

　　正如江非所强调的乡村在本质上就是一个母性形象，也许只有诗歌才能无限地去接近这个生命、现实和历史相交织的复杂的乡村胎体和不断滋生的"母性"力量。基于此,"母亲"、"外祖母"、"姐姐"、"妻子"等母性形象在他的诗歌中频频造访。这些母性形象以宽容、强大、淳朴、安静、慈爱和痛苦、隐忍捶打着一个北方青年的诗歌神经,"那时她正坐在厨房里烙着一大摞煎饼中的最后一张。她被一屋子的烟尘埋在深处。她已穿上了冬天的棉袄,和一位在沂河的深冬里敲开冰面给孩子洗尿布的妇女,有了同样笨重的装束。我竖着耳朵从厨房门口经过,只听到了一位母亲在用匙板子敲击面糊子盆的声响。那时,平墩湖村至少有三分之二的户院里也正传出了类似的声响。几百年来,村里几乎所有的人都是在这种生命的声响里长大,然后又慢慢地死去的"(《一个山东人住在平墩湖》)。乡村曾经是多么温情、朴拙、宽怀和柔软,尽管她是愚昧的、落后的、贫穷的。在江非的诗歌文本中,反复出现的平墩湖和沂水等大大小小的河流一定意义上也是母性形象的化身,它们经年的缓缓流淌成为诗人难以割舍的"恋母"情结。而江非"乡村"诗歌中的母性形象不能不与其成长经历和个体经验相关。江非的童年和少年时代是随外婆李秀真成长起来的,他接受外婆的巨大关爱以及民间说书艺人的传奇人生和个人英雄主义熏陶。应该说外婆李秀真给了江非一个无限疼爱的但又处处历练的空间,这甚至对其一生都具有重要影响。外婆对江非的影响是巨大的,江非在很多首诗作中寻找和记忆这位平凡而神奇的女性,"我的姨妈／跟我说起我的外婆……／她曾经杀死一头黑熊／在土匪的土窑里／度过一夜／沿着铁轨走,爬上冻僵的火车"(《谈话》)。外婆去世那年江非在浙江舟山群岛的兵营里哭了整整一个星期。平墩湖和以外婆、母亲(更多是精神和文化层面的)为主导结构的"母性"形象成为江非诗歌写作的根性力量。

如果说这种"母性"形象呈现了江非诗歌宽容、温暖、清新、明朗的一面,那么他诗歌中的"父性"则是沉郁的、朴拙的、粗犷的、坚执的、狂叫的和震撼的。深有意味的就是江非的诗歌中"父亲"、"祖父"、"外祖父"、"叔叔"等这一类"父性"的家族谱系形象的反复出现,如《在一些坏天气里》、《外祖父》、《父亲坐到了树下》、《劈柴的那个人还在劈柴》等。值得注意的是"父性"形象在江非的诗歌中常常是深秋或寒冬背景之下的沉默的劳作者，如"父亲把双腿蜷起来 / 膝盖贴着膝盖 // 他把头深深低下去 / 两手抱着脑袋 / 看上去就像一个回家的人 / 走了很远的路他已经很累了"（《父亲坐到了树下》）。无论是劈柴、伐木的父亲，还是搓草绳的祖父，他们都是默默的不停劳作的沉重形象，这是否印证了乡村压抑和苦难的一面？这些"父性"的形象谱系甚至在江非的诗里出现的频率和强度已经远远地超过了"母性"形象。在一定意义上乡土沦落的时代，江非希望"乡村"作为一代人的精神策源地更需要一种强大的力量来支撑和延续，而这多像在寒冬的寒冷背景下不断劈柴的"父亲"。而这种力量显然已不仅仅是"母性"的包容和宽大，而必须富有"父性"的力量和呵护。对于一个正在到来的时代和一种正在消失的文明状态，江非比谁都清楚地认识到了力量对于力量的作用。而江非诗歌中"父性"的形成又与其早年的游走、乡村调查和反抗性的冲动以及历史怀疑主义相关。1990 年寒冷异常的冬天，江非这个怀揣着伟大而单纯梦想的少年在大雪中徒步考察鲁南、苏北郯城、临沭、东海、赣榆、连云港等 5 县市并写作考察报告《在泥淖中的中国农村》。1991 年酷热难耐的夏天，江非又骑着自行车大汗淋漓地考察山东半岛各地，写作考察报告《没有蒸汽的中国农民》。他的青春、梦想、冲动、激情都酣畅淋漓地在行走甚至是精神的"出走"中呈现出来，"我打算一个人到莒南去 / 在那儿，看水库 / 写日记 / 住一些日子。/ 我打算，带一些纸 / 和一支笔 / 一把斧头砍一些柴禾 / 用绳子 / 把它们背回"。1993 年江非离开平墩湖开始在海军东海舰队服兵役，这种强硬的军旅生活强化了江非诗歌的"父性"因子，但是也同时激发了江非对集体和历史宏大叙事层面中"父权"形象反思甚至反拨。

我们看到，在江非的关涉"乡土性"的诗歌文本中，故乡、往事、现实、历史总是以极其个人化又极具现场感、历史感的方式呈现出来。江非不但告诉了我们"发生"，而且告诉了我们"为什么发生"，他所呈现的那个乡村也总是因为一代人的尴尬身份和历史侵染而打上了"乌云"般的灰暗底色。江非告诉了我们，"乡下"还有很多人类的记忆正在复活，这些记忆正作为一个新的现实在影响着他，影响着我们和这个国家。正是在极具悲悯情怀的回叙性抒写中，江非把乡村的温暖和沉痛、人世的深邃和粗糙、时光的冷峻和命运的多舛都呈现的一览无遗。同时这种不无疼痛的记忆和晦暗、紧张、尖锐、疼痛的生存场景也"血肉模糊"地纠缠在一起,让江非的这种诗歌承担未经夸饰就有了与心灵契合的力量。江非和他的甚至整整一代人象征的"平墩湖"在历史和现实中是如此的真实而沉重,苦难的"根性"让诗人不断在寒冷的光阴中慢慢咀嚼——"我是日光中的落水者 / 也将走向落日的方向"(《给叶赛宁写信》)。

"平墩湖"作为一个乡村在后工业时代的隐喻,在江非这里其实承载了历史记忆与现实承重的无限苦涩,它就像一张空空的药方,在沉重和病痛中煎熬着一个诗人并不宽裕的内心。

"羞耻"的诗学与"惯见"的策反者
——朵渔论

尽管"70后"一代人的诗歌写作已经有十多年的时间,甚至像朵渔这样的精神"早熟"者其诗歌写作时间要更长。但可以肯定地说朵渔的诗歌写作一直没有被所谓的"主流"和"学院"所认可,当然这种认可对于诗人和真正的诗歌写作而言没有任何意义。在我的阅读体验中,朵渔的诗中有同代人少有的凛冽和尖锐、平静和明澈相交织的"含混"质素。朵渔诗歌写作的视域、想象的空间、词语命名的力度和个人化的历史想象力都相当突出。我想,面对着一个具有相当的代表性和个性言说方式的诗人,我们的时代批评家们再次验证了中国当代文学批评的无力和无以置喙的宿疾。如果说从作为一个整体的诗歌运动的角度看,"70后"的策略性出现已经有十多年的时间,当然这种诗歌运动作为中国"特色"的惯性机制仍然充满了时至今日都难以厘清的问题与某些缺陷。实际上,作为诗歌运动的"70后"只能算是一个特殊场域下的特殊产物,换言之,更多的同时代诗人当初并没有参与到这个运动当中来。当然,作为运动的"70后"其诗学意义和社会学价值是不能被低估的,当年的诗歌运动在诗坛这个剧场的抢占座位甚至"领地"的过程中使得这一代人有了登台亮相和发言的机会与权利。但是从真正的诗学意义和诗歌文本层面考量,非常富有意味的是,经过了十多年的淘洗和筛选,恰恰是更多的不被"运动"所归类的真正属于"在时间中写作"的诗人成为这一写作群体写作的中坚和先锋,"事实上作为70后群体的一员,我都不知道这些年里别的70后们在做些什么。时间真是一晃而过啊。最近有些人宣布75年前的才算70后,论坛也搞了好几次,无非是我对你错你先我后的话题。争吵了半天,你到底为诗歌贡献了什么东西?你是贡献了思想还是贡献了文本?是贡献了一个意象还是一堆是非?"(朵渔:《羞耻的诗学》)。当然最初的参与了"70后"诗歌运动的一些人无论是在诗歌写作、诗歌活动还是在策划刊物等方面仍然功不可没。然而经过十多年的时间,这一代人的诗歌写作观念、诗学差异和写作实践越来越呈现出分层化的倾向。面前这种差异和难以消弭的个性甚至分野,从总体上考察这一代人的诗歌写作症候已经有些不可能,甚至是费力不讨好的事情。我对此深有感触。至于说到这一代人的诗歌写作前景或出路,我想,对于已经人到中年甚至有的写作时间已经达到二十年之久的诗人而言,可能性的出路越来越被压窄了,而只有在孤独中坚持个体主体性的写作,坚持自由、独立、容留和良知的话语方式才能最终呈现出带有历史性和重要性的"大诗"。或者如朵渔所说的,我们缺少和应该坚持的是一种"羞耻的诗学",只有如此方能对抗虚荣、权力、浮躁和假相。

一

每次去南开大学或路过天津,我都会不由自主地问自己在天津这个城市有哪些同时代的重要诗人?而我首先想到的就是——朵渔。在天津这个让所有外来者都迷失路向的城市里,朵渔这位来自山东、毕业于京城的诗人的存在多少带有了寓言的性质。时至今日,一些诗坛"宿将"在和我谈起朵渔时仍更多停留于10年前的"下半身"写作。确实朵渔曾是"下半身"诗歌重要的命名者和运动发起者之一,但是当新世纪已经走完了第一个十年,包括朵渔在内的"70后"诗人已经逐渐呈现为成熟的个体言说方式并且不断丰富和发展的时候,业内人士仍然停留和纠缠于对朵渔诗歌的"下半身"和"口语"的观感不免是一种悲哀。这只能说明有很多批评者已经多年没有阅读诗歌了,起码对于朵渔是如此。即使朵渔的部分诗歌关涉"身体"和"性",但是众多的阅读者显然并未从田野考察的角度和谱系学的方法关注这种类型的诗歌写作更为复杂的根源、背景、动因、策略和文化意义。正如诗人所说:"我们可以像谈论革命那样/谈谈性交吗?"而提请人们注意的是,朵渔十多年的诗歌写作是丰富的、复杂的和变化的。这正如一条滚滚向前的河流,它的终点还远未可知,但是它在流淌过程中所携带的各种复杂地形所带来的信息、变化、形态显然足以值得关注。

朵渔在他练习诗歌写作的"学徒期"也有着"为赋新诗强说愁"和对流行趣味的"迷恋",但很快一个诗人特有的自省意识使得他的诗歌迅速走向了更为复杂、开阔或者更为艰深的地带和"现场"。在由"身体"(1998—2003)、"发现"(2003—2006)和"现场"(2006—)的谱系性生成和变化中,朵渔的诗歌写作和诗学随笔一起构成了一个繁复、深邃的有机性场域。而时至今日还很少有人能走进它并近距离观察它的纹理和深晦的沟壑。"柔刚诗歌奖"、"后天"诗歌双年奖和传媒华语文学大奖都已经颁给了朵渔,我不知道这算不算对朵渔多年来诗歌写作的一个馈赠和奖赏,或者是一种广泛认可的方式。朵渔的诗集《追蝴蝶——朵渔诗选(1998—2008)》勒口的作者简介标明"曾获得多项民间诗歌奖项"。真正意义上的"民间"作为一种先锋诗歌的关键词和重要的诗歌场域,至今仍在影响着诗人和写作。

说到朵渔,我仍想简单谈下他早期的诗作,也就是被人们广泛争议的一些关乎"身体性"的诗歌。而更多的批评者和诗人对朵渔的这种题材写作心存简单化和道德化的误解与偏见。《野榛果》这首早期的诗作呈现出历史、现场、自由、欲望、纯真、天性、记忆的含混缠结,我更多地看到纯真而又落寞的情感与身体欲望的"非法性"的"颤栗"和"明亮的幸福感"。当有评论者对这首诗仍然耿耿于怀并且贴上所谓的"邪恶"和"不洁"的标签时,我们不能不感叹,即使在今天,美学观念的差异和惯性的评判机制仍然在限囿和影响着诗坛。还是看看这首诗吧——"在越省公路的背后　榛子丛中/我双手环抱　她薄薄的胸脯/一阵颤抖后　篮子扔到地上,野榛果/像她的小乳房纷纷滚落//她头发稀少,水分充足/像刚刚钻出草坪的蘑菇/我将软软的阴茎放在她的腿间/她诡秘地笑,四周花香寂静//在采榛子的年龄　我们都乐于尝试/这小兽般的冲动　而快感却像/地上的干果　滚来滚去　坚硬但不可把握"(《野榛果》)。这种"采榛子"年代的小小的身体和欲望的冲涌恰恰是以纯真、自然和天性为前提的。身体和本能的冲动在农耕文明的天然氛围内达成了一种有趣的平衡。这正如刚刚涌向地面的嫩芽，这种冲动恰恰是在此后身体渐渐长熟的年代而成为道德和社会的双重禁忌。当我们展读中国现代汉语诗歌，很多优异的诗歌都具有互文的性质。由朵渔的《野榛果》、《我梦见犀牛》、《非常爱》等诗，我想到了青年穆旦在《春》中强烈宣谕的——"如果你寂寞了，推开窗子/看这满园的欲望多么美丽//蓝天下，为永远的谜迷惑着/是人们二十岁的紧闭的肉体"。在我的故乡曾有一片灌木丛，它大得让人在黄昏的时候会有深深的恐惧。如今它们早已不复存在，也正如我的烟消云散的童年和往事。那个年代采野菜、捡拾麦穗和柴禾成了我们的日常功课。在上学前的那段时光，我的一些少时玩伴都会满脸红晕地钻入那片灌木丛玩相互观看生殖器的"游戏"。当少不更事、满怀新奇的男孩女孩像犯了大罪神色慌张的出来继续做着父母吩咐的日常乡村功课的时候，他们在农耕年代的尾声里拥有的只是恐惧、不安和"廉价"的小小快乐。然而当年龄稍大纷纷走入育红班和一年级简陋的土坯房、矮板凳的时候，这种快乐马上被羞耻感所替代。多年后这些少时的男女伙伴都已各自成家甚至成了相互的陌生人，那段"不洁"的时光被无限扩大的生活和道德阴影完全笼罩。随着时间的推移，身体的感知状态一定程度上成为诗人的思考方式和哲性空间。德国女神学家伊丽莎白·温德尔（Elisabeth Moltmann Wendel）是这样界说身体的："身体不是功能器官，既非性欲亦非博爱之欲，而是每个人成人的位置。在这个位置上，身体的自我与自己相遇，这相遇有快感、爱，也有脾气。在这个位置上，人们互相被唤入生活。……身体不是一个永恒精神的易逝的、在死的躯壳，而是我们由之为起点去思考的空间。……一切认识都是以身体为中介的认识。一旦思想充满感性并由此富有感觉，就会变得具体并对被拔高的抽象有批判性。……我们需要一种新的思想系统。"[①]记得一位哲人说过，

[①] 刘小枫:《个体信仰与文化理论》，第476页，四川人民出版社，1997年。

身体就是打开哲理的大门。灵魂和"现实"正是在"身体地理学"这种特殊的人生体验和场域中不断融合或者盘诘、交锋:"窗外凋零,那是季节发生的秘密变化/相对无言,只是灵魂从孤独中离去/而不是肉体留下了泪水。"(《肥大的》)应该说朵渔是"70后"诗人中相当自知、自省的一位,他对整个1970年代人写作的影响焦虑状态的描述相当准确:"70后的很多写作者都患有一种集体胆怯症:他们认为秩序和技艺高于行动和体验,在这一方面,他们曾有一个广泛传播的信条:在代际'影响的焦虑'之下无限延长自己的'学徒期',以'沉潜'和'偏移'的方式说服自己的'文学史臆想'。他们往往将80年代的风起云涌、激情澎湃视为一场大雨行潦般得醉舞狂欢,而无视80年代伟大的一面:在广阔、欢乐、多样的个人写作中建立起一种自由、及物的写作新景观。在世纪末,我们重新拥有了一个为平庸的文学送葬的机会:彻底颠覆那种笼罩着神性光环的带有某种权威话语特征的'文学怪物'。"(《我现在考虑的"下半身"》)当我们延续文化和历史视野中的"身体"时,"身体"在一定程度上成为诗歌思考的不可或缺的方式。诗歌、饮酒和交往再一次印证了一代人"身体"和诗歌写作状态的双重变化。而这种变化是令人震惊的。当包括"70后"一代的诗人甚至是为数不少的诗人在青春已经结束的时候还将饮酒作为生活和诗歌写作的重要部分的同时,有些诗人则悄悄退出了喧嚣的酒场。当年的朵渔因为喝酒而伤了身体,现在的朵渔则对饮酒表达了个人性的反对意见,"我不喝酒是因为身体坏掉了,坏掉的原因是喝酒喝多了。饮酒与喝茶是两种不同的生活方式,一个静一个动。喝茶大概更生活化和个人化一些,比如一个人坐在家里喝茶,很正常,而一个人躲在家里喝闷酒就非常不正常。另外,喝茶总是二三知己的,知心的,慢的,可以交流的;而饮酒则是场合化的,一帮人的,互相不认识的人通过一场酒认识了,成为酒肉朋友。饮酒是无法真正交流的,话都在酒里了,交流的只是酒量。我不再喜欢一大群人聚在一起狂饮了,力有不逮"[①]。朵渔曾经认

[①] 赖小皮:《"我的诗歌不杀人"——朵渔访谈》,《中国诗歌研究动态(第二辑)》,第46页,学苑出版社,2007年。

为"70后"是"被吓破了胆的一代",他们集体呆在上一代诗人为他们制造的阴影中却不敢反抗,在"影响的焦虑"下无限期地延长着自己的学徒期。实际上,谈论"70后"诗歌不能不比照性地谈论在生理年龄较大的第三代诗歌、"中间代"诗歌和生理年龄较小的"80后"诗歌。这样的相互之间的影响的焦虑也呈现出不容逃避的问题。尽管从物理年代划分两代人的差异可能并非如预设和想象的那么明显,但是不同时代的个体甚至整体之间或显或隐都有着相互排斥和隔绝的倾向,"有些代人同下一代人紧密相连;也有些代人和下一代之间的鸿沟广阔得难以跨越。巴克纳夫人——她是有名望的女人,是中西部某大城市上流社会的一员——她拿着一壶柠檬水穿过她自己的后院,她跨越了一百年。她自己的思想能为她的曾祖母所理解;可是正在马房上面的房间里发生的事,这两位太太却完全不能理解。在那间一度是马车夫卧室的房间里,巴克纳夫人的儿子和他的朋友正在干不正常的事,但是,他们是,打个比方说,在真空里进行试验。他们是第一次试验性地把思想和他们手边的现成事实联系起来——这些思想注定在将来的岁月里先是富有表达力的、接着是令人吃惊的、最终是平淡无奇的。当她朝楼上喊他们的时候,他们正以毫不引人起疑的安详神态坐在尚未孵化的二十世纪中叶的鸡蛋上。"[①]

二

1990年代末期以来的诗歌写作有回到日常生活现场的倾向,但是这并非意味着诗歌写作简单回到对当下的扫描或者卧室里的沉溺性低语和独白。更多的诗人在对时代和诗歌的双重误解中丧失了以诗歌的方式对"历史"的个人想象和对生存现场的介入,从而集体性地丧失了"历史的个人化"叙事和"求真意志"的表述能力。这种日常化写作伦理和"惯见"实际上对诗人提出了更高的要求。而朵渔的诗歌显然并非扮演了个人和日常叙事中小感受、小反思者的角色,而是有意识在文本的尽可能拓

[①] 马尔科姆·考利:《流放者归来:二十年代的文学流浪生涯》,第6—7页,重庆出版社,2006年。

展的巷道上延展自己个人化的历史想象力和求真意志,展现个人的命运轨迹和更为深切的家族历史。他在驱赶着世俗和现场的黑暗的同时,也撕开了一道道并不醒目但却难以愈合的伤口和无言的苍凉与自嘲。

朵渔所特有的生存经历、情感经验和思考方式,使得他更多地充当了理想主义和怀疑主义的双重角色。这也使得他的诗歌能够持有对日常"惯见"的"不满"甚至"反动"。朵渔尽管其诗歌写作在更为广阔的多元空间同时掘进,但是他的诗歌一直持有质疑和自省的立场。一定程度上,朵渔以诗歌话语的方式毫不留情地呈现了一个骤然寒冷的时代冰库,每一个读者都会为其中的一个个难以避免、纷至沓来的寒风和暴雪不停寒噤。所以从精神和文化的角度来考量朵渔的诗歌写作,他在一个发着低烧的时代以内心的巨大风暴和不安为时代提交了一份扭曲而尴尬的病历表。这些病历共同呈现了一个时代的病症和顽疾,也说出了他们视野中的衰老、占领、死亡和经验价值观的降价、贬值。在朵渔的很多诗歌中,他不无有效地呈现出个体面对的生存和历史黑幕的压力和灵魂的低沉自白。

原型甚至是弗洛伊德思想体系参照下的"俄尔浦斯"和"那喀索斯"形象曾在中国的先锋文学中得到了互文性的呈现和阐释,而更具诗学和历史意义的普泛层面的家族叙事则在朵渔诗歌中得到了越来越广泛和深入的体现。很大程度上朵渔诗歌的家族形象更为真切地与个体的生存体验和历史想象直接关联。在家族记忆和历史日常化的抒写中,朵渔关于"家族"的诗歌呈现出真切的个体生活史和命运史的"全息图景"。其间历史变迁、社会动荡、情感履历以及个体生命的反思、自责、痛苦、难以言说的情感都榫结在一起——"起来,给母亲打个电话 / 她说,院子里的鸟巢落了一地…… / 儿子的梦呓,带来生活的压力 / 临近中年,前程在折磨我 / 能够放弃的已经不多,能够得到的 / 均是未知"(《妈妈,你来救救我……》)。这些诗歌带有强烈的挽歌性质,更带有与诗人的经验和想象力密不可分的阵痛与流连。同样值得注意的是朵渔在家族叙写上不仅对现实进行了相当深度的省思与反问,更为重要的是在历史意识观照下的沉重的毫无诗意可言的边缘化、常态化的家族叙事所呈现的社会景观以及更为驳杂的精神图景。换言之,这些关涉家族的诗作不乏个人化的历史想象力,这种关于命运的历史性表述不是来自于单纯的时间想象,而是与一代人的生存背景和对文化、历史、命运的态度相当密切的联系在一起的。家族命运与个体体验和时代语境脐带式地胶着、缠绕在一起,而这呈现的是"雨夹雪"般的寒冷图景。在《日全食》《父亲和母亲》《妈妈,您别难过》《第一夜》《委屈》《北风,北风》《北风,月亮》《高启武传》等诗中,朵渔关注的不只是家族亲人的命运遭际。诗人通过这些卑微的生命,这些亲人的饥饿、贫穷、痛苦、烦恼和一生都未曾有过的幸福的揭示,呈现出本真状态的乡村史以及个体对此的虚无和无能为力的忏悔感。这些诗作既具有强烈的"现实感"和震撼性的冲击力,又具有因深刻的"时间感"和想象力而呈现的家族和乡村的寓言性特征:"医生走后,我决定爬起来／多日以来的肠炎,让我虚弱不堪／庭院清凉,穿过槐花的光线／像一阵小雨落下／一群鸡雏在柴草间追逐／几乎全部的家畜都出门了／只有我父亲,赤裸着上身／在院子里挖土,一趟趟地／往田里运肥／汗水掉到粪堆里,焦躁挂在嘴角／和他面对,真是一种罪过／他不行了,白发覆盖了他,／不再似当年 连夜往安徽贩大米,／把发情的小母牛 按倒在田埂上。／他将铁锹扔向井台／拉开了栅栏门,在他身后／是一大片的田野和极少数的鸟群／整个村庄都保持着沉默／只有很小的阴影跟着他／那是谁投下的目光呢？我抬头望天／一轮黑太阳,清脆、锋利,／逼迫我流下泪水"(《日全食》)。当岁月用苍老和病痛将曾经健壮如牛的父亲"掀倒"在地的时候,尴尬、不安、惶恐、惭愧、懊恼都一起搅拌着诗人并不坚强的内心,"当时鸡已上架,月亮／也不好／一家人安静地喝汤／沉默中,渐渐传来／父亲的啜泣／这么多年来,他还是／第一次在儿子面前／流泪,那种委屈呵／简直不像个父亲"(《委屈》)。"不像个父亲"的"父亲"蕴含了难以言说的命运的不测和生命的脆弱,当诗歌视阈中的"父亲"形象不再成为偶像和权威,甚至不再高大而是呈现为一般生命个体的脆弱、痛苦和艰辛的时候,诗歌和诗人就使得这些"沉默的大多数"终于有了发声的时刻。尽管这种发声的方式是用扭结的疼痛和嘶哑所嘶喊或啜泣出来的。沉默的村庄、无言的家族就是历史的真相或是生存宿命的底色。值得注意的是，朵渔更多是在乡土化的历史背景中呈现了沉重而不乏戏剧性的家族叙事。沉寂、苍凉、孤独成为诗歌的基调和底色："母亲在从容地与邻居／讨论一匹布料，从容地／等待母鸡下蛋／从容地准备雨后的晚餐／／多么缓慢的一个人呀，在乡村／这简直就是一个奇迹。／有一天，我看见她在为神庙忙碌／孩子们不在身边，她的虔诚更加一分"（朵渔：《父亲和母亲》）。在看似缓慢、从容、虔诚的"母亲"背后，我们看到了中国农村的生存现实和精神现实，看到了一个个真正"民间"意义上原生态的家族景观。甚至这种真实和本相远远超过了诗人的想象能力和虚构的极限。朵渔的诗歌以极具个人化风格的方式展现了个体的灵魂、家族的履历和时代的命运之间的巨大碰撞和交锋。而这种诗歌中的"现实感"和衍生意义的空间地理已经远远超出了一般诗人对诗歌和"现实"的认识的限度。诗歌曾被精英文化认为是最为隐秘、最为高贵的一种献给少数人的手艺，然而当工业和城市文明以无限加速度野蛮前进的时候，包括朵渔在内的诗人都不能不面对一个严酷时代的黄昏和即将到来的沉沉暗夜。在知识分子的良知及真切的个体和时代体验面前，诗人作为一个手艺人可能还远远不够。对于这个疯狂的世界，隐秘的历史和沉沦的良知都不断成为问题的时候，一种"羞耻"的诗学应该诞生了。在此意义上诗人成为"文明的孩子"。这种建立于个体主体性和真切言说基础上的历史想象力和求真意志，在最大程度上打开了现代诗歌应有的空间视阈，将消逝的和正在消逝的事物与情感交织在类似于无物之阵的迷津之中。简单的肯定和否定都只是少年和青春期写作的表征，而"中年"式的在肯定、犹疑、前进、折回之间展开的辩驳和诘问方式，在朵渔这里不能不日益显豁的呈现出来。在很多诗歌中，朵渔不无有效地呈现出一代人面对的生存黑幕的压力和灵魂的低沉自白，不断与现实摩擦甚至冲撞，不断在龃龉的现场中发出质疑。他在日常的背后揭开由想象的真实、语言的真实和诗歌的真实所构成的常人难以发现的空间，这种发现秘密和日常诗意的强大势能反倒是印证了诗歌、语言和记忆的力量。

在朵渔的诗歌写作中，关于"诗歌伦理"、"介入写作"、"诗歌与时代"的诸多诗学问题就不能不被提出来。这也是近年来诗坛争论的一个热点。换言之，诗人该如何处理好个人与时代、诗歌与现实之间的关系？"'诗人与时代'作为一个持续性的话题，在这十年里依然大热。'诗人要有所承担'，这大概无所争议。但'诗歌要有所承担'，却是个充满争议性的话题。承担什么？为什么要承担？如何承担？深刻的分歧让诗人们互不服气。这个诗坛充满了似是而非的标准，到处都是美学纠察队。我认为诗坛最好的状态就是四分五裂，各走各的道，'不团结就是力量'。有批评者认为'介入'是一个技术问题，我认为归根结底还是伦理学。介不介入无关紧要，没必要道德归罪，也不需要美学纠察。有人直接面壁，有人向死而生，诗歌承认的是个人创造。"（朵渔：《羞耻的诗学》）实际上关涉这些问题的争论可能永远都不会达成共识。而对于真正意义上的诗人而言，"承担"、"道义"是不可丧失的诗歌良知之一，尽管诗歌的技艺和多元性维度同样重要，尽管不能用"承担"和"道义"作为唯一的标准衡量和规范所有诗人的写作。而朵渔的诗歌文本大体都有两个层面，一个是为人所"诟病"甚至误解的所谓性欲和身体的诗歌，而另一个层面则往往被忽略了，这就是朵渔对现实社会和生存现场的毫不犹疑的、大张旗鼓的"介入"和拒绝合唱式的表态、辩白、反问。在这些"不洁"的容留性的繁复诗歌场景中，人性、历史、现场和诗歌的可能性被真实和尖锐化的凸显出来。在这点上朵渔无疑是具有强大的不容置疑的"现实性"和"历史感"的诗人。只是这种现实性和历史感的呈现方式是极其个人化的，是属于朵渔自己的特殊方式。在朵渔看来诗歌这种手艺不能不承受一个时代的压力，因为这个时代是手艺人的黄昏。众多的手艺人几乎在一夜之间就被从简陋而温暖的作坊中被驱赶出来，走上一条完全相反的路。手艺开始荒废，诗歌的田园开始荒芜。而正是源于对手艺人处境、命运的冷峻观察和忧虑，朵渔才更为义无反顾的要做一个精心劳作的手艺人——"所有这些时节都已过去了，再也寻不回来，唯有在诗里，通过诗歌的不断挖掘，重返那个手艺人的世界。此时，诗歌还是一种创造吗？上帝已为世界创造了一切，我不知道还要诗歌创造些什么。在手艺人看来，诗歌只是发现，重新发现已经存在的东西，被阴影覆盖的东西，被记忆蒙尘的东西。"（朵渔：《手艺人札记》）而朵渔近年来的诗歌写作越来越呈现出一种近于救赎和对抗式的紧张状态。在冷静、尖锐中朵渔抒写了一个人的内心隐痛和精神成长史。这可能也就是朵渔所认为的手艺最为重要的一面就是类似于卡尔维诺的"重"。

我不敢肯定朵渔和时代的关系就是尖锐的不可弥合的紧张和对立，但是在朵渔为数不少的诗作中诗人无疑有着坚持独立、自由的个性的立场、自省意识和批判精神："穿过铁路桥和环城路的栅栏 / 穿过煤站和加油站 / 红头巾的少女在细雨中闪光 / 泥泞模糊了城市的界线 / 树篱被重新修葺一新 / 春风中却没有乌鸦在盘旋 / 我听到身后传来收废品的声音 / 瘦削的乡下人，和他的 / 几个脏孩子 聚在一堆废铁旁小便 / 此时 我渴望能碰上几个得意的农夫 / 我但愿已接近这城市的终点。"（《随一场小雨去郊外》）生存的艰难和更为迷茫的时代迷津，诗人感受到无处不在的缠困和束缚。这种无所不在的耻辱感以及对羞耻感的回应和对抗，成为朵渔诗歌写作的重要伦理驱动之一。朵渔在诗歌中不断确认了"龌龊"与"不洁"就是世界存在的常态。这也因此唤醒了诗人理想化冲动，让诗人渴望能有一个人在内心疾病的深处静静栽种梦想的幼苗，尽管它难以实现，每一点实现都会让一代人付出难以想象的努力与代价。诗人告诉我们在无边的寒冷和死寂中，我们缺少的就是那个唤醒我们内心的人，而只有这个人才能让我们的河床有鲜活的水流而不至于在生活的压榨中愈益干竭。这个能唤醒内心的声音正是来自干燥、岁月深处的那个被遗忘的"乡下"，那个任何人都不应该放弃的"精神故乡"。

三

朵渔的诗在舒缓和克制当中（当然朵渔的一些诗作也具有暴风骤雨般的直陈和犀利）具有一种特殊的紧张感，诗人倾诉的欲望、救赎的情怀、盘诘的姿态和独语的无奈都紧紧充满他的诗歌写作。这种不协调的话语方式增加了阅读的疼痛感。诗人将激情与沉思，火焰与黑暗，分裂与融合，独白与对话，盘诘与磋商在充满差异的纠葛冲突中结合在一起。也正如朵渔所言："我们无往而不在控制之中，羞耻感时刻纠缠着我。时代这样,我要求自己不能再这样。过去的一年里,我的写作伦理基本上是对羞耻感的某种回应。但无所谓成绩,所有的成绩也只是失败。"①朵渔的《"不要被你低水平的对手扼住……"》乃至长诗《羞耻感》都是充满无限的阴郁、愤懑、质疑、自问、迟缓、流浪和道德良知感的诗作。尽管伦理和道德不是评价一首诗的唯一标准,但是在当下这个完全世俗化、娱乐化的时代,持有质疑、警惕、批判、反讽立场和"羞耻感"肯定是可贵的:"有一年我回故乡 / 发现世界的比例都缩小了 / 那些小麦田、鸦巢、蚁丘 / 那些结实的乳房 / 和肮脏的性爱 / 都改变了颜色。/ 居住者死去或搬走 / 编年史中止 / 老屋也已荒废多年。"(《羞耻感》)这让我想起尼尔·波兹曼在《娱乐至死》中所强调的:在一个科技发达的时代里,造成精神毁灭的敌人更可能是一个满面笑容的人,而不是那种一眼看上去就让人心生怀疑和仇恨的人。这个造成精神毁灭的敌人给诗人带来的压力甚至惩罚是巨大的,"你希望一首诗做什么?有过一种表达的无力感吗?/ 软弱是不是一种挣脱枷锁的方式?比如说,足够软…… / 在成为国王之前这段时间里,我还可不可以饮酒? / 你在夜晚的桥下遇到过什么人?乞丐、小偷、吸毒者、杀人犯……有没有你爱的人? / 一辆车突然停下来,需要几种力量的结合?结束一种愚蠢,需要花费多少心思? / 将诗歌写进经文的人,他的信仰之深不再值得怀疑吗? / 精神即骨头(黑格尔),那么什么是肉? / 他的灵魂过于纯净,我们是不是应该建议他补充一些异质的沙子?"(《羞耻感》)。由此,我们不能不注意到这样一个显豁的事实:诗歌与娱乐和时代机器相当含混和暧昧地缠绕在一起。正如尼尔·波兹曼在《娱乐至死》中所批评的:"这是一个娱乐之城,在这里,一切公众话语都日渐以娱乐的方式出现,并成为一种文化精神。我们的政治、宗教、新闻、体育和商业都心甘情愿地成为娱乐的附庸,毫无怨言,甚至无声无息,其结果是我们成了一个娱乐至死的物种。"②那么在这个意义上,当诗歌成为公

---

① 朵渔:《受奖辞》,黄礼孩主编:《柔刚诗歌奖专号(1992—2006)》,《诗歌与人》,2007年总第14期。
② 尼尔·波兹曼:《娱乐至死》,第4页,章艳译,广西师范大学出版社,2004年。

众事件、茶余饭后的谈资和娱乐的噱头而引起一阵阵意味深长或不怀好意的笑声时，是否有人怀有这样的警惕：在一个科技发达的时代里，造成精神毁灭的敌人更可能是一个"满面笑容"的人？在这个意义上，《"不要被你低水平的对手扼住……"》《大雾——对话：索尔仁尼琴》更像是有良知的知识分子和诗人的"墓志铭"。这种难免悲凉的理想情绪和对抗意识，让人强烈感受到海子在1980年代末期的农耕文化晚照中所最后写到的诗句："我要做远方的忠诚的儿子 / 和物质的短暂情人 / 和所有以梦为马的诗人一样 / 我不得不和烈士和小丑走在同一条道路上。"（《祖国（或以梦为马）》）2006年对于朵渔个人而言无疑是属于要加上着重号的一年。在这一年里，朵渔强烈地感受到一个时代的"耻辱"已经成为日常生活的惯见和胎记。而当诗人试图以一己之力抹去这种"耻辱"胎记的时候，他感受到的是前所未有的挑战和"离心"的时代强力。而在世俗看来这种行为实践无疑是荒诞的、可笑的。

朵渔近期的诗作更为明晰地呈现出一种"中年"特征，这显然不是1990年代那种更为泛化也更具时代转折点上的诗人形象和时代寓言的特征。朵渔的"中年"诗学首先是属于个人视阈的，这更多地呈现为知性和经验在时间性场域中的植入与拓深，更多带有在生存的暧昧场景中擦拭记忆的能力和关于时间的生命体验的本能性的对称与浩叹。而逝者如斯、回溯记忆、感怀命运的"时间性"体验在朵渔近期的写作中得到反复的确认和呈现。当诗人面对的世界越来越祛除了陌生而呈现出"熟悉"面影的时候，朵渔也强烈感受到自身生命的成熟和诗歌写作的"中年"是以失去青春、激情、明亮、决绝为代价的，"我似乎已到中年，影子短暂 / 肉体抽象，一纸一木 / 皆是教导。郑重地给朋友写信 / 向父母请安，数着盐粒过日子 / 想想，还有多少未竟之事 / 在身体里晃荡"（《自省》）。曾经的青年时代的欲望化叙事也已经转换为知性的质地，诗歌的视角也在当下的日常景观中逐渐转向历史纵深和记忆深层。无论是在语言质地、想象方式，还是介入生存的精神维度都呈现了一个独特、丰富的朵渔。

你 / 被捕了，因为那些不合时宜的思想 / 我说，好极了 / 我为你们准备了一千吨 / 炸药,一万句口号 / 和一句小小的劝慰 / 你看,我已缩得无穷小 / 缩成了一个电、一滴墨水 / 在一个适当的夜晚 / 让我来为你引爆。我是 / 苍白的,如同一个笑话 / 我是易碎的,只需轻轻一抹 / 我嘴角的深纹　不是 / 因为嘲讽,而是 / 长久的沉默……/ 来吧,取消我吧,我已经 / 不耐烦!五月的雨 / 已经落下,洗净了大地上的 / 血迹,却洗不净 / 我的心,这黑雨。

——《2006 年春天的自画像》

《2006 年春天的自画像》《只二十年,他已陈旧》等诗都可以看作"生活突然被中断"渐至"中年"的诗人对时间、命运、历史的多重省察与"灵魂的自画像"。在朵渔的《2006 年春天的自画像》这首诗中,我强烈感受到每一句反讽的、质疑的、反抗的、诘问的、强力的诗行,每一个"义愤填膺"的词语都是埋藏已久的军火,思想的军火、良知的军火、道德的军火。它们随时都准备着牺牲和爆炸。这样的诗句也只是在当年的北岛的诗句中涌现,而这种相似性是否暗示了对于每个时代而言诗人所面临的尴尬和困境都是相似的呢?这多少证明在任何一个时代做一个"文明的孩子"是一个多么严苛的甚至不可思议的话题。当年布罗茨基评价"文明的孩子"曼德里施塔姆的话可能也一定程度上适合于今天评价朵渔:"曼德里施塔姆的世界大得足以招来这一切袭击。我并不认为,若俄国选择了一条不同的历史道路,他的命运便会有什么不同。他的世界是高度自治的,难以被兼并。再说,俄国在走它选定的路,对于其诗歌发展独自高速进行的曼德里施塔姆来说,俄国的这一走向只会带来一个东西——可怕的加速度。首先,这一加速度改变了其诗的特征。其诗崇高、静思、充满休止的流动转变为一种急速、突然、阵雨般的运动。他的诗成为一种高速度的诗,暴露精神、有时甚至暴露秘密的诗,常以某种简洁的句法跳过众多不言自明的东西。因此,他的诗比从前任何时候都更像一支歌,不是游牧人的歌,而是鸟雀的歌,带有尖利、意外的变调和升调,有些像金丝雀的颤音。"① 当然我在本文中一再强调的朵渔近期诗歌的"中年"性并非简单地就生理年龄而言的，而更多的是指向这个阶段的诗歌写作所呈现的特殊质地和纹理。知性、繁复、记忆和寓言性的文本正好确证和印合了这种"中年"特征。诗歌写作的"中年"特征在不同诗人那里降临的时候会或早或晚，实际上此前朵渔的一些诗歌写作就具有这种"中年"的质素，比如强烈的时间体验、历史的个人化想象的冲动、对现实生存场景的钻探式的叩问与质疑等等，只不过近期其诗歌写作中这种"中年"性越来越凸现和明确。越是到了身体和思维方式的"中年"，诗人对世事和自我的洞透越是深彻。而这种洞透的结果是让一代又一代人自认为最熟悉的现实带有了不可确证的虚拟性和寓言性，而这就是诗歌和诗人带给这个世界最大的贡献。他在不断一意孤行的向我们自以为深知的生命和现实甚至历史深处掘进，他也在挖掘过程中最终发现了现实表层之下的粗砺与真相。朵渔的"中年"性的诗歌写作对当下的汉语诗歌写作是具有启示性意义的。换言之，诗人用诗歌这种特殊的话语方式来发声的时候，有多少人真正思考过诗人、诗歌和活生生的世界之间的关系？当我们越来越深入和清醒地面对自我、生命、生存、世界的时候，发现越来越多的黑暗、荒诞、惊悚和困惑的时候，我们是仍然继续前往还是停下来或者折回？而朵渔的诗歌恰恰是在这两者之间进行的，即一方面不断以诗歌来表达自己对世界的"中年"性的发现，另一方面作为生命个体又希望能有一个诗意的地方来安置自己的内心与灵魂。这两种精神向度的同时呈现不仅强化了朵渔诗歌文本的张力和容留的空间，而且呈现了诗人这种"中年"式写作的可贵。即诗人没有简单的接受，也没有决绝的放弃，而是成了一个介入者、旁观者、清醒者和游弋者。而这些多重身份的缠绕，则相当有力地使得朵渔近期的诗歌具有清醒和含混、现实的确定和寓言的多义性相结合的特殊质素，从而一定程度上丰富了诗歌写作的可能性。

---

① 布罗茨基：《文明的孩子》，第89页，刘文飞译，中央编译出版社，2007年。

四

在我看来，朵渔是一个以寓言化的方式呈现他对现场甚至历史文化的态度，而曾经令人热血喷张的历史文化图景的脐带已经被这个无限加速的城市化和市场时代吞噬殆尽。多年前海德格尔的一句忠告已经被中国诗人和弱智的学院派批评家们所扭曲和掏空，然而这句"诗人的天职是还乡"对于"70后"诗人而言简直就是一种宿命。而这种宿命是在巨大的工业化、城市化和去乡村化的黑色浪潮中刺痛了一代人最为敏感、最为本源也最为疼痛的记忆。而更为重要的还在于在更为广阔的视域上，中国的晚近时期的乡村史、命运史和波诡云谲的时代政治风云一起冲撞着微不足道的个体命运和诗歌神经。这体现在朵渔的长诗《高启武传》中。值得注意的是《高启武传》是由两个文本组成（也是两个互补的声部）的，一个是现代诗歌形式的文本，另一个则是每首诗之前的"文言"形式的序文。这两个带有"新"和"旧"、"传统"与"现代"、"历史"与"当下"的文本不断龃龉、碰撞和生发出意味深长的寓言性和命运性融合的"真实"景观。在此意义上，诗歌成为记忆特有的表述方式。《高启武传》在一些人看来可能带有"僭越"的性质，但正是这种"僭越"和"非法"使得历史那道真实的缝隙被无情撕裂开来。而其间挤压、挣扎的戏剧性的乡村物事和家族命运就被极其"有效"地命名出来。基于此，可以说是语言拯救了历史，是诗歌对抗了政治。这种记忆也是关涉"出生地"的记忆，是一种脐带式的记忆。朵渔以"乡愁"诗人般的独特方式有力地反观着黑暗的无处不在，反观着大地情怀在工业时代的荒诞和虚无。在乡村与城市，真实和寓言化的背景上朵渔的诗歌相当细致地呈现出生存景观中所蕴含的戚戚绵思。然而在工业时代的拖拉机和尘土飞扬的公路上，河流、土屋、树木、牛车、废弃的草场等等这一切"沧桑"而"温暖"的乡村元素都成了被追念的逝去之物。这些诗句在不无广阔的生活空间和想象空间中构筑起一种令人屏息的氛围。在那些已经沾染上时代锈蚀的痕迹和野蛮时代机制强硬履带的重重碾压下，朵渔抒写着个人的成长史、命运史、家族史和时代史。从急速推进的工业时代再到新移民时代，尽管朵渔的诗歌写作一直试图在多元化的路径中进行拓殖,但是他一直存留着一个黑色"乡愁"的见证者和命名者的身份和胎记——"我关心的不是每一条河流 / 她们的初潮、涨潮,她们的出身、家谱 / 我关心的不是她们身形的胖瘦,她们 / 长满了栗子树的两岸 / 我不关心有几座水泥桥跨越了她们的 / 身体 / 我不关心她们胃里的鱼虾的命运 // 我关心的不是河流的冰期、汛期 / 她们肯定都有自己的安排 / 我关心的不是她们曾吞没了几个戏水的顽童 / 和投河而去的村妇 / 她们容纳了多少生活的泥沙 / 这些,我不要关心。// 我关心的是河流的终点。她们 / 就这么流啊流啊,总有一个地方接纳了 / 她们疲惫的身躯,总有一个合适的理由 / 劝慰了她们艰难的旅程。比如我记忆里的 / 一条河流,她流到我的村庄时 / 已老态龙钟,在宽大的河床面前 / 进进退退,欲走 / 还休。"(《河流的终点》)"一条河流"在诗人这里足以呈现出"乡村史"的遭际,足以追问工业文明的强迫症和终极意义上的存在性的时间观照。而"乡愁"的产生和作为"发现者"的痛苦和荒诞显然是来自于朵渔对"乡村"、"历史"和"时间"的凝视状态。正是这种"凝视"和"幻想"状态使得朵渔的"羞耻"的诗学和对"惯见"的策反、"暴动"成为一种美学趋向,"在我的家乡,土墙一座挨着一座,表面凹凸不平,阳光的阴影斑斑驳驳。我经常坐在树荫里,对着土墙发呆"①。朵渔的诗歌在深入"当代"的个人化想象力所呈现的带有疼痛"骨刺"般的时代寓言。朵渔的诗歌对时代现场和历史遗迹中的"身边之物"投注了尽量宽广的考察视阈,他在审视和叩问的过程中并没有呈现出简单而廉价的二元对立的冲动与伦理机制的狂想,没有在个人与整体、农村与城市、底层与中产、历史与当下、沉落与救赎、挽留与拒绝中设置鸿沟和立场,而正是这种融合的姿态反而使得以上的二元对立项之间出现了张力、弥散和某种难以消弭的复杂和"暧昧","……那秋日的雨,一直下到今天 / 一拨又一拨的愁云,仿佛秋天的心 / 风物冰凉,小流氓也感到无聊 / 庄稼慵懒地长着,麦子躺在瓮里 / 张家的门紧闭,李家的狗 / 学会了沉思 / 一些人在廊下支起桌子,打牌 / 其中就有我死去多年

---

① 朵渔:《追蝴蝶(后记)》,《追蝴蝶》,《诗歌与人》(特刊),2009 年第 5 期。

的爷爷/闲暇贴在睫毛上，鞋子逸出了脚面"(《乡村史》)。这种还原的历史主义和田野作业式的诗歌话语方式恰恰是在多个向度上再现与命名了诗人所经历的传统农耕社会的理想主义、革命教育与生活方式和此后工业和市场的无限推进的经济全球化时代泛政治语境下的尴尬心态、无根的失落和莫名的恐惧。朵渔的诗歌写作其时间意识是相当显豁的，更为重要的是，这种时间意识是与生命的体验、现场感和个人化的历史想象力直接相关的。这种时间意识不仅具有宽泛的哲思性更具有真切的个人性，同时这种时间意识在诗人所发现和创设的意象、诗歌节奏、语言方式和诗歌的整体构架中得到了近乎精确的个性化呈现。朵渔多年来的诗歌写作呈现的是急速的节奏中暴风骤雨般的狞厉的、寓言化的、荒谬性的戏剧性景观，无论是与诗人的生存直接相关的往事记忆、生活细节，还是想象和经验中的更为驳杂的场景、事件、历史、幻想，都在质疑、反讽的基调中呈现出难以规约的诗歌的真实状态。朵渔的诗歌写作张扬了一代人对自我、世界、生存、诗歌、历史、乡村、城市、异乡的经验或想象性认识，诗人以极其强烈的介入现实和历史的姿态呈现出快速的令人眩晕的目不暇接的驳杂景象。这些长诗更像是一个个人化、历史化、欲望化和寓言化的生存文本或一个诗人的灵魂档案和历史见证，一份关于社会、历史与个体的白皮书。基于此，黑暗、荒谬、悖论、假象、龌龊被诗人从浮华的帷幕背后拖拽出来，而个体作为一个匆促的生命过客，强大的社会规训与惩罚显然形成了一种强大的制约，再加之难以抗拒和改变的宿命力量的压制，生和死都不能不是沉重而尴尬的。

　　"羞耻"的诗学、"惯见"的策反、家族叙事、"乡愁"的胎记等这些来自于我琐碎印象的观感肯定会有偏颇之嫌。庆幸的是，诗人仍然在路上！遥远或切近的诗歌之途只垂青于那些暗夜中的跋涉者。

第二辑

文学话语与"中国现实"

在寒冷的雪中让内心和时代发声
——王家新的《帕斯捷尔纳克》

在1990年代的汉语先锋诗歌写作的经典文本谱系中，王家新的《帕斯捷尔纳克》以卓越的个性化诗歌写作敏识和沉重的知识分子式的担当精神呈现了由1980年代末到1990年代初转型期的诗学症候。《帕斯捷尔纳克》这首诗以寒冷背景中的独语、对话和争辩、质疑，舒缓而凝重的诗歌节奏凸现出1990年代诗歌写作的难度与深度，也更具代表性地呈现了内心与生活和时代之间的纠结与龃龉。《帕斯捷尔纳克》完成了一个时代剥洋葱式的伟大工作，在不可替代亦不可复制的词语、想象、经验、生活的反复摩擦中，诗人以寒冷而深锐的智性写作提前揭开了一个陌生而尴尬时代的降临，一个理想主义年代的黯然结束。

《帕斯捷尔纳克》是1990年代诗人的精神成长史，是一个诗人面对时代和内心的强大而低沉的发声。在1990年代的汉语诗歌写作史上，在理想主义结束和精神贫血的工业时代降临的背景之下，王家新的《帕斯捷尔纳克》成为绕不过去的经典文本。在十二月冰雪的寒彻背景下，一个时代的开始是以难以言说的尴尬和沉重为代价的。而王家新则勇敢地担当了个人、生活和时代多重的难以想象的重压，从而使得知识分子的优异灵魂和个性化的写作成为90年代以来中国诗歌写作的强大、低沉而又持久的发声。王家新在1990年代初期的《守望》、《转变》等诗中呈现出特有的知识分子担当意识和对时代的深刻抒写，但最具代表性的还是《帕斯捷尔纳克》（最初发表于《花城》，1991年第2期）。

《帕斯捷尔纳克》这首1990年代诗歌的经典文本正印证了"诗与诗

人的相互寻找"。1990年代在一定程度上成为考验所有中国诗人的一个特殊时期——压抑、迷茫、困惑、沉痛、放逐成为诗人的日常生活和诗歌写作的主题。而如何以诗歌来完成由1980年代到1990年代中国社会的转型、诗歌写作语境和诗人心态的暴戾转换,就成了1990年代诗人所面临的挑战和难题,"是到了在风中坚持/或彻底放弃的时候了"(《转变》)。然而最终缪斯在众多的诗人中选中的骑手只有一个,那就是王家新。换言之,王家新和他的经典名作《帕斯捷尔纳克》以向内心和时代的"黑暗"挖掘成为映射1990年代文学生活和社会生活的一面多棱镜,而王家新也成为转型期"游动悬崖"上的一个先锋的守望者和质疑者的形象。《帕斯捷尔纳克》由于特殊的时代情势不能不成为1990年代中国诗歌写作和时代境遇的一个重要寓言。正如程光炜在1991年初看到王家新刚刚写完不久的《帕斯捷尔纳克》时的震惊与沉痛,他由此预感到1980年代已经结束了……

《帕斯捷尔纳克》从诗歌的题目到诗歌中大量的独语和对话,我们可以看出,首先这首诗含有对俄罗斯白银时代的伟大诗人、小说家帕斯捷尔纳克(1890—1960)这位"承担者"、"苦难者"式的"大师"致敬的成分——"不能到你的墓地献上一束花/却注定要以一生的倾注,读你的诗/以几千里风雪的穿越/一个节日的破碎,和我灵魂的颤栗"。这也正印证了王家新所宣称的帕斯捷尔纳克对自己产生的重要影响,他"激励我如何在苦难中坚持"写作。然而,这种诗人和诗人之间的对话与倾听的过程显然是如此的艰难。这种灵魂之间的"无言的亲近"却是以穿越几千里的风雪来完成的,其间是黑暗而寒冷的记忆,灵魂的孤独、破碎和战栗是同时属于王家新和这个俄罗斯伟大诗人的。但是值得强调的是,如果仅仅将《帕斯捷尔纳克》这首诗简单地视为王家新对帕斯捷尔纳克的致敬,无疑将诗人的真正写作意图和这首诗丰富的诗歌意义大大降低了。与其说这首诗是对另一个伟大诗人的致敬,不如说这是精神贫血时代诗人自己和自己,甚至自己与时代的互相探询与争辩。换言之,王家新在《帕斯捷尔纳克》中只是结合一个遥远国度诗人的对话完成了一个中国本土化的诗歌寓言和个体写作与精神生活的强大象征,"从茫茫雾霾中,透出的不仅是俄罗斯的灵感,而且是诗歌本身在向我走来:它再一次构成了对我的审判"。这样,俄罗斯的茫茫雪野和北京十二月冬雪的"轰响泥泞"就构成了情感共鸣的生发场阈。诗人在遥远而沉重的俄罗斯和惨遭放逐的帕斯捷尔纳克那里找到了共鸣的契机和入口。在不断的掘进中,王家新完成了对沉重的历史重压下的个体命运和时代症候的本质性思考。这也是为什么在1990年代诸多重要的诗歌文本中,《帕斯捷尔纳克》成为经典的一个重要原因了。由此我们可以发现,在任何时代,诗人和时代的关系都不是一个大而无当的伪命题,而是一个真真切切难以回避的问题,而王家新以他的《帕斯捷尔纳克》做出了有力回答。

王家新在《帕斯捷尔纳克》中所呈现出来的沉痛和受难感是同时代诗人中相当少见的。王家新的诗歌写作技巧可能不是同时代诗人中最好的,但是他特有的知识分子的情怀和勇于担当的精神以及对命运和时代的深锐审视却无疑是同时代诗人中最为出色的。这从而使得王家新成为中国1990年代以降汉语诗歌写作群落中一个独特存在。而只有如此,我们才能真正领略和读懂《帕斯捷尔纳克》这首诗歌的真正伟大之处,才会真正读懂十二月的风雪、泥泞、寒冷、清澈背景下质疑、盘诘、沉痛、尴尬、放逐、担当、牺牲的伟大诗歌精神的烛照与洞彻。在墓地、风雪、弥撒曲、死亡、黑色的大地等带有沉重质地的意象谱系中,我们似乎发现词语和修辞甚至已经无法分担事物的沉重、诗人内心的沉重和时代的沉重:"那些放逐、牺牲、见证,那些 / 在弥撒曲的震颤中相逢的灵魂 / 那些死亡中的闪耀,和我的 // 自己的土地!那北方牲畜眼中的泪光 / 在风中燃烧的枫叶 / 人民胃中的黑暗、饥饿,我怎能 / 撇开这一切来谈论我自己?"

在强烈而突然的时代转换中,王家新的《帕斯捷尔纳克》相当具有说服力地印证了诗人和自我、命运和时代境遇之间的复杂关系。其真切而撼人心魄的悲悯情怀、担当意识和怀疑精神完成对一个时代的命名,尽管这种命名是不无尴尬而沉重的。诗人将灵魂这个高贵而敏锐的避雷针探入到幽晦的时代天空的云层深处,提前承受到了一个时代的真相和寒冷。这就使得诗人不能不"忍受更疯狂的风雪扑打",不能不"嘴角更加缄默"，因为那是"命运的秘密，你不能说出／只有承受、承受，让笔下的刻痕加深／为了获得，而放弃／为了生，你要求自己去死，彻底地死"。尽管《帕斯捷尔纳克》全诗充满着1990年代特有的沉郁和沉痛的精神震荡，但是其间仍有明亮的色调，"无论生活怎样变化，我仍要求我的诗中永远有某种明亮；这即是我的时代，我忠实于它"(《词语》)。但是这种"亮色"体现在《帕斯捷尔纳克》却恰恰是一种冰冷的亮色、沉郁的亮色。换言之，悖论的修辞与反讽成为全首诗的一个本质内核。正如诗中反复出现的"风雪"、"雪"、"雪的寒气"、"冰雪"等"深度意象"，它们是寒冷与温暖、痛苦与幸福、质疑与肯定、放逐与坚持、受难与幸福的同时复杂呈现，"这是你目光中的忧伤、探询和质问／钟声一样，压迫着我的灵魂／这是痛苦，是幸福，要说出它／需要以冰雪来充满我的一生"。

王家新这首《帕斯捷尔纳克》寓言与象征性的诗歌凸现了诗人的敏锐与深忧，因为一个理想主义的时代甚至诗歌时代已经结束了，非诗的时代已经降临。而在非诗的时代如何进行诗歌写作，完成对个人和生存甚至时代的多重命名就不能不是困难而尴尬的。诗人没有在艰难的时代到来的时候抽身而退，没有规避诗人作为个体对时代承担的责任，而是决绝地用词语、想象和灵魂担当起内心、生命和时代的多重压力——"从雪到雪，我在北京的轰响泥泞／公共汽车上读你的诗，我在心中／／呼喊哪些高贵的名字"。轰响的泥泞、冬天的寒冷和以公共汽车为代表的工业时代的日常"暴力"景观就构成了生活和写作的双重难度。这也正是几乎所有的1990年代先锋诗人所共同面对的难题。这样，担当精神、个性意识、怀疑立场就成为《帕斯捷尔纳克》整首诗歌的关键词。但是值得注意的是，王家新并不是一个充当暧昧的时代集体"代言人"的角色，而是在1990年代以来的《帕斯捷尔纳克》等诗歌中充满个性化的内省式的知性写作完成对内心和时代的双重命名与发现。这种发现与命名却是在寒冷的时代转型语境下完成的。换言之，从发生学的角度考量，王家新1990年代以来包括《帕斯捷尔纳克》的重要诗作在内的诗歌写作，总是在显豁或晦暗的写作情境中持续地楔入个体生命体验和时代噬心主题的最为本质的部分，在与生存和语言的反复摩擦中以个性化的叙述彰显出时代和内心幽微的闪电与惊悸。"终于能按照自己的内心写作了／却不能按一个人的内心生活"。诗人有力地回答了在一个能够按照内心生活的时代诗人必须听从内心的召唤、遵从内心的律令，维护个体真实内心写作的道义与情怀。

"非虚构":从文学"松绑"到"当代"困窘

"非虚构写作"作为并不新鲜的文学话题,无论是其所指涉的"文学"本体的认知还是文学场域和写作空间的可能性,都不仅与中国当代文学每个时代转捩点上复杂的社会和文学语境密切相关,而且还体现了文学生态与"非文学"以及"当代性"、"现实性"之间的多重焦虑性关系。而在社会分层愈益明显、社会现象和民生问题愈益显豁的语境下,网络、博客以及微博等迅捷自媒介和"新闻体"效应对文学写作、文学刊物和文学接受甚至文学消费都构成了巨大挑战。而这种挑战也不能不影响到对传统意义上文学的诸多重新认识甚至反拨,从而也随之出现一系列变化、变体和调整的"松绑"的过程。

说到当下的"非虚构写作"以及与此相应的文学与"现实"、"当代"和读者之间的关系,我首先想到的是十余年前一位作家的自陈——"当年在我开始写作的时候,我所在矿区的工长轻蔑地骂我:你还想当作家?当毬去吧"(夏榆:《非修辞的生活,非虚构地写作》)。

近年来,《人民文学》("非虚构写作计划")和《天涯》("民间文本")、《中国作家》("非虚构论坛",2006年该刊改版时推出《中国作家·纪实》)、《厦门文学》("非虚构空间")、《延安文学》("零度写作")等诸多刊物相继推出有别于一般意义上文学类型的"非虚构"性写作。这除了其希望拓展文学可能性以及现实指向性、文学写作的"日常化"以及重新思考作家和世界的关系的同时,其强烈的尴尬感、分裂感甚至时代和文学的双重焦虑症是可以想见的。具言之,"非虚构写作"在近年来逐渐成为文学热点呈现了文学自身的新变以及文学在"当代"新语境之下的尴尬与困窘状态。这里所指涉的"非虚构写作"在指向文学本体性层面的同时也不能不指向了作家的身份、立场、姿态和"当下"以及文学和"非文学"场域的龃龉。当《新京报》等各大"主流"媒体以及各大书城（含各个网络书店、文学网）在每月推出"虚构类"和"非虚构类"（而目前关于"非虚构类"是否算是文学文本或一种文学文体仍存在巨大分歧）排行榜的时候，我们应该发现其中的"非虚构类"已经愈益成为带有明显的"社会关注度"的被消费化、市场化和利益化的写作方式和写作姿态。当然换一个视角，其中带有一定文学品质的"非虚构写作"也呈现了从文学精英化到社会化和大众化的转变，一定程度上也拓宽了文学的边界和写作可能。我们是否也会由此引发这样一系列追问：我们是否进入了"纯文学"式微的年代？或者这是否为一个文学遭遇更多的挑战和"文学性"高度扩散甚至消弭的年代？由"非虚构写作"我们是否该重新思考传统意义上的"文学"和作家以及阅读、世界之间的关系？与此同时，我们是否该重新反思我们对"文学"的理解是否足够宽阔？目前的作家是否仍然在一定程度上坚持着精英知识分子的惯性"幻觉"与那喀索斯一样的自我迷恋？而多年来"圆滑"、"圆润"、"令人舒服"的缺乏真实感、摩擦感和疼痛感甚至原生粗砺感的文学趣味是如何形成的？而所谓的专业阅读者和评定者尤其是国家级大刊和国家级文学大奖的机构和评委是否该为此承担一定的责任？

一

"非虚构写作"（我一直好奇这个概念和"纪实性写作"之间是何种关系）在近几年渐成文坛热点，但一定程度上我认为这种写作路径和方式并不一定会给多元化的文学空间提供广阔的前景和新的可能，当然这并非意味着其间没有出现"非虚构"写作的优秀的文本，比如王树增、梁鸿、乔叶、慕容雪村等。而"非虚构写作"对"真实性"和"现实感"的精神诉求无疑体现了纪实文体与"小说"相结合的趋势。而无论是就中国古代的史传文学传统、五四时期冰心等作家的"事实小说"、20世纪五六十年代美国等西方国家的"非虚构文学"的热潮，还是1949年之后当代中国本土的"非虚构小说"而言,"非虚构写作"都不是一个崭新的话题。甚至早在1986年就有研究者试图给"非虚构写作"进行分层,即"完全非虚构"和"不完全非虚构"。而问题的关键却在于,"非虚构写作"本身和概念生成以及理论探讨都不能不涉及文学的本体性问题以及同时所遭遇到的各种可能、限囿与悖论冲突。换言之,"非虚构"与"虚构"、"写作"与"亚写作""反写作""非写作"、"真实性"与"文学性"、文学与"非文学"、"现成性"和"可能性"之间是否重新设置了本质主义色彩的论调?这是否又重新设置了难以最终调解的"矛"与"盾"的悖论循环?当年的"自然主义"、"革命现实主义"、"社会主义现实主义"和"新写实"、"新现实主义"与"非虚构写作"之间的命名、立场甚至意义与缺陷是否存在着历史的谱系性和某种"可怕"的循环?

而由"非虚构写作"我们发问的是,为什么文学的"真实性"重新成了问题?1980年代的先锋文学通过元写作和修辞迷恋校正了以往主流文学"非虚构"的经验化写作的整体性和宏大性,从而呈现出了个体和诗学的双重意义。而时过境迁,随着文学和社会语境的双重转捩,文学的"虚构性"已不是问题,问题是我们的作家和文学与读者和"当下"的关系发生了脱节甚至产生不无巨大的缝隙。而面对着更为多元和个人化的读图读屏时代,文学面向现实和公共的能力重新成为时代的难题。在一般意义上,写作就是"虚构"和想象的产物,而说到"非虚构"和写作之间的关系当然存在着合作甚至容留的可能,比如报告文学、纪实性文学、传记文学、历史文学、口述实录体等"创造性纪实作品"。这些类型的写作显然是具有"非虚构"性的。但是我们是否注意到,从来都不可能有"纯诗"和"纯文学"存在,尤其是在中国20世纪的社会政治文化和复杂的文学语境中更是如此。我们应该注意到,"非虚构"所呈现的"真实"同样包括作家的写作伦理。当我们被"非虚构写作"打动的时候,我们需要进一步追问的是——是什么打动了我们?是"非虚构"的力量还是"虚构"的力量?而"非虚构"和"写作"之间存在着明显的龃龉关系和矛盾甚至冲突。姑且搁置一般意义上的"文学性"写作,即使是史传文学和一般意义上的历史叙事和社会纪实、新闻记录,仍然会带有程度不同的"虚构"和"修辞"性。实际上,从本质上而言"写作"就必然是"修辞",而"修辞"又必然牵涉到"虚构"、"想象"和"创造"。文学史写作显然更具备"非虚构"的必备特征,然而长期以来文学史不仅被视为是一个时期文学思潮、流派、社团和作家作品的整体描述,而且更应是对文学发展规律、内在动因的一种"真理"揭示和客观总结。那么文学史的书写行为就不单是一个历时性概念,更是一种本质性的认知方式。而文学史作为一种写作和书写行为就必然会带有"修辞"性和想象性,而由于各种文学之外的家国、民族、政治、意识形态诸多复杂的影响,历史叙述的真实和客观自身就大打折扣。只有如此,我们才能真正体味"一切历史都是当代史"这句话的含义。正是因为历史叙述的修辞性和变动性,我们可以说一切历史在不同的语境的叙述只能是不断的"重写"甚至"改写"。

"虚构"的字典义:凭想象造出来(《现代汉语词典》(试用本),商务印书馆,1973年,1158页)。据此我们可以认定,一些研究者和刊物推出的"非虚构写作"概念以及"非虚构"研究应该更多的是强调了这些写作不是"凭想象造出来"的。既然不是凭想象造出来的,那么就涉及了现实、客观和事实。也就是说"非虚构"文本所涉及的事件和内容是如实已然发生的客观现象。而这种关涉"真实性"的"非虚构性"就要求这类写作具有类同于纪录片的要求:"真实"的"底线"和"真实再现"的"渐近线"。但是我们是否注意到,这些"真实"意义上的"非虚构"成分到底在一个文学文本中占有多大的比重和程度?有没有意识到既然是作为一种写作,那么这些"非虚构"的成分进入到作家主体的写作当中时有没有想象、夸张、修辞和必要的"虚构"?有没有写作者的个体主体性的介入、对话和其他方面的参与?如果不存在,那么"非虚构写作"和新闻记录的区别何在?如果存在,我们该如何认识和认定"写作"和"虚构"的关系?还需要强调的是,我们现在所提出的"非虚构写作"对新闻纪录片的理解自身就存在一定偏误。我们往往认为新闻纪录片完全应该是客观和真实的,当然晚近时期提出的"新新闻主义"是对这一认识的补充,但是我们可能忘记了早在1926年约翰·格里尔逊对"纪录片"的最初界定:纪录片是对现实的创造性处理。由此,纪录片仍然只是一种再现现实的处理和创造方式。既然连纪录片都有"虚构"的成分,那么"非虚构写作"就不可能排除掉"虚构"的成分,这多少是一种抵牾、抵消甚至悖论。可能会有研究者认为,这种"非虚构写作"不应该归入一般意义上的文学写作当中来,这样可能就会强调这种"非虚构"的广泛性、可能性和理论与实践之间的可能性。实际上,"非虚构写作"所涉及的仍然是"真实"和"真实感"之间的关系,换言之就是"真实"和表现之间的关系。而"非虚构写作"所指涉的"写作"涉及的并非只是文字空间,实际上我们已经注意到在全球范围内的艺术、电影、新闻、纪录片等当中都存在着强化"非虚构"的声音甚至吁求。但是我们看到,这些试图体现原生态意义上的反拍摄、反跟踪、反虚构的制作方式自身恰恰凸显的是这种姿态的悖论和陷阱。这也就是所谓的"非虚构"的仿写,或曰"仿非虚构"。这些试图强化"非虚构"的方式,恰恰是在看似原始、本真、可信的画面和声音中更为人为地蓄意制作出来一种"拟真实"或"真实"场景的再现。而这种"拟真实"和"再现"本身已经不可能是已经发生的客观事实的本来面目。实际上,"非虚构"只能是进入历史、现实的一种通道和中介而已,它和"虚构"、"想象"创造出来的世界本质上并没有差异,二者之间也没有优劣高低之别。

二

同时,我们谈论文学问题又绝对不能坐而论道,而必须结合历史和当代的文学语境将问题对象化和具体化。而一般意义上的写作必然涉及表达、观点、情绪甚至态度、立场以及道德、伦理。尤其是对于"非虚构"性特征更明显的新闻、纪实、报告文学等文体而言更是如此。而这种不可避免的个人表达和"客观"、"真实"以及"非虚构"之间就形成了一种关系或者是一种缝隙。而这个缝隙靠什么来缝合,能不能缝合是我们必须予以关注、追问和反思的。而我个人认为,"非虚构"写作只是反映了一定程度的文学写作的"非虚构"性的一些症候并且这种症候在不同的文体那里的程度具有差异性而已。如果认为在纯粹的意义上存在着一种十足的"非虚构"写作我认为是荒谬的。这最多是一种文学价值预设和理论假想,或者说对文学写作的去"虚构"化存在着一种写作伦理的理想主义倾向。而"非虚构"还体现了一定的民粹主张,甚至还体现了技术主义和新媒介文化的影响。

实际上,无论是从美国等西方国家最初的所谓"非虚构写作",还是包括杜甫在内的被研究者指认为"非虚构"性的诗歌写作,以及晚近时代的鲁迅文学中"我"的主体非虚构性等等,这只是呈现了一些作家和文学现象当中的"非虚构"性的事实,但是包括这些文学事实在内文学的"非虚构"性只能是相对的。进一步,当"非虚构写作"排除了文学性和写作个人化更弱化的报告文学、纪实文学和传记文学之外,那么问题就更为复杂。这种被鼓吹为新的写作可能性和新的文学写作的方向是否同时搁置了问题的复杂性和写作的难以归一性?显然,《人民文学》在2010年推出"非虚构写作计划"是有其现实意义和指向性的(参见2010年第2期《人民文学》的"留言")。实际上,《人民文学》强调的"非虚构写作"就是对"纯文学"和"纯文学刊物"的一种校正。而编者希望更多的"非文学"、"非专业"的各种职业的人写作个人的"日记"、"传记"、"调查"、"报告"等"非虚构"文本,不仅强调了写作者的多样性和可能性,而且会给在新媒体时代的非纸质传播分得一定的阅读份额,并强化渐渐被弱化的传统意义上文学刊物的影响力和传播空间。实际上,早在《人民文学》之前,《天涯》就推出了大量的纪实性和原生态的"民间"文本。而《天涯》所提供给我们的各种职业和各个年代的日记、报告、书信、诉讼文件、档案,无疑同样具有"非虚构"性。而我想追问的是,为什么这些刊物、编辑、作家、研究者甚至读者都在近些年尤其是"新世纪"以来不断推出和强化所谓的"非虚构写作"呢?这才是将问题具体化和"本土化"的重要途径。稍微有些阅读观感的批评者和阅读者都可能已经注意到了一个新的社会事实,而这个社会事实不仅影响甚至改变了我们对文学的认识,甚至在今天还不能不影响到作家、出版机构、研究机构对这一社会现象和相应的文学写作对应和表现能力的缺失与"失语"。

首先应该注意到,目前社会的分层化和各个阶层的现实和生存图景越来越复杂,越来越具有多层次性,越来越具有差异性,甚至这种复杂和差异已经远远超过了一般写作者的想象和虚构能力。也就是说,现实生活和个体命运的复杂程度早已经远远超过了文学的虚构的限阈与可能。作家所想象不到的空间、结构和切入点在日常生活中频频发生,作家"虚构"和"想象"的能力受到空前挑战。由此,面对各种爆炸性和匪夷所思的社会奇观一般读者是否还需要文学甚至文学刊物?我们不能不承认,文学的阅读者越来越呈现为专业化、作协化和圈子化。或者说,文学写作、文学阅读和文学批评都越来越在"自说自话"且"自以为是"。当然这并不意味着我忽视甚至否定文学本体的自足性和作家的主体性以及一定程度的文学的自足性、个人性和想象修辞性,而是在思考当下时代的文学生态以及对文学诸多相关场域问题的重新思考。而这种社会事实的复杂性、多层次性和差异性实际上并非是在近些年才出现的历史事实。而我们普遍忽视了最为重要的就是媒体的力量。这就是从 1960 到 1970 年代的"地下"刊物,从 1980 到 1990 年代的"民间"刊物,从 2000 年以来的网络、论坛和电子邮箱以及手机平台,从 2005 年以来的博客空间到最近几年的微博世界以及一些民主"异议"分子、青年人猎奇下的通过特殊手段的网络"翻墙术",还有大量的各个电子媒介空间的社会性、民生性、消费性、娱乐性等爆炸性新闻的对主流的"CCTV 话语"的补充与丰富,这都让任何一个普通人看到了一个巨大地理空间上每天所发生的那么多的惊天事实和"非虚构"文本。"天方夜谭"成了一个又一个的与每个人息息相关的社会事实,而这几乎涵盖了文学所能涉猎的任何题材,政治、战争、职场、经济、民生、官场、传奇、婚恋、战争、底层、打工、农村、玄幻、穿越等等。当本·拉登被击毙登上世界各个媒体头版头条,当紧随其后的本·拉登的私人性生活和房间中的各种黄色光碟被曝光的时候,还有什么文学文本能与之相抗衡?正是媒介和"电子"的力量,众多在以前不可能被沉默的大多数所知晓的各种社会现象终于能够每天及时性地传递和互动。可以想见,那些无论是一般意义上的文学还是"非虚构写作"都难以与读图读屏时代的电子化力量相抗衡。更为可怕的还在于,从写作伦理学的角度被视为人类良知的作家他们的认知空间、写作能力、修辞美学和想象能力已经被这个不断分层的社会事实所远远淘汰。换言之，具有预言性、真实性、针对性、超前性的文学写作几乎在这个不断加速度前进的全媒时代成为不可能。尤其需要注意的是，更多作家的个人化的想象力尤其是对当下和历史的个人化的历史想象力，已经远远跟不上瞬息万变的各种"惊天动地"的关涉社会日常生活和"小人物"的个人事件和冲突。那么，如果文学和写作已经无力对社会事实和更为繁复的精神事实与想象空间作出合理和及时有效的呼应和回应的话，文学就不能不遭遇到尴尬的地步。或者简而言之，"文学"如何能与"新闻"相抗衡？据此，我们可以发现，20世纪五六十年代西方的"非虚构写作"和"新新闻主义"无论是从写作者的身份到写作方向的调整都与记者、"新闻"工作等有着非常密切的关系。换言之，文学与"新闻"之间的"紧张"或"互动"关系从那时候即已开始。当"新闻"都出现了松动与变化，文学的命运自然大同小异。实际上，新闻并非完全客观的，而是因为各种社会力量和主体的介入呈现出被塑造的特征。我们曾一度认为文学失去了社会的"轰动效应"，那么包括《人民文学》在内的"非虚构写作"的推出动因是否也是希望文学重振思想性并以作家"在场"的方式来面对"广场"和"人民"以及"大地"而重新唤醒文学的社会轰动效应呢？我想应该是有这种考虑的，这从《人民文学》所刊载的相应文本中可以看出"底层"、"历史"和"沉落的边域"所占据的核心位置。但是当十几、二十万字的长篇小说和报告文学已经不能抵挡一分钟甚至几秒钟的事实画面和手机电子报和微博的140个字以内的信息时，传统意义上的文学和刊物该何去何从？这是否印证了"日常生活的审美化"时代已经到来？只不过这种到来是以拒绝传统意义上的"纯文学"为前提的。或者说当下时代需要的是越来越尴尬、暧昧和妥协的"中性"之物？在此意义上，"非虚构写作"成了一种行动诗学和介入诗学。这是否为"干预生活"和"写真实"在另一种时代的翻版？其好处自不待言，这对于写作者以及刊物都明显会赢得更多的读者。但是这种写作倾向的缺陷我们同样应该重视，如果我们不放弃传统意义上的文学标准和文学功能的话。正像前些年当底层文学和"打工诗歌"出现的时候有评论家所不无偏激但却具有代表性地强调对这些文学要从伦理道德的角度予以高度肯定和支持（换言之就是从文学性上要予以妥协和宽容），因为这代表了中国新的社会问题和社会现象。而我想，新闻和文学之间的差异作为并不复杂的文学常识并不需要我赘述，只是在文学写作的伦理化热潮中有些写作者和阅读者丧失了文学的尺度和文学写作的可能性。由飞速发展的私媒体或自媒体我们看到了其对文学的挑战，其中就要求作家的"虚构"也好和"非虚构"也好是否为我们和时代提供了眼球经济规则下网络和公共媒体所未能提供的丰富的令人颤动的东西？或者说是否展示令人被各种媒体空间所"剩余"和"遗漏"的幽暗质素的价值体系？尤其是在社会分层和文学分野越来越明显的今天，写作者与作家是有一定区别的。显然，非专业意义上的写作者由于身份、视角和写作介入等诸多的多层次性而呈现了一般意义上的精英和书斋中玄想的作家所难以企及和"虚构"的世界。

而我们不能不发现，1949年之后"当代"中国所出现的几次"非虚构性"热潮都是出现于时代剧烈的转捩点上，比如五六十年代的战争与运动（此间大量出现的"非虚构性战争文学"和报告文学）、1976年之后报告文学的勃兴、先锋文学落潮之后的"新写实"、"新现实主义"、1990年代末的"非虚构小说"以及新世纪以来的"非虚构写作"等无不如此。每一次带有运动性的文学命名和现象的出现更多的时候是走向了文学的负面和反面。当1990年代开始的"非虚构性"的文本铺天盖地占领中国城市和乡村的各大书店和街边书摊的时候，我们迎来的是将"现实"和"纪实"的庸俗化和消费化。甚至很多"现实"都是被这类所谓的"非虚构写作"给制造和策划、生产出来的。当21世纪的第一个十年已经结束的时候，当"非虚构写作"渐成潮流之际我不希望具有一定的文学开创性和一定新的写作前景的写作被再次"非文学化"和"运动化"。

当"文学"与"非虚构"和"写作"一起试图以新的方式、新的可能和新的空间来唤起文学力量和打破传统文学秩序的时候，其遭受到的挑战和难度是难以预见的。而在这一点上我承认和支持"非虚构写作"，尽管其学理上有诸多难以自圆其说的缺陷。但是作为一种写作和阅读以及社会精神事实而言，我认为这种类型的写作具有传统意义上的文学所不具备的新的对话能力和发现能力。综而言之,"非虚构写作"作为并不新鲜的文学话题,无论是其所指涉的"文学"本体的认知还是文学场域和写作空间的可能性都不仅与中国当代文学每个时代转捩点上复杂的社会和文学语境密切相关,而且还体现了文学生态、秩序、本体、功能、传播与"非文学"以及"当代性"、"现实性"之间的多重焦虑性关系。而在社会分层愈益明显、社会现象和民生问题愈益显豁的语境下,自媒介和"新闻体"效应对文学生态构成了巨大冲击,这不能不影响到文学自身的反思甚至反拨。

"下槐镇"离"中国现实"有多远
——李南《下槐镇的一天》及吊诡的"中国诗歌"

在当下的诗歌批评语境中谈论一首诗歌并不难,甚至更多的时候会显得非常容易。但是平心而论,认认真真地读一首诗,负责任地评价一首好诗却是有难度的。这种难度不仅与整个当下的诗歌生态相关,而且也与每个生存个体的困窘有关,更与如此广阔的差异性的"现实"有关。

一

李南的诗作《下槐镇的一天》在我看来已经不是一般意义上一个诗人的一首孤立的诗作,而是会牵涉到很多当下中国具有"特色"的诗歌现象、诗歌问题和"现实"境遇。换言之,这个文本更像是春天里的一个燃烧的绿色导火索,它最终引爆的将是整个远方的草原。而我们必须思考的一个问题是,这首诗歌中的小镇——下槐镇——离我们的"现实"究竟有多远。是的,在一个如此诡谲的时代,我们进入一个"乡村的内部"是如何的不易,而进入一个无比真实的"现实"是如何的艰难。在一个"新乡土"写作已经成为热潮的今天,真正的诗人是否懂得沉默有时候是更好的语言。

在李南的《下槐镇的一天》我就强烈感受到了一个所谓的"旁观者"的无边无际的沉默。这"沉默"和那扇同样无声的"拒绝之门"一样成为这个时代罕有的隐秘声部。诗人试图一次次张嘴,但是最后只有一次次无声的沉默。这种"沉默的力量"也是对当下那些在痛苦和泪水中"消费苦难"的伦理化写作同行们的有力提醒。在这篇文章已经写完的时候，我收到了李南发给我的《拒绝之门——〈下槐镇的一天〉写作点滴》。那么多不为我们所知的"地方"和人世存在，而我们似乎又无力通过诗歌对此作出应有的"回应"。当我们坦陈自己曾经一次次面对了那些"拒绝之门"，我们是否该侧身进去面对那扑面而来的寒冷与沉暗的刺痛？尽管在一个如此庞大而寓言化的现实面前，我们更多的时候只能无奈地充当"旁观者"和"无知者"的角色！

"下槐镇"作为一种文本性的"中国乡镇"，不能不让我们重新面对当下诗人写作的境遇和困难。也许，诗歌的题材问题很多时候都成了伪问题，但令人吊诡的却是，中国诗歌（文学）的题材一度成了大是大非的问题。显然，这个大是大非的背后已经不再是简单的文学自身的问题，而是会牵涉到整个时代的历史构造与文学想象。

显然，1990年代后期尤其是新世纪的整整十多年，诗歌的题材问题尤其是农村、底层、打工、弱势群体作为一种主导性的道德优势题材已经成为了公共现象。实际上，我们也不必对一种写作现象抱着道德化的评判，回到诗歌美学自身，我想追问的是一首分行的文字当它涉及"中国现实"时，作为一种文学和想象化的现实离真正的"现实"到底有多远或者多近。显然，在一个分层愈益明显和激化的时代，"中国现实"的分层和差异已经相当显豁，甚至惊讶到超出了每个人对现实的想象能力。在这种情境之下，由李南诗歌中的"下槐镇"的精神事实我们可以通过一种特殊化的方式来观察和反观中国现实的历史和当下的诸多关联。然而可笑和可怕的是，很多的写作者和批评者已经丧失了同时关注历史和现实的能力。换言之，在他们进化论的论调里历史早已经远离了现实，或者它们早已经死去。显然，在一个多层次化的"现实"场域中，乡村题材显然无论是在现实还是在写作的虚构和想象中都构成了一个不容置疑的"重要现实"。而当下处理这一"重要现实"的文本不是太少，而是太多了。不仅诗歌在介入，而且小说、散文甚至时下最为流行的"非虚构"文本也在轮番上演着"乡村"叙事。那么我们要进一步追问的是，这些众多的相关文本就为写作者们设置了极大的难度。换言之，一首诗歌如何能够与庞杂的类似题材的诗歌文本区别开来？区别的动因和机制以及标准是什么？这显然是一个必须探究的问题，而且非常有必要。

平心而论，就我个人趣味和视野来看，这首诗《下槐镇的一天》不仅与类同题材拉开了差距（李南不认为这是一首"乡土诗"，起码不是一般意义上的"乡土诗"），而且是相当优异和重要的一个关涉"现实想象"的文本。同时，这个文本又因具有多个方向的巷道而同时打通了历史和现实的交叉空间。而在想象性的精神层面，这首诗又能够成为反观中国精神现实的重要入口。这入口需要你挤进身去，需要你面对迎面而来的黑暗和寒冷。需要你一次次咬紧牙关在狭窄的通道里前行，也许你必将心存恐慌。但是当你终于战战兢兢地走完了这段短暂却漫长的通道，当你经历了如此的寒冷和黑暗以及压抑的时刻，你才能在真正的意义上懂得你头上的天空到底是什么颜色，你脚下的每一寸土地的分量到底有多重。只有如此，你才能在语言的现实和发现性的"现实"空间里真正掂量你所处的社会现实。

二

无疑"下槐镇"是一个入口——诗歌的入口、想象的入口、现实的入口。入口不大，但足以"步步惊心"。

尽管诗人标出了"下槐镇"这一"无名"小镇的具体位置——石家庄以西二百华里的平山县境内——但是这一小镇显然具有文化地理学上的坐标性意义。换言之，我们可以通过下槐镇来反观一个个其他的小镇。以这些小镇为圆点，我们在多大的范围内看到了一种普遍化而又被我们反复忽略不计的陌生性"现实"的沉默性部分。普通而卑微的"下槐镇"和省城"石家庄"之间的距离首先值得深入和耐心地考量与测算。二者之间的物理距离是200华里，这在高铁时代几乎是可以忽略不计的。而二者因为关系和位置的差异，显然又使得其间的距离没有那么容易被忽略。下槐镇，除了一个路过的"旁观性"的诗人和下槐镇的居民知道这个地方外，这几乎成了一个城市化和去地方化时代的陌生的角落。而石家庄作为一个省会都市,无论是在国家记忆里还是在个体的生活中都是被反复熟知和记忆的。一个陌生、一个熟知,一个偏僻、一个核心,一个遥远、一个迫近。这就形成了诸多矛盾重生的关系项,而这些关系项之间构成了诸多时代的历史和现实的龃龉与诘问——一再被搁置和忽略的日常现实,一再被反复消解的连续性历史。

"回旋的土路"成为一个相当重要的部分,这甚至在整首诗的诗歌构架和精神走向上都是关键的。这弯曲回旋坎坷的土路正好是这个名叫"下槐镇"的地方与省会之间极其遥远的距离,正是一个"地方"与这个时代和国家的距离,也同样是一首诗与现实之间的距离。看起来很近,测量起来却相当的遥远。这就是悖论。这就是荒诞不可信却实实在在发生着的当代中国寓言故事的最为生动和令人颤栗的"针尖"部分。

而"回旋的土路"无疑又成为接续过往的历史和当下现实的链接点。这个点,曾经被无数诗人和作家们反复踩在脚下一次次忽略。又是一次可笑的忽略!

首先,回旋的土路连接起并不遥远和从未远逝的历史和往日——"承载过多少年代,多少车马"。这呈现了我一贯强调的个人化的历史想象能力。诗人不断用真实的巨流冲刷惯性知识虚幻的尘埃或宏大历史叙事虚假的色彩,还原出与生命、生存更为直接的历史记忆与生命体验。而全球化和城市化正是以取消地区特征、文化区域和地理景观甚至个体思想方式"地方性"差异为前提和代价的。而李南诗歌文本中的"下槐镇"恰恰是要不断恢复和强化"地方性"的知识。而我们早已经目睹了个体、自由和写作的个人化、差异性和地方性在这个新的"集体化""全球化"时代的推土机面前的脆弱和消弭。"异乡"和"外省"让诗人无路可走。据此,"下槐镇"已经不再只是真实的生存场景,而是更多作为一种精神地理学场域携带了大量的精神积淀层面的戏剧性、寓言性、想象性和挽歌性。"下槐镇"也成了诗人连接历史与现实的一个背景或一个个窄仄而昏暗的通道。在这些苍茫的"黑色"场景中纷纷登场的人、物和事都承载了巨大的心理能量。这也更为有力地揭示了最为尴尬、疼痛也最容易被忽视的深山褶皱的真实内里。实际上,这个经过语言之根、文化之思、想象之力和命运之痛所一起"虚拟""再生"的"下槐镇"景象比现实中的那些景观原型更具有持久的、震撼的、真实的力量和可以不断拓殖的创造性空间。

在一个传统意义上的乡村城镇和曾经的农耕历史被不断迅速掩埋的"新文化"时代,一个诗人却试图拭去巨大浮尘和粉灰显得多么艰难。而放眼当下诗坛,越来越多的写作者毫无精神依托,写作毫无"来路"。似乎诗歌真的成了博客和微博等自媒体时代个体的精神把玩和欲望游戏。在一个迅速拆迁的时代,一个黑色精神"乡愁"的见证者和命名者也不能不是分裂和尴尬莫名的。由此,我更愿意将当下的时代看作一个"冷时代",因为更多的诗人沉溺于个人化的空间而自作主张,而更具有人性和生命深度甚至"现实感"的诗歌写作的缺席则成了显豁的事实。

"回旋的土路"确实承载过很多年代,很多疲累的车马也在这条路上来来往往。然而,更为令人惊惧的是,我们所经历的正是我们永远失去的。多少个年代已经风雨中远逝,甚至在一个拆迁的城市化时代这些年代没有给我们留下任何的蛛丝马迹。一切都被扫荡得干干净净。而那些当年的车马早已经销声匿迹。幸运的马牛们走进了坟墓之中,不幸的那些牛马们则被扔进了滚沸的烹锅之中。那些木质的轮车也早已经朽烂得没了踪迹。我们已经很难在中国的土地上看到这些已逝之物,我们只能在灰蒙蒙的清晨在各个大城市的角落里偶尔看到那些从乡下来的车马,上面是廉价的蔬菜和瓜果。而我们却再也没有人能够听到这些乡间牲畜们吃草料的声音,还有它们温暖的带有青草味的粪便的气息。说到此处,我也不由有了疑问。如果做一个简单的怀乡者并不难,这甚至成了当代中国写作的惯性气质。但这体现在诗歌写作中却会使得"怀乡者"的身影又过于单薄。还是接下来继续看这首诗。实际上,由"土路"承载的"年代"和"车马"无疑是历史性情感的象征之物,而这又直接对应了当下日常性现实的一切。换言之,"历史"很多时候在这个时代已经了无踪迹了,更多的时候被患健忘症的人们抛在了灰烟四起的城市街道上。

接下来再看,"今天,朝远望去:/下槐镇干渴的麦地,黄了。/我看见一位农妇弯腰提水/她破旧的蓝布衣衫/加剧了下槐镇的重量和贫寒。/这一天,我还走近一位垂暮的老人/他平静的笑意和指向天边的手"。这时我们看到的是一个路过的"旁观者"的所见,实际上在我看来这无疑是诗人的想象。大片大片干渴的麦地和一个瘦小无助的农妇之间形成了巨大的紧张和不可调节的矛盾。而值得注意的是,这几句中的两个带有明显的时间性的词句——"今天","这一天"。显然,"今天"和"这一天"与历史性的"年代"和"车马"是直接关联在一起的。至此,我们发现,历史并未远去,历史也并非没有留下任何痕迹。相反,历史却如此活生生地出现在被我们反复路过却一再忽视的现实生活里。这多像是一杯撒了盐花的清水!我们更多的是看到了这杯水的颜色——与一般的清水无异——但是很少有人去喝一口。在颜色的清和苦涩的重之间,人们更愿意选择前者。而诗人却选择的是喝下那一口苦涩,现实的苦涩,也是当下的苦涩。当然,还有历史的苦涩!而诗歌只有苦涩也还远远不够!比如,诗人叙述的干渴的麦田,衣衫破旧的提水的农妇,还有迟暮的老叟……这些都一起构成了日常的但是被我们忽略的现实中"苦涩"的部分。但是,如果诗停留于此,那么这首诗与当下很多类同题材的诗歌就没有什么区别了。还是顺着那个垂暮老人的手指看看诗歌的最终方向——"他平静的笑意和指向天边的手/使我深信/钢铁的时间,也无法撬开他的嘴/使他吐露出下槐镇/深远、巨大的秘密。"老人"平静的笑意"与上下文之间形成了极其明显的不协调的矛盾、反讽的龃龉关系。土路、干渴的田野、破败衣着的农妇以及下文出现精神走向更为明显的诗句都与"平静的笑意"之间产生了极大的张力("张力"在诗歌理论界多么时髦的一个词语)和反讽性结构。

"平静的笑意"和"无法撬开的嘴"之间也是如此的矛盾。而这一切又顺着老人的手指向了"远方"。"远方"代表了什么?是历史,还是未来?还是一个诗人所说的"远在远方的风比远方更远"?"下槐镇"的深远而巨大的"秘密"就是这样在缄默中成了永远的未知和不解。而同样令人不解的还在于老人的"微笑"与"沉默"。这与这些不解和"秘密"以及缄默之间都发声巨大关联的就是"钢铁的时间"。众多优秀的诗人都时时在校正着时间,都试图在时间之流中留下不被冲刷而尽的东西。而

"钢铁的时间"一方面在于说出了时间自身的强大和无情，另一方面更为重要的还在于诗人将"时间"赋予了"当代性"和"现实感"。这至关重要。"钢铁"的"时间"是如此强大而强硬，然而它却不能如何一个迟暮老人的缄默和"秘密"。这是一种不可思议的对抗！

刚才我们强调了几个时间性的词语，比如"年代"、"今天"，还有"这一天"。在一首短诗中频频出现时间性的词语，这在诗歌中还不多见。然而时间性的词语还将继续登场——"下午6点，拱桥下安静的湖洼／下槐镇黛色的山势／相继消失在天际。／呵，过客将永远是过客／这一天，我只能带回零星的记忆／平山下槐镇，坐落在湖泊与矮山之间。"我们已经注意到了这些时间性的词——"下午6点"，而"这一天"又再次现身。"下午6点"显然是一个过渡性的时间，既是下午的结束，也是黑夜的开始。而这个过渡性的时间显然与上文的"回旋的土路"这一承续性的连接历史和现实的空间场地又形成了前后的照应性结构。"下午6点"，我们就要开始接受无边的黑暗。"这一天"里看到的土路、麦田、农妇、老人以及湖泊、矮山和小镇以及那沉默的巨大"秘密"都最终会被这无边的黑暗所吞噬。这一切终究会被遗忘。因为，我们都是这个"钢铁"时代的时间之流中弱小的"过客"。我们只能"看"，却最终丧失了"听"、"说"以及"记忆"的能力。"平山下槐镇"，我们最终只能是和诗人李南一起发出这个时代共同的感喟和无奈——"我们真的是一无所知"。需要注意的是，整首诗的题目也是时间性的——"下槐镇"的"一天"。

"一无所知"的"过客"性存在，实际上是每个生命的共同宿命性体验，同时人的认识和世界是如此的有限而不值一提。而在当下的时代，这种遗忘性的"一无所知"还不能不沾染上这个时代的尴尬宿命。我们自认为每天都生活在现实之中，但是我们仍然对一切都所知甚少，甚至有些地方是我们穷尽一生都无法最终到达的。有的地方我们也许一生只能经历一次。"单行道"成了每一个人的生命进程。诗歌的最后部分提升了整首诗的空间高度和视阈广度，从而避开了类同题材的黏滞和表象化处理。

"下槐镇的一天"应该是短暂的，但是我们走得却是如此艰难和漫长。因为它所牵涉的不只是一个人的观感，而是牵涉到整个中国的现实，还有诗人的精神现实。

　　我们所见太多，遗忘也太多。我们在隔着车窗高速度前进的同时，我们的双脚和内心都一起远离了大地的心跳声。我们在城市化的玻璃幕墙里只看到同样灰蒙蒙的天空，我们最终离那些"远逝之物"越来越远，直至最终遗忘。

　　是的，多少年代，多少车马，都已经远去了！还有那沉默的巨大的"秘密"！

附：

下槐镇的一天

◎ 李　南

平山县下槐镇，西去石家庄
二百华里。
它回旋的土路
承载过多少年代、多少车马。
今天，朝远望去：
下槐镇干渴的麦地，黄了。
我看见一位农妇弯腰提水
她破旧的蓝布衣衫
加剧了下槐镇的重量和贫寒。
这一天，我还走近一位垂暮的老人
他平静的笑意和指向天边的手
使我深信
钢铁的时间，也无法撬开他的嘴
使他吐露出下槐镇
深远、巨大的秘密。
下午6点，拱桥下安静的湖洼

下槐镇黛色的山势
相继消失在天际。
呵，过客将永远是过客
这一天，我只能带回零星的记忆
平山下槐镇，坐落在湖泊与矮山之间
对于它
我们真的是一无所知。

想象"历史"与"现实"的"失败之书"
——格非的《春尽江南》与"先锋文学"的命运

作为格非"乌托邦三部曲"结束之作的《春尽江南》自面世以来受到了不在少数的"追捧",我也不断听到业内人士不惜的赞美和热荐。值得注意的是,《人面桃花》和《山河入梦》的"乌托邦"的说法恰恰是在台湾出版的时候,这其中自然又承担了一种文化政治的想象。尽管格非借助小说人物说出"别跟我提乌托邦这个词,很烦",但是我们能够感受到格非这代人的小说叙述都有着一定的精神乌托邦的情结——其差异只是在于呈现的方式和途径不同。实际上,作家具有乌托邦精神并非什么坏事,因为时下的写作者几已丧尽了这种能力。尽管乌托邦曾经被时间神话所征用,但是在一个精神丧失和不再屑于谈论理想的加速度拆迁的时代,在文学叙述中葆有这种个人化的精神乌托邦已经成了一种"先锋"的标志了。这种精神个体的乌托邦实际上正是写作者们面对历史和现实的想象和进入方式,这在今天看来已经相当重要。

当我终于读完《春尽江南》这部小说,我承认这是格非这些曾经的80年代中国"先锋"作家近年来少有的重要小说文本,但是我也不能不坦陈我在阅读过程中的一些小小的失落甚至"不满"。这种"失落"和"不满"并不是针对格非,而是就整个中国"先锋"文学的命运而言具有一定的代表性。同时,这并非意味着由《人面桃花》、《山河入梦》和《春尽江南》所勾连呈现的格非的"宏大叙事"的企图和"雄心"就丧失了其重要性。"三部曲"的写作情结在中国作家这里一代代接续,但又最终不断堕入了循环的"失败之书"。不仅罕有"三部曲"越写越成功的作家,而且众多曾经的"先锋"的声音如今也几已湮没无闻。而说到格非的《春尽江南》的重要性,在于其呈现了1980年代以降中国"先锋"文学的命运。它让我们重新思考中国当下还有没有真正意义上的"先锋"写作和"先锋"作家。同时,以《春尽江南》为代表的长篇小说的叙述和想象"历史"与"现实"的方法和能力是否具有一定的代表性?换言之,小说(文学)的"中国化"问题以及"先锋性"是否仍然是未竟和尚未"圆满"的话题?

一 叙述历史与"日常化现实"的难度与"不满"

《春尽江南》这部长篇小说的题目曾经长期让我迷恋和充满期待,这具有强烈的诗意化象征的词语让我对其充满了各种难言的想象。江南的春天该是如此的让人向往和迷恋并值得反复地回忆,而江南的春天也有一天走向了尽头——曾经的春意必将枯萎。这显然也一定程度上凸显了格非《春尽江南》这部小说的精神宏旨。由繁荣到衰败,由诗意葳蕤到理想丧尽,这可能呈现的恰好是中国1980年代末期以降知识分子的命运和寓言。"春尽江南"应该是从一个春天里的"诗人之死"开始的——"原来,这个面容抑郁的年轻人,不知何故,在今年的3月26日,在山海关附近卧轨自杀了。她再次看了一眼墙上的照片,觉得这个人无论是从气质还是从眼神来看,都非同一般,绝不是自己那乡下表弟能够比拟的,的确配得上在演讲者口中不断滚动的'圣徒'二字。尽管她对这个其貌不扬的诗人完全没了解,尽管他写的诗自己一首也没读过,但当她联想到只有在历史教科书中才会出现的'山海关'这个地名,联想到他被火车压成几段的遗体,特别是他的胃部残留的那几瓣尚未来得及消化的橘子,秀蓉与所有在场的人一样,立刻留下了伤痛的泪水,进而泣不成声。诗人们纷纷登台,朗诵死者或他们自己的诗作。秀蓉的心中竟然也朦朦胧胧地有了写诗的愿望。当然,更多的是惭愧和自责。正在这个世界上发生的事,如此重大,自己竟然充耳不闻,一无所知,却对于一个寡妇的怀孕耿耿于怀!她觉得自己太狭隘了,太冷漠了。晚会结束后,她主动留下来,帮助学生会的干部们收拾桌椅，打扫会场。"此后在诸多写作者的文学叙述中，由"诗人之死"开始中国进入到一个"全新"的时代。而这种精神的剧烈震荡、中断和转换不能不在格非等一代人关于历史和现实的想象和叙述中占有着相当重要的位置。与此同时，这种恍惚的历史感和精神的断裂感也成为其评价当下现实的一个尺度。显然，在格非这里扩充和夸张了1989年海子自杀给诗坛和文学青年所带来的影响。但是因为海子的自杀带有中国诗歌和精神的双重寓言的性质，我们能够在这里得以窥见时代之间的差异。这种挽歌性的叙述情结使得格非在《春尽江南》中不断插入各种中外诗人和诗歌文本。这些"精神性"文本显然同时构成了对历史和现实的龃龉和诘问。当诗歌和诗人成为公众心目中偶像，这个时代是不可思议的！当诗歌和诗人已经完全不被一个时代提及甚至被否弃也同样是不可思议的！吊诡的是，这两个不可思议的时代都已经实实在在地发生。甚至在这种发生过程中众多的普通人和写作者们都感受到了空前的撕裂感和阵痛。那么，可以想见这种对历史和现实的双重疼痛的体验已经成为诸多写作者最为显豁的精神事实。所以，对于那些经历了两个截然不同的时代的作家而言，叙述和想象"历史"和"现实"就成为难以规避的选择。然而，需要警醒的是，我们拥有了历史和现实的疼痛体验却并非意味着我们就天然地拥有了"合格"和"合法"的讲述历史和现实的能力与资格。

多年来我们注意到一些作家并不缺乏对历史的想象和叙述能力，但是更多的却是丧失了对"日常化现实"的发现和想象能力。而更为吊诡的是，在一个讯息极其发达的"自媒体"时代，很多写作者都自认为在现实生活和写作情境中都不断地呈现了这个时代最为"真实"的一面。我们看看这些年来流行的官场、底层、农村写作已经成为公共写作现象就很能说明问题了。但是，很多写作者普遍高估了自己认识现实和叙述现实的能力。实际上，我们也不必对一种写作现象抱着道德化的评判，回到文学自身，我想追问的是，当涉及"中国现实"时作为一种"文学和想象化的现实"离真正的"日常化现实"到底有多远？这实际上就形成了格非《春尽江南》所牵涉的两个甚至多个"历史"与"现实"文本之间的差异以及叙述上的难以榫结的尴尬和困境。换言之，面对20世纪的80年代（甚至也涵括了对"文革"等历史知识的重新认知）格非在小说中能够以清醒的"介入者"和审慎的"旁观者"进行具有个人想象能力的"深度"叙述和"自由"观照。但是，到了对1993年之后尤其是新世纪以降的更为贴近个体的"日常化现实"（当然这种"现实"也将很快成为历史的一部分构件）的时候，叙述者却感到了巨大的犹疑和困惑。曾经的清醒、审慎、反思再一次坠入了"现实"的涡流之中。我们本应该对更为切近的现实具有不言自明的话语权，但是事实上我们确实不可思议地充当了盲人和哑巴的角色。格非叙述的端午和家玉的身份和命运（比如由诗人和文学爱好者转入到毫无诗意的小职员和律师的工作）具有对这种"现实"和相关的历史性的象征与思考，也不失其普遍的代表性和深切的寓言性。更具意味的是，李秀蓉（曾经的80年代的文学青年）向庞家玉（去诗意化时代的律师）的转换正体现了格非对两个截然不同的时代（"两种精神现实"）的认识能力。也正如格非自己所说这个人物的设计"已考虑到上世纪80年代和当前生活的区别，所以我想怎么把这两个人区分开来"。这看似是自然合理的，也体现了格非并未遗失的"先锋精神"。但是这恰恰呈现了众多"当代"作家的集体性的困境。作家们太希望和急于处理"历史"和"现实"了，而在他们看来，曾经的"历史"和"现实"之间是有差异和天然的鸿沟的。基于此，体现在他们的写作中就是不断在自觉或不自觉中以乌托邦的意识来看待历史，而处理"当下"的时候又无形中成了怀疑论者或犬儒主义分子。

  当我们更为深入《春尽江南》主人公以及叙述者自身的"精神现实"时却发现了一些不足。换言之，在离叙述者更为接近的"现实"时我们会感受到扑面而来的与每个生存个体都相关的"现实"，但是仔细深入考量缺少的却是更为深入、凛冽和令人惊悚的"文学的现实感"。在现实和写作面前，作家应该用什么"材料"和"能力"来构建起的文学的"现实"？进一步需要追问的是，这些与"现实"相关的文学具有真正意义上"现实感"或"现实想象力"（区别于原生态意义上"现实"）吗？尤其是在一个加速度前进的"新寓言"化时代，各种层出不穷的"现实"故事实则对写作者们提出了巨大的挑战。当下,试图贴近和呈现"现实"的文学不是太少而是太多了,而相应的具有提升度的来自于现实又超越现实的具有理想、情怀、热度的冷度的文本却真的是越来越稀有了。

再回到格非和《春尽江南》,我实际上是很激赏作者的写作初衷和"精神史"的"野心"的。历史与现实之间的空间关系是耐人寻味的,而在一些作家那里这二者之间却呈现了简单化的对立性。实际上,现实与历史更多的时候是叠加和掺杂在一起的,正如我们看到的一条河流,我们很难说河的这段是 30 年代的,而那一段是 80 年代的。更多的时候,现实和历史之间已经很难被简单化地剥离开了。而格非企图掰开一个个语言的栅栏重新回到"历史"和"现实"交错的空间里,热望于重新还原出中国知识分子的精神命运和时代的诡谲寓言。确实,在一定程度上 1980 年代的"历史"和当下的"日常化现实"以对话和互置的方式进入了小说文本当中,这尤其体现为格非精心设计的每个故事都同时出现了两次。而这两个叠加的"历史"和"现实"文本也在一定程度上因为具有多个孔道而同时打通了历史和现实。在想象性的精神层面,这些文本能够成为反观中国现实和历史的重要入口。遗憾之处是格非处理这两个"现实"所表现出来的能力是不对等的。对于已经带有历史性的 1980 年代和 1990 年代早期的"现实",格非表现的想象历史的能力是非常突出甚至是游刃有余的。而也正是这一部分给《春尽江南》这部小说带来了多年来中国小说所缺少的精神骨力和思想重量。而作为一个"当代"作家,格非在叙述更为切近的"日常性当下"时就不能不"英雄气短"和"笔力不逮"了。换言之,面对着 1990 年代开始的精神转换,知识分子们却集体对此丧失了应有的回应能力。而到了 2000 年后的十年,在新一轮的城市化和市场化时代知识分子又再次丧失了回应能力。这导致的结果就是文学知识话语的错位和无以置喙。我们在很多的文学文本中听到了作家集体性的抱怨和不满,但除此之外文学似乎并没有给我们提供更多的东西。这也不能不是"当代作家"的命运。即吊诡的是,我们看似对离我们更切近的"现实"要更为有把握,也看似真理在握,但是当这种"日常化的现实"被转换成文学现实时就会出现程度不同的问题。因为文学的现实感所要求的是作家一定程度上重新发现"现实"的能力,要求的甚至是"高于现实"的能力。所以,处理正在发生的"现实"对于作家们而言无异于一次巨大的冒险和挑战。格非是希望自己能够真正地驾驭日常生活的,但是我们也必须正视"日常化的现实"一定程度上比"历史"对作家综合能力的要求更高、更严苛。然而,新世纪以来如此寓言化的现实已经超出了中国作家们想象和叙述现实的能力极限了。尽管格非在处理这个"迫近"现实时频频出现了这个时代特有的标志性词语、情境,让我们初步感受了这个时代具有"特色"的体温和味道,比如楼盘、巨大的房地产广告牌、高尚社区、中产阶级小区、拆迁、动车、中国移动、农村、自焚、UJJ翻毛皮靴、兰蔻、古奇、香奈儿、PSP、婚外恋、学术会议出场费、《三联生活周刊》、养生经、环境污染、垃圾填埋场、化工厂、食品安全、古董市场以及一些真实的作家如海子、唐晓渡、周晓风、郑渊洁、曹文轩等的"串场"等等。但是这并没有从最为本真的意义上淬炼出我们所"陌生"的属于中国的"精神现实"场域。我不认同一些研究者将《春尽江南》看作一部"现实主义"的小说,这种说辞只能再次证明中国批评者们命名能力的可怜。文学中的现实和日常的现实能划等号吗?如果可以的话,我们就只需要摄像机而不需要那些码字者。实际上,作家和现实的关系有时候往往不是拳击比赛一样直来直去,而更多的时候是间接、含蓄和迂回的。显然中国当下的文学更多是直接的、表层的、低级的对所谓现实的回应。"足不出户"并非与现实不发生关系,"出户"的作家却并非就一定能与现实发生言说的关系。人们似乎已经忘却了1995年诺贝尔文学奖在希尼的授奖词中所强调的"既有优美的抒情,又有伦理思考的深度,能从日常生活中提炼出神奇的想象并使历史复活"。换言之,在我看来作家在处理愈益复杂和多层次化的"中国"的历史和现实时需要的是个人化的历史想象能力。"个人化的历史想象力"是一种在时代和写作中并非解决问题而是扩大、加深问题的手段,也是到达历史真实、个人真实和想象真实的有力和有效的途径。这种想象力显然是将历史在联通当下之后的生命化、家族化和日常化。诗人不断用真实的巨流冲刷惯性知识虚幻的尘埃或宏大历史叙事虚假的色彩,还原出与生命、生存更为直接的历史记忆与生命体验。尤其是面对正在进行和持续中的"现实"还有刚刚远去的已经具有了"历史感"的"现实",当它们一起进入作家的视野这无异于一场巨大的挑战。这其中存在的叙述的难度和危险甚至是难以想见的,而正是这种难度成就了文学自身特有的品质——在司空见惯处发出"陌生"之音,在不可能的难度中挑战语言和想象的极限。我想,就这些"现实性"的题材而言(包括《春尽江南》),它们在一定程度上都呈现了作家对"现实"的诸多"不满"和"冒犯",甚至对历史也有诸多"微词"。但我们的文学如果只是充当了简单的"挽留"和"排斥"的排队式的二元对立的思维惯性,那么我们的文学就真正地丧失了诸多可贵的质素。布罗茨基所说的诗歌是对人类记忆的表达,而小说亦如是。

二 "中国化"与"先锋文学"的命运及"失败之书"

就格非的《春尽江南》说到小说写作的"中国化"问题,实际上自然会牵涉到"先锋文学"的命运。

格非在20世纪80年代与余华、马原、苏童、叶兆言、孙甘露等人一起成为显赫一时的"先锋"写作的代表。平心而论,那一时期这些先锋作家的小说确实具有美学和历史学上双重的重要性。这种"先锋"的写作潮流曾经在时代转捩点的早期具有不可忽视的诗学价值和思想文化史的意义。而那时正在兴起的文学批评的"方法热"也对这一带有"异质"性的方兴未艾的"先锋文学"予以了不吝任何赞誉之词的"热捧"。这无形当中丧失了批评者和写作者的"问题"意识和自审姿态。换言之,当时的"先锋文学"所存在的问题几乎被头晕眼热的时代同行们集体性地忽视或搁置。这些先锋作家由于中国特殊的文学历史和社会语境,他们的写作不一而足地是学徒于"西方"。换言之,在格非、余华等这些先锋作家的身后都曾长时期地站着一排西方的文学"大师"。但是,随着写作自身面对的挑战以及时代境遇的再次转换,很快这种带有明显的对话性、互文性、技术性、修辞化和仿写化的贩运式的"先锋"写作方式其弊端越来越明显。甚至一定程度上这使得其"及物性"和"中国化"的程度大打折扣。"异域"作家们成了这一时期中国本土作家重新寻找的精神对应物。这也在一定程度上显现出这一时期的先锋文学的"自信缺乏症"的精神症候。换言之，80年代中国的"先锋"作家因为一定程度上的集体性的"本土化"和"中国化"的营养不良而导致了这种写作的不够纯粹性和个体主体性的丧失（当然少数的几个"先锋作家"的一些文本除外）。所以，后来关于"先锋"和"伪先锋"的论争也不是没有来由的。不可否认格非等这些"先锋"作家在文学史上的重要性，其文学观念、写作趣味和修辞学上的努力也都使得这一类型的写作具有不可替代的坐标的性质。但是，我们也不能不承认，这些先锋作家在80年代以及此后的写作中都普遍缺乏处理和叙述甚至想象"中国化"的历史和现实的能力——换言之，他们的一些小说中的人物和情节置换为其他的异域也都是成立的。正是一定程度上的仿写和"自力更生"能力的缺乏，在中国不断加速度前进的时代转捩点上，在不断分层和分化的极其"不可思议"的"高铁"般速度的现实面前，那些还骑着自行车的作家不能不被历史和现实的高速列车甩在身后。而他们写作中的"历史"尤其是"现实"就不能不与真正的历史和现实进程相脱节。正是这种惯性的"脱节"导致了长时期以来中国作家处理"中国化"历史和现实能力的数度缺失。无论是格非的《山河入梦》还是余华后期的一些小说之所以引起了业内的争议甚至"不满"，其根本原因就在于此。至于说小说家和出版商以及市场化写作之间相互"染指"的不争事实也是近年来中国小说水平不断下滑的不可忽视的重要因素。本来处理中国的历史和现实的能力就先天不足，又加之近年来的"消费现实和历史"成为写作的风潮，那么其现状和未来的堪忧状况是毋庸多言的。而之所以中国名重一时的"先锋小说家"们往往写出一两部作品就结束了写作生命，其根本原因仍在于自身写作能力的不健全。换言之，当修辞、技巧和叙述方式以及"先锋pose"不再新鲜，那么一些"先锋"小说也整体性被掏空了。

放眼看过去，当年80年代的先锋小说家们还有几个真正能够处理有中国特色的"社会现实"？我们自然看到了一些还在坚持的当年的"先锋"写作者的努力，也不断看到他们在叙述中国化的历史和现实的文本中所体现的集体性焦虑甚至"担当"的"后启蒙"姿态,但是不无遗憾的是,这些进入文学文本中"注水"的现实已经不足以对抗真正意义上阅读的口味和审美的诉求。当然,吊诡的是"先锋"作家们仍然有着一定的主流文学的青睐和市场的号召力,但是当我们最终认清了中国先锋文学的命运,那么我们(尤其是一些作家)就应该接受"失败之书"的集体性命运!

当然,一定程度上,在叙述的"中国化"和"先锋性"上,就《春尽江南》而言格非还是做出了诸多可贵的努力的。起码,在"当下"的日常化的生活面前,格非仍持有了一定的戒备、反思的能力和历史化的个人情怀。显然,在一个加速度飞奔的时代让写作"慢"下来是必要的。值得注意的是在"现代化"和"城市化"的奔途中,很多作家丧失了对"地方性知识"的关注。而全球化和城市化正是以取消地区特征、文化区域和地理景观甚至个体思想方式的"地方性差异"为前提和代价的。格非已经深切地感受到了这一点,因为他的老家早已经被拆掉了。我们在这个"去地方化"的社会,已经看不见"像样的村庄"了。这也是格非在《春尽江南》中反复出现这些句子的动因——"他几乎看不到一个村庄"、"乡村正在消失"、"不管怎么说,乡村正在大规模地消失"。与此相应,格非在小说中给曾经的 80 年代的诗人谭端午设置的工作环境是非常值得注意和玩味的——地方志办公室。显然,在一个"地方"被不断拆迁和挤压的时代语境下,知识分子形象和"地方"一样,其命运不能不是尴尬而荒谬的。这不仅呈现了格非不断恢复和强化"地方性"知识的努力,而且也呈现了知识分子的隐忧、焦虑还有无边无际的失落甚至彷徨感。我们早已经目睹了差异性的"地方"在这个新的"集体化","全球化"时代的推土机面前的脆弱和消弭。据此,"地方志办公室"已经不再只是主人公的生存场景,而是更多作为一种精神地理学场域携带了大量的精神积淀层面的历史性、想象性和挽歌性的心理能量。"地方志办公室"也成了"诗人"连接"历史"与"现实"一个不可或缺的窄仄而昏暗的通道。实际上,"地方志办公室"这个经过语言之根、文化之思、想象之力和命运之痛所一起"虚拟""再生"的景象,比现实中的那些景观原型更具有持久的、震撼的、真实的力量和可以不断拓殖的创造性空间。这恰恰是写作的先锋精神的显现。在一个愈益复杂、分化以及"去地方化"和"去乡村化"的时代,文学该以何种方式予以介入或者担当?这是否正如一位异域小说家所说的"认识故乡的办法就是离开它;寻找故乡的办法,是到自己的心中,自己的记忆中,自己的精神中以及到一个异乡去寻找它。"这是必然,也是悖论。

当格非在《春尽江南》中不断让海子以及当下的诗人们"现身"并几乎耗了一个多月的精力在小说的结尾也是"三部曲"的完结部分以一首60行的诗歌《睡莲》作为结束的时候,我们是否可以想象曾经的一个时代真的已经远去了。但是我们更应该注意到,任何时代都不可能远去,因为它们已经以化若无痕的方式在"当下"不经意间现身甚至给你以响亮的提醒。只有小说家们同时在历史中看到当下,在现实中反观历史,我们才能同时用两只眼睛来观看这个世界以及同样深不可测的内心渊薮。只能说曾经的理想的诗意的年代确实已经结束了,正如庞家玉所说的——"如果说二十年前,与一个诗人结婚还能多少满足一下自己的虚荣心,那么到了今天,诗歌和玩弄它们的人,一起变成了多余的东西"。而我们的小说叙述该如何完成"当下"和"历史"相交错的"中国化的故事",这才是关键所在。《春尽江南》以"当下"和"日常化的现实"结束,而《睡莲》又恰好是对二十几年前写于破败的招隐寺的旧作《祭台上的月亮》的"改写"。无论是诗歌、还是人物以及历史都已经被强行"改写"了。无论是试图重归过去还是企图超越现在一定程度上都不能不是痴人说梦。我们只能老老实实地说出我们真实的感受和个人创见,只有这样写作才是可靠的。哪怕我们最终续完的也只是——"失败之书"。

第三辑

重叙"历史"的诗学

《今天》：诗歌传奇的历史范本

无论是作为一份民刊的《今天》①还是成为诗歌流派的"今天"，这些当年在新诗史写作中曾被贬抑和忽略的现象到了今天则成了诗歌史的"英雄"。当年这些诗人围绕着《今天》的交往已经成为今天津津乐道的文学史故事甚至诗歌传奇。这些曾经在私人间的笔记本上秘密传抄的诗作已经成了20世纪中国新诗的经典范本。而这种转变的过程和复杂性是极具文学史价值的，"由于'文革'和阶级成分，创办《今天》的人们均无缘上大学，可不知从何年何月开始，这些平均'初中文化程度'的朦胧诗元老的名字不仅登上大学课堂，而且成为大批文科硕士和博士的论文题目。因此，所谓边缘与中心、学院和在野的位置是可以掉换的"②。

当北岛和芒克、陆焕兴在当时还是农村的东直门外新源里简陋的小房子里用三天三夜油印完《今天》，在凛冽的时代寒风中骑着车、挎着包、挂着浆糊桶悲壮、紧张而又从容地走上北京街头，在西单、天安门、王府井、文化部张贴且散发着油墨倾向的《今天》时，他们可能也预料到了此后他们在中国诗歌史和社会史上的重要性，尽管他们的行动带有历史性的英雄般的悲壮。从此，东四十四条76号、13路沿线、玉渊潭、紫竹院、西单民主墙、京郊的诗人出游聚会都成了《今天》"纪念碑"式的历史记忆，成为文学史绕不开的经典场景。

---

① 《今天》一共发行了9期，被迫停刊以后，又以"今天文学研究会会刊"的名义出版了3期，时间从1978年12月至1980年12月。
② 廖亦武：《沉沦的圣殿——中国20世纪70年代地下诗歌遗照》，第411—412页，新疆青少年出版社，1999年。

值得注意的是，1990年代以来的新诗史写作以及相关研究都是从"文革"地下诗歌、《今天》和"新诗潮"这个线索来叙述朦胧诗的。朦胧诗谱系则不只限于朦胧诗论争，而是扩展到由1978年《今天》的创办，到1980年的青春诗会直到朦胧诗论争结束而第三代诗人崛起这一线索，还延续到朦胧诗的"前史"阶段，即"文革"时期的地下诗歌写作，食指的诗歌启蒙、北京的地下沙龙和文艺小组，白洋淀的诗歌江湖以及民间状态的带有现代性探索的诗歌写作。当初谁也没有料到当年这些蓝色封面的文学小册子后来竟然成为新时期文学的"先声"和经典。

由于历史语境、文学史观、书写模式、史料的挖掘等诸多因素，文学史对朦胧诗的叙述曾一度处于相当大的变动之中。而1990年代以降的朦胧诗和"今天"研究在文化学、社会学、文本语义研究之外更为关注还原历史，揭示历史本相，研究者采用文化人类学者经常使用的"田野作业"的方法，充分挖掘被掩埋的历史，如民刊、诗稿、回忆录、日记、照片、手抄本、信件、档案等，以期在对往事细节和现象的再现中展开历史叙述。而影响日甚的《沉沦的圣殿——中国20世纪70年代地下诗歌遗照》、《持灯的使者》、《半生为人》、《灿烂》、《左边——毛泽东时代的抒情诗人》、《旁观者》、《文化大革命中的地下文学》、《中国知青文学史》等更是不断将"今天"推向经典化的高峰。尤其是《沉沦的圣殿——中国20世纪70年代地下诗歌遗照》，其中大量的当事人的访谈、回忆录、书信无疑都以"铁的事实"向世人和文学史家证实了这段诗歌往事的真实性和不可替代的文学史价值。而书中近200幅涉及诗人生活、交往、活动、书信、手稿以及私人（比如当年北岛的女友邵飞穿泳装在北京电影学院游泳池的照片）的老照片更是以最为真切和鲜活的方式打通了读者和文学史家进入当年沧桑历史的通道。相信看到1976年的春天北岛和老诗人蔡其矫在景山公园促膝谈诗、北岛等人在西单民主墙出售《今天》、北岛在"星星美展"游行结束后在北京市委门前的演讲、北岛和芒克与《今天》的读者热情的交谈，1977年夏天北岛和蔡其矫在北京京郊樱桃沟的出游、1979年北岛等在玉渊潭、紫竹院公园举行的诗歌朗诵、读者见面会、1980年舒婷到北京参加"青春诗会"时与《今天》编辑部同仁的合影，读者都会感受到这段历史的鲜活和仿佛历历在目。这些历史烟云深处的黑白照片唤起的不只是一代人的记忆,更为重要的是,这种类似于纪录片式的画面呈现为我们勾勒了当初激动人心的诗歌往事和文坛佳话,而《沉沦的圣殿——中国 20 世纪 70 年代地下诗歌遗照》这种极巨冲击力的文学史构造方式显然推动了《今天》的历史意义和经典化的过程。而这种见证式的历史回溯和文学史叙述显然影响到了此后的新诗史写作,比如关于朦胧诗的谱系和文学史叙事线索的变化上,而这一新诗史叙述朦胧诗的线索也可以从这一时期的新诗选本中得到印证。唐晓渡在《在黎明的铜镜中·朦胧诗卷》[①]中将朦胧诗分为三个时期:滥觞期("文革"时期的地下写作),涌流期(《今天》创办到 1983 年),发散期(1983—)。而洪子诚和程光炜编选的《朦胧诗新编》中也体现了这一思路。正是在这一意义上,《在黎明的铜镜中》和《朦胧诗新编》基本上可以看作"今天"诗派和"白洋淀诗群"的选本,北岛、芒克、多多、根子、方含、林莽、田晓青、齐云、严力等占有相当重要的位置。正是由于朦胧诗的叙述向其前史阶段的推移,以往文学史叙述中的朦胧诗人北岛、舒婷、顾城、江河和杨炼的经典五人模式已被打破,食指、多多、芒克、根子、林莽、方含、齐云、田晓青、严力甚至黄翔、哑默都加入到了朦胧诗人的行列中。

"朦胧诗"之所以从出现伊始就成为社会舆论关注的焦点与公议的对象,与《今天》杂志的"同人色彩"有着很大关系。朦胧诗当时受到社会的热烈关注不仅与《今天》这份同人刊物以及《诗刊》等重要的官方刊物对他们作品开绿灯有关,而且更重要的是"还与它独特'结社'形式是有'地下沙龙'色彩有密切关系"[②]。还需要强调的是《今天》的北京背景,显然,北京作为当时全国"拨乱反正"最具有核心地位的象征性在很大程度上突出了《今天》的主流地位和主导性的影响,而这显然压制了其他民刊的影响。有研究者将《今天》及"今天诗人"的意义放在现代主义新诗发展序列中处理,如陈超在《〈今天〉及其前驱诗歌、诗人概说》

---

① 谢冕、唐晓渡:《在黎明的铜镜中·朦胧诗卷》,北京师范大学出版社,1993 年。
② 孟繁华、程光炜:《中国当代文学发展史》,第 175 页,人民文学出版社,2004 年。

中指出:"1978年末,北京又一个民间文学社团《今天》创刊。它的'组织基础'乃是70年代的'白洋淀诗群'和与其关系密切的北岛、江河等人。从'X小组'、'太阳纵队',到'白洋淀诗群'、'今天',有一条现代诗的连续文脉可循。而《今天》的出现,标志着中国当代文学史上第一个具有广泛社会性影响的、成熟的现代主义倾向的诗歌群体出现。"① 而到了1980年代的"重写"文学史的热潮之中,《今天》杂志和《今天》诗人受到新诗史和研究的青睐显然迎合了这一时期对"文革"文学以及"文革"后的"新时期文学"发生的历史想象,显然,《今天》的重要影响、秘密交往、自由精神、叛逆大胆的诗歌活动、先锋诗歌文本、诗人传奇性的经历都成为最具代表性的文学史"故事"而被不断经典化。

在不同的新诗史和朦胧诗选本中所认定的朦胧诗人范围的差异是很大的,尤其是在不同的历史时期,有的朦胧诗选本中竟然收入了朦胧诗人四十多个,而有的选本则是十几个。但是对"今天派"诗人的认定,如果是以围绕《今天》并在《今天》上发表诗作为标准的话,那么在《今天》出版的总共9期中,共出现的诗人是24位,诗作是146首。很显然这24位今天派诗人②与四十几位的朦胧诗人或十几位的朦胧诗人之间的差异是相当明显的。所以要注意区分"朦胧诗人"与"今天诗人"的差异。很多文学史和朦胧诗选中所列举的一些"朦胧"诗人,由于与《今天》没有关系,因而不是"今天诗人",如吕贵品、骆耕野、许德民、孙晓刚、韩东、西川、白马、贝岭、陈东东、吕德安、王家新、马高明、牛波、杨榴红、骆一禾、封新成、岛子、余刚、王寅。恰恰相反,其中很多诗人倒是被很多新诗史和文学史指认为第三代诗人的,如韩东、西川、白马、贝岭、陈东东、吕德安、骆一禾、牛波、王寅等。需要强调的是,黑大春参加了《今天》的活动,但是没有在《今天》上发表诗作,但被认为是"今天"诗人

---

① 陈超:《打开诗的漂流瓶——现代诗研究论集》,第285页,河北教育出版社,2003年。
② 这应该说是宽泛意义上的,如举例而言,蔡其矫在《今天》上发表诗作,但是著者还没有在任何新诗史和新诗评论中将蔡其矫看作是"今天派"诗人。而多多没有在《今天》上发表作品却被一些文学史和研究者认为是"今天"诗人。而多多曾表达过根本就没有什么"今天派"的看法。参见钟鸣:《旁观者》,第2卷,海南出版社,1998年。

中年龄最小的诗人。

在"文革"结束后,民刊成为争得自由和话语权的重要渠道,而在众多的民刊中,1978年末出现的《今天》无疑是影响最大的。这在很大程度上归功于《今天》有效的传播方式。换言之,《今天》是相当重视诗歌的传播功能的。无论是《今天》编辑部的成立(1978年10月)、《今天》的创办(1978年12月23日)、"今天"丛书、3期非正式刊物,还是规模巨大的诗歌朗诵会、读者交流见面会、民刊之间的联谊、诗人之间的交往,这种民刊的创办以及传播方式不仅在当时全国各地的诗歌圈子中迅速传播,而且对1980年代中后期大面积涌现的诗歌民刊无疑有着很大的影响。于坚等第三代诗人就认为,没有《今天》就没有朦胧诗,而没有《今天》也没有《他们》与《非非》。

从北岛在《今天》创刊号上的发刊词《致读者》中,可以看出北岛一代人不无强烈的诗歌史意识,即重新看待"文革"以前的诗歌写作,并且张扬出新一代人在文学和历史上的双重意义以及相当强烈的登上时代舞台的迫切心理:"历史终于给了我们机会,使我们这代人能够把埋藏在心中十年之久的歌放声唱出来,而不致再遭到雷霆的处罚。我们不能再等待了,等待就是倒退,因为历史已经前进了……今天,当人们重新抬起眼睛的时候,不再仅仅用一种纵的眼光停留在几千年的文化遗产上,而开始用一种横的眼光来环视周围的地平线了。只有这样,才能使我们真正地了解自己的价值,从而避免可笑的妄自尊大或可悲的自暴自弃。我们的今天,根植于过去古老的沃土里,根植于为之而生、为之而死的信念中。过去的已经过去,未来尚且遥远。对于我们这代人来讲,今天,只有今天!"[①] 现在看来,《今天》以及由此形成的"今天"诗群已经在新诗史中确立了经典地位,但是显然这份"同仁"刊物由于一代人的整体性格特征和显豁的时代政治背景而带有强烈的政治倾向[②]。《今

---

① 《今天》,第1期,第1—2页。
② 例如当年《今天》在北京的玉渊潭公园举行的第二次诗歌朗诵会照之第一次朗诵更具政治倾向(可参阅《北岛访谈录》,《沉沦的圣殿》,新疆青少年出版社,1999年),(接下页)

天》的发刊词以及将刊物命名为《今天》都带有极强在时代转折点上为自己"占位"的时间进化论倾向,甚至带有将《今天》以及"今天"诗人的写作与此前的写作方式对立和割裂的时代特征,而这种特征显然更为符合此后文学史对"新时期"文学的认定。

基于此,就《今天》的特殊时代语境以及围绕《今天》展开的文学场域,随着时代语境的变更 1990 年代的诗歌民刊和 70 到 80 年代之交的民刊是不可同日而语的,由历史语境的差异构造出的刊物和诗人的意义和价值明显不同。但值得强调和注意的是,朦胧诗由于诸多原因,无论是在讲述重点还是在对诗人的评价上都有着相当大的变化和移动。

(接上页)再有如徐晓所说的"《今天》曾以与官方文学抗衡的形象,以反叛者的姿态,进入中国主流文化的格局,成为反主流的主流,因此她的影响力和意义是不容忽视的",参见《〈今天〉与我》,《沉沦的圣殿》,新疆青少年出版社,1999 年。李润霞则认为《今天》是"非政治化"的"纯文学立场"的刊物,而这显然与事实相悖。参见李润霞:《"文革"后民刊与新时期启蒙运动——以〈启蒙〉与〈今天〉为例》,《新诗评论》,2006 年,第 1 辑。关于《今天》的研究文章可参阅柏桦:《早期民间文学场域中的传奇与占位考察:贵州和北京》,《今天的激情——柏桦十年文选》,上海人民出版社,2006 年。黄平:《"新时期文学的发生"——以〈今天〉杂志为讨论对象》,《海南师范大学学报》,2007 年第 3 期。

诗人的述史方式
——从《旁观者》到《左边》

20世纪后期，见证历史（eyewitness history）又在西方史学界再度兴起，这主要是因为社会变迁的速度空前加剧，以往史家所认为的历史可能是遥遥几个世纪之前的事情，而在当下史家眼中的历史却可能就是在昨天刚刚发生。那么当史家来书写当代史的时候，不可避免地便带有见证和亲历者的成分。

一

当我们回溯20世纪的新诗和文学发展以及相应的各个时期的文学史写作，写作者的见证身份是相当明显的。早在1930年代初期，刘半农在《初期白话诗稿》中就道出了迫近的历史沧桑感，而这种沧桑也仅仅是新诗发展短短十余年时间所造成的，10年前的新诗竟已成为"古董"了。这也不能不使当代书写历史的行为带有深深的焦虑感和迫切希望梳理历史的复杂心态，"这些稿子，都是我在民国六年至八年之间搜集起来的。当时所以搜集，只是为着好玩，并没有什么目的，更没有想到过了若干年后可以变成古董。然而到了现在，竟有些像起古董来了。那一个时期中的事，在我们身当其境的人看去似乎还近在眼前，在于年纪轻一点的人，有如民国二年出生，而现在在高中或大学初年级读书的，就不免有些渺茫。这也无怪他们，正如甲午戊戌，庚子诸大事故，都发生于我们出世以后的几年之中，我们现在回想，也不免有些渺茫。所以有一天，我看见陈衡哲女士,向她谈起要印这一部诗稿,她说:那已是三代以上的事了,我们都是三代以上的人了"①。所以,在"当代"语境中,无论是新诗史料整理还是新诗史的历史叙述都带有不可避免的"见证者"身份。在新诗史的写作常识中,研究者往往认为写作新诗史是新诗史家的事情,是新诗史家对以往时期新诗史现象进行整合、梳理、总结和再叙事的过程。然而一个重要的事实是,当代的诗人,尤其是在1980年代以后,诗人不仅直接参与了新诗史,如诗歌运动、诗会、笔会、诗歌奖、办诗歌刊物、编辑新诗选、新诗年鉴、提出诗歌概念等,而且干脆有的诗人自己开始了新诗史的写作工作。而诗人眼中的新诗史和史家眼中的新诗史是有着相当差异的。他们这些带有当事人身份的见证式的新诗史无论是在写作框架、叙述模式、文学视野、诗人和诗作的遴选上都有着一套有别于正统的话语系统,与通常意义上我们认定的文学史和诗歌史写作不同。

这些带有见证色彩并提供大量新诗史细节的新诗史著作显然作为一种个人化的述史方式参与到新诗史的构建。由于多为当事人的回忆和评说,所以在文体上更接近于随笔和回忆录,且因为明显的个人好恶和价值取向而引起关注甚至争议。那么从传统的文学史写作体例来看,这些见证式的细节文学史就会引起一些学者的疑问。当然如果以目前传统的对文学史著作的认识,这些是很难归入到文学史写作("大历史")当中去的,但这些带有见证色彩的边缘化的新诗史叙述看作新诗史也自有其道理。这些细节新诗史的写作者基本都具有当事人的亲历者身份,对于各自的那段新诗发展历史也较为熟悉,他们提供了很多一般新诗史写作和研究中没有提及的重要历史细节和相关资料。而这些新诗史著作由于与教科书和正统新诗史写作大有差异,所以它们的面目都呈现出了日常的、芜杂的、丰富的、散漫的、质感的、细节的、鲜活的、生动的、跟踪式的特征,历史的复杂性和偶然性得以凸显。这些另一类的或边缘的新诗史叙述,大都是由对当事人的访谈以及回忆文章组成,更像是回忆性随笔的结集或资料汇编。但是,由于书写者都有着相当强烈的文学史意识,并

---

① 刘半农:《初期白话诗稿》,第2—3页,星云堂影印,1932年;书目文献出版社,1984年重印。

且一定程度上修复了被以往的文学史遮蔽和遗漏的历史真实和一些细节，而成为带有边缘化性质的新诗史写作模式。

这些细节新诗史尤为强调历史细节和见证者知冷知热的贴心式的呈现，从而使叙述带有真实的现场感和清晰可辨的细节化，这是一般意义上的新诗史所不可能做到的。这些感性而生动的文字颠覆了以往历史叙述的条分缕析、体大虑周的叙述格局。这种开放的充满张力的冲突可感的文本，让读者看到了历史的另一侧面，对被历史叙述中减法原则所遗漏部分的强调和重视。一个印象是这些当事人的回忆、历史细节、照片资料，都似乎在说明其中所叙述历史的真实性和客观性。确实这种见证式的叙述提供了其他新诗史著述所不能提供的历史的独特一面。但是问题是这些当事人性质的细节历史就完全是历史的原貌和真相吗？是否历史的亲历者最有资格、最有可能呈现"真实"的历史图景？在一定程度上，讲述已经或将被遗忘的历史事实无疑是亲历者不可推卸的责任，但是据此就认为没有亲历历史的人就没有资格对历史发言或者说这种发言就不具备可信度和历史重要性显然有失公允。甚至我们还应该提醒一些亲历者不要过于迷信和滥用自己的话语权，作为"'亲历者'在意识到自己的经验的重要性的同时，也要时刻警醒自己的经验、情感和认知的局限。特别是，要警惕历史记忆中强大的情感因素的作用。它可能是一种透视'历史'的契机，但也可能是一种'毒素'。最大的可能是，在历史意见中导致狭隘、固执和专断，导致非理性的盲目破坏。事实上，我们每个人都生活在特定的语境中，并形成相异的认知模式和情感结构"[①]。所以在历史研究和历史叙述中，在注意到细节新诗史能够接近历史情境的重要性的同时，同样也应该警惕当事人在回忆历史时个人主观感情膨胀对客观性的妨碍，或者因当事人对一些事情的避讳而有意忽略了其他一些重要的历史细节。

我们无疑可以用各种说法来指出或指责这些细节新诗史的弊端和局限，但是我们关注的应该是如何看待这些见证式的新诗史文本，这些新诗

[①] 洪子诚：《当代文学史写作及相关问题的通信》，《文学评论》，2002年第3期。

史写作给整个新诗史研究和新诗史写作又带来了怎样的积极作用和影响，这才是问题的关键。而这些非正统的新诗史写作的意义就是对以往宏大历史叙述中所遗漏的大量历史细节的强调，更富有现场感，而对某一时期的略显散漫的诗歌史叙述在一定意义上更能显现历史烟云中的诗人和诗歌活动的原生态状况。发生的历史有时并非像后来历史叙述中的那样逻辑清晰富有理性。这都是对传统新诗史、文学史写作模式的有益启示。

同时在叙史者的身份问题上我们忽略了一个相当重要的现象，即诗人自身不只是用自己的诗歌写作和活动参与到了实实在在的历史当中，而且又以相当大的热情表现出对诗歌史叙述的关注。如新诗史上，胡适、朱自清、闻一多、张秀中（草川未雨）、袁可嘉、蒲风、公木等不仅是诗人，同时也是诗歌史家、新诗研究者和批评者。这种混杂的身份表明了历史的叙述是相当复杂的。而当代新诗史上尤其是到了1980年代中期，诗人对新诗史的直接参与是一个相当显豁的事实。如《今天》派诗人通过《今天》（大陆时期与海外时期）杂志进行交流以及朗诵、读者见面会等活动，开设"今天旧话"和"重写文学史"专栏，对新诗史写作有着相当大的影响。到了所谓的第三代诗人，出于对诗歌史的焦虑心理而直接站出来给自己进行命名以及诗歌史定位，而在此过程中，他们提出的诗歌宣言、理论、诗歌史概念，创办刊物、编辑诗歌年选、年鉴以及各种名目的诗歌结集直接对新诗史写作产生影响。

一些诗人关于新诗的历史叙述尽管有着不可避免的诗人天生的偏激，但仍有其不可替代的意义。诗人，尤其是那些直接参与了新诗发展进程具有当事人身份的诗人，在回顾和叙述与自己有关的历史时，其具有的亲身体验的优势和对诗歌写作的真实感受都是一般新诗史家所不具备的。但是这种当事人的身份对历史事件的讲述也更多掺杂了个人的甚至主观的情感因素。历史叙述的真实性同样也成了问题，即诗人在叙述诗歌史时如何不至于滥用自己的权力，尽量在不偏不倚中如实地叙述历史的面貌，而不充当某个诗歌派别或小集团的"代言人"。当然，我们所要做的是在诗人所书写的历史中比照其他的文学史写作，来发现文本之间的差异和缝隙，以期提出问题、发现问题。

二

目前诗人写作的新诗史主要有钟鸣的《旁观者》（海南出版社，1998年），杨黎的《灿烂：第三代人的写作和生活》（青海人民出版社，2004年），作为"今天文学丛书"之一的柏桦《左边——毛泽东时代的抒情诗人》（香港牛津大学出版社，2001年），黄翔的《总是寂寞》（台北桂冠图书有限公司，2002年）等。当然如果以惯常的对文学史写作本体的认知，以上所列举的只能被看作诗人的随笔或相关访谈。但反过来，这提醒我们应该以一种开放的眼光来重新审视新诗史和文学史写作的本体问题。这里限于篇幅，重点论述钟鸣、柏桦、杨黎和黄翔以诗人身份写作的"见证式"新诗史。而笔者之所以将这些"见证式"的新诗史与《沉沦的圣殿》和《持灯的使者》等细节新诗史分离开来讨论，主要是考虑到《沉沦的圣殿》和《持灯的使者》的编选者都不是当事人，而钟鸣、柏桦等人是直接以诗人、当事人和新诗史叙述者的多重身份同时出现的，所以更具有一种诗人写史的特殊性和典型性。

在这部厚达一千五百多页的三卷本的《旁观者》中，钟鸣试图以"旁观者"的姿态讲述自己眼中一代人的阅读史和诗歌史。《旁观者》既可以看作随笔、散文、评论，也可以在开放视域中将之视为"见证式"或细节新诗史①。这也就意味着这是一部跨文体写作，所谓的跨文体写作（或曰超文体写作、凸凹文本、无文体写作）曾在20世纪末引起不小的浪潮，而这种浪潮不是仅局限于文学写作而是扩展到文学评论甚至文学史写作中。如果我们不局限于对传统文学史写作的认识，而是将钟鸣的《旁观者》视为一种特殊的新诗史叙述方式就会发现一些相当重要的甚至是对文学史写作模式不无裨益的启发。当然，透过钟鸣这一庞杂而特殊的历史叙述文本也会发现其中不可避免的局限与问题。

---

① 在一定程度上，钟鸣更愿意将之看做"成长小说"。参见钟鸣：《旁观者·代跋》，第3卷，第1502页，海南出版社，1998年。

钟鸣采用了传统评书和戏曲的方式,如以楔子、折来结构全书,文中配以大量的插图、地图、照片(包括亲人和自己的)、书信、手稿等。钟鸣可以为一幅照片而花费大量的篇幅,可以用整页整页的引用圣经、文献、戏剧、诗词、传说、寓言。安徒生、老子、巴乌托夫斯基、列宁、毛泽东、艾伦堡、巴甫洛夫、高尔基、鲁迅、济慈、梁启超等古今中外的政治家、文学家穿越时空汇聚一堂。这种散漫的叙述方式在正统的文学史写作观念看来是难以接受的,当然钟鸣所引用的大量图片和文献资料都是服务于他所界定的"旁观者"的特征的[①]。

透过这些驳杂甚至难以卒读的文字,可以看出钟鸣企图叙述自己或一代人的阅读史、成长史和诗歌写作史。钟鸣认为,旁观者的立场用就是"必须忠实于自己的历史,毋庸谦逊自抑,以招公道"。钟鸣在历史叙述中不仅穿插了大量的西方诗人的经典诗歌文本,而且在从近代、30年代、"大跃进"、"反右运动"、"文化大革命"、新时期的背景中叙述了百年中国新诗和文学的发展历程。从新文学到毛泽东时代的诗歌,从食指、黄翔、白洋淀诗群到"今天"再到第三代诗人乃至海子之死,以及对《今天》、《启蒙》、《崛起的一代》等民间诗刊的状况都予以详尽介绍。钟鸣叙述了关于食指、北岛、芒克、多多、舒婷、顾城、杨炼等诗人的交往和诗歌写作以及鲜为人知的历史细节。由于钟鸣身处第三代诗人语境之中,所以他以不小的篇幅叙述了柏桦、钟鸣、王寅、陆忆敏、欧阳江河、张枣、翟永明、韩东、海子、陈东东等诗人,并指出这些诗人的大学校园背景对诗歌写作的重要影响。由于钟鸣的教育背景,他更乐于接受西方现代文学的影响,而在评价诗人时也多将之与西方某某诗人或流派直接联系起来,比如欧阳江河与史蒂文斯,陆忆敏与普拉斯,海子与洛尔迦等。综而言之,《旁观者》可以看作是对"今天诗歌"、贵州诗歌和第三代诗歌的历史叙述文本。

作为细节新诗史,《旁观者》确实提供了大量的较为难得的资料,这

[①] 在钟鸣看来,"旁观者"具有如下的特征:如对城市的关注,不是无所事事的无聊而是对生存的场景予以关注,有一种对名字的焦虑,外形消瘦或者矮小,不断奔向难题等等。

对于此后的相关文学史研究提供了便利和重要参照①。这些史料对于了解新诗发展的一些细节很有帮助,以海子的自杀事件为例,关于其自杀原因历来说法不一②。而多多于1997年9月9日写给钟鸣的信所显示的相关信息对于了解海子死因的一些事实是有帮助的,"关于海子一事,我以为时至今日仍以维持'原判'为宜,尽管历史就是不断地再解释。但在那样一个复杂的时辰,一个那样复杂的内心又是牵扯到那样复杂的诗歌争论,谁能道出为什么呢?同理,对于那天批评之事,我不承担责任谁承担?从那天我接到海子自杀消息的热泪出眶起,我就承担起来了。我的内疚和罪感从未有释下之日。日后对西川对众诗人,我都一再地坦诚地承担过,无任何遁词。当然于今,如果海子自杀之因只属于我为首之责,就太抬高了我的影响,那是不真实的,是对海子之贬"③。

《旁观者》也证实了一些少为人知的诗歌史实和生动可信的细节,如黄翔"文革"中秘密藏匿自己诗作的情况,尽管此前钟鸣对黄翔的诗歌写作也是持将信将疑的态度,"鉴于《火神交响诗》相距1976年那样近(都是诗的方式,却截然相反——偶像更迭和质疑偶像)——指1978年10月,张贴在北京'人民日报'附近的时间,而实际写作,远在1969年(据

---

① 《旁观者》提供了《今天》、《启蒙》的相关资料以及黄翔等人进京的照片。《旁观者》提供了多多写于1996年的《小麦的光芒》手稿,这份手稿的意义在于多多在这个手稿中曾有过改动的情况,这对深入认识的诗人如何完成一首诗的写作过程是很重要的。此外还有北岛给哑默的信,哑默写给艾青的信,黄翔给钟鸣的信,多多写给钟鸣的信等,提供了陈东东《南方》手稿,卞之琳诗稿《春城》手迹,柏桦《痛》一诗的手稿,陆忆敏的《避暑山庄的红色建筑》一诗的手稿,张枣《空白练习曲》手迹,柏桦《生活颂》手迹,杨炼《逝者》一诗的清样稿,钟鸣《中间地带》初稿手迹等。著者提供了1979年黄翔赠送给伍立宪(哑默)的《启蒙》第二期,封面醒目地声明:"我们以行动实践宪法,于一九七八年十一月二十四日中午十二时在北京正式宣告成立'启蒙社'。社团以燃烧的火炬为象征"。
② 如有的认为海子以先知的敏锐首先觉察了一个黑暗时代的到来和古典农耕文化的结束;有说法认为海子是殉诗,为诗歌献身;有的认为海子是因练气功出现偏差走火入魔而导致的精神分裂;有的则认为海子是因为难以承受一些诗人如多多对自己长诗的尖锐批评,再有认为海子的死与前女友有关等等。
③ 钟鸣:《旁观者》,第2卷,第804页,海南出版社,1998年。

哑默回忆,诞生地是贵阳一座废弃的天主教堂),黄翔回忆文章曾谈及,其中《火炬之歌》,藏在蜡烛里,常和朋友们一起,夜深人静时取出来朗诵。我觉得有点像神话(不是我不信任他,而是怕新神话),问过哑默,事实确实如此——'我看见刺刀和士兵在我的诗行里巡逻,在每个人的良心里搜索',并非没有来由,社会并不怕诗歌,而是担心不同倾向的诗歌。就凭这点,胆小鬼就该竖起耳朵"[1]。

《旁观者》提供了1978年11月17日在《今天》创办前夕北岛写给哑默的一封信,这封信提到了关于创办《今天》的一些非常具有历史价值的情况,这是相当重要的史料。这对于了解《今天》创办的社会语境以及北岛与黄翔、哑默等南方诗人的诗歌交往状况都是不无裨益的,"我们在《发刊词》里这样开始:'历史终于给了我们机会,使我们这代人能够把埋葬在地下和内心深处的作品公布于世,而不致再遭到雷霆的威胁和处罚。这是机会,我们不能再等待;等待就是倒退,因为历史已经前进了!'其实,这种雷霆的威胁和处罚还时时盘旋在我们头上,它们也在等待机会。我和我的朋友们已做好失去自由的准备。不过,即使出现万一,我们也会欣慰地想:我们不是孤立的!向黄翔致意!从你的信里,我自认为很了解他了。向你所有的朋友致意!速回信,尽快把稿件寄来。祝好!振开"(78,11月17日)[2]。北岛在这封信中提到的《今天》发刊词在《今天》第一期正式出刊时有所改动,"历史终于给了我们机会,使我们这代人能够把埋藏在心中十年之久的歌放声唱出来。而不致再遭到雷霆的处罚。我们不能再等待了,等待就是倒退,因为历史已经前进了"[3]。而正是基于《今天》的出现及其当时和此后广泛的影响,钟鸣认为1978年是诗歌史上的重要年份,不仅思想解放运动从这一年开始,而且诗歌浪潮也开始席卷僵化的"文化板块"。正是从1978年开始的带有新质的诗歌写作,钟鸣指出一些诗人是应该进入诗歌史的,"如果,1978年—

---

[1] 钟鸣:《旁观者》,第2卷,第764页,海南出版社,1998年。
[2] 同上,第646页。
[3]《致读者》,《今天》第1期,第1页。

1979 年——啊,这两年啊,只要吐出它哪怕稍微浑圆一点的元音和辅音,我都是很乐意帮助别人记住这些名字的——南方的黄翔,李家华(路芒),伍立宪(哑默),梁福庆,北方的姜世伟(芒克),赵振开(北岛),郭路生(食指),依群,刘念春,赵一凡,庞青春(黑大春),杨炼,顾城,舒婷……"①。

在政治文化语境和诗歌写作转折的年代,《今天》确实起到了不容忽视的重要作用。钟鸣尤其强调了《今天》②对第三代诗人的影响③,但钟鸣认为《今天》的影响也是选择性的,自己就没有受到《今天》的影响。他认为这和《今天》上的诗歌写作在美学趣味仍然僵化有关,"《今天》的作品,单纯得仍让我感到一种固定的美学折射,还没有完全松开关节上的木螺钉"④。同时,钟鸣根据多多的观念认为并不存在什么后来新诗史叙述中的"今天派","一条时代风格的地平线,只要心里拥戴一种信仰,就会设法扩展开来。'今天派'圈子里或今天派周围的人,恐怕有不少默认,实际上没有'今天派'——多多写信回忆往事时,就这样认为"⑤。这种说法显然是值得商榷的,鉴于很多重要诗人围绕着《今天》所展开的诗歌活动以及与此前"文革"时的地下诗歌和此后的朦胧诗潮的血脉关系,"今天

---

① 钟鸣:《旁观者》,第 2 卷,第 640 页,海南出版社,1998 年。
② 北岛在 1978 年 12 月 9 日写给哑默的信中认为《启蒙》的效果尤其在北京并不理想的原因,"批《启蒙》的大字报姑且不谈,在一些有思想的年青人也反响不大。我和我的朋友们认为,主要原因在于内容过于空乏,而且把自己的位置摆得太高,这样容易失去群众。这一点你可以转告黄翔。请他多加考虑,光有热情是不够的"。参见钟鸣:《旁观者》,第 2 卷,第 784 页,海南出版社,1998 年。
③ "当时,油印本在大学,十分流行。《今天》的传播加深了这印象。尤其 1980 年到 1982 年期间——新一代诗歌正酝酿着。蓝色封面《今天》,给当时许多人带来了新的颤栗——尽管,这颤栗因各种偶然原因,在我身上反应微乎甚微,傲慢,不善学习,奇思怪想,但它在南方碰撞的痕迹,却为我亲眼所见。这是一条游动的怪鱼,皮肤粗糙,但摩擦生电,——啊春天,那时正缺乏特征和意义。必须赋予它充实的意义,赋予它正显露的生动性"。参见钟鸣:《旁观者》,第 2 卷,第 685 页,海南出版社,1998 年。
④ 钟鸣:《旁观者》,第 2 卷,第 702 页,海南出版社,1998 年。
⑤ 同上,第 705 页。

诗派"或"今天诗群"的说法应该是合理的。

在《旁观者》中，钟鸣的地缘文化的焦虑感是相当强烈的，他对南方与北方，外省与北京（边缘与中心？）的关系有着相当的敏感。而这种围绕所谓的外围与核心所展开的叙述多少也反映了南方诗人因处于政治、文化和文学的"边缘"身份而导致的文学史焦虑。钟鸣有意识地将南方诗人与北方诗人设置为二元项，如艾青与卞之琳，食指与黄翔，北岛与柏桦，白洋淀与野鸭塘，《今天》与《启蒙》，朦胧诗与后朦胧诗，星星画展与贵州五人画展等。显然，钟鸣试图在南方诗歌与北方诗歌的比照甚至"较量"中彰显出南方的诗歌史状貌，为长期在文学史叙述中遭受"忽略"与"遮蔽"的南方诗歌史正名。基于这种地缘文化的意识和对南方诗人和诗歌的正名的冲动，钟鸣等南方诗人对于食指、北岛、多多等北方诗人的大面积"崛起"就不能不有着强烈的文学史焦虑感[①]。较之式微的南方诗坛，钟鸣认为食指是一个时代的诗歌"英雄"，认为食指的《相信未来》等诗代表了北方诗歌的主要特征：阵阵疼痛和恍惚，模糊的背景，清晰而忧伤的主体，一种漂浮不定而又陈旧的情绪，重复的旋律，隐喻使用等。正因如此，钟鸣认为在1980年代食指和北方诗人获得了一种社会学意义的丰满，并出现了许多回声。

在强调《今天》的影响以及北岛、食指和多多等北方诗人重要的文学史意义的同时，钟鸣也指出后来新诗史中经常提到的"朦胧诗"发源地并不只是北京和白洋淀，还有"贵州朦胧诗"。但钟鸣也不无悲痛地指出贵州朦胧诗的缺陷以及北方的朦胧诗在社会学和文学史上锐不可当的地

---

① "爱伦堡的书，尽管影响了不少人——尤其是北方诗人，多多80年代发表在《开拓》杂志上的那篇文章，《北京的地下诗歌，1970—1978年》，好像提到过这本书。我是张枣将稿子带到德国时，在我家里看到的。但是在南方，就我认识的诗人，读到此书的时间恐怕要晚得多，甚至根本没读过。否则，他们没准儿会更早些谙熟时势。会多从几个角度看待诗歌这门艺术。我以为，北方那种不可胜用的经世之想，——相反，南方那种过分的任性，轻薄，乃至毁掉诗歌的那种强大的消极力量，早在它繁荣前，就显示了它的式微之兆。诗歌有时跟时代一样，并无二致。也只是一个可能的奇迹。它就属于机会，也属精神期待一类。"参见钟鸣：《旁观者》，第1卷，第13页，海南出版社，1998年。

位①。但在钟鸣看来，与北方诗人尤其是"今天派"诗人相比，南方同样有重要的诗人——柏桦。但钟鸣指出尽管柏桦的《表达》（1981年）这首诗相当重要并也纷纷为其他诗人所效仿，但因为它是诞生于南方，所以长期以来为新诗批评和新诗史写作遮蔽，并指出作为南方诗人柏桦和他的诗一直遭受到不公正的待遇②。据此，钟鸣对文学史写作和新诗批评中对当代重要诗人的忽视现象予以指责，"但我见到的批评家，则不断把观点贩卖为时尚。喜欢给死亡打活结，对活人，却很吝啬。70年代，他们忘记了黄翔，80年代又不知道胡宽，海子死前，除了他的朋友，没人看出他的重要。他们就像经典的守财奴，等着死者上钩。然后，给个封号。最后给了封号的，又多是没个性的人"③。

因为钟鸣与北方诗人北岛、多多和芒克等人的交往以及身处第三代诗人之中，在一定程度上，诗人之间的了解更能说明一些诗歌史家和批评

---

① "1978年到1984年，贵州'崛起的一代'，'今天派'的地下矿藏，已完全露出地面，冲激而成波纹，扩大着。藏在蜡烛里的诗篇——这一直是黄翔最了不起的神话，已变成火炬。但很快就失效了。芒克的盾牌，挡住了毒日头，一声及时的大吼，很快便开始了低吟，暗诵，嘶叫，歇斯底里，血与泪泥沙俱下的文学响马。'朦胧诗'旗开得胜，口袋一松，无数小松果，就劈里啪啦地爆裂开来。"参见钟鸣：《旁观者》，第2卷，第760页，海南出版社，1998年。

② 钟鸣认为柏桦的《表达》尽管还不是真正意义上的柏桦风格，但"在当时，这是南方最漂亮的作品。足以和北方诗歌——主要是'今天派'中任何一首名噪一时的作品媲美——关键是，它一方面摒除了70年代末到80年代初，那种由共和精神刺激起来的群众式的东西，也不是反叛气氛中那种简单的反叛——因为，它是一种感觉和某种更深的情绪，带有遗忘而试图恢复的特征，南方式的多愁善感和厌烦。可惜《表达》出现在广州——'太远了，一个孩子的命运'——以个人形式，很奇怪地没造成很大的影响，尽管就手法意识而言，它比北岛《回答》一类风格，要高明现代得多。而直到1982年被我编入《次生林》，和柏桦收入自己的油印诗选（1983），也始终未造成多大影响，而只为人暗中赞许和仿效——最有意思的是，他的诗，后来也一直遭到这样的命运，仿效者和受益者甚多，而赞美者和公正谈他的人却最少，无端端的阻力，甚至使我和他的受益者发生了冲突，为什么呢？——是个性远离太远了吗？还有，恐怕地缘政治即使在它的反叛者那里，也固执遵守着缄默的心理法则。人们仍然崇拜集体主义。美文捆绑灵魂，固定观念，热情不减"。参见钟鸣：《旁观者》，第2卷，第680页，海南出版社，1998年。

③ 钟鸣：《旁观者》，第2卷，第623页，海南出版社，1998年。

家所不能解决的问题。如为什么芒克在很长时期内不被新诗史和研究者认可,历来说法不一,而钟鸣的说法是可以引起相关思考的,"我听到的关于芒克的个性,远远多于作品。我们只见过一次面,那是很后来的事。若再多些时间,我相信我们可以成为兄弟。他是我所见的诗人中,最让人放心的一个。宽厚,善良,耿直,热爱生活,把别人热衷的虚名不当回事地压在酒杯底下。没架子。孩子气地热爱自己的形象"[①]。钟鸣对多多的评价也颇能说明多多诗歌写作强烈的个人化风格和隐晦难懂以及因此而导致的接受群体的狭窄和被新诗史写作遮蔽的状况:"在非严格意义上的'今天派'中,多多远甚于他人,他的前沿因土地而消失(像曼德尔斯塔姆表达过的意思:鹤的航程穿越异国的边界),他以气质,而非空间倨傲,整个风格,是面对语言光线坦率地调整瞳孔,只与部分时间共同前进——这点和北岛、杨炼稍有不同,虽两人都深刻意识到形式,就是亲临自己的极限,抓住在内部变动的秘密,而非随声附和,用嫌恶和傲慢葬送自己,除了这三人,还有谁呢?"[②]

钟鸣《旁观者》的意义就在于提供了大量而重要的新诗史料,而他对一些诗人和诗潮的尖锐而带有新质特征的叙述也给批评家提供了一个崭新的视角。尽管钟鸣更多是以"地缘政治"为切入点,在南方诗坛与北方诗坛的对照中进行叙述,其中的言辞也多有值得怀疑和商榷之处,但是南方诗坛是否在新诗史写作中遭受到了程度不同的遮蔽,这也是应该引起注意的问题。而钟鸣所提供的带有诗人身份和个人色彩的诗歌阅读史和写作史也为研究者思考文学史和新诗史写作的本体问题提供了不无广阔的空间。

[①] 钟鸣:《旁观者》,第 2 卷,第 823 页,海南出版社,1998 年。
[②] 同上,第 836 页。

三

作为"今天文学丛书"之一的柏桦的《左边——毛泽东时代的抒情诗人》(下文简称《左边》)①，可以说是关于"后朦胧诗"的当事人写出的带有随笔和自传性的细节新诗史。首先有必要再次澄清一下第三代诗与后朦胧诗概念的差异。有些新诗史几乎是不问青红皂白就认为第三代诗和后朦胧诗是可以互换替换的概念，而实际上在一些研究者尤其是诗人看来第三代和后朦胧诗的差异是很大的。于坚就认为第三代是与朦胧诗存在着诸多差异甚至断裂的诗歌写作群体，而后朦胧诗的写作则强调的是与朦胧诗之间的血脉联系。

在《左边》的勒口上醒目地提示这是一部相当特殊的关于"后朦胧诗"的历史叙述，"给我们讲解当代中国诗坛的谜。从柏桦特殊的讲叙角度，我们可以体悟到，所谓'后朦胧诗'，从一开始就是一场以纯美学变革为内涵的运动。虽然八十年代初政治压力仍相当浓重，诗人的历史记忆，用语措词，交流结社，也有着强烈的时代烙印，但诗人的写作并没有选择正面的对抗，而是沉湎与发明一种新颓废，来点染写作冲动和青春的苦闷"②。

《左边》这本书的可贵之处在于尽管柏桦是作为"后朦胧诗人"的身份来叙述相关的历史，但是他将后朦胧诗与"今天"派的关系处理是较为客观也较为尊重事实的，认为"今天"派与此后诗人写作是既有联系又有区别的。总体而言，这是诗人叙述新诗史中用语较为谨慎和客观的。柏桦将对今天派的叙述放在了具体的时代语境中进行处理，也即在毛泽东时代这些诗人所面对的整个政治、文化、生存、流浪和写作的具体情境。而非像一些新诗史所惯常认为的那样将今天派诗人（他们更多地将之称为朦胧诗派）的写作与40年代的九叶诗派和国外的象征主义联系起来，而忽略了这些诗人写作的具体情境——"文化大革命"或柏桦所称的毛

---

① 柏桦：《左边——毛泽东时代的抒情诗人》，香港牛津大学出版社，2001年。
② 同上。

泽东时代。实际上，北岛、芒克和顾城等人接触的西方及九叶的影响都是相当有限的，尽管他们也阅读了一些当时的黄皮书、白皮书和灰皮书。对这些诗人的写作首先要将之放在具体的"文革"语境中。在这个意义上是没有"文革"就没有"今天"派的，而不是没有九叶派和西方现代派就没有"今天"派，"今天派所处的时代是一个物质全面匮乏而精神高度单一、集中的时代。他们和当时的青年一样身不由己地（那个时代没有选择）接受了那个时代的精神特征——持续燃烧的激情火焰（"与天斗其乐无穷，与地斗其乐无穷，与人斗其乐无穷"——毛泽东语录）及毛泽东时代所包含的所有诗意。这诗意从另一个方面培养了他们'独特的'理想主义、英雄主义和浪漫主义情怀。他们运用这一'情怀'充分表达了他们自己：幸福和光明的感觉、痛苦的泪水的闪光、专注和深邃的反抗、苦难的震惊及全新的颤栗……"①。

柏桦不惜以大量的笔墨来对"今天"诗人的写作进行叙述甚至很高的评价，不只是因为这些诗人对于那个时代的重要性，而且在柏桦看来没有"今天"诗人的写作以及启蒙性的影响就没有第三代诗人和后朦胧诗人。在柏桦的叙述中，食指以及白洋淀诗群得以张扬，这和目前所见的新诗史的处理相差无几。但是当柏桦以诗人的身份，以诗心悟诗心来解读这些诗人时，无疑比一些新诗史隔山打牛式的对诗人的泛泛评价要准确和深刻得多，如对多多的评价②。在所见的关于多多的评论中除了黄灿然的《最初的契约》印象最深之外，就是柏桦在《左边》的叙述了。一定程度上诗人可能更了解诗人。

---

① 柏桦：《左边——毛泽东时代的抒情诗人》，第37页，香港牛津大学出版社，2001年。
② 柏桦这样评价多多："诗人多多是一个有着孩子般激情的'大英雄'典型。他好像永远生活在超现实主义的六〇年代，他以那个年代火红的核心不停地唱出今天派中最尖锐的高音。这高音有时会使他独自一人趴在大床边、大口喘气，被无端端的激情煎熬得快要窒息；这高音也经常使他以震撼人心的个人行为令我们大家瞠目结舌，叹为观止。……长年累月，他被一种神经质的朝气蓬勃的写作'毒瘾'所迫害，这随时发作的'"毒瘾"只许他高歌不许他像中年人那样浅唱低吟。"参见柏桦：《左边——毛泽东时代的抒情诗人》，第38—39页，香港牛津大学出版社，2001年。

正是北岛、多多这些诗人在"文革"时期的写作为"今天"派的诗歌奠定了新诗史地位，而在柏桦看来，"今天"派诗歌无疑是新时期诗歌不可企及的高峰。柏桦甚至认为，中国诗歌在经历了"今天"派诗人的"华丽仪式和庄严仪式"后，它的光辉就暗淡了、陨落了。这种说法当然有着偏激的成分，其实也并不能说中国诗坛在今天派诗人之后就黯淡了，走了下坡路，而只能说一个时代有一个时代的诗歌和诗人，谁都不能否认具体历史语境和生存环境对诗人写作的影响。当我们撇开1980年代开始的杂乱的诗歌运动和诗人之间的义气之争，我们就会发现这些第三代诗歌给新诗发展带来了新的质素。论成绩，他们也不是"歉收者"，就像徐敬亚所说的——历史将收割一切。所以当所谓的第三代诗人出场的时候，一个事实是，诗人写作再不会因为一首诗而受难，写作的自由使他们空前活跃，当然这种活跃在诗评家看来则是一种美学的混乱。

　　在当代新诗发展史上，诗人给自己的写作进行集体命名是相当少见的现象，而第三代诗人则开了先河。而在第三代诗歌中"莽汉"显然占有重要的地位，柏桦在《左边》中就对"莽汉"诗歌进行了详尽叙述[①]。新诗（文学）的发展史在史家看来往往是有规律可循的，它脉络清晰，有案可查，文学的发展犹如一棵大树按照自然规律在按部就班地发展。而"莽汉诗"、"第三代诗"以及"非非"这些诗人自己命名的诗歌史概念却都是在相当偶然的情况下提出来的。评论家往往喜欢将中国诗人与西方的某某诗人、某某诗派和主义强行联系在一块，而就莽汉诗而言，则有猜测的无中生有之嫌。实际的情况是，"中国的莽汉们无师自通，从学校到工地到江湖遍地都是莽汉诗句，拾起来就用，舞起来就圆，唱起来就好听"，"八六年当李亚伟第一次读到垮掉派诗人艾伦·金斯伯格的《嚎叫》诗时，

[①] 柏桦这样谈到莽汉诗的诞生："一九八四年春节。无聊。万夏和胡冬在一次喝酒中拍案而起：'居然有人骂我们的诗是他妈的诗，干脆我们就弄他几首"他妈的诗"给世界看看。'几天之内，两人就写出近十首'不合时宜'的诗，并随便命名为'莽汉诗'。"参见柏桦：《左边——毛泽东时代的抒情诗人》，香港牛津大学出版社，2001年，151页。

他用调皮的川东音嚎叫了一声:'他妈的,原来美国还有一个老莽汉。'"①也就是说,"莽汉"在出现两年之久,"莽汉"的主将李亚伟才偶然读到了金斯伯格,而非像一些新诗史所津津乐道的莽汉受到了跨掉一代和嚎叫派诗歌的影响。在对某一诗歌群体进行叙述时,人们更乐意或简便的认为谁谁是这个派,谁谁是那个派。而实际上,在20世纪新诗史上,有些诗人不属于任何流派和社团,而有些诗人则同时是几个社团和流派的诗人,而强行将他们归在某某派之下,明显有失公允。柏桦就认为"莽汉"的成员之一万夏的情况远为复杂,他是"莽汉",但又参加了"非非",他是整体主义而又参与汉诗。

四

诗人杨黎对第三代诗歌进行总结和回顾的《灿烂:第三代人的写作和生活》曾一度引起关注,甚至被于坚认为带有第三代诗歌史的味道。那么长达623页50万字、千余幅插图的《灿烂》是怎样的一部关于第三代的"诗歌史"呢?一定程度上《灿烂》的叙述方式受到了《流放者的归来》和《伊甸园之门》这样新闻式感性记录和历史学深层剖析相结合的写作方法的影响,以人和时代的互动来体现历史变迁。

《灿烂》对第三代诗歌的历史细节进行了比较深入的挖掘和呈现,这在使其提供了大量珍贵史料的同时,也因为缺乏选择和筛选而使之驳杂甚至有些混乱,但是基本线索还是对整个第三代诗歌史的梳理,如四川青年诗人协会、现代诗内部交流资料、非非、莽汉、他们、整体主义、撒娇、女性主义诗歌等。也许,诗人写出的新诗史就是避免不了其中的偏激、尖锐和义气之词,杨黎的《灿烂》更不能例外。正如书名《灿烂:第三代人的写作和生活》所揭示的,杨黎是要在生活与写作的双重空间来展示第三代诗人"灿烂"的生活史、写作史和民间史,是有着将诗人还原为常人、祛除诗歌神话和诗歌英雄的动机与努力。但是在具体叙述和大量

---

① 柏桦:《左边——毛泽东时代的抒情诗人》,第154—155页,香港牛津大学出版社,2001年。

的当事人的回忆和访谈中,第三代诗歌和诗人都无形被语言所构筑的事实强化甚至夸大而带有程度不同的经典化倾向。作为对第三代诗歌写作、生活、运动的整体回顾,第三代的新诗史意义被杨黎大大强化,"如果没有诗歌,我们的言说是没有意义的。或者说有意义,这个意义也与我们没有任何关系。说一句傻话,回顾人类历史,上下五千年,是什么使短暂的二十世纪八十年代突现出来的?又是什么使它值得被记下,甚至被张扬?我肯定地说:这就是诗歌。第三代人的诗歌"。不可否认1980年代的第三代诗歌有不可替代的诗歌史意义,但是将之放在五千年的历史进程中进行赞美则多少有些不妥。这样的"不负责任"的语言在这部书中俯拾皆是。我感到我可能在以正统的文学史观念在强求诗人写出的带有异质性特征的新诗史,但是有一点还是应该强调的,不管从何种角度切入文学史,关于历史的叙述还是应该注意分寸感的。如杨黎认为,无论从哪一个角度考虑,韩东的《有关大雁塔》都是第三代人的第一首诗,是第三代人"秘密的初夜"[①]。韩东的《有关大雁塔》确实在第三代诗中占有重要位置,但说这是第三代诗人的第一首诗从哪一个角度看也是站不住脚的,很多重要的第三代"经典"都要早于韩东写作这首诗的1983年。况且有论者根本就不认为韩东的《有关大雁塔》是什么经典[②]。而实际上如果单从美学的维度对韩东的《有关大雁塔》进行肯定或否定都可能是无可非议的,但是如果从新诗史和新诗史写作的视域出发,更应该注意文本的历史化也即将之放在历史序列和关系中来考察。李杨曾提到自己在新加坡

[①] 杨黎:《灿烂:第三代人的写作和生活》,第46页,青海人民出版社,2004年。

[②] "还有一种所谓'反文化'的观念性诗歌也曾风靡一时,其中典型的是韩东的《有关大雁塔》《你看过大海》,居然被一些别有用心的人吹捧成杰作。《有关大雁塔》是最明显的观念性的诗歌,据说是针对杨炼的《大雁塔》一诗反过来做,完全是一种对着干的小青年心理,是对西方20世纪60年代文化的幼稚模仿,也是'文革'时期延续下来的非此即彼、非黑即白的简单化惯性思维的产物。……《有关大雁塔》这样娇揉造作的诗作居然好评不少,被当成所谓第三代诗歌的代表性作品,难怪人们说当代诗歌界病入膏肓,也使得大批初学新诗者容易走入误区,谋求以观念取胜,吸引眼球,获取虚名。"参见李少君:《草根性与新诗转型》,《21世纪诗歌精选·第一辑·草根诗歌特辑》,第288页,长江文艺出版社,2006年。

讲中国当代文学史时谈到了韩东的这首《有关大雁塔》，结果学生一片哗然，这些域外学生纷纷提问并质疑韩东的这首诗。实际上，对同一首诗作文学史的认同和读者的否定现象涉及一个老问题即如何理解这些文本产生的历史语境，通过诗歌文本讨论一个特定时代的文学形态，而这可能正是文学史家所要做的事情。

在一般的新诗史叙述中，第三代诗的大面积崛起是在1986年的《诗歌报》和《深圳青年报》联合推出的中国现代诗群体大展，但是作为诗歌写作现象第三代诗的出现决不是在1986年，杨黎将之推到了1980年。据杨黎回忆早在1980年10月他就编完了《鼠疫》（第二年2月印完），1982年11月杨黎写成两千余行长诗《诗歌1号》。不管杨黎的这种叙述出自什么目的，他终归说出了一个事实，也打破了很多新诗史对第三代诗的误解。即众多研究者都对1986年第三代诗的涌现及其空前的美学上的混乱而感到惊慌失措，尴尬失语甚至充满不解与不满。而第三代诗并非像一些新诗史所认为的那样是在朦胧诗论争结束之后，在朦胧诗人停止写作的"真空"中出现了这些更为年轻也更为激进的诗人。实际情况正像杨黎所揭示的，第三代诗是在朦胧诗发展过程当中即70年代末和80年代初就已经出现，并且同朦胧诗一样同时发展，只是被朦胧诗论争的热潮掩盖罢了。这样就消除了一个长期以来的新诗史误解，即朦胧诗和第三代诗是依次出现的直线形的发展，并且二者之间充满了断裂和"隔膜"。而朦胧诗与第三代之间决非是简单的二元对立的断裂关系，江河和杨炼的寻根性的文化史诗就直接影响了第三代诗人的整体主义和新传统主义以及海子、西川等"新古典"写作，就如有些新诗史把他们称为"后朦胧诗"一样，以说明他们和朦胧诗之间的血脉渊源。可贵的是，我们在《灿烂》中看到了对朦胧诗与第三代诗歌之间这种既有关联又存在差异的复杂关系的叙述，而且对第三代诗歌和诗人也进行了整体性的诗学反思。值得注意的是，杨黎将80年代的诗分为三个流向，一是北岛等的"朦胧诗"，另一个是江河、杨炼等人的"史诗"，再有就是"第三代"。而在杨黎看来，北岛和江河、杨炼的写作是有区别的，不能用"朦胧诗"来笼统的概括①。

  当然，由于杨黎的当事人身份和一些急功近利的情结，他在对第三代诗歌的历史叙述中也表达了对《今天》和"今天诗人"的诸多不满与"不敬"②。而对于前代诗人的不满与抗议必然带来的是对新生的诗人的命名权力的张扬。什么是第三代诗？它的特征是什么？它囊括了哪些诗人？而这正是《灿烂》所要回答的。首先《灿烂》认为"第三代"的说法本身就充满了悖论，"在二十年前，一本第三代人自己的诗集，打一开始，就被各种各样的人与事，搞得面目全非。这是不是预示第三代人命运的多变？或者说，这是不是因为第三代人本身就是一锅大杂烩？甚至，我现在想，它开始就是一个错误。我为什么要选择第三代人这四个字？第三代人最早是一个政治术语，是被诅咒和预言的一个名词。而第三代人，是被诅咒和预言的人"③。而杨黎认为，早在1982年胡冬和万夏等人提出第三代人概念与他所认为的第三代完全不是一回事，即使是民刊《第三代人》所收入的诗作也与后来所指称的第三代人的诗歌"判若两人"。

  《灿烂》同样是由当事人的回忆和访谈所组成的，第三代诗人当年的写作情况、生活状态、思想心态、历史发展的线索都得到了有力的揭示。而其中穿插的一千多幅的插图、照片、信件、手稿也似乎在证明第三代诗歌可信和确凿无疑的新诗史意义和价值。因为，当事人、物证都摆在那了，谁也没有理由相信历史就不是他们所讲述的那种样子。这部书的意

---

① 杨黎指出：在80年代，一方面有北岛为首的"朦胧诗"，另一方面应该以江河、杨炼为首的"史诗"，再有就是我们——第三代人。当时我的理解是，这不是代与代的问题，这是在同一个时代的三种诗歌态度和创作方向。直到现在，我也愿意认为我的观点是准确的。非常的准确。所以，顺便说一句，从这个方面而言，从来就没有什么"第二代"、"二代半"和"第四代"、"第五代"一说（杨黎：《灿烂——第三代人的写作和生活》，第73页，青海人民出版社，2004年）。

② "许多年之后，我非常惊讶人们的一个说法，就是北京的《今天》为我们接上了曾经被'文革'中断的诗歌之路。我们所有关于诗歌的感觉和传统，都从北京的几个人开始"。参见杨黎：《灿烂——第三代人的写作和生活》，第59—60页，青海人民出版社，2004年。

③ 杨黎：《灿烂——第三代人的写作和生活》，第72页，青海人民出版社，2004年。

义可能就在于它提供了一个以往的新诗史写作所没能呈现出的另一种历史面貌,为我们凸现了历史的不同侧影。如果我们不是求全责备,不是抓住书写者在叙述中出现的过于主观和夸张的词语,那么这部当事人写出的"新诗断代史"其价值是不可替代的。甚至可以这样认为,它为今后的类似的新诗史的写作模式打开了一个无限生成空间的缺口。

黄翔的《总是寂寞》基本上是对以黄翔和哑默为首的贵州诗人群、野鸭沙龙、《启蒙》民刊等相关情况的历史叙述,在提供了大量史料的同时也澄清了诗歌史家长期以来由于对相关历史不熟悉所导致的遮蔽历史的真相。在越来越多的当代新诗史将白洋淀诗群放于中心位置的时候,同时期的其他地下(民间)诗歌写作,如贵州诗人群和上海诗人群等相对处于边缘的位置。这当然有着相当复杂的历史原因,如相关史料的挖掘,当事人的现实情况,政治因素以及新诗选本和史家及读者的认同等。而黄翔的这本书恰恰强调了为什么贵州诗人群、民刊《启蒙》在主流的历史叙述当中被忽视或边缘化的历史原因。当然,我们对黄翔的说法要持一种客观和冷静的态度,其中的说辞也不无偏激之处。

黄翔叙述了当年他和诗友在野鸭沙龙进行诗歌朗诵和交流的情况,这对于新诗史写作和研究相关的地下诗歌情况是很重要的。而黄翔很多重要诗作如《火炬之歌》都曾在沙龙上朗诵交流,关于黄翔的《火炬之歌》第一次在沙龙的朗读情况,现在看简直是惊心动魄。黄翔几十年来写作了大量的诗歌、诗论、文论、半自传体长篇小说、散文随笔、纪实性自传、政论、回忆录等。在政治严苛的年代,黄翔在历次政治运动中为了躲避劫难,想方设法保存自己的诗作,这也一定程度上证实了一些地下诗歌写作的真实性。为了保存这些诗作,黄翔不得不带着这些文稿东躲西藏,藏在一切可以藏的地方,如长筒胶靴里、竹筒中、米桶缸内、乡下茅屋的屋顶上。甚至还包起来,再在外面融化一层蜡。而在《沉沦的圣殿》中最后被删掉的黄翔的文章《三次进京有感》在《总是寂寞》中得以复现,而这些材料所展示的当时启蒙社诗人三次进京历史面貌现在看来有些仍属于政治禁忌之列①。现在看来，黄翔等诗人在历史叙述中被有意或无意忽略，是与这些诗人的政治倾向性太过于明显、政治情结过于强烈不无关系。这也是诗人应该思考的，在一个复杂的历史转折点上，诗人应该如何恰当而有效地对时代发言，而不是陷于政治的漩涡而难以自拔。当我们读完这些由诗人撰写的诗歌史时，我们会发现不管是在史料的收集、使用以及叙述的格局、模式和重点都与一般新诗史和文学史写作有着相当的差别。当然有时候我们也很难对二者的孰优孰劣作价值判断。只能承认这样一个事实——新诗史写作模式是多种多样的，而其中的某一种方式都有可能抵达历史真实的一个侧面。历史是很难还原的，历史真实一直是历史书写的聚讼纷纭的话题。但是如果我们承认文学史写作是对历史的一种叙述方式，那么"真实"的界定就会有多种。不同的新诗史叙述，肯定或否定同一个诗人和流派的现象，可能都有其叙述者自身的道理。

---

① "1978年10月11日，我带着我以毛笔在一百多张大纸上写成的《火神交响诗》和第一期油印民刊《启蒙》，同几个支持我的朋友一起去了北京，以诗歌揭开1978—1979年中国民主启蒙运动的历史序幕。"（黄翔：《总是寂寞》，105页，台北：桂冠图书有限公司，2002年）"我们先后去了北京六次，这就是当时的民主墙运动……新华社、《人民日报》、《光明日报》、《文汇报》、《中国青年报》等对我及我的朋友们进行采访。《诗刊》、《人民文学》、《人民日报》、《光明日报》等报刊准备发表我长期受禁的作品。"参见黄翔：《总是寂寞》，第105—106页，台北：桂冠图书有限公司，2002年。据黄翔的说法，当时北京曾想召开记者招待会，但是黄翔的发言稿《我站在中国的大门口说话》显然太过于敏感也，太过于偏激，所以招待会被取消。由此可见，以黄翔为首的贵州诗人群和启蒙社被历史叙述所忽视其原因是相当复杂的。

"失声"已久的夏日白洋淀雷雨
——一位被"遗失"的白洋淀诗人

当代诗歌生态曾经因为长期的国家主流话语对文人结社的禁忌而导致了诗歌群落和流派的缺失并使得诗歌生态恶性循环。尤其值得注意的是诗歌群落的出现迟至1960年代中期才作为"地下"状态出现。基于此,从诗歌群落视域考察当代先锋诗歌症候和文学场域的研究从1990年代中期逐渐浮出历史地表,并在此后的新诗史叙事和现代主义诗歌美学圭臬热潮中成为"显学"和优势性的"知识"。1990年代中期以来,"地下诗歌"作为"新时期"文学运动的先锋和肇始在新诗史叙事和相关研究之中已然成了被加速度推进的经典。而白洋淀诗群作为"地下诗歌"的代表更是获得了空前的文学史殊荣。而那些当年插队到白洋淀的知青诗人都成为新一轮的新诗史"造神"运动中名声赫赫的一代精英。学界对"白洋淀诗群"的经典化叙事成为当代诗歌的一个常识性指标和必备功课。据此,白洋淀也成为最激动人心的诗歌圣地和制造诗人传奇和英雄故事的居所。

一

时至今日,白洋淀诗群已经像是一座巍巍高耸的纪念碑成为当代诗人和研究者们所追仰的偶像。聚光灯一起投向了这些如今已不再年轻的诗人身上。但是诗歌光环之下不断续写和渲染的诗歌"传奇"却仍然继续甚至加剧。这些当年历史上的"失踪者"终于在错动的历史变动中重新"现身"。如今的诗人、研究者和文学史家已经在众多文章中反复强调多多、芒克、根子、林莽、方含等白洋淀诗群的核心人物,而包括北岛、江河、陈凯歌等在内的所谓的外围的白洋淀诗群的成员也在文学史、文化史和社会史的综合呈现中成了中国文学的传奇性的英雄人物。这似乎无可厚非,一个时代有一个时代的诗歌史。尤其是在历史语境的转捩点上,文学史的叙事必然会是在"加法"和"减法"规则的博弈中进行符合时代主流情势的"过滤"、"筛选"、"缝合"和"修筑"的过程。然而实际情况却是,看似已经成为文学史定论甚至已然成为一门专业知识的白洋淀诗群仍然有相当多的问题未能得以解决,比如史料问题,成员的认定,诗歌的甄别等等。然而更为值得注意的是,目前关于"文革"时期的地下诗人和诗歌群落的研究呈现为毫无创见的复述窘境。

经过近些年的不断走访和挖掘,笔者发现一位长期被埋没和"遗失"的一位白洋淀诗人——文白洋(张元)。这对于一定程度上补充文学史知识具有一定的作用。

文白洋,本名张元,因母亲姓白,插队白洋淀故取名文白洋。由此可见白洋淀在他一生中不可替代的特殊位置,"怎能忘记那些日月,在芦苇畔、白洋淀之滨,一群青年人迷茫地探寻,探寻人生的道路,探寻诗歌的道路"(1995年7月3日,未刊稿)。文白洋1948年生于北京,1964年考入北京65中学,1968年插队白洋淀,1976年回到北京。此后他作过工人,恢复高考后就读于北京师范大学一分校中文系,毕业后在高校任教,现已退休。文白洋已将当年白洋淀插队以及后来所写的日记、回忆录和诗歌笔记本都送给了笔者。在他的诗歌写作中,我看到了旧体诗、毛泽东诗歌、民歌、寓言讽喻诗、西方现代诗歌的综合性的影响。而我想文白洋也不是一个个案,而是具有象征性和普遍性的。多多也曾谈及自己在白洋淀时曾写了几十首古体诗,多多直言不讳地讲:"当时人们都在谈论毛泽东的诗词,全国人都在写古体诗,那我也得写啊!"相信多多的这些话对研究者会有相当的启示,而不像一些诗人故意隐藏自己的诗歌习作阶段,认为自己从一开始就写现代主义的诗。而一定程度上有时真诚和良知是衡量一个诗人是否优异的重要标准。

白洋淀诗群所经历的由掩埋到挖掘的过程是具有相当的文化意义和诗歌史价值的，但是我们多年来似乎已经忽略了一个重要而显豁的事实。这就是在一些为我们所熟知的一些白洋淀诗群的成员被挖掘出来并进入文学史册的时候，另外的一些插队白洋淀并且写诗的其他知青诗人则仍然处于继续被掩埋的命运。"失踪者"成了他们和她们难以摆脱的时代悖论和尴尬寓言。笔者曾在一篇关于白洋淀诗群女性诗人的文章对此表达了隐忧，为数不少的女性诗人如赵哲、周陲、戎雪兰、潘青萍（潘婧）、孔令姚、陶雒诵、夏柳燕等却成了被不断忽视的"缺席者"和"无名者"[①]。当年由北京插队到白洋淀的知青有三百多人，其中有数量不少的诗人通过诗歌进行相互的传抄和交流。而由于史料的缺失、写作情况的差异以及其他更为复杂的原因致使很多当年插队白洋淀的诗人被历史无情的埋没。甚至当我们今天继续在纵横交错的充满迷津的历史田野上进行考古挖掘，试图清理那些沉默已久的碎片时也迎受了难以想象的困难与困惑。这些仍然被掩埋的白洋淀诗群的成员不能不使我们发问，历史叙事离本真的历史到底有多远？当历史叙事在不断因各种情势而进行程度不同的转换时，总有历史大海中的一些岛屿冲刷和显露出来，也总有一些岛屿处于不断的漂移并最终被湮没。当我们在今天反观"文革"时期最具代表性的白洋淀诗人群落的时候，我们同样应该关注那些在历史叙述中仍然处于失声的地表之下的地带，尽管这项工作是如此的长期而艰难。而文白洋（本名张元）就是这样一个长期被埋没的白洋淀诗群的一员，而他在40年前在白洋淀的水边所歌唱的声音仍然被历史的烟云涤荡殆尽。这是"失声"已久的夏日白洋淀的雷雨，然而这雷雨却被新一轮的新诗史"造神"运动有意或无意的屏蔽了。我想，是到了倾听这遥远历史深处的夏日的雷雨之声的时候了。也许，这一切的到来太迟了——"雷声鼓动了乌云，/风声聚集了乌云。/刚是枝叶狂舞的喧嚣，/却忽而屏息了怒吼的宁静。/万籁俱寂，/旷远的天幕下，/横卧着我落户插队的小村。//墨蓝色的苍穹上，/跃动着紫红的花纹，/无声熄灭的闪电/仿佛将蚁穴捣毁。/于

---

① 参见拙文：《白洋淀诗群女性诗人探论》，《海南师范大学学报》，2007年第5期。

是，躁动的大地上，/奔跑着仓皇的人们/仿佛一切又静下来，/好像痴痴地等待着，等待/世界末日的来临。//出奇的对比，死寂得怕人。/一只呼啸的奔鸟，/掠破凝固的气氛。/雨腥中夹带了尘埃的呛味，/终于送来这铺垫已久的/第一乐章的声讯"（《夏日白洋淀的雷雨》，1970）。在空前的躁动与不安中，在令人窒息的沉闷中，诗人空前压抑和荒凉的内心体验呈现出一个时代的精神履历。这在食指、多多等人的诗歌文本中能够找到对应的部分。

在我看来，文白洋显然不是一般意义上的一个插队白洋淀的普通知青，甚至也不是浅尝辄止的诗人。从1969年插队白洋淀之日起一直到1976年重回北京，文白洋一直在进行诗歌创作。他不仅有大量的现代诗作，也有数量惊人的旧体诗词。当2009年5月我看到文白洋保存至今且相当完好的十几个黑色、蓝色和红色的诗歌笔记本的时候，我觉得一定要将这位长期被埋没的白洋淀诗人挖掘出来。文白洋的手抄诗集有《萌芽集》（1968—1974）、《朝霞集》（1975）、《路边集》（1975）、《消闲集》（1975）、《莫谈集》（1976）、《早春集》（1976）、《贻兴集》（1977）、《月光集》（1977）、《云燕集》（1978）、《新春集》（1979）等。尽管他的诗歌较之多多、芒克、根子等在诗歌技艺、语言等方面会有些差距，但是当我们在"文革"的历史语境下比照主流的红色诗歌来重读这位诗人泛黄的诗歌笔记本上的诗作时，他的文学史和诗歌美学的意义同样是值得重视的。翻开《朝霞集》这本红色封皮的老笔记本，第一页就是一幅彩色插页。图为中山公园牌楼上的毛主席像以及毛泽东语录，"我国有七亿人口，工人阶级是领导阶级。要充分发挥工人阶级在文化大革命中和一切工作中的领导作用。工人阶级也应当在斗争中不断提高自己的政治觉悟"。同时，文白洋所提供给笔者的十几个诗歌笔记本具有历史原生态的症候。文白洋没有像其他一些声明赫赫的"地下"诗人一样不断修改诗歌或将诗歌的写作时间提前，这给笔者的研究和论述都提供了方便和可靠的基础。文白洋的少有的安静和淡泊名利，让他时至今日对来自诗坛的各种利益和诱惑敬而远之，甚至当白洋淀诗群成为声名赫赫的文学史经典的时候，他仍然对此淡然处之。

当"知识青年到广阔的农村接受贫下中农再教育"的上山下乡运动开始的时候，时已高中毕业的文白洋和同学赵家熹（"文革"后在北京景山学校任教，现已辞世）为了不给家人增添麻烦，揣着户口本，买了站台票就混上了开往山西的列车。文白洋此行的目的和其他知青一样是为了实地"考察"知青点。此次晋南之行给文白洋留下了深刻印象，啃不动的硬馒头，狭窄的土炕，艰苦的劳动和知青间的打架斗殴让他感觉到这并非是他想插队的理想之地。经过多番考察和与其他同学、朋友的讨论以及多方努力之后，文白洋和16个喜爱文艺的男女知青背着乐器（有手风琴、胡琴、小提琴）带着寻找世外桃源般的梦想登上了前往河北保定的列车。当时插队落户到白洋淀的知青尤其是北京的知青非常多，甚至当时的白洋淀已经不接收知青了。文白洋等人还是通过一个军区的干部子女联系到插队白洋淀的指标。他们还是不谙世事的孩子，在出发前甚至有同伴为是否把书、弹簧床和钢琴带到白洋淀而苦恼。这时是1968年的大年初二的晚上，天上飘着雪花，"京城弃我／我自向南寻娱乐／好事多磨，保定观花花自多"（《减字木兰花·欲赴保定》）。到达保定车站的时候已是深夜，混浊冷肃的车站并没有浇灭这些年轻人的青春激情和对未来的憧憬。在车站广场上这些年轻人扯开嗓子唱歌。而当天亮的时候他们才发现脚下的水泥墩子上写着"小心地雷"。当时保定地区的武斗已经达到了白热化的地步。文白洋和其他的知青经过一路的火车和汽车甚至牛车的颠簸以及从县城到关城村的18里路的步行，终于插队落户到了安新关城公社。而迎接他们的是寒风和雪花中的几座土坯房。在紧张而繁重的劳动之余（文白洋被分到第六小队），唱歌和写诗就这样成为了文白洋他们这一代青年的必然选择。他们"在未开垦的泥土上耕耘，／唱出白洋淀人的未名诗篇"（《未名的诗篇》）。夜深人静的时候，在村外的大堤上，这些年轻人为了防蚊虫头蒙衣服，脚蹬雨靴，对着闪着粼光的白洋淀大声喊"'1—3—5—3—1'，男男女女，高一声低一声，颤颤的声音在夜空中飘荡。骑车过路的农民可吓坏了，见一群无头人影在怪叫，老远就下车贴堤边推着车走，谁知这位只顾东张西望，脚下无根，'刺溜'一声滑下高坡"（《家熹琐记》，未刊稿）。音乐和诗歌一样对于当时的白洋淀知青以及其他知青具有不可替代的影响。还在下乡之前，文白洋在北京就有一个音乐和诗歌圈子。其中有一位姓乔的阿姨（她在延安长大，后来嫁给了高岗的小舅子，也因为高岗事件被断送了一生）对文白洋的小提琴和胡琴学习起到了启蒙作用。

1968年到1976年，文白洋的诗歌有的是在白洋淀完成，有的则是在回北京探亲时完成。这也和当时其他的白洋淀诗人的写作情况大体相近。换言之，白洋淀和北京成了他们的"故乡"。作为距离北京最近的水乡，白洋淀的湿地文化、京畿文化和乡野风貌在一定程度上缓解了知识青年的时代压抑，激发了这些青年对现代文明的眷恋与追求。据此文白洋等那些"外来"的诗人曾经在特殊的年代在这里被激起了巨大的生命激情、文学热情和无不超拔的个人化的历史想象力。尽管这些来自北京的年轻人在这里仅仅呆了几年的时间，但就是这短短的时日却成就了后来长久的文学史记忆甚至成就了传奇性的诗歌故事和诗人英雄。我记起多年前一个插队白洋淀的女知青的一段话："尘封的记忆就是从这里开始。从这片凝固的湖水开始。颜料的色泽已被流逝的时光作旧：在黑蓝色的天空与黑蓝色的湖水之间，月光划开一条小路，把记忆引向幽暗的深渊。这是关于我们自己的，关于个人的记忆。"①照之其他的知青点，"白洋淀"显然具有一种不无强大的文学和文化的召唤结构，这使得那些流浪的青年人在这里暂时找到了精神的安慰和诗歌的栖居之地，而其他的地方则一定程度上不具备这种结构。正如一些研究者所指出的，"进入乡村世界的知识青年，并未被土地的魅力所征服。一方面是难以忍受的贫苦生活，一方面是单调乏味的农业场景，这两者都驱赶着知青，令他们继续处在剧烈的地域流走和心灵动荡之中"②。可以说，在特殊的背景下，白洋淀这样的地理和文化空间诞生了"文革"一代人的诗歌写作和精神成长。这让我想到了19世纪中叶以后不断呼喊着"到欧洲去"的俄国年代人，看到了1867年迷茫的风雪之路上陀思妥耶夫斯基和他第二个妻子安娜·格里戈

---

① 潘婧：《抒情年代》，第3页，作家出版社，2005年。
② 朱大可：《流氓的盛宴——当代中国的流氓叙事》，第162页，新星出版社，2006年。

里奔赴欧洲的身影。而"文革"中下乡知青一代人的异地"流放"更让我想到的是 1920 年代的美国的"迷惘的一代"。

　　1975 年夏天至秋天，文白洋完成第二本手抄诗集《消闲集》，"因观《离骚》的译文，有'故且散淡心肠'一句，正值征途漫漫，不所适从，故在此立《消闲集》，以纪念路上的拾零"。《消闲集》收录了诗人自 1975 年 8 月 11 日至 10 月 22 日的 33 首诗作和长篇回忆录。文白洋除了现代诗歌写作之外，对古典诗词很感兴趣。在《消闲集》中诗人抄录了大量的诗律平仄谱和词牌格律等。而长诗《从白洋淀归京后随笔》（1975 年 9 月 10 日于龙潭湖畔）显然是诗人对"文革"和插队生活的一个总结和反思，而此时大多的知青已离乡返城，而文白洋仍然归路无期。扭曲的时代，诗歌也不能不是变形和痛苦的。"文革"后期，文白洋写了一些关涉动物的寓言讽喻诗，如《狼的叙事——未来的辩护》、《寓言新编》、《松鼠与兔子的尾巴》、《慢性子与蜗牛》、《驼背与金鱼》、《天鹅与青蛙》、《刺猬与泥鳅》等。在这些具有强大现实指向性和寓意性的诗作中，诗人的痛苦、分裂、荒诞和紧张凸显了那一时期诗人黑色的灵魂图景。这一时期文白洋的诗作显现出巨大的焦虑感和无望的漂泊的苦闷与彷徨，而唯有诗歌成了他安慰自我、抗争命运、反思时代的疗救药方。当然，文白洋与其他白洋淀诗人一样也写有关于爱情的诗篇，比如《回忆往事》等。值得注意的是，文白洋在《消闲集》里的这篇《回忆录》（未刊稿），真实地呈现了一个青年在插队岁月里的青春成长、苦闷彷徨、思想观念的磨砺和诗歌艺术的捶打。白洋淀水乡的一切，这里的欢乐和痛苦，还有那些同样充满欢乐和痛苦的诗行成了诗人一生永远都难以抹去的时代印记，"自有记忆以来，最美好的莫过于少年时代的回忆，而最难忘的和最有纪念价值的，却是自二十岁始的白洋淀的插队生活。自从这个时候，便开始走上了真正的生活的路。一些重要的观念便由此而形成……"。而《自由之歌》（1975 年 11 月 16 日）显然是一首具有现代气息的伤感的、反思的"地下"性的诗作，体现出存在主义的怀疑精神和去魅立场以及更具象征性地超越了时代的个人悲鸣——"自由的生活 / 如海上的蜃阁 / 飘飘渺渺 / 在云天相接的远方 / 逐浪婆娑 / 难以捉摸 / 现实还是现实 / 生活还是生活 /

自古本为一理／并非今日／才变得如此隔膜"。而文白洋的《雪莲之歌》（1975年11月20日）和牛汉的《半棵树》、曾卓《悬岩边的树》、蔡其矫的《悬崖上的百合》一样都已具有强烈的个人性和时代性的核心意象呈现了一个时代的残酷和寒冷。而冰雪中盛开的雪莲和危险境地的树木一样，它们凛然自由的个性成为一个时代的精神高地。尽管这不能不付出巨大的难以想象的代价，在寒冷的语境中诗人却试图设了一个看似"阳光照耀"实则摧残生命寒冷无比的时代背景："凛冽的风／卷过冰雪覆盖的高原／发出巨大的响声／晶莹透亮的冰川／在蓝天和白云的中间／托出耀眼的冰封／阳光照耀着／但却看不到什么生命／到处是冰的世界／到处是雪的高峰／主宰这里的只有——／冬天的雪飘。""花瓣上，长满了密密的绒毛／从而抵御了高原的寒风／花朵离地也并不高／然而缺失生长在／几千公尺的高空。""你在一般植物所不能生存的地方安家／你在冰雪的世界里／继续着顽强的生命。"

在一定程度上，诗歌成了文白洋在那个特殊时代的日记和精神履历。他的每一首诗都标明了写作时间和写作地点，而这些连缀在一起就呈现了一个时代的真实场景和一代人真实的情感空间。抄录了《朝霞集》的红色封皮笔记本的后半部分是诗人作的读书笔记，而这个读书笔记显然具有史料价值（涉及马列经典著作、基辛格语录、孙子兵法、诗词、贺敬之诗作、工农兵诗词、外国诗歌等等）。我们通过诗人的阅读视野和摘抄的语句既能够呈现出那个时代的青年人的心路历程和教育背景，也能够折射个性的选择性。其中有这样一段话："一个女友在西海岸边约会，他经常准备几套小折合式的牙刷，可以随时作那种过一夜就回来的旅行。"这能够对应的呈现文白洋对爱情的憧憬和"在路上"探询的冲动。

1976年的冷峭的冬雪中，文白洋带着内心难以愈合的伤痛也带着手抄诗稿的文白洋终于离开了白洋淀，这或许也是诗人的再次出发，"看一看渐渐远去的火车的身影／梦一般的岁月／竟是我青春的时空／我沿着没有站台的土路走去／昏沉的天底下铁轨延伸向雾中／后面传来车马的杂乱"（《离别白洋淀》）。

二

当今的新诗史叙述和一般意义上的新诗研究在谈论"地下"诗歌和"今天"诗歌时都要强调当时这些诗人的"非法"性阅读对其写作的影响,甚至会直接拿一些外国诗人套在某某诗人身上。我想强调的是,当年的"地下"诗歌中只有少数一部分诗人的文学和哲学阅读因为先天的身份(比如高干和高知子女)而带有时代的优势,而另一部分诗人的阅读除了一部分来自于交换之外则更多带有此前所接受和濡染的主流文学特征。甚至今天看来,很多"地下"诗人的写作在语言层面都带有时代主流语言机制和思维的程度不同的惯性影响。很多的当代新诗史家和研究者都往往认为,多多等"地下"诗人在"文革"时期的写作与西方的现代主义诗歌有着天然的联系,而作为当事人的多多则认为这纯粹是个误解。多多说根子写出震惊世人的长诗《三月与末日》与艾略特的《荒原》根本就是风马牛不相及的事情,因为根子从来都没有读过当时也不可能读到艾略特的诗(参见拙作:《多多之记忆或印象之一种》,《诗歌月刊·下半月刊》,2006年第 7 期)。更为值得注意的是,多多对笔者谈到自己在白洋淀时期几乎没有写诗,只是在回到北京之后才写出了一些被后来的研究者反复提及的诗作。如果按照当事人的说法,我们似乎发现了一个非常富有意味也值得深入讨论的问题。尽管多多的诗歌成就尤其是其独具魅力的诗歌语言已经成为有目共睹的事实,甚至我们可以认为多多是一个天才诗人,但是从另一个角度出发在"地下"诗人和"今天"诗人中多多在诗歌上的过于"早熟"显然也有其复杂的原因。这也澄清了一个问题,多多的被指认为写于白洋淀时期的诗歌很多都是离开白洋淀在回到北京之后写就的。而对多多诗歌语言的特异性和诗学价值的肯定,我们就应该有一个准确的时间上的限定。换言之,我们肯定的是白洋淀时期的多多,还是此后的多多,这是一个非常严肃的文学史问题。文本的写作时间对于"地下"诗歌而言显然是一个非常重要的尺度,也是聚讼纷纭的难题。时至今日,人们对"地下"诗歌是以写作时间为判定标准,还是以其发表时间为判定标准仍然是有分野的,甚至是含混暧昧的,例如刚刚推出的谢冕先生主编的《中国新诗总系》在1969—1979年卷和1979—1989年卷就非常富有代表性地呈现了这个问题。说到"地下"诗歌写作以及语言问题一定要注意到其多层次性。说到"地下"诗歌和"今天"诗歌都不能不涉及"文革"和"新时期",可能很少有人会对这些时代和诗歌的"先行者"在"文革"时期或"文革"结束之后的写作的"真诚"抱怀疑的态度。但事实却并非如此。梁小斌后来就认为自己在"文革"时期写的诗作是"献媚式"写作,如他当年下乡时曾写作一首名为《第一次进村》的事:"明天一早就下地/一定开好第一镰/想着想着入梦乡/手儿放在心窝上。"即使是被认为是"朦胧诗"的代表性诗作《雪白的墙》和《中国,我的钥匙丢了》,梁小斌也认为其时代的局限性是相当明显的。换言之,作为同时代的或稍晚一些经历过"文革"的诗人其写作和诗歌语言都不能不具有双重性格。最具代表性的当算是被视为"地下"诗歌和"今天"诗歌启蒙者的诗人食指。而新诗史和相关研究在论及食指时基本上是谈诗他的那些与当时的主流诗歌有差异的"经典"文本,如《相信未来》、《这是四点零八分的北京》、《愤怒》、《酒》、《还是干脆忘掉她吧》、《烟》、《疯狗》等。而对于食指的那些与当时的红卫兵诗歌、知青诗歌基本无差异的那些诗作如《送北大荒战友》(1968)、《杨家川——写给为建设大寨县贡献力量的女青年》(1969)、《南京长江大桥——写给工人阶级》(1970)、《我们这一代》(1970)、《架线兵之歌》(1971)、《红旗渠组歌》(1973—1975)等却很少关注。这些诗句无论是在语言上还是在情感基调上与当时主流的知青写作甚至十七年诗歌没有什么区别,甚至带有红卫兵诗歌写作模式的"惯性"遗留。很难想象在"文革"中成长的年轻人不受到"文革"政治文化教育的强大影响,那么写出主流的"媚俗性"的民歌化、革命化的诗作就不足为奇了。关键是很多诗人、当事人都没有呈现真实的自我和整个一代人的勇气。所以我们在"文革"结束以后,这么多年的新诗史写作和相关研究就一起在新的时代语境之下将"地下"和"今天"诗人塑造成先锋的、现代主义的、启蒙的、反思的、控诉的文学形象。"地下"文学与主流文学之间的关系,此间写作者隐秘而复杂的心态都不能不成为重新反思的话题。

当然文白洋的"现代"性、探索性的诗歌也不是凭空产生的,他的一些诗歌也明显带有十七年主流诗歌范式的印记和影响。而这正是我们今天需要重新认识这一时期的特殊诗歌现象的入口,而非盲目地推崇和过高的经典化和美化。推而广之,实际上当时的很多"地下"诗人的写作和文白洋一样其诗歌写作都是存在着"多重性格"的。这呈现了个人话语和集体话语之间的龃龉,不断的冲突,当然也有相互的妥协。而在长期的虚幻乌托邦的幻想与冲动中,诗歌语言被浸染上语言本体之外的道德判断和家国伦理,这就形成了过于简单的善恶对立的二元修辞体系。这种约定俗成的权威意义假定不仅导致了中国诗人想象力和创造力的匮乏,而且直接影响到一种僵化垂死的语言模式的产生。诗人从阶级化、斗争化和思想纯粹性立场出发对事物的认识和判断,构成了先入为主的对词语做出简单分类处理的二元对立的过程——"整齐的光明,整齐的黑暗"。然而在十七年和"文革"时期的众口一腔万人同调的"战歌"和"颂歌"的消弭个性的集体性大合唱中,诗人在这种语言工具论的框定下使用早已失效的死掉的诗歌语言和意象,如"青山"、"旭日"、"红梅"、"大海"、"青松"、"向日葵"、"航船"、"红灯"等。这形象地呈现了语言工具论和本质化语言观的诟病以及其所带有的先天不足的精神疾病气味和浓厚的道德气息。"地下"诗歌仍然是一种经验型的意识形态写作(当然也有一部分诗人的诗作不在此范围之内),或者更为确切地说这是一种过渡性的写作。当然这并非意味着这种过渡性写作没有意义,甚至在历史语境中考量其意义是不可低估的,但是从诗学和语言的层面来看,这种夹杂着意识形态性的经验型写作在笔者看来是有一定的危险性的。1975年冬天,文白洋完成第三本诗集《朝霞集》。在这本诗集中有《童年回响》、《自由之歌》、《雪莲之歌》、《路》等具有反思性的具有现代主义色彩的诗作,也收录了《纪念聂耳逝世四十周年》和《纪念红军长征胜利四十周年》的"主流"诗作(类似的1976年写有《庆祝揪出四人帮》、《除害益民颂》、《地震》、《闻除四害为民伸冤》等比较浮泛的诗作)。而这些主流的诗作对于研究文白洋以及其他的白洋淀诗群具有重要的参照意义。换言之,这些诗人在当时的写作是双重的,既具有个人的反思性的真正意义上的

"地下"性质的文本,也有当时普遍存在也不可避免的"地上"性质的文本。可悲的是,我们目前所看到的一些核心的白洋淀诗群的成员所呈现给我们的完全是具有先锋性、探索性、反抗性、个人性的具有现代主义色彩的"地下"诗作,那个时代诗人不可避免的丰富性甚至双面性被刻意地掩藏了。实际上,多多在与笔者的谈话中曾强调他到白洋淀刚开始写诗时曾一度摹仿过毛泽东诗词,我想多多是真实的,真实地呈现了那个特殊时代诗人的复杂性和立体感,而不像我们今天所看到完全意义上的"地下"和先锋。在文白洋的《纪念红军长征胜利四十周年》(1975年11月2日)这样的诗中,能够明显看到毛泽东诗词和贺敬之的政治抒情诗的或显或隐的影响,"征途的水啊,征途的山,/ 征途一去四十年。/ 四十年前风雷激,/ 长征二万五千里"。正是"地下"诗歌在诗歌文本中经验和思想立场的凸现妨害了诗歌的本体性,诗人宣讲得过多。尽管比照以往的诗歌话语,他们的写作更具有现代性也更接近诗歌本身。还有值得强调的一点是,"地下"诗人的语言态度还和他们的精英立场、思想焦虑以及启蒙姿态有关。精英立场和启蒙姿态使这一转折点上的诗人在意识和潜意识深处有一个较为明确的受众。这种急于交流、表达、宣讲的广场姿态也使这些诗人们急于说"什么"而一定程度上必然忽略"怎么说",尽管他们已经注意到诗歌表述的方式并且一定程度上具有现代主义诗歌的语言气象。这从郭世英、张朗朗、黄翔、哑默、食指、周伦佑以及北岛、根子、方含、赵哲、舒婷、江河等诗人的经典型文本中的肯定性的直陈式的不容置疑的直截了当的语气中,可以程度不同地看到带有思想性、箴言性质的宣告性的、讲演性的广场写作范式。这种直接的、有些简单的语式、语调,明显带有意识形态色彩,很大程度上妨害了诗歌的繁复性和多义性。由此可见,"地下"诗歌和"今天"诗歌还不是求真意志的"成人"式的诗歌写作,还是一种不成熟的带有"不纯"成分和粗糙因子的"青春期"诗歌写作。这也暴露出1970年代到1980年代诗歌写作在语言能力和创造力上的时代局限性,从而呈现出带有一定危险性的过渡性状态。换言之,"地下"诗歌和"今天"诗歌仍然是在"思想—权力"的框架内写作,仍带有意识形态幻觉和"宏大叙事"的影子。当然,事实上诗人和诗歌不可能是脱离历史话语场的磁化的中性产物。当然也正是源自于此,我们才有必有在诗歌本体层面来考察当代汉语诗歌的问题和生态机制。诗人不是言说政治的简单无主体的动物,写作不是一种政治事件和重大行动。

经过历史的重重烟云,还是让我们倾听那来自白洋淀夏日里"失声"已久的雷雨,倾听一个仍然被长久埋没和遗失的白洋淀诗人的歌唱。

隐匿的光辉:白洋淀诗群女诗人探论

在当下的新诗史研究和写作实践中,"文革"时期的地下诗歌写作,尤其是食指和白洋淀诗歌群落,随着80年代中后期以来的相关史料的挖掘①而受到前所未有的重视和"青睐"。白洋淀诗歌群落的相关研究甚至成为考察和检测当代新诗史写作的一个必备指标和"常识"。

说到"非主流写作"、"边缘写作"、"隐秘写作"、"潜在写作"或"地下写作"就不能不提到白洋淀诗群。越来越多的新诗研究者和新诗史家已经认识到了白洋淀诗群在诗歌美学和新诗史中的双重重要性。确实,近些年来白洋淀诗群的发掘与研究似乎已经成为了当代新诗史研究中最为激动人心的事件,不管是赞同者还是反对者、质疑者都不得不承认白洋淀诗群在当代乃至整个20世纪新诗发展史中的重要地位。需要注意的是,当下的新诗史写作与相关研究,朦胧诗谱系不再只限于"今天诗派",即由1978年《今天》的创办到1980年的青春诗会直到朦胧诗论争结束而第三代诗人崛起这一发展线索,还延续到朦胧诗的"前史"阶段②,即"文革"时期的地下诗歌写作,食指的诗歌启蒙、北京的地下沙龙和文艺小组,白洋淀的诗歌江湖以及民间状态的带有现代性探索性质

---

① 如1994年5月《诗探索》编辑部组织的"白洋淀诗歌群落寻访活动"以及结集在同年第4辑《诗探索》上相关的6篇文章。郝海彦的《中国知青诗抄》(中国文学出版社,1998年)、廖亦武主编的《沉沦的圣殿——中国20世纪70年代地下诗歌遗照》(新疆青少年出版社,1999年),刘禾选编的《持灯的使者》(牛津大学出版社,2001年),芒克的《瞧!这些人》(时代文艺出版社,2003年),徐晓的《半生为人》(同心出版社,2005年)以及潇潇在《诗歌月刊》(下半月刊)开辟的相关史料挖掘的专栏等。
② 有研究者称之为"前朦胧诗"或"前崛起诗群"。

的诗歌写作。

在关于白洋淀诗群的研究与新诗史叙述中，多多、芒克和根子等诗人逐渐在文学史中获得了越来越重要的认可和位置。而值得注意的倒是，白洋淀诗群中的几位女性诗人在新诗研究和新诗史叙述中仍然由于种种复杂的原因仍处于被忽略的尴尬境遇。当然这种被忽略的状况其原因是相当复杂的，当然不能否认她们的诗不受到研究的关注与其诗作的散失和相对的被挖掘程度不足有关，而这也与文学史写作与研究在很大程度上忽略女性诗人的惯性叙述有关。当我们翻开一本本的当代新诗史和文学史著述，半个多世纪以来的新诗发展进程中到底有几个女诗人受到了诗歌史家的关注呢？而一般研究者往往认为女性诗人在新中国成立之后本来就少造成了目前文学史叙述的这种现状。但这种看似合理的说辞实际上多少有些站不住脚。当我们在1980年代中期以来一再的挖掘非主流的历史、关注"边缘"的时候，难道在历史中真的没有女性诗人，或者说到底有多少女性诗人被历史叙述有意或无意地删减掉了呢？再有一个问题，也是笔者经常思考的问题，为什么在新中国成立后的新诗史写作中，很少有女诗人出现？相应的新诗史写作几乎成了一部男性诗人的文学性别史[①]，在1949—1976年间到底有没有女诗人在写作？如果有的话，她们又是如何被文学史叙述所忽略的？这应该是一个相当值得注意也比较重要的研究问题。而近年来，随着史料的挖掘，灰娃、成幼殊、张烨和林昭等人在新中国成立后尤其是"文革"时期的诗歌写作受到了一定的重视。而"文革"时期的白洋淀诗歌群落中的几位女诗人则仍然处于历史叙述的巨大冰山之下。

1968年底，在毛泽东的知识青年"接受贫下中农再教育"的指示下，大规模的轰轰烈烈的史无前例的上山下乡运动开始。1700万青年学生离开城市来到边疆和僻远的乡村，接受时代的"锻造"和"洗礼"，开始了青春"流放"岁月。当时，插队到河北保定安新白洋淀的知青有六百余

[①] 很多当代新诗史在叙述1949—1976年间诗歌时，只会相当简略地提到林子和她的诗《给他》，该诗写于1958年，发表于"文革"结束之后。

人，主要来自北京、天津和当地的返乡知青。其中北京知青就占了半数，并且有六十余人形成了知青诗歌圈子。这就是后来在文学史和新诗史中被反复张扬和强调的"白洋淀诗群"。而值得注意的是，当代新诗史在叙述白洋淀诗群时，笔墨多在多多、芒克、根子、林莽等男性诗人身上。白洋淀的"三剑客"——芒克、多多和根子已经成为当代新诗史经典，他们如今在各种文学史著作、资料汇编、研究论文和各种诗选中频频露面。但是，白洋淀诗群中的几位女诗人却至今由于诸多原因仍深埋在历史地表之下，在当代新诗研究视野中她们大多被忽略，只是作为某种点缀偶尔被提及。

正是由于文学研究思维和模式的惯性发展，目前新诗研究界在看待"文革"时期的地下诗歌尤其是白洋淀诗群时多是大同小异的毫无见地和创见的雷同叙述，而对于有待进一步挖掘的相关地带和诗人则仍是漠然处之。在这一需要挖掘的地带中，白洋淀诗群中的几位女性诗人就相当重要。笔者希望依据目前所见有限的资料对这几位女诗人在"文革"时期的诗歌写作进行力所能及的梳理与辨析，以期引起研究者的注意和思考。

1969年同芒克、多多、根子、林莽等一起插队到白洋淀的女性诗人，如赵哲、周陲、戎雪兰、潘青萍、孔令姚、陶雒诵、夏柳燕等，都在"文革"时期写有数量不同的诗作，她们的这些诗是应该受到关注的，尽管由于诸多原因对她们的诗歌进行研究有着不小的难度。

据宋海泉回忆，1969年3月初春，宋海泉、刘满强、崔健强和许建新等乘开往徐水的火车赶赴白洋淀，同行的有师大女附中的戎雪兰、潘青萍、孔令姚和夏柳燕等。凌晨时分这些人到达徐水，之后换乘马车向安新县出发。到白洋淀后，戎雪兰、潘青萍（潘婧、乔伊）、孔令姚等女知青插队到大田庄公社的邸庄，插队李庄子的则有何京颉、赵哲、周陲和陈佩玲等人。这些女诗人除了与白洋淀诗群的其他成员的日常交往和文学、诗歌交流外，她们之间则形成了相对稳定也更为密切的诗歌圈子[①]。

[①] 杨健在《中国知青文学史》第247页中简略地谈到了这几个女诗人的情况，中国工人出版社，2002年。

史保嘉（齐简）当时和戎雪兰、潘青萍以及师大附中、北大附中的同学都有着诗词交往。戎雪兰在白洋淀时经常与其男友在淀边画那些当时看来"离经叛道"的现代派色彩的油画，也写下了几首小诗。

戎雪兰、潘青萍和孔令姚之间的诗歌交往由于同处一村则自然很多也更为密切。潘青萍在插队白洋淀的当年即1969年的12月就写下了《行香子》（未刊稿），这是诗人送给戎雪兰的。

> 渺渺故园，隐隐西山，锁重烟，芦荡漫漫。萋萋堤柳，
> 门雾霏然。悠悠碧水，沉野鹜，暗云天。京华结交，
> 常话铭禅。伥何年，天涯行帆？海角逢春，天示神忏。
> 今事蹉跎，婵娟素，渔火寒。

尽管《行香子》是一首词，但这对于那些身处逆境的无以为诉的青年人来说该是多么重要。她们，最初通过诗歌在那个黑暗的时代找到了互相倾诉和交谈的特殊方式。这首词在冷硬萧索的背景上抒写了个体对故乡的怀念、内心的彷徨失落以及对未来的一丝期望。孔令姚写有《友情——赠潘婧》（1971年1月3日）一诗：

> 透明的玻璃使我们隔房相认，
> 相像但不一样。
> 仿佛在银光闪烁的镜面，
> 印上了两个苦闷的往像。

常人本应该拥有的友情在那个是非颠倒的时代竟是充满了如此的苦闷和烦恼的纠缠。难以摆脱的记忆都是愁苦的往事，而这种迷梦般的痛苦记忆也只有经历过那段岁月的人才能抒发出来。

周陲[①]在1971年写有《情思（片断）》，诗人通过这首诗对爱情呈现出自己独特的思考——"让我把你安放在心灵的哪方？/可是供奉在情爱

---

① 周陲，1949年生，北大附中68届毕业生，1969年赴白洋淀插队，1976年回京，现在北京某民主党派工作。

的殿堂？/哦，我期待的难道就是你吗？/——吻平箭创的伤痛，/一片迷茫。//谁在意这信笔的诗行？/它把我哀哀的情思依傍。/维纳斯，你发错了箭矢？/送来他？一动我愁烦心伤。"在那个阶级话语和禁欲的年代，写作爱情题材的诗歌已经是异端，而写下不无辛酸的痛苦而真实的内心世界则更属少见也更具有诗歌史价值。而周陲写于1970年的长诗《幻灭——希望》则相当痛切地呈现出一代知青辛酸无助的灵魂史和思想史。也正如这首诗的标题所揭示的，诗人处在焦虑的彷徨和寻找希冀，在幻灭与梦想的暗夜的痛彻煎熬之中。

> 幸福、爱情，这朝朝夕夕的期冀
> 已如淡淡的薄雾消逝了，消逝了，
> ——像晨露滴落下琼叶，
> 像热泪在冰雪中消融。
>
> 远去了，远去了，离我远去了，
> 你慢慢地隐去，缓步悄行。
> 徒望着你飘忽的背影，
> 倾听着你轻移的足音，
> 哪还有黄金的双手
> 把我引渡天庭？

美好的事物——幸福、爱情、理想——都在政治风暴中如"飘忽的背影"渐行渐远，消失的那么快、那么苍凉。在这冰雪般寒冷的时代境遇中，诗人不想单单洒下痛惜的热泪，她更想对那个红色而疯狂的非理性时代发出怀疑和良知的质问——"哦，又何必呢？早年的灯塔熄灭了，/它毕竟是少女的幻思与遐想。/人世间可还有一副黄金的双手，/能为我燃点永恒的亮点？/——把我这期待的叹息，吐向虚渺的太苍。"这其中也不乏浸润着痛苦的理想主义的歌唱和惨淡的对未来的憧憬。

在白洋淀诗群的女诗人中，需要注意和进一步深入研究的是赵哲。

赵哲①的父母和家人在"文革"中受到冲击，为了减轻家人的负担，作为独生女的她和同学一起来到白洋淀插队落户。同是白洋淀诗人的林莽认为赵哲的诗歌写作基本上是属于自然主义的方式。早在1969年4月赵哲即已写下小诗《丁香》。

> 一群女孩子兴冲冲走过，
> 满怀盛开的丁香，
> 留下一路芬芳，一路欢唱。
>
> 生活里更多的是丁香叶子的苦味啊，
> 姑娘，
> 不信，你就尝尝。

四月，还是春暖花开的时节，这更近于对当时的知青命运的时代隐喻。当女孩子伴着丁香的花香在欢快的歌唱中沉浸于幸福中时，诗人却最先敏锐地警醒她们"生活里更多的是丁香叶子的苦味"。这种清醒的心态和怀疑精神不能不让人联想到同是白洋淀诗人的根子的长诗《三月与末日》。根子在三月的春天同样发出质疑的良知之声，而赵哲同样在四月的天气里体味到了一个时代的苦涩和苍凉。这首"四月"里的苦涩而充满理性质疑精神的诗作也让人想到艾略特《荒原》开篇的"四月是最残酷的季节"，又不能不想到唐代李贺的"凄凉四月阑，千里一时绿"。赵哲在《丁香》中运用了大量的矛盾修辞和反讽手法，四月／失望，芳香／苦涩，青春／受难，假相／真实等。这种反讽的多重指向消解了"春天"这一传统意象在以往诗歌中欢快、充满希望和新生的一贯主题的惯性能指，揭穿了一个疯狂而迷乱时代的虚假性和欺骗性面具，从而也拆除了一代人关于青春、希望、理想、现实、未来的盲目乐观的信念，也拆除了乌托邦幻想中的时间神话，颠覆了人们对时代虚妄的歌颂和单一想象。它宣告了青年人心目中一个狂乱时代的荒谬现实的开始。

---

① 1948年生，原北大附中68届高中毕业生，1969年赴白洋淀插队，1972年回京，现为医生。

> 撕下六九年最后一页日历，/像刚刚结束一场可怕的梦魇/灵魂在痛苦中苏醒，/希望又迎来新的一年。/夕阳爬上了东边的断壁，/即将来临的，又是/长夜的凄寒，/长夜的幽暗。
>
> (《无题》，1970 年元旦)

在一年新旧交替的时刻，诗人并没有廉价地盼望遥不可知的乐观和渺茫未来的乌托邦幻想，诗人阻拒了雪莱在《西风颂》中对不可知未来的希冀而恰恰以相当可贵的怀疑精神与这个黑色的时代进行对决和质问。在所谓"新"的时间的起点上，诗人觉察的却是夕阳所即将带来的"长夜的凄寒"和"幽暗"。而这时代的长夜中催生的是诗人的痛苦，更有痛苦中的人性的倔强的"苏醒"和大写的作为个体的人的诞生。

赵哲的《无题》（1971 年 12 月）与芒克的诗风则更为接近，自然而纯净，清新而深沉。"深夜从睡梦中惊醒，/包围我的是一片可怕的虚空。/我伸手在无边的暗夜里挽留你，/挽留你神似的幻影。/我怕这悠长的冬夜，/我怕这死一样的沉静，/我怕听梦醒后空廖的回声。/真若如此，让我永远酣睡吧，/——我不愿醒。"诗人处于无边暗夜般的虚空和梦魇中，然而诗人真能就此沉睡不醒就此甘于沉沦吗？诗人在痛切地对时代的反思中以真诚者的良知为时代写下了墓志铭。

> 一闪一闪，是天上疏朗的星星，
> 一眨一眨，岸边渔火朦胧，
> 疲劳的耕耘者醒了，
> 睡梦里如从前一样在书本里播种。
>
> 村头敲响了上工的古钟，
> 惊醒了盏盏如豆的昏灯，
> 耕耘者停止了梦里的笔耕。
> 揉揉肩头的红肿，
> 再去拉那拉不动的犁绳。

日后将会有怎样的收获？
泛着新绿的萎叶上，
叹息似地溜过五月慵懒的风。

——《耕耘》（1971年写于白洋淀）

在这首名为《耕耘》的诗中，"耕耘"是双重指向，既指向现实中的上工干活，又指涉诗人理想中的"笔耕"劳动。然而这两个向度相反的张力冲突使诗人在理想与现实中竟是这样的充满不和谐的痛苦甚至无奈。理想中的精神"耕耘"不断被乏味的上工的钟声所敲醒、打断。诗人作为个体和主体的理想就这样在日常生活和阶级斗争的年代被搁置和抛弃。

《无题》（1971年）则在赵哲的诗中属于色彩比较明亮的，这是人性关怀的温暖的灯盏在寒冷时代的闪光。"在寒冬的北风里吹过，/你的双颊冻得通红。/你伸给我冰凉的双手，/我来为你暖暖，/贴在我炽热的前胸。/忘却人世的忧烦吧，/我会用温柔的手，/试净你心中的苦痛。/去迎接孕育在丁香条上的春天，/——前面的路，/我与你同行。"

而白洋淀诗群中的其他女诗人则由于史料的挖掘、写作情况的差异等原因有待进一步研究和梳理。我们艰难地在历史烟云中寻找那些依稀难辨的历史往事的残片时，我们能做的不只是对这些早已为历史叙述所遗忘的事实加以重视，而是要就此发问，什么是历史，历史叙述的真实性到底有多大？当历史叙述在不断因各种情势而进行或大或小的转换的时候，总有历史大海中的一些岛屿被冲洗和显露出来，也总有一些岛屿处于不断漂移之中并最终被淹没。当我们今天反观"文革"时期的地下诗歌和白洋淀诗歌群落的时候，我们也应该同样关注这些历史叙述中仍处于历史地表之下的地带，如这些被遗忘的白洋淀诗群中的女性诗人。

白洋淀诗群中的这几位女性诗人由于史料的缺乏，历史叙述对女性的惯性忽略以及其他复杂原因还处在历史视野之外。这都需要研究者不断地进行挖掘的田野作业，将具有新诗史和文学史意义的部分不断彰显出来，尽管这项工作必将是长期而艰难的。而这正是白洋淀诗群中的几位女性诗人带给新诗研究和新诗史写作的长久的思考。

梁小斌为"什么""忏悔"

> "我忏悔!《中国,我的钥匙丢了》违背了我们的前辈巴金先生所倡导的'说真话'的原则,我建议,将这首诗从所谓的诗歌经典系列中永远抹去。"
>
> ——梁小斌:《我为写出〈中国,我的钥匙丢了〉而忏悔》

如果从1978年算起,中国的"新时期文学"已有33年的历史,而以1978年年底创办的民刊《今天》为标志,"朦胧诗"的历史同样是33年。当我们回顾政治年代结束之后中国的文学进程,时至今日仍有重要的诗学问题尚待重新评价和确认。时下关于朦胧诗的重新认识问题再度引起了诗歌界和批评界的广泛关注与争议。2007年年底,当年极力鼓吹"朦胧诗"并为"朦胧诗"的"崛起"做出汗马功劳的谢冕先生在海口召开的"21世纪中国现代诗第四届研讨会"期间接受《南国都市报》记者王亦晴的采访时认为,"朦胧诗是永远都不可能超越的"①,从而重新引起诗歌界对朦胧诗问题的重新关注与讨论。

一

1949到1976年间的新诗发展史实际上就是作为知识分子的诗人在频繁而激烈的阶级斗争和政治运动中尴尬而复杂的精神改造史和灵魂

---

① 参见《南国都市报》2007年12月3日记者王亦晴对谢冕先生的访谈文章《诗歌:应该是高贵的》。

"分裂"史。新中国成立后历次的政治运动都使得作为知识分子的诗人一次又一次卷入漩涡之中,一些诗人主动或被迫放弃了原来的诗歌写作路向。更有甚者也随之放弃了知识分子的良知和灵魂。然而更为可怕和令人震惊的是即使"文革"已经结束,当代诗人的反思精神、检讨意识和自我忏悔仍是长时间的缺席。似乎只是到了1990年代,这种反思和自省意识才逐渐显现于历史地表。这种久违的知识分子的良知、反思精神和自省意识的声音我们听的确实太少了。

2007年2月8日诗人梁小斌在《南方都市报》发表文章《我为写出〈中国,我的钥匙丢了〉而忏悔》。此后该文被网络等媒体大面积引用并引发相当广泛的反响和讨论。《终于有了一个文化人的深切忏悔》(鄢烈山)、《纸上的光阴与内心的黑暗》(默默)、《梁小斌,新时期文学第一个自觉的忏悔者》(老巢)等文章对梁小斌的反思和自我批判举动进行肯定和高度评价。

关于梁小斌"出炉"《我为写出〈中国,我的钥匙丢了〉而忏悔》的背景或动因是2007年1月27日,由撒娇诗院、清水洗尘诗歌论坛、《诗歌月刊》下半月刊、天问文化传播机构在哈尔滨发起的"让诗歌发出真正的声音"的诗歌朗诵会。会上14位诗人(车前子、叶匡政、冯晏、芒克、老巢、宋琳、张清华、树才、梁小斌、莫非、桑克、默默、潇潇、潘洗尘)联合发布《天问诗歌公约》。《公约》内容如下:

第一条　每个诗人都应该维护诗歌的尊严
第二条　诗人天生理想,我们反对诗歌无节制的娱乐化
第三条　诗人必定是时代的见证
第四条　一个坏蛋不可能写出好诗
第五条　语言的魅力使我们敬畏,我们唾弃对母语丧失敬畏的人
第六条　没有技艺书写不是诗歌
第七条　到了该重新认识传统的时候了!传统是我们的血
第八条　人是自然之子。一个诗人必须重新认识24种以上的植物。我们反对转基因

《公约》的推出很快引起了媒体的关注和争论的声音，最为强烈的是沈浩波。沈浩波在《一群丧家之犬在给诗歌定公约》的文章中用"丧家之犬、孙子、混子、蠢人、牛鬼蛇神、还乡团、鸟公约、眼屎糊心"等激烈言辞对《公约》进行了尖锐的批判和否定。而梁小斌针对《天问诗歌公约》中的第三条"诗人必定是时代的见证"，重新检视和反思了自己被文学史、教科书视为"新时期文学"代表作的《我为写出〈中国，我的钥匙丢了〉而忏悔》。

既然梁小斌为当年写作《中国，我的钥匙丢了》而"忏悔"，那么有必要先来回顾一下这首"经典性"诗作：

> 中国，我的钥匙丢了。// 那是十多年前，/ 我沿着红色大街疯狂地奔跑，/ 我跑到了郊外的荒野上欢叫，/ 后来，/ 我的钥匙丢了。// 心灵，苦难的心灵 / 不愿再流浪了，/ 我想回家 / 打开抽屉、翻一翻我儿童时代的画片 / 还看一看那夹在书页里的 / 翠绿的三叶草。// 而且，/ 我还想打开书橱，/ 取出一本《海涅歌谣》，/ 我要去约会，/ 我向她举起这本书，/ 做为我向蓝天发出的 / 爱情的信号。/ 这一切，/ 这美好的一切都无法办到，/ 中国，我的钥匙丢了。/ 天，又开始下雨，/ 我的钥匙啊，/ 你躺在哪里？/ 我想风雨腐蚀了你，/ 你已经锈迹斑斑了；/ 不，我不那样认为，/ 我要顽强地寻找，/ 希望能把你重新找到。// 太阳啊，你看见了我的钥匙了吗？/ 愿你的光芒 / 为它热烈地照耀。// 我在这广大的田野上行走，/ 我沿着心灵的足迹寻找，/ 那一切丢失了的，/ 我都在认真思考。
>
> （1979年12月—1980年8月）

《中国，我的钥匙丢了》写于1979年年底，第二年定稿并发表于1980年的《诗刊》第10月号上。值得强调的是，梁小斌在《南方都市报》发表文章《我为写出〈中国，我的钥匙丢了〉而忏悔》时称这首诗是写于1979年并发表在1979年的《诗刊》上显然是记忆上的错误。实际上，几乎是在大体相同的时间梁小斌写出了另外一首同等重要并引起广泛反响的诗作《雪白的墙》。

在《中国,我的钥匙丢了》和《雪白的墙》这两首诗中,梁小斌都是以类似于"孩子"的视角向"中国"("妈妈")抒发了自己乃至一代人的迷惘、痛苦和寻找的命运。在此后的二十余年的时间里,这两首诗尤其是《中国,我的钥匙丢了》被收入各种诗选和大中学生的教材。各种文学史更是将之视为"新时期文学"的一个经典文本。很多文学史著作和评论文章都认为,梁小斌的这首《中国,我的钥匙丢了》以"独特的意象和角度反映了刚刚逝去的那个令一代人失落的年代,引起了读者广泛的共鸣,成为'新诗潮'中的经典性诗作之一"[1]。洪子诚在修订本的《中国当代新诗史》中对梁小斌的评价是:"梁小斌1980年以《雪白的墙》、《中国,我的钥匙丢了》两首诗引起注意,它们后来不断入选各种当代诗歌选集。诗以刚刚结束的'文革'的历史作为心理背景,'叙说者'常以一度道路迷失,但仍坚持追寻人生理想的少年身份出现。那面'曾经多么肮脏,写有很多粗暴的字'的墙,和一个流浪的少年丢失开启'美好的一切'的钥匙的惶惑,其包含的社会历史内容显而易见。"[2] 程光炜在《中国当代诗歌史》中的评价是:"《雪白的墙》和《中国,我的钥匙丢了》,给梁小斌带来较大声誉。'文化大革命'结束后,寻找一代人曾经失落的美好岁月,一时成为文学十分强劲的主题。这两首诗就是在这种背景下出现的,作者以极具象征意义的题目唤起了人们对理想生活的回忆,由此产生了强烈的情感共鸣。"[3] 确实,梁小斌的《中国,我的钥匙丢了》和《雪白的墙》在二十多年的时间里几乎受到了众口一声的赞誉和肯定,而很少有人真正地反思梁小斌等整整一代人的特殊生存背景和复杂的多层次的写作心态。

---

[1] 吴晓东:《20世纪中国文学名作中学生导读本·诗歌卷》,第222页,广西教育出版社,1998年。
[2] 洪子诚、刘登翰:《中国当代新诗史》修订本,第194页,北京大学出版社,2005年。
[3] 程光炜:《中国当代诗歌史》,第270页,中国人民大学出版社,2003年。

二

那么为什么梁小斌要为给自己带来声名的《中国，我的钥匙丢了》而忏悔呢？而事实上，梁小斌也曾一度因这首诗被选入文学教科书并受到广泛赞誉而"欣慰"过，也因此他成了"文革"后"反思者"的代表诗人之一。但是二十多年之后，梁小斌却认为至今并无真正的思想锋芒直指诗人内心，所以自己要进行忏悔。按他的话就是："我忏悔！《中国，我的钥匙丢了》违背了我们的前辈巴金先生所倡导的'说真话'的原则，我建议，将这首诗从所谓的诗歌经典系列中永远抹去。"再有需要澄清和强调的是，早在1986年，也就是在发表《我为写出〈中国，我的钥匙丢了〉而忏悔》的21年前，梁小斌已经对《中国，我的钥匙丢了》和《雪白的墙》表达了自己的"不满"。而一般的当代新诗史在叙述朦胧诗（"朦胧诗"的说法是多么的蹩脚而又通用啊）和"第三代"诗时，更多的是强调二者之间的断裂关系，即更多是从外部即"第三代"诗人的写作中去寻找言之凿凿的证词。而姑且不论朦胧诗与后此的新诗写作潮流是否就是这样简单的二元对立的关系，实际上这种写作的差异性和诗学传统的转换从朦胧诗人内部即已开始。当然不排除那些在1970年代末和1980年代初的一些有别于朦胧诗人写作的诗学变革的先声，而梁小斌正是从朦胧诗内部走出并对"第三代"诗歌写作有着相当影响的朦胧诗人。1986年第9期的《星星》发表的梁小斌的《断裂》就是这一转换的标志，同期刊发了评论家吴思敬的文章《痛苦使人超越——读梁小斌的〈断裂〉》。文章谈到诗人梁小斌已不满意自己过去的《雪白的墙》和《中国，我的钥匙丢了》等诗作，也不满于江河、杨炼等诗友的"神话"和"史诗"追求，指出必须怀疑美化自我的朦胧诗的存在价值与道德价值，自己所要写的诗是"生活流"色彩的诗。而这不正是"第三代"诗人津津乐道的不同于朦胧诗的美学趣味吗？而梁小斌在1985年写的《重新羞涩》和在1986年写的《洁癖》可以看作这类文本的尝试和代表。

实际上，梁小斌的自我忏悔和批判会引起相当重要的文学和文学史问题，因为不管梁小斌自己承认与否，他都被各种教科书和文学史指认为

"朦胧诗"（这个命名相当有意味地呈现了当代诗歌阅读和评价的狭隘和荒谬）的成员。而梁小斌和同时的其他朦胧诗人一起充当了"被伤害者"、"反思者"和"控诉者"的社会角色。那么，就梁小斌的忏悔举动该如何重新认识朦胧诗？如何重新认识在"文革"结束的新旧转折的时代语境下诗人的写作心态？实际上这也涉及"朦胧诗"由最初的争论到最后的"经典化"的相关问题。

像梁小斌这样的自我反思、批判、忏悔实际上构成了一个相当复杂的值得重新反思的文化现象和社会现象。梁小斌在"文革"时期写的诗作被自己批评为"献媚式"写作，如《第一次进村》："明天一早就下地／一定开好第一镰／想着想着入梦乡／手儿放在心窝上。"由此我们会发现，梁小斌一代人由于极其复杂的社会语境的影响，其写作不能不带有多层次性，既有个人的甚至先锋的声音，又不能不同时带有主流的声音。而梁小斌忏悔举动的启示是有些诗人终于找到了"灵魂"，起码对于梁小斌而言，他找到了打开自己灵魂的"钥匙"。尽管这把钥匙一再被遗落在人性的荒野、锈迹斑斑。而反观百年的新诗发展史，真正的反思和良知总是由少数人来完成的。所以尽管梁小斌在《我为写出〈中国，我的钥匙丢了〉而忏悔》文中有值得商榷之处和过激的言辞，但是总体上梁小斌的忏悔之词掷地有声，发人深思："一个时代对于以前时代的思想当然是要批评的，但是我们往往只是抓住坏思想，而抓不到坏人。新中国对于旧中国的批判则是以消灭坏人而建立的。在我们的文学里，作家全是好人，因为作家太狡猾，他躲在了坏思想的里面，把一个坏人坏事的积极参与者，偷偷摸摸演绎成坏思想的受害者，改装成仅仅是活着的被压迫者形象，改装成在外面明明玩得那么疯，最后竟委屈地发现钥匙丢了的人。因此，我们仅仅抓住政治上的坏人，而丝毫指不出哪个作家和诗人是坏人，因为好像只有作家允许有心路历程，我躲在一个心路历程里，躲在一个骗局里面，并继续感染着后人。"

当年的青年诗人梁小斌写下了《中国，我的钥匙丢了》，而同样是梁小斌也在后来写出了"我的钢笔丢了"。这两个互文性文本构成了相当复杂和耐人寻味的充满张力的诗歌写作现象。其背后所呈现的社会、政治、

文化权力就更是令人长久反思了。

我的钢笔丢了。我想,是不是丢在厕所了。可厕所那个坑上,已经有人了。我在外面的便池硬挤出几滴小便。我担心他看出我是来找钢笔的。但我回想后,不一定是在厕所。

能否"重新做一个浪漫主义者"
——浪漫主义诗学的"末路"或"观念史"

我想起《圣经》里的一段话:"已过的世代,无人纪念;将来的世代,后来的人也不纪念。"在 2000 年之后,"90 年代诗歌"作为一个诗歌史概念、写作现象甚至一个相对独立的写作时期,已经在当代新诗史叙述中成为一种知识或常识。那么,当我们面对已经逐渐成为历史远景甚至陈迹的"90 年代诗歌"的时候该是怎样的一种心态呢?2009 年北京寒冷的冬天仍在延续,但是作为诗歌史概念、历史、活动甚至事件的"90 年代诗歌"已不知不觉结束了 10 年之久。谈论或重新认识"90 年代诗歌",2000 年 1 月王家新和孙文波编选的涉及 38 篇文章和 3 篇附录的《中国诗歌:九十年代备忘录》、程光炜和杨克各自编选的"90 年代诗选"以及轰轰烈烈的"盘峰论争"无疑成了公开的入口和必经之途。而《中国诗歌:九十年代备忘录》因为过于强烈的"知识分子"立场和对"民间"写作的排斥甫一出版即掀起轩然大波,甚至时至今日仍有诗人对此耿耿于怀。但是我想,《中国诗歌九十年代备忘录》的意义在于,诗人和评论家认真地小结和反思了 1990 年代以来的诗歌写作的特性和转变,对后来者研究这一时期的诗歌提供了很好的平台。而当"90 年代诗歌"已经在诗歌选本、文学史、诗学论争以及迅速的经典化的传播与接受过程中成为公开的知识和集体经验的时候,我们是否在今天注意到"90 年代诗歌"高大躯干身后的阴影,是否注意到这一时期的诗歌写作在表现出强大的诗学和社会学的双重意义的同时也带有自身不可规避的缺憾呢?在 2011 年 6 月 26 日南开大学举办的"现代诗歌语言"国际研讨会上,面对着稍显沉闷的会场我对与会者提出了一个问题。即看起来当年的"盘峰论争"已经结束多年，似乎"知识分子"和"民间"话语势力的论战也已告一段落。诗人们在各自的俗世身份中为了谋一杯羹而干着近乎同样的工作。但是面对着会场的王家新、陈仲义、沈奇以及我的恩师吴思敬等当年参与了"盘峰论争"的当事者，我的意思是中国当代诗歌包括"90年代诗歌"在内的很多问题仍然没有得到真正的解决。这也是为什么一位"民间"大将在2010年6月北京的一次民间诗刊颁奖会上高声质问的，那些"知识分子"还写作吗？他们不是说"十年之后再见吗？"而我想就此说出的是，谁的声音分贝高和是否希望再次争吵这都不是问题的关键，而是事过多年之后这些参与了"论争"的诗人自此后直到今天其诗歌写作和诗学观念发生了怎样的变化、甚至包括交叉和重叠？我们应该重新关注的是"90年代诗歌"背后的"庞然大物"（姜涛语），换言之，我们应该透过话语争吵的迷雾重新回到场域下进行再次的发问和勘测。

谈论1990年代以降的中国文学场域中的浪漫主义诗学的命运，这是否像十多年前一位著名的研究者所说的是一场"不知所终的旅行"？还是像更早的1862年一位叫波德莱尔的诗人所宣布的"浪漫派的夕阳"时代已经不可避免地降临？1989年3月26日不仅是一个中国彗星般的诗人海子的"告别"年代，这一年也被更多的诗人和研究者们视为中国浪漫主义诗学和诗人理想主义的结束。自此，"麦地"、"天空"、"天鹅"、"大海"、"火焰"、"升阶书"、"圣杯"、"精致的瓮"等这些带有玄学和浪漫色彩的抒情意象和浪漫主义传统被视为"过时"和"矫情"而"蹩脚"的"生拌饭"式的写作而遭到了"放逐"的命运。1939年，一个中国诗人在战争年代喊出"抒情已经死亡"的口号，而60年一甲子之后，是整个中国诗人集体性地喊出了浪漫主义诗学的"末路"和"死亡"。

一

说到浪漫主义诗学，我们自然会立刻联想到与之相对的现实主义诗学和现代主义诗学，而更为"本能"的反应则是浪漫主义诗学早已经"落伍"和"过时"了。或者说我们在 1980 年代以来所不断强化、倚重的现代主义甚至后现代主义的"先锋诗学"已经在文学史话语和文化场域中获得了道德优势和精神主导的理论"清场"意义，与之相应，曾经在一个时期内"流行"的浪漫主义诗学因为"合理性危机"则显得无人问津。但是我想任何一种诗歌写作或诗歌主义都不可能以唯我独尊的排他性极端自我的方式为诗坛提供不可撼动的秩序或尺度，尽管这种诗歌和主义可能会在一个语境之下成为时尚和"主流"。而自 1990 年代以降，更为开阔也更为复杂的文化语境使得诗人产生了可以用诗歌与政治、经济、文化、时代、社会、现实、公众、广场等"公共"场域以及个人空间发生摩擦和互文甚至介入的关系与集体性冲动，这种结果之一就是潜在的二元对立思维惯性下对"纯诗"、"抒情"和"浪漫主义诗学"的矫正甚至否弃。尽管"反对纯诗或反对诗歌的对峙主题，并不意味着简单的摒弃，而是相反，各种题材和手段被纳入写作者的视野，被重新加以利用"[①]。确实在一些诗人那里存在着这种综合性写作的事实，但是显然，"抒情"、"浪漫主义"已经成了被更多数诗人甚至"时代"首当其冲"清洗"的关键词和诗歌趣味。与建立"宽阔的写作视野"相应，"叙事能力"成为"90 年代"诗歌的特殊要求[②]、写作策略甚至必备指标。显然，在一些研究者那里，"叙事性"首先是针对 1980 诗歌的浪漫主义和布尔乔亚的抒情诗风而提出来的。叙事性诗歌在 1990 年代出现的必然性被指认为是修正诗歌与现实的传统性关系，那么这是否意味着以往诗歌历史进程中的"非叙事性"的诗歌写作与 1990 年代"现实"的关系是非法的？或者说是"1990 年代的现实"宣布了"抒情"的非法性[③]。而叙事性诗歌的功能在此语境下被强化为：打破个人命运的意识形态幻觉，叙事是文化态度、知识态度甚至人生态度的转变，叙事的形式和技巧（经验利用、角度调换、语感处理、

---

① 程光炜：《不知所终的旅行》，《岁月的遗照》，第 5 页，社会科学文献出版社。
② 见程光炜《不知所终的旅行》、《九十年代诗歌：另一意义的命名》(《学术思想评论》，1997 年第 1 期)、《九十年代诗歌：叙事策略及其它》(《大家》，1997 年第 3 期)等相关文章。
③ 尽管也有像西川、臧棣等少数诗人非常可贵的对叙事性的容留性理解，对抒情性、歌唱性和叙事性关系的正确而深入的辨析。

文本间离、意图误读)以及写作之外的"高水准、对话性和创造性的阅读"。而这种叙事性的张扬、抒情性的贬抑作为一种"攻击性的戏剧效果"(aggressive Dramatic)显然已经成为1990年代以来中国汉语诗歌的显著标识之一,这也为日益"去浪漫化"的意识形态诗学提供了表达工具,"这种效果表现在众多更倾向于彼此对立而不是相互依附的主题和母题之间的关系中","这种戏剧效果也决定了诗歌与读者之间的关系,制造了一种惊吓作用,读者是其中的受害者"[①]。

说到浪漫主义诗学无疑是一件费力不讨好的事儿,就像当年那些因为文学话语权力和国家主导文化的利益争夺们将其区分为积极浪漫主义和消极浪漫主义一样多少会成为历史的笑柄。不仅不同国家文化地理场域下的浪漫主义诗学充满了差异,而且浪漫主义诗学自身也是不断发展、丰富和变化的,比如在欧洲的浪漫主义者那里,他们对自然的抒写充满了驱除宗教神圣化的趋向,而这在其他国家的浪漫主义者那里却有着完全相反的写作现象。据此,浪漫主义和加洛蒂所指认的"无边的现实主义"一样也成了"无边的浪漫主义"。当有研究者指认浪漫主义和现代主义的"血缘"关系,甚至强调"存在主义是浪漫主义的真正继承人"[②],浪漫主义也同时成了象征主义、形式主义、自然主义乃至"新批评"的"引路者"(正如1859年波德莱尔所强调的浪漫主义是一种天国的或者魔鬼的赐予,有赖于它我们有了永恒的伤痕)。这是否印证了维特根斯坦的"家族相似"论的正确性。而美国历史学家亚瑟·洛夫乔伊在1948年的《观念史》中就证明了给浪漫主义诗学予以界定的困难性,而更多的研究者不是将浪漫主义视为一种基本的创作方法,而是视为持续到现代的文化运动和思维方式,甚至有研究者将浪漫主义视为现代性文化的肇始。据此,我们对浪漫主义诗学的本来面目多少有些一头雾水。浪漫主义诗

[①] 胡戈·弗里德里希:《现代诗歌的结构——19世纪中期至20世纪中期的抒情诗》,第3页,李双志译,译林出版社,2010年。
[②] 以赛亚·伯林、威廉·巴雷特也在其研究中将布莱克、华兹华斯和科勒律治等浪漫主义诗人视为存在主义哲学的先驱;在中国诗歌研究者这里一个不折不扣的浪漫主义者徐志摩也在他和哈代的文学接受中具有了"现代性"。

学(尤其是西方)无疑曾一度以自然抒写为核心,且常常以儿童视界予以观照,更为重要的是,浪漫主义诗学对诗歌本体依据和自律性以及对诗人想象力、自我表现(也出现了极端的自我膨胀和情感极度扩张的现象)、主观情感的强调而呈现了主观性、情感性和想象性的多声结构和非限定性特征。而浪漫主义诗学在中国语境中一度被视为"不及物"的写作,却恰恰忽视了浪漫主义和现代主义均表达了对工业社会和都市文化以及工具理性的反思、质疑与批判。当然像任何一种文学主义一样,浪漫主义诗学也同样存在着优势和缺陷并存的命运,其保守性与激进性并存,其敞开性和封闭性也密不可分。而苦涩、灰暗、阴郁、病态、颓废、虚无厌世、自我升华和个体膨胀的"内部经验"、"灼烧的情感"和"上升的诗学"已经成为浪漫主义诗学为人反思甚至诟病的所在,尽管浪漫主义诗学所提供的隐秘的情感场景和富于想象的图景具有不可忽视的诗学意义。但是很大程度上,我们忽视了浪漫主义诗学"情感"之外的理性向度和不无复杂的感受方式,更为重要的是忽视了这一诗学同样是复杂的整体的有机性的诗学,这甚至对新批评产生了重要影响。例如施莱格尔、雨果、柯勒律治都强调了浪漫主义作品应该是由各种因素构成的有机整体,"它们的各部分相互支持,彼此说明"①。换言之,在浪漫主义诗学这里,情感与理智,浪漫与现实,个人与社会,表现与再现,概念与形象并不是分裂不相容的(迈·霍·艾布拉姆斯在最为著名的《镜与灯》中就将浪漫主义诗学界定为是一种"表现理论"),而是互相依存的关系。只是在不同国家和地域的文学实践中,浪漫主义更多的时候体现为偏激甚至极端化的方式。

二

而问题的关键却在于,中国当代的文学语境尤其是在 20 世纪 40 年代和 90 年代的诗学转捩点上,浪漫主义诗学被强行从诗歌写作中剥离

---

① 柯勒律治:《文学生涯》,《十九世纪英国诗人论诗》,第 67 页,刘若端编,人民文学出版社,1984 年。

出来，换言之，所谓的革命现实主义和现代主义文学取而代之。更具有中国特色的现象是出现了一种更为独特的浪漫主义写作的意识形态化变体——政治抒情诗。

现代诗歌戏剧化或戏剧化倾向在西方诗学中显然有着更为悠久的传统，如波德莱尔、叶芝，尤其是在T. S.艾略特这里得到全面、综合的呈现。复调、情境、场景、细节、对话、戏剧性冲突在带有跨文体的色彩中进入诗歌写作。而在中国新诗的现代化过程中，戏剧化是在20世纪40年代开始倡导并在一部分诗人的诗歌实践中得到张扬，而这种短暂的新诗现代化的尝试与拓荒却在此后近半个世纪的政治烟云和极端而褊狭的诗歌美学桎梏中被搁置、忽视甚至否定。而新诗戏剧化、综合化则在长时期的淡出文学史视野之后在1990年以来的诗歌写作中得到久违的再次出场和空前强化。显然，新诗的戏剧化从诗歌写作的层面考量并非始自袁可嘉的倡导，作为新诗实践的一个方面，新诗戏剧化的倾向显然要更早，例如朱自清、徐志摩、闻一多、卞之琳等人就在诗歌中运用戏剧性情节、场景、对话。新诗戏剧化在40年代克服和反拨了新诗"感伤"和说教的不良倾向，对前此的象征派、现代派强调"玄学"而忽视日常经验予以反思。不可否认，"新诗戏剧化"理论及其倡导无论是在40年代还是在今天都有着相当重要的不可替代的历史意义和现实价值。但是在21世纪已经走过10年的时候，我们也看到，在具体到诗人、群体甚至整体性的时代氛围的诗歌写作中，"新诗戏剧化"作为主导性的现代诗歌的创作理念已经产生了相关的一些诗学问题，而这些问题显然并未引起诗坛和研究者的足够关注。值得特别注意的是，尽管袁可嘉关于新诗戏剧化的理论主张是在1946年到1948年间提出的，但实际上早在1942年的时候袁可嘉的兴趣已经由浪漫主义转向了现代主义。由此我们不难发现，袁可嘉的新诗戏剧化以及新诗现代化的倡导除了针对中国诗歌的具体现状之外，还有着对普泛意义上的浪漫主义诗歌的批判与反拨。当时强劲的校园里的"现代风"使得袁可嘉放弃了自己曾经钟情的19世纪的英国浪漫主义诗歌并且对中国的浪漫主义诗风开始反思。换言之，在正式提出新诗戏剧化理论之前，袁可嘉更多是从个人美学趣味出发的，还并未结合当时中国诗坛的现状甚至弊端。袁可嘉1946年从西南联大外文系毕业,在1946年年底到1948年间提出新诗现代化和新诗戏剧化的主张,这显然与当时的时代背景、新诗创作的实践以及相应的诗歌观念的转换密不可分。再有,袁可嘉的西南联大时期的知识背景显然对他建构新诗现代化的理论有着非常重要的作用,"我所提出的诗的本体论、有机综合论、诗的艺术转化论、诗的戏剧化论都明显地受到了瑞恰慈、艾略特和英美新批评的启发"①。在战时的语境之下,文学的社会功能得到极端化的强调。据此,袁可嘉的新诗戏剧化理论的提出和倡导其意义非常重大。针对当时的诗歌写作的主导性弊端,袁可嘉强调当时诗歌无外乎两类,"一类是说明自己强烈的意志或信仰,希望通过诗篇有效地影响别人的意志或信仰的;另一类是表现自己某一种狂热的感情,同样希望通过诗作来感染别人的"②。然而这两类诗歌实际上本质上是一样的,即诗人的急于表达和急功近利尤其是强烈的意识形态性使得这些诗作因为艺术转换过程的缺失而成了抽象的说教和干瘪的口号,所以在袁可嘉看来新诗沾染了"说教"与"感伤"的时代病。而袁可嘉的新诗现代化尤其是新诗戏剧化的提出,显然是反拨了当时的题材决定论和文学工具论,搁置了诗歌的社会和政治文化而是强调诗歌艺术的转化和生成过程,强调诗歌的本体性和艺术品质。"批评的标准是内在的,而不依赖诗篇以外的任何因素"(《新诗戏剧化》),这显然与新批评的强调文学性,以文本为中心的诗学立场一致。自此,诗歌的意象以及诗歌语言的象征功能、隐喻、反讽、悖论等修辞技巧被得以强调,而新诗戏剧化在表现上的客观性与间接性,强调客观对应物、想象逻辑、意象比喻、文字的弹性与韧性,强调对话性、复调性以及戏剧冲突、场景、细节和事件在诗歌中的重要性,也在1990年代诗歌语境重新成为重要甚至唯一的尺度。与此相应,诗人作为创作主体被认为应该从文本中退场,这在强调智性的同时,就相应地就批评甚至在一定程度上否定了诗歌表现上的主体性、情感性和直接性,诗歌的抒情、独语在一定程度上

---

① 袁可嘉:《欧美现代派文学概论》,第95页,上海文艺出版社,1993年。
② 袁可嘉:《新诗戏剧化》,《诗创造》,第12期(1948年6月)。

受到了排斥。而在具体的诗歌写作中，一个显豁的事实是，浪漫主义诗学在诗人的写作中是以更为复杂的方式呈现出来的，换言之，如果一个诗人不是狭隘的诗歌"主义"者，那么他的写作应该是综合性的，是共生性的关系，而不是排他性的；或者在最低的限度上他的诗歌写作中的所谓现实的、浪漫的或其他什么主义的元素都是共时呈现的，只是各种元素呈现的程度具有差异而已。

在中国 1980 年代的朦胧诗之后的新诗发展中，早期的诗歌中无节制的抒情性和诗人的个体意识逐渐遭受到反拨，随着对朦胧诗写作的"不满"以及时代语境的影响，诗歌写作中逐渐凸现出一种客观化、间离性的写作趋向，这种写作趋向在 1990 年代甚至当下的诗歌写作中仍有不小的影响。而在新世纪初的诗歌写作中，写作者、评论者和阅读者已经达成共识，这就是"个人性"以及"叙事性"成为了十多年来诗歌写作的检验标签和"合格"证明。实际上，"个人性"无非就是强调诗歌写作不能被公约与弥合的"个性"特征。不管在何种程度上谈论诗歌写作中的个性化特征，这对于反拨以往诗歌写作强烈的意识形态性和写作技法的狭隘性而言其意义已不必多说，但是反过来当个性化和日常题材逐渐被极端化、狭隘化并成为唯一的潮流和时尚的时候，无形中诗歌写作的个性化和多元化就带有了"病态"的来苏水味道。应该认识到如今的诗歌写作观念看似已经相当繁复和"个性化"，诗歌写作似乎也是在差异性和不同的向度间全面展开，诗歌的技艺和语言也似乎达到了新诗产生以来前所未有的乐观时期，但是在近些年所涌现的一些诗学问题和关于诗歌写作个性化问题的争论上已经不是单纯的诗歌（文学）自身的问题。基于此，谈论诗歌的"个性化"问题不能不牵扯到诗人自身、个性化写作观念、整体社会语境、诗歌批评误导所导致的"集体失语"的共谋等方面。

1915 年，休姆在《古典主义和浪漫主义》中宣布古典主义和浪漫主义的结束，而在当前无限提速的工业化、城市化的语境下来考量，似乎人们已经达成了共识——一个有着古老的抒情诗传统的国度已经终结，诗歌的抒情性遭到"放逐"。相应地，新诗戏剧化、叙事性、复调性在诗歌中的实践呈现出时代美学的精神要求，在日常、口语、细节、对话、事件的所谓复调性的时代美学驱动面前，诗歌的戏剧化、叙事性、复调、张力、戏谑、反讽、冲突、悖论成了新诗现代化甚至新诗后现代主义的必经之途。而新诗和戏剧甚至电影的共同作战成了诗人写作的必要常识和思维模式，诗人在普遍的欣快症中迫不及待地加入到日常经验和琐屑的身边事物的漩涡之中，这使得无深度的生活仿写开始泛滥。而这种大多带有口语倾向的戏剧化的写作景观显然更为符合当下读者的阅读期待和趣味。在调侃、反讽、幽默、戏剧性甚至带有色情性的日常生活场景中，现代人的白日梦和高度紧张的神经得到暂时的抚慰，力比多得到刺激与释放。至此，"叙事性"的戏剧化的诗学愿景成为新一轮的情感麻醉术。艾略特所鼓吹的"诗不是放纵感情，而是逃避感情；不是表现个性，而是逃避个性"的"非个人化"的主张其诗学意义无须重复，但是我们在今天同样应该对其中的观点进行反思。是否艾略特的以文本为中心而一定程度上忽视甚至贬抑诗歌与主观情感、社会历史、时代背景的关系就是完全正确的？是否经验诗学就一定要优于情感诗学？更为重要的是叙事性的"攻击性戏剧效果"忽视了浪漫主义诗学内部的丰富性。早在狄德罗和施莱格尔、雨果时期，他们就在浪漫主义诗学谱系中提出了谐趣、反讽、怪诞、变形在写作中的重要性。而就诗歌和现实的关系以及诗人和当代的关系，"90年代诗歌"更为信赖的是诗歌的客观化、叙事性和戏剧化以及间离效果，相应的浪漫主义诗学理所当然地被视为浮浅的"小儿科"的情感游戏和文学青年的陈词滥调和无病呻吟。而中国的诗歌和诗学再次患上了强迫症和健忘症，波德莱尔一贯将自己的《恶之花》视为是浪漫主义之作，而当时受到法庭审判时让他难以接受和想象的是这部作品被批判为"现实主义"作品。这让我们不能不再次认真思考，在诗歌和现实的关系层面，"主义"是否真的那么重要，浪漫主义是否不足以对称或对抗于"现实"？

而不管在何种程度上谈论诗歌写作中的叙事性，这对于反拨以往诗歌写作的运动性、强烈的意识形态性、写作技法的狭隘性和滥情易感的炫技术而言其意义已不必多说，但是反过来当智性追求下的日常题材逐渐被极端化和狭隘化并成为惟一的潮流和时尚的时候，无形中诗歌写作的多元化这一说法是需要重新过滤和打量的。当诗歌写作的叙事性和戏剧化重新在诗歌的现代之途上受到前所未有的礼遇之后,诗歌的抒情性反而反复得到遮蔽甚至被看作是诗歌的歧途与"末路"。在 90 年代以来的诗歌观念史中,诗歌的"叙事性"及其对"抒情性"和浪漫主义诗歌的反拨"意义",已经成为这个时代的诗歌区别于以往时代诗歌的重要标志和显著性成果。但是当我们已经共睹了诗歌写作的叙事性的诸多益处和"战绩"时,更多的人也因此忽视了问题的重要性和复杂性。当"朦胧诗"(今天诗派)在"第三代"诗人的呐喊声中湮没于另一种集体狂欢的时候,诗歌写作的精英性和代言身份似乎多少显得不合时宜,这曾在"知识分子写作"和"民间写作"的论争中仍有显豁的重现。当大众文化和商业媒体的浪潮在更换受众的审美趣味的同时,诗歌写作和诗歌批评也沾染上不可避免的时代症候。"叙事性"作为新诗现代化和"先锋精神"的重要维度在当下的诗歌批评中成为相当含混和暧昧的诗学概念,我们不得不面对这样的一个事实:诗歌写作的叙事性已经成为圭臬甚至唯一的评价诗歌的尺度,而诗歌写作的抒情性则被视为畏途和歧途,甚至被讥讽为弱智低能的"小儿科"的智障把戏。在当下的诗人和评论者看来,叙事性是一个合宜的时髦说法和托辞,甚至指认海子自杀之后中国诗歌的抒情时代就已宣告结束。实际上,回到诗歌的源头返观诗歌的本体特征,抒情诗才是其真正的底色,任何所谓的叙事性和戏剧化都要以抒情为前提,反之诗就会走向反面成为"非诗"或杂交的变体。当然,这并不意味着我对诗歌写作的叙事性心存芥蒂和偏见,相反,合理的使用叙事性会增强诗歌的容纳能力和张力。但是当在每年结束和新的一年开始的时候,翻开各个年度诗歌选本和评论集,我们就会发现相当多的诗人在误解新诗戏剧化和叙事性的前提下滥用了这个看似屡试不爽的灵丹妙方。而诗人和批评者对诗歌的"叙事性"的理解是充满歧见的,实际上作为新诗戏剧化、现代化的重要方面"叙事性"已不是单纯的诗歌技巧,更大程度上是在强行转换的时代语境中诗人写作观念和态度的转变。一些诗人毫无节制并自以为"先锋"地将电影、戏剧、小说、日记、歌曲、随笔、广告掺入诗歌写作中,综合了"现实、象征、玄学"的跨文体性质的诗歌写作方式,却在一定程度上因为"过度"而制造了诗歌写作的阑尾或盲肠。诗歌写作从来都是多元的,以抒情为主和以客观、间接的戏剧化为主都会生成出优异的诗歌文本,但是在1990年代后期以来,显然戏剧化以绝对的压倒性优势放逐和排挤了"抒情性"。所以在一定程度上和一定的时期,新诗的反抒情性倾向并非新诗创作和新诗理论研究的唯一"福音",有时候一种理论倡导在种种时代和诗歌多重因素合力作用下会程度不同的出现偏差性的误度和阐释,所以今天必须正确认识和重估新诗的抒情性与反抒情性。

"90年代诗歌"叙事性的凸显和对抒情性以及浪漫主义倾向的祛除使得这一时期的诗歌成为"阅读"的诗学,换言之,诗歌的"声音性"被极大程度地消解。曾经的朗诵性、更为明显的情感节奏以及词语之间、音调上的声音效果被搁置,而智性、思索的禀赋取而代之。

三

1990年开始的诗歌确实在一个无所适从的转型时代为使人们提供了审视历史和现实,重新认识个人与社会、生存和诗艺之间的复杂关系的巨大场域。而在诗歌精神和诗人经验层面以及对浪漫主义诗学的反拨层面,"90年代"使得诗歌在与时代和生存发出实实在在的碰撞之时焕发出写作的及物性、现场感和担当性的同时也呈现了"知识性"写作和"民间性"写作的"派系"倾向。以"知识性"写作为例,这种倾向曾经在时代转捩点的早期具有不可忽视的诗学价值和思想文化史的意义,但是很快这种对话性、互文性和翻译体的贩运式的写作方式其弊端越来越明显,甚至这使得其及物性大打折扣。好像一个中国本土诗人成了一个异域诗人,或者说一个中国诗人的身后站着很多个"西方"的诗人。当我们再次翻开程光炜先生编选的作为"九十年代文学书系"的《岁月的遗照》时,从那些诗人的诗句中纷纷呈现的尤利西斯、哈姆雷特、帕斯捷尔纳克、卡夫卡、布罗茨基、博尔赫斯、里尔克、布莱克、柏拉图、聂鲁达等"异域诗人",成了这一时期中国本土诗人和重新寻找的精神对应物。这也在一定程度上显现出"90年代诗歌"的去个人化、本土化的"自信缺乏症"的特征。自白式的抒情诗、个人隐秘情感的日记体以及诗歌写作与个体经验相统一的浪漫主义抒情诗的语言风格都一并在去个人化的时代被宣布被"无效"甚至"非法"。巴尔特认为,自1850年以来作家已不再担任社会重任,不再关注作品所表达的观念思想和价值意义。写作如果是一种呼吁、一种社会目标的追求、一种政治介入的话,那仅仅是一种"自由"的伦理学写作。而所有关于人道的和伦理的关怀与自由,当被作为一种目标追求的时候,那么它所论述的"中心"其实已经不再是写作本身,而是社会的、政治的或意识形态的观念了。尽管1990年代诗歌精神学试图反拨意识形态化写作以及对"知识分子精神"的强调,但是这一时期的诗歌就其和浪漫主义诗学的关系而言显然仍然是一种意识形态化的思维惯性。

浪漫主义诗学曾一度被认识和狭隘化地限定为多情易感地"感伤"的写作范式,似乎简单、浅显无深度不成熟(属于"文艺青年"式写作?)、不够现代性和繁复(比如缺乏反讽、张力、悖论),敏感、感伤、甜腻、孱弱、神经质成了其精神病式的标签,而其抒情空间的丰富、知性和自我反思的传统也在中国1990年代以来的叙事、戏剧性的现代主义的诗歌语境中被长期忽视。在社会转捩点上,浪漫主义诗学作为一门"不洁"的知识而被更多的诗人和研究者们否弃。他们一致的理由是:在复杂的社会和诗学愿景面前,浪漫主义诗学显然过于矫情、简单和"小资"而"过时"和"落伍"了。而当我们重新反观中国汉语诗歌,尽管浪漫主义写作不乏优异诗人和文本,但我们却忽视了浪漫主义诗学的复杂性,而是不断强化其"抒情""易感""简单"的质素。而早在柯勒律治的浪漫主义诗学理论中就强调的诗歌的"有机性"和丰富性却被一再过滤。即使是在声誉盛隆早已被经典化的诗人穆旦那里,他为了强调诗歌"新"的抒情质素而不断强调诗歌的"理性"以及对"唯美主义"和"多愁善感"的祛除。显然一定程度上诗人"天然"地认为浪漫主义诗学中的抒情与理性之间的差异与不容。自此,穆旦在1940年春天所提醒我们警惕的时代却再次轮回上演——"在二十世纪的英美诗坛上,自以为艾略特(T. S. Eliot)所带来的,一阵十七、十八世纪的风吹掠过以后,仿佛以机智(wit)来写诗的风气就特别盛行起来。脑神经的运用代替了血液的激荡,拜伦和雪莱的诗今日不但没有人摩仿着写,而且没有人再肯以他们的诗当鉴赏的标准了"①。从 1990 年开始，中国诗人集体告别了理想和浪漫的年代，一个"新时代"使他们不再抱有幻想，而是开始思考写作与存在和现实的关系，写作该如何面对一个陌生的时代，呻吟、抒情、浪漫、易感显得如此格格不入。自此诗人们在急迫、焦虑中开始比拼智力和理性，比拼对新社会的"发现"与"介入"的能力，中国的诗歌开始显现出及物性的介入、担当和公共话语的某种努力。"新诗戏剧化"的提出作为中国新诗现代化的想象和实践而言其重要性自不待言，但"新诗戏剧化"曾在此后长时期的新诗写作中被搁置、忽视甚至否定，而在上个世纪的 1990 年代得到重新的认可和张扬，甚至成为此后诗歌写作的圭臬。在新一轮的新诗戏剧化和叙事性的话语权力中，诗歌的抒情性和浪漫主义诗学传统开始遭到再次"放逐"。1990 年代开始的诗歌"叙事性"、"戏剧化"和"经验性"的综合性写作在对所谓的社会转型期的生活细节、诗人经验的不断陈述中，诗歌的抒情性和浪漫主义传统显然成了最大的"敌人"和被"PASS"的对象。众多诗人唯恐被扣上浪漫诗人的帽子而不断在场景中添加小说家们的手段，描述、展示、呈现代替了想象、抒情和表现，他们试图不断超越和摆脱抒情和感伤。这个时代的诗人重新患上了健忘症和进化论的想象，在他们看来，只有叙事性能够承担他们与时代的关系，而生活和"及物"也成了写作的前提，而只是在后来，这一时期诗歌的参与者和见证人的孙文波才予以了追加式的反思，"当代诗歌写作中的叙事，是一种'亚叙事'，它关注的不仅是叙事本身，而且更加关注叙事的方式"，叙事的实质仍是"抒情的"②。在 1990 年代以来的中国诗人那里，"抒情"的理想年代和"牧歌"的浪漫主义都已经不能适应这一时期的中国现实了，他们需要一种"新的抒情"。

而当我们近几年"突然"之间对浪漫主义诗学重新加以强调和重新考虑，我想这多少仍然是中国诗歌理论与批评的一个悖论性循环。就像当年人们津津乐道于现实主义以及后来的现代主义一样，只要讨论沾染

---

① 穆旦：《〈慰劳信集〉——从〈鱼目集〉说起》，《大公报》，1940 年 4 月 28 日。
② 孙文波：《生活：写作的前提》，《阵地》，第 5 期。

上了所谓的"主义"往往最终都是走向了诗歌的负面甚至反面。在书斋和学院中讨论浪漫主义诗学多少有些失效和大而无当，我倒是认为，结合中国当代的诗歌文化语境尤其是1989年以降对浪漫主义诗学的反驳和"清算"的极端文学史知识予以重新反思甚至纠正，才具有一定的诗学讨论意义和现实启示性。

在一个1989年以来大张旗鼓地驱除浪漫主义诗学和诗人的低吟浅唱的时代，有没有可能"重新做一个浪漫主义者"倒成了我们必须面对的难题。

重回纵横交错的历史场阈

——《回顾一次写作》的新诗史意义

2007年11月,北京大学出版社推出谢冕、孙绍振、刘登翰、孙玉石、殷晋培、洪子诚的《回顾一次写作——〈新诗发展概况〉的前前后后》。《回顾一次写作》透过近半个世纪的历史烟云,重新呈现了一代北大学子在青春的岁月里与同样激烈的政治年代的文学理想与生存的精神状态,而更为重要的还在于,《回顾一次写作》第一次公开了一些由于种种原因当年没有发表的《新诗发展概况》(原名为《中国新诗简史》)的一些章节,而其中的"关于《新诗发展概况》答问"则以口述史的方式呈现了复杂政治年代的文化语境、诗歌状况,诗歌观念与主流的诗学趣味、个人的青春生活、校园记忆、文学理想、诗歌史的叙述方式、校园刊物(《红楼》)、大学教育与学术体制等多层面的真切而驳杂的事件细节与历史场景,还原出了一段纵横交错的历史田野。

当1958年的寒假,这六位年轻人带有激情和理想走入和平里东街中国作协的五层红砖楼时,当他们如饥似渴阅读那些渐已发黄的诗册,在黑暗的小酒馆以稀饭或油条填饱肚子,在深夜的时候窗口透出他们劳作的灯光以及在煤球炉上烤食玉米的场景都不能不让人感动,一代人的青春激情就是以如此的方式与诗歌与政治联系在一起,他们可能还没有意识到这是当代甚至20世纪中国新诗发展历史中的一个重要事件。1959年2月,穿着厚重棉服的谢冕、孙绍振、刘登翰、孙玉石、殷晋培、洪子诚在朝阳和平里中国作协宿舍楼前的意气风发的黑白照片重新唤醒了半个世纪前的记忆和一段繁复而尴尬的历史面影,印证了一代人在一个政治年代空前的青春革命激情和"小资情调"①的奇妙结合(洪子诚语)。

纵横交错:重回50年代的诗歌场阈

从50年代开始,当代新诗史写作和研究在很长的时间都难以摆脱政治文化的极其紧密的影响,而在不同的历史时期,尤其是在政治运动的历史节点上,包括新诗和文学史研究在内也随着这种政治体制的变化而发生迁移,甚至会出现对同一个诗人、同一个诗歌流派在不同的语境中前后抵牾的矛盾叙述②。而围绕着《新诗发展概况》写作的前前后后的复杂事件都让研究者和当事人重新回到了50年代那不无复杂的政治和文化场阈。

而50—70年代,当代诗歌理论和批评对诗歌的政治思想内容的强调和诗人政治身份的确认,逐渐形成了一种对所谓的现实主义(革命现实主义和社会主义现实主义)诗歌美学空前重视的潮流。在很长时期内③,新诗和新诗史研究中现实主义诗歌往往作为一种主流而被反复强调,研究者往往将诗坛分为主流、支流和逆流,而对此的划分依据更多是一种政

---

① 这从当时谢冕、孙玉石、洪子诚等发表在《红楼》上的诗歌(如孙玉石的组诗《露珠集》、洪子诚的《头巾——夜过石景山》、《一颗纯洁的心——在门头沟,遇到一个老工人》等)可以呈现出来,除了有当时年轻人普遍具有的一个时代特有的政治激情和青春冲动外,也显示了他们与一般意义上的工农兵的程度不同的差异与特征。

② 如有学者指出,17年的诗歌(文学)运动、思潮和作家、作品在已有的当代文学史系统(指"文革"前出版的当代文学史著作)中的阐释和评价,与"文革"结束后在新的当代文学史系统中的阐释和评价,有许多根本性的变化。尤其是在"文革"前的当代文学史系统中受到肯定的诸多文学运动和与之相关的文学思潮,在"文革"后新的文学史系统中,都不同程度地受到了批评和指责,有的甚至成为在政治思想或文学理论上对历史进行拨乱反正的主要清理对象。这当然首先是因为社会历史和文学自身的变化为文学史的书写提供了新的现实依据和阐释与评价的标准。参见於可训:《当代文学建构与阐释》,第33页,武汉大学出版社,2005年。

③ 即使是当下的一些新诗史也仍是认为建国之后乃至"新时期"诗歌的发展主流是现实主义的,只有现实主义诗歌才能代表社会主义新诗的发展方向。

治态度和阶级立场。在这种"斗争哲学"[①]的影响下,现代主义诗歌在很多时候作为资产阶级的逆流而屡遭贬抑,并冠之以"反动文艺"、"颓废主义"或"资产阶级自由主义"等罪名,邵荃麟的《门外谈诗》,艾青的《中国新诗六十年》,臧克家的《"五四"以来新诗发展的一个轮廓》[②]可以说是代表,并且对《新诗发展概况》的写作有着直接的影响。而值得强调的是,新诗史写作作为一种特殊的批评话语更能够显现出特定时期的诗歌理论乃至文学理论的特征。任何文学研究及其成果都会最终体现在文学史研究与文学史写作当中,新中国成立后,关于中国现代新诗史的书写工作在1958年就已经开始了,尽管由于当时显而易见的时代背景和政治原因这部"新诗史草稿"(谢冕语)存在诸多历史的局限和偏误。这就是在1959年新中国成立10周年、五四运动40周年,《诗刊》第6、7、10、12期刊发的由当时的北京大学中文系55级谢冕、孙绍振、孙玉石、殷晋培和56级刘登翰、洪子诚撰写的"新诗发展概况"[③],是新中国成立后最早的新诗史写作实践。它由四章组成,即"女神再生的时代"、"无产阶级革命诗歌的高潮"、"暴风雨的前奏"和"民族抗战的号角"。由于复杂的历史原因甚至包括《诗刊》内部成员的特殊问题,最终以孙玉石撰写、署名刘登翰、孙玉石、孙绍振、洪子诚、殷晋培、谢冕的《民族抗战的号角》

---

① 如"谁是我们的朋友,谁是我们的敌人,这个问题是革命的首要问题","不是东风压倒西风,就是西风压倒东风",左中右的排队划分。

② 臧克家在《"五四"以来新诗发展的一个轮廓》中对"五四"以来的诗歌历史进行清理时所遵奉的尺度就是诗人身份、政治立场,并强调诗歌写作中的所谓现实主义和革命现实主义的流脉,至于带有现代主义色彩的诗人和写作群体则被贴上落后的甚至反动的"资产阶级写作"的标签。从胡适的《尝试集》开始以及后来的象征派的李金发、新月派的徐志摩、"现代派"的戴望舒都被认为是和当时的革命文学对立的"资产阶级派别",而郭沫若、蒋光慈、殷夫、臧克家、艾青、田间、袁水拍、蒲风、李季、阮章竞等诗人则被认为是先进的新诗"革命传统"的阵营。正因如此,带有现代主义色彩的诗歌创作则往往被看作新诗发展的"逆流"和"异端"而遭到排斥和批判。这致使当代新诗研究和文学史写作中,现实主义诗歌一统文坛,其他的类型的写作尤其是现代主义诗歌就在这种语境中被遮蔽。

③ 实际上,在1959年这个特殊的年份很多叙述机关都在发动集体的力量写作相关的历史,如中国社会科学院文学研究所就编写了《十年来的新中国文学》。

(《新诗发展概况》之四)发表于 1959 年 12 月 25 日的《诗刊》而告夭折,此后,孙绍振撰写的《唱向新中国》(《新诗发展概况》之五)、谢冕撰写的《百花争艳的春晨》(《新诗发展概况》之六)和殷晋培撰写的《唱得长江水倒流》(《新诗发展概况》之七)只能是在近 50 年之后在《回顾一次写作》中才得以公开地呈现。而当时"原来天津的百花文艺出版社打算出单行本的,也取消了。原因不大清楚,估计是和 60 年代初形势发生变化有关"①。

《新诗发展概况》这些在 1958 年的大跃进的狂潮中所写下的文字,也只能是按照当时流行的"两条道路斗争"的模式和革命战争以及政治运动的框架来编写,将诗坛分为分无产阶级诗歌(革命现实主义诗歌)和资产阶级诗歌、小资产阶级诗歌等反动诗歌(非革命现实主义诗歌,反革命现实主义诗歌),对所谓的诗歌发展"逆流"的象征派、新月派、现代派、七月派等进行批判,其中的偏颇是可想而知的。所以,这些在 1959 年之后直至今日对中国诗坛起到相当作用的当事人都在多年之后对《新诗发展概况》的写作进行了自我检省与反思。当事人之一的洪子诚在多年之后"重读这些文字,除了为当时的勇气吃惊和幼稚汗颜之外,已无多大价值可言","年青时感染着时代风潮的冲冲撞撞,所知不多却偏要褒贬臧否的作为,在使我们惭愧之余,常常渴望能有所弥补、纠正。于是,重写一部新诗史便成为我们久埋心中的愿望"②。而返观和检视当代新诗史写作和研究,曾一度是在他律论模式和国家阶级话语中进行的单一视镜的刻板叙述,这种叙述往往是史从论出,以论代史,甚至在极端的情况下不惜篡改历史。正如当事人洪子诚所反思的,当初写作《新诗发展概况》时是运用当时提倡的"以论代史"的方法,将诗人和诗歌现象分门别

---

① 洪子诚:《回答六个问题》,《文学与历史叙述》,第 100 页,河南大学出版社,2005 年。
② 《中国当代新诗史·后记》,第 546—547 页,人民文学出版社,1993 年。

类地安置在进步、革命与反动和颓废两种诗风之中①。实际上新中国成立后开始的新文学史写作,从50年代初期王瑶的《中国新文学史稿》开始直至60年代初,这一时期的当代文学史著作(含内部适用、交流材料)基本上和《新诗发展概况》均是一种与政治和文学现时发展贴得过于紧密的一种实录性的书写方式。这种书写方式限于历史语境的限制带有相当的意识形态色彩,其叙述也往往显现出当时的政治运动和文艺论争的直接投影。对于当时那些为主流和政治所接受的诗人、作家则进行肯定,而对主流不能接受的诗人、诗派则冠之以所谓新诗发展中的"逆流"、"支流"、"黑线",予以批判和否定以及歪曲的解释,或者予以忽略或遮蔽。正是在这种畸形的意识形态的剪刀之下,进入《新诗发展概况》的都是政治性上相当强的诗人,而其他一些后来被认定为重要的诗人却被埋没与批判,"中国新诗三十多年丰富的创造,左删右削,就剩下这一点点,许多重要的现象,重要的诗人和作品都被遮蔽。所有历史的书写都是当代人的书写,历史便也变成书写者的历史"②。而与这种文学史写作方式相应的新诗理论和文学理论也不能不是极端的政治化和畸形化的,50—70年代的这种新诗批评状况也正如研究者所指出的"由于长期存在的比较单一和狭窄的文学理论框架和模式的束缚,特别是由于'左'的政治思想和文学思想的笼罩,许多诗人和思潮流派,长期被纳入研究的禁区;一些复杂的新诗现象,在那种气候之下,难以进行清理和探讨;加上研究者们的自身文学观念与文学素质也有很大的局限……不仅如此,在有些观念的开放性和论述的理论深度方面,比起1949年以前的一些思考来,甚至还

---

① "1958年,毛泽东曾经引用唐朝刘知几的话,说写历史要有才、有学、有识。他解释说,'识'不是指知识,是指善于识别风向,看刮什么风:'不是东风压倒西风,就是西风压倒东风'。我们就是把新诗过程,描述成'东风'与'西风'争斗的历史。到了80年代以后,新诗史又是另一番模样,'历史'被'颠倒'了过来,有点变成'西风'压倒了'东风'了;当然这两种对立的图景,不像1958年描绘的那样僵硬、极端。见洪子诚:《回答六个问题》,《文学与历史叙述》,第100页,河南大学出版社,2005年。
② 《回顾一次写作——〈新诗发展概况〉的前前后后》,第35页,北京大学出版社,2007年。

表现了很大的倒退"①。

一个历史事件甚至重要的文学史事件的诞生肯定是由各种力量共同塑造出来的,这自然包括《新诗发展概况》的生产过程。

1959年第6期《诗刊》首次刊出《中国新诗发展概况》,其《编后记》有所提示:"这期,我们开始刊载'新诗发展概况'。这样的'新诗发展概况',以前还没有人写过,不容易一出来就写得很成熟,我们发表它,带有听取更多意见的目的,以便将来帮助作者进行修改"②。这也似乎印证了谢冕的看法:"在当时那种'大跃进''一天等于二十年'的背景下,到处都在'放卫星',不论是《诗刊》领导还是我们,当然是希望能够以最快的速度写出一本观点和方法都正确的、有异于前人的、崭新的新诗史。这在当时,我们都完全认同如下的看法:即这个工作不能依赖那些资产阶级或小资产阶级的专家来做,只能由我们这些敢闯、敢干、没有思想负担的年轻人来做。"③ 实际上,在当时"拔白旗、插红旗"的语境下,《诗刊》在1959年这个特殊的年份、在很多学术机关都调动集体写史的语境下希望推出年轻人写作中国新诗史就带有着相当的政治考虑,"第一,可以确认新诗走过的并不平凡的历史进程,回顾众多诗人艰辛而光荣的足迹,重塑新诗的革命传统。第二,让热爱新诗的读者,通过这些文字,比较具体地了解一些优秀的作品,增强新诗的吸引力。第三,当时的气氛,既有学术批判余波的影响,又有隐在的用实事求是的观点,比较全面地书写新诗历史的欲望"④,而之所以选中谢冕等北大学生还在于他们在此前的"突出"表现,北京大学中文系的55级学生已经写出了具有全国影响的带有"样板"性质的70万字的"红皮文学史"(《中国文学史》)。这部由学生集体写作的《中国文学史》不仅得到了全国重要报刊如《人民日报》、《文艺报》、《光明日报》、《人民文学》的大力推荐和赞扬,甚至苏联的党报

---

① 孙玉石:《十五年来新诗研究的回顾与瞻望》,《中国现代文学研究丛刊》,1995年第1期。
② 《编后记》,《诗刊》,1959年第6期。
③ 《回顾一次写作——〈新诗发展概况〉的前前后后》,第19页,北京大学出版社,2007年。
④ 同上,第21—22页。

《消息报》也刊发了相关消息，而更重要的还在于国家领导人也参与其中，如陈毅（1960年3月4日）和康生（1959年11月27日）的复信。而在当时下乡、下厂、下部队写作村史、厂史和部队史的热潮中，北大中文系学生又在《中国文学史》之后开始写作"当代中国文学史"、"中国小说史"、"中国古代戏剧史"、"中国新文学史"等。正是基于北大55级中文系学生的突出影响和写史经验，《诗刊》社最终选中了谢冕等六位年轻人，而写作新诗史的计划实际上是得到《诗刊》社会议通过的，事先主编臧克家和副主编徐迟以及党支部书记兼编辑沙鸥、丁力都进行了讨论，最终建议由北大的学生利用寒假的时间以最快的速度集体写出一部"观点正确"的新中国成立后的第一部新诗史。

尴尬的历史叙事："中国新诗发展概况"

尽管在《新诗发展概况》的集体写作过程中，加之特定历史文化的限定，谢冕、洪子诚等人基本上是在政治标准第一、艺术标准第二的前提下进行历史叙述，但是仍然呈现了他们个人的诗学观念和美学趣味，这种程度不同的诗学观念和美学趣味与当时流行的主流观点甚至是有差异的。如孙绍振就认为，在50年代初由于自己的阅读经验的影响就对当时最红的民歌体诗《王贵与李香香》持相当的看法："'千里的雷声万里的闪，红旗一展天下都红遍'还马马虎虎，至于'不是革命我们翻不了身，不是革命我们结不了婚'，这是诗吗？我只能硬着头皮强迫自己相信这是好诗。"[①] "但是在分工的时候，居然让我负责1942年到1949年那一段。其实，我对这一段，一直比较狐疑，尤其是对于《王贵与李香香》还有张志民的《死不着》，我从来就不能克制对它们的怀疑。"[②] 当然孙绍振也只能保留自己对李季的《王贵与李香香》以及张志民的《死不着》看法，落实到具体写作时也只能是祛除个人趣味，甚至在由孙绍振撰写的《唱向新

---

① 《回顾一次写作——〈新诗发展概况〉的前前后后》，第33页，北京大学出版社，2007年。
② 同上，第25页。

中国》(《新诗发展概况》之五)中,孙绍振用了相当大的篇幅对李季及其《王贵与李香香》进行了热烈的肯定性评价,甚至没有指出这首叙事诗的任何缺点。这也就是孙玉石所说的"个人的看法,可以保留,落实在文字上的,还必须遵守集体写作的原则"①。

《回顾一次写作》中很多当事人都提到了时在《诗刊》社工作的徐迟,其中洪子诚谈到徐迟作为一个现代派诗人在新中国成立后对"现代派"("西风")的否定与批判而"文革"结束之后又开始在《现代化与现代派》等文章中倡导"现代派",很多研究者对徐迟这样的"反复无常"的"风向标"式的行为是持相当批评态度的,而洪子诚却坦言,在与徐迟的接触中,"他的观点、主张几次发生翻转性改变,却一点也没有影响我对他的尊敬。一个人认真调整自己的看法、修改自己的观点,并不是一件可羞耻的事情。当然,从这里也可以看到这几十年来,中国社会、文学思潮变化、波动起伏之大"②。徐迟无疑对《中国新诗发展概况》的写作起到了重要的推动作用,然而遗憾的是,谢冕、洪子诚在谈到1959年《诗刊》发表其中的四章之后即告夭折的原因尽管都有自己的看法,比如三年自然灾害和国家政策的调整以及文化领域的重提"双百方针",但是显然徐迟作为当事人更明了其中的事理,但遗憾的是徐迟的自传《我的文学生涯》(百花文艺出版社,2006年版)只写到了1954年,《中国新诗发展概况》最终在《诗刊》夭折的真正和具体原因也只能是埋没在历史的尘埃深处了。

还需要提及的是郭小川,郭小川参加了当时《诗刊》社组织的关于"中国新诗发展概况"的讨论并作了重要的发言。按照洪子诚的回忆,郭小川在发言中批评了王亚平,认为王亚平不应该进入诗歌史,而在此后的对郭小川的批判中,时为中国作协副秘书长的王亚平曾起到了不可忽视的作用,换言之,郭小川在1959年年底开始受到批判不能不影响到其在诗坛的地位甚至影响到文学史叙述的相关问题。而谢冕撰写的《百花争艳的春晨》(《新诗发展概况》之六)尽管在关于郭小川的文字中对其诗

---

① 《回顾一次写作——〈新诗发展概况〉的前前后后》,第28页,北京大学出版社,2007年。
② 同上,第31—32页。

作进行了批评①,但显然较之政治的多边和诗人之间的复杂关系,"新诗发展概况"这样的带有历史总结性质的文字显然更为敏感。值得注意的是,从 1986 年以来的二十余年的时间里,史料的挖掘、尤其是特殊政治年代例如"文革"时期的史料挖掘成了当代新诗史(文学史)写作与研究中似乎相当激动人心的事件,批判书、检讨书、日记、内部材料、口述史似乎都成为还原一个特殊时代文学历史真实的底牌,但是我们面对 1949—1976 年间的历史又不能不充满相当复杂的感情,一些特定时间节点上的历史当事人的回忆却成了空白,以郭小川为例,他常年坚持着记日记的习惯,但是由于复杂的原因,郭小川在 1959 年 10 月 27 日终止了记日记的习惯,直至第二年的 10 月份才记了寥寥数言,1960 年一年是郭小川日记的空白期,而这能更为清晰地呈现特殊的政治语境对郭小川内心世界的巨大影响。但是,更值得注意的是,洪子诚、谢冕、孙绍振、孙玉石等当事人在回顾当时《诗刊》社组织的关于《新诗发展概况》的讨论会时都不能确定其具体时间,只约略谈到是 1959 年,而笔者在翻阅郭小川 1959 年日记时找到了一些简略的相关信息②。从郭小川 1959 年的日记,可以看到郭小川在数十次的日记中都谈到了《诗刊》以及与臧克家、徐迟、卞之琳、沙鸥等人的交往以及相关的诗歌讨论会议,可见郭小川与《诗刊》及当时的相关编辑保持着相当密切的关系,而这也一定程度上显现出当时主编臧克家以及《诗刊》不断向政治运动靠拢的倾向。郭小川在日记中谈到社科院文学研究所拟定的文学 10 年大纲,在相关的讨论会上与会者

---

① 郭小川"发言中谈到王亚平这位诗人,说根本不要写他。但他没有具体讲什么原因,是艺术上不行,还是有其他的理由。他用的是斩钉截铁的语气。我想他对王亚平的看法,还是出于艺术上的不满吧。郭小川当时是中国作协书记处书记,党组成员。印象里,当时他在诗歌创作、思想艺术上都有自己的想法、追求,常常将艺术、诗看得更重要。他并不愿意在作协当领导,更愿意下去写作,因此被批评为'个人主义'。59 年他出版诗集《月下集》,在前言里就表达了对写作的'粗制滥造'的不满,说要做一个'自觉的诗人',作家要有'自己的创见'。他对王亚平的不满,可能是这个原因。"见《回顾一次写作——〈新诗发展概况〉的前前后后》,第 54 页,北京大学出版社,2007 年。
② 相关内容可参阅《郭小川全集·10》,广西师范大学出版社,2000 年。

对其诗歌部分颇为不满。众所周知,《新诗发展概况》最早发表于《诗刊》1959年第6期,但实际上,原定是在《诗刊》第3期发表,但是郭小川在看《诗刊》大样时临时抽掉了这份《新诗简史》①,具体原因不详②。历史是不可能用假设来推断的,但是如果《诗刊》从1959年第3期就开始刊载《新诗发展概况》,按照正常情况在年底就能全部登完,就不会在1960年更为复杂的政治语境以及《诗刊》内部的原因而最终夭折,只有在50年之后才"重见天日"。而当时《诗刊》组织的关于《新诗发展概况》的讨论会按照郭小川的日记是在1959年4月14日下午两点,地点是王府井作家协会会议室③。

谢冕撰写的《百花争艳的春晨》(《新诗发展概况》之六)和殷晋培撰写的《唱得长江水倒流》(《新诗发展概况》之七)尽管无论是从诗人选定、评判标准和述史方式都符合当时的规范要求,但是因为所涉及的诗歌历史太过于接近"当下"且涉及的当事人都是健在者,并且不同的诗人在纷繁的政治运动中如何认定其不同时期的诗歌写作都无疑带有相当的难度,这也给这部最初的新诗史公开发表提出了挑战。例如以郭小川为例,1959年11月郭小川即因为"丁陈反党集团案"而在作协12级以上党员干部会上做检查并在此后受到了批判④。尽管1960年郭小川仍为《诗刊》编委,但实际上已经被边缘化了。1959年郭小川写给邵荃麟、刘白羽和严文井的信中希望自己调离作协去《诗刊》工作的建议。郭小川在1959年11月开始逐渐因为文艺思想问题和政治问题而受到了批判,尤其是他的长诗《望星空》、《一个和八个》、《深深的山谷》和《白雪的赞歌》

---

① 《新诗发展概况》最初名为《中国新诗简史》,在正式发表时才改为《新诗发展概况》。
② 见郭小川1959年3月11日日记,《郭小川全集·10》,第44页,广西师范大学出版社,2000年。
③ 郭小川在4月14日的日记中记到:"下午二时,与北大六位同学谈《新诗简史》,克家谈的很多。增加了很多知识,我对五四以来的诗,研究得太少了。"见《郭小川全集·10》,第62页,广西师范大学出版社,2000年。
④ 可参见1959年12月17日《中国作协党组关于批判郭小川通知错误的汇报》,中国作协从1959年11月25日到12月2日即先后召开了规模不等的批判郭小川的7次批判会。1959年11月初郭小川的长篇叙事诗《一个和八个》作为"内部批判"材料印发。

都受到了批判,那么谢冕在《百花争艳的春晨》(《新诗发展概况》之六)对郭小川的与贺敬之的篇幅相当的肯定、赞赏性叙述和评价在当时的历史语境下就不能不产生问题,尽管谢冕对郭小川转向知识分子题材的诗作《深深的山谷》和《白雪的赞歌》在肯定之余也进行了批评,"《深深的山谷》通过一个爱情悲剧,描写了知识分子在革命斗争中分化的过程,男主人公由于坚持个人主义,终于在残酷的现实斗争面前动摇、退缩,走上毁灭的道路。诗人对资产阶级知识分子灵魂丑恶的一面——根深蒂固的个人主义,进行了相当深刻的批判和揭露。但女主人公的转变描写软弱无力,显出诗人对她小资产阶级脆弱感情的原谅,同情多于批判。《白雪的赞歌》由于情节处理不当,以及一些不健康情调的流露,损害了人物形象的塑造"[1]。实际上,包括谢冕在内所撰写的《新诗发展概况》尽管从叙述框架、文学史观、诗人评价、诗歌观念和趣味以及"以论带史"的方式符合当时的整体的文学史的写作方式,但是其中的一些语言和观念也是与当时的主流框架存在差异的,例如谢冕对贺敬之的评价显然不太符合当时的要求,尤其是对贺敬之这样的一个颂歌型的在当时影响甚巨的政治抒情诗人的评价就显得更为敏感,"贺敬之喜欢选择重大的政治事件做创作的题材。一些看来很枯燥点政治术语和概念的东西,在他的笔下却以饱含血肉的形象表现出来,为革命浪漫主义诗人贺敬之的诗增添了不少光彩"[2],这也是为什么徐迟等人在《诗刊》最后刊载这些文章之前进行修改的原因了。尽管徐迟、丁力甚至包括臧克家并没有硬性规定《新诗发展概况》的写作提纲,只是在谈话中涉及关于中国新诗发展的历史以及新诗史写作的一些设想,尽管在当时的政治气候和学术语境下[3]徐迟等人不宜干预这些青年人(新生力量)的历史叙述但是还是进行了一定的参与,比如《诗刊》社组织对《新诗发展概况》征求意见会以及徐迟等人

---

[1]《回顾一次写作——〈新诗发展概况〉的前前后后》,第159—160页,北京大学出版社,2007年。
[2] 同上,第158页。
[3] 如毛泽东所反复倡导的年轻人胜过老年人的进化论思想。

对《新诗发展概况》的修改。以《诗刊》社组织的征求意见会为例,当时的主编臧克家以及徐迟、沙鸥、丁力、尹一之甚至包括郭小川、楼适夷都参加了会议,可见《诗刊》对此的重视程度。而徐迟对这些青年人稿子的修改是值得注意的,"我们这几个年青人的稿子,几乎都是经过他修改的。现在想来,我们那时的稿子,不经过修改,是不可能发表的"①,"从后来发表的样子看,徐迟先生亲自动手,改了很多,特别是增加了不少他自己亲身经历、非常熟悉的抗战时期大后方诗歌活动情况的文字,包括一些诗人和诗歌出版物,有些是一般文学史叙述里所没有的。但是,徐迟先生的修改,对于原稿那些给诗人政治定性的词句,如对艾青、胡风等人所加的'恶谥',却没有删去。那些过低的评价,也没有改动"②。

"文革"结束后,孙玉石、孙绍振、洪子诚、刘登翰等试图重写《新诗发展概况》③,以弥补当年没能印行单行本的缺憾,但是新的政治和文化语境的转换,使得当年这些带有强烈的政治印记和时代缺陷的史论文字已经显现出了空前的尴尬以及其与一个崭新时代新的话语规范要求之间的距离,"此时正是中国诗坛的多事之秋。先是'反右'中落难的诗人一批批平反复出,再是对新月派、现代派和九叶派诗人的重新肯定,最后是'胡风反革命集团'平反,推出了'七月派'的一大批诗人。另一方面曾经被捧上天去的'大跃进'民歌和'新诗在古典与民歌基础上发展'的论断受到质疑,一批曾经显赫一时的革命诗人也从云端落到地上来;与此同时,还有汹涌而来的一股最初被称为'朦胧诗'的新诗浪潮,引起社会的哗然和争论。这一切,都促使我们停下笔来重新审视和思考"④。这些复杂的时代因素加之这些当事人的个人原因,这次短暂的"重写"也只能再次失败。而无论是"文革"结束之后的"重写"《新诗发展概况》的企图还

---

① 《回顾一次写作——〈新诗发展概况〉的前前后后》,第49页,北京大学出版社,2007年。
② 同上,第53页。
③ 重写的章节有孙玉石撰写的《年青的觉醒者的歌唱——〈中国新诗发展史〉之一节》,发表于《山西大学学报》,1980年第1期。孙绍振、刘登翰撰写的《颂歌的时代时代的颂歌(1949—1957)——〈中国新诗发展史〉第六章第一节》,刊载于《中国当代文学研究丛刊》。
④ 《回顾一次写作——〈新诗发展概况〉的前前后后》,第59—60页,北京大学出版社,2007年。

是1993年经过多次挫折出版的《中国当代新诗史》(人民文学出版社)以及2005年修订的《中国当代新诗史》(北京大学出版社),这一次又一次的"重写"、"修订"甚至"改写",都呈现了洪子诚等当代文学史家试图祛除新诗史"历史真实"的时间神话,突出新诗史(文学史)写作在本质上是一种带有修辞和想象性质的话语方式。值得注意的现象是,在当代新诗史和一般意义上的文学史写作和学科探求中,普遍显现出对历史的纯粹客观化和真实化的历史"求真意志"某种不同程度的质疑和批判性反思,即使是在以述史客观、冷静,企图回到历史情境的洪子诚那里,也深刻地意识到历史书写和文学史书写作为想象和话语修辞的文本性质,并在诗歌史文本的"经典"和"边缘"之间重新在历史和现实语境中重新定位。但是,这种"重写"与"改写"的冲动也同样呈现了写作中国"当代"史的尴尬,因为一次次重大的政治运动的开始与结束都是如此直接、强大、不容置疑地体现在对新诗和文学的重新甄别与认定上,这种强大的政治文化语境的影响也包括所谓的1980年代中期带有现代主义特征的历史美学的张扬,使得当代诗歌史不断处于相互龃龉与变动的悖论之中,也正如洪子诚先生所反思的,"在社会发生重要变革、转折的时间里,总会伴随着历史的'改写'的潮流。50年代这样,'文革'时这样,80年代也是这样。新的政权、制度的建立,新的思想、价值体系的提出,它们的合法性,总是需要依靠历史的'改写'来给予支持、确认"①。

《回顾一次写作——〈新诗发展概况〉的前前后后》无疑是一本相当重要的书,它不仅呈现了50年代特殊的文化语境和政治气候,也呈现了一代人特殊的精神特质和理想情怀以及笼罩其上的尴尬与荒诞,当然这其中更多的还是一种沉重与沧桑,但是同样重要的是这本带有强烈的自省和反思精神的大书重新打开了另一个逐渐逝去年代的面影,一段斑驳交错的历史田野,甚至可以说成为后来的研究者进入50年代后期社会历史语境的一个深深的隧道,有黑暗,也有良知的永久闪光,"回顾参与《新诗发展概况》写作走过的那一段道路,与这个小小集体那些逝去的难以

---

① 《回顾一次写作——〈新诗发展概况〉的前前后后》,第23页,北京大学出版社,2007年。

忘记的时光相比较,更值得反思和记忆的,还是我们这一代人所经历的因为这种价值观念和理性标准的失衡,对于新诗历史本身和许多创造历史的人们的不公与伤害。我们今天重印已经陈旧了的'概况',提供当时或一种出于'谬误的真诚'发出的历史声音,回顾和呼唤对于历史的某些既难忘又痛苦的记忆之外,一个更沉重的意义,应该是在这里吧"[1]。

---

[1]《回顾一次写作——〈新诗发展概况〉的前前后后》,第40页,北京大学出版社,2007年。

打开一代人的诗歌卷宗
——关于《尴尬的一代》的对话

杨庆祥：首先我想祝贺你《尴尬的一代——中国70后先锋诗歌》的这本著作的出版发行，说实话，虽然也偶尔涉足诗歌圈子，但是对于你书中提及的诗人、作品、刊物、现象等等还是比较陌生，很多的名字还是第一次看到。对于我个人而言，这是一本很及时的书，所以说阅读这本书等于是一次补课。从整个诗歌研究现状而言，这么系统的全面梳理70后诗人的专著我觉得是一本开拓之作，填补了诗歌界对相关问题的研究盲点，而从更长远的意义来说，它又具有非常大的开放性，我相信，以后无论是谁来研究70后的诗人或者诗歌现象，这都是一本绕不开的书。从这些方面来说，你做了一件功德无量的事情，无论何种溢美之词都是不为过的。当然，这本书引起我更大兴趣的与其说是他的贡献，不如说是它所涵盖的一些问题，这些问题主要有两个方面，一是对象本身的问题，也就是70后作为一个诗学研究对象的问题；另外是这本书写作的问题，也就是诗歌史如何去写的问题。我想就这几个问题和你进行一次对话，我们之间或许观点相左，认识不同，但是我觉得这可能正是我们进行这项工作的有趣之处。

霍俊明：我非常看重我们之间的这次对话。关于《尴尬的一代——中国70后先锋诗歌》从目前看来可能在一些方面存在着一些问题和缺憾，但正如你所说这本书因为带有"第一次"的性质，所以我也格外珍视这本书的写作过程。从2006年冬天在内蒙古的额尔古纳订下写作计划到此后三年时间的践行,我都感受到写作和阅读的巨大快乐和痛苦。这本书给很多读者包括评论家的印象是这本书除了断代史意义上的建构和理性的学理分析和阐释之外,让人印象深刻的是其中大开大阖的酣畅淋漓的散文化的、"激情"化的言说方式。据说有一个70后女性诗人是用一个晚上读完这本书的,当时她正发着高烧,可她后来说拿起这本书之后就不想再放下了,她觉得书中燃烧的情绪让她体会到久违的文学批评的热度和体温,同时也因为一代人的共同情感、体验甚至是写作生活让她重新在往日和现实中获得了感动。我感谢人们对我这本不成熟的书的关注甚至是肯定,我也深知这本书因为带有了"第一次"的性质自身不可避免的缺憾和问题。尽管这本书罗列的643位70后诗人的名录,但是我在近半年来翻看杂志的时候仍然看到了一些自己所陌生的但是诗歌写作确实不错的同时代的诗人,可能他们的写作时间较短,在刊物上"谋面"的机会不多,这也是我不小的遗憾。当然也有一些同为70后的诗人为未能进入这本书而对我心存不满。这就是文学批评的矛盾与尴尬,而历史叙事总会呈现出一些人,也会同时因减法规则"湮没"一些人。实际上,我写作本书的目的是让那些正在坚持诗歌写作的70后一代人对自己的生存背景、历史记忆、写作状况和精神图景有一个初步的整体性的认识,能够更为清醒地认识到一代人包括每个个体写作的特点和差异,能够让这一代人在纷繁的时代不仅能够坚持写作,而且能够拿出成色够好的文本给读者甚至留给将来的历史。至于这本书自身的不足我想今后的相关研究会很好的弥补它。

杨庆祥:我还是从你这本书的几个关键词谈起吧。首先自然是"70后"这个核心概念,一般来说文学史上对代际的认定是非常严格的,比如必须有稳定的创作队伍、有独特的审美理念、有重要的经典(经典作家和经典作品)。埃斯卡皮认为一个站得住脚的作家应该在去世20年以后还没有被遗忘,这是一种时间上的限定了。在你的著作中,很显然你都注意到了这些问题并进行了大量的界定,我比较感兴趣的是,在对这个概念进行界定的时候,你最不放心、最没有底气的是哪一方面?这个问题其实也可以换一种说法，就是你觉得 70 后作为一个文学流派（思潮、现象、群体等等说法），它最容易被人"证伪"、最禁不起推敲的地方在哪里？

霍俊明：关于代际概念和相关的文学研究和文学史叙事，甚至已经成了中国 20 世纪 80 年代以来最为显豁的诗学话语方式，关于代际命名的合理性和非合理性，我想包括韦勒克、沃伦、埃斯卡皮、刘晓枫、刘再复等人都有非常精彩然而又各执一词的阐释。实际上，包括"70 后"在内的代际概念甚至是作为一个诗歌群体甚至诗歌流派，都不能不呈现出巨大的悖论和文学批评界自身命名的乏力和面对着纷繁的诗歌写作现象和现场的无以置喙之感。我曾经在最近一期的《星星》诗刊上有一篇关于诗歌命名和代际概念的文章《"朦胧诗"之后：错乱的诗歌史命名》。从"朦胧诗"这个意味深长的带有强烈的历史问题的诗学概念起，此后中国诗歌界的批评与命名就陷入到极大的错乱甚至是无力之中。我粗略估算了一下，批评家和文学史家给 1978 年以来的中国诗歌写作命名了不下 60 个诗歌概念，而今天看来它们大体都是短视、短命和失效的。而"朦胧诗"之后的第三代、新生代、第四代、中生代、70 后、中间代、新世代、晚生代、"85 一代"、80 后、90 后甚至"00 后"都呈现了研究者们投机取巧的平庸和无奈。实际上，我在写作《尴尬的一代》这本书的时候也长时期处于困惑之中，以什么视角和方法来呈现一个代际概念和相应的写作事实一直在困惑着我。甚至我们一直都听到有些诗人和批评家对代际研究的不屑一顾。我想更为值得反思和研究的问题是，为什么代际研究就不能具有自己的合理性和文学研究价值呢？我想人们对"70 后"和我这本书存在的一个争议就是，认为 70 后如此庞大的一个诗歌群体他们的写作之间的差异是明显的，如果光以一个时间性的代际概念来整合和分析肯定会有不小的问题。但是我想人们可能忽略了我这本书的副标题"中国 70 后先锋诗歌"。之所以如此，我正是在回应人们必然会引起争议的这个问题，我在书中对"70 后先锋诗歌"有一个特殊的界定，而这就与泛泛的更为庞大也更为庞杂的"70 后诗歌"群体有了差异和比照。换言之，在我看来一些很早就进入了 70 后的相关诗歌选本甚至在诗文学刊物上频频露面的诗人因为他们的诗歌不具备"先锋"的性质而被我搁置。实际上"70后"无论是从早期的带有明显的抢占和焦虑性质的文学登场,还是作为一个代际概念甚至是像黄礼孩早年所称的一个诗歌流派确实带有着两重性。因为代际概念强调的是同一性,但是事实上我们无论是面对当年的"第三代"还是今天的"70后"和"80后"他们的个体写作的事实是明显地带有不可辩驳的差异性的。这就会引起人们"证伪"的冲动,既然写作存在差异那么笼括性的取消差异的代际命名和话语方式很明显带有不攻自破的矛盾性和自我否定性。这种长期以来对代际命名和评论的"证伪"不可否认肯定有它自身的合理性,但是我想我在《尴尬的一代》中所能做的一点就是要强调代际命名的不可证伪性和自身的合理性。在这本书里,我能做的并不是大而无当的整体性、归纳性的诗学报告,而更多是一代人犹如胎记的历史境遇和思想印痕。尽管我在这本关于70后先锋诗歌的系统论述会中会反复强调每一个诗人不可规约的写作个性和各自不同的写作方向,但是作为一代人,一些共性的关键词还是在我个人的思考中以强烈的历史性作为思想史而不单单是诗歌史最终袒露了出来。就70后诗歌而言无论是男性诗人还是女性诗人,无论是面对城市还是面对城乡结合部和乡村,是面对现实、历史、生存还是知识和经验都在写作个性之上呈现出了强烈的普遍性特征,比如焦虑、尴尬的两难、漂泊、外省、广场意识,对城市和乡村的双重态度以及个人化的历史想象力等都有着一代人的共性。换言之,这一代人在诗歌的语言、结构、技巧和想象力以及先锋的探索性上都是在一代人共有的经验和历史背景上展开的,正如我们所烂熟于心的那句话,向上的路和向下的路是一条路一样。基于此,这是我写作这本书的一个底座,在看到一代人丰富多样的充满了个性化言说方式的前提下,我更想看清的是一代人带有共同精神履历的历史面影和一代人不无尴尬的隐忧和灵魂。

杨庆祥:在你的著作中,与70后这个概念一样,"尴尬"也是一个核心的概念,而且实际上构成你整个论文的逻辑出发点,这可以说是一个创造。在我的理解中,你是把"尴尬"这个词放在一系列的二元对立的概念中来进行界定的,比如"乡村"和"城市","故乡"与"外省"、"个体"和"集体",在这种情况下,"尴尬"就是一种身份意识、审美观念上的不确定状态,一种犹豫和游离,那么我感兴趣的是,"尴尬"到底有没有一种自主性?它是否可以跳出那些"二元对立"的界定而自己生产出意义?并进而为70后的诗歌美学进行命名和概括?

霍俊明:我想我并没有将"尴尬"或为了突出"尴尬"性特征而有意设置二元对立的方式,我更想做到的是一种比照或互文性的呈现,无论是乡村还是城市、故乡和外省,我想包括我在内的一代人都是以相当复杂的视角来审视的,不是简单的肯定和否定。"尴尬"在我看来正是这一代夹缝中生存的显豁症候和身份烙印,但这并不是说"尴尬"也一同导致了诗歌写作和审美观念的游移和不确定状态,而是恰恰相反。这种"尴尬"作为一种自主性反而是在很大程度上强化了这一代人诗歌写作的理想,也是这一代人的现实和写作背景的直接显现。在70后这一代人不乏戏剧性的登场中,在理想主义、集体主义和实用主义、消费主义纠结的时代氛围中,我注意到了这些"红旗下的蛋"集体尴尬的面影和一颗颗永远追寻又似乎永远无所适从的灵魂。我发现在这一代人身上,普遍有一种对广场等宏大的集体或政治事务的疏离、不屑一顾甚至反拨,在这代人身上,革命、政治、运动的"广场"和"纪念碑"已经成为遥远的历史烟云,但是这股烟云作为潜意识里一种病灶,却时时刻刻在血液循环并发生着足以致癌的基础效应。无可辩白,70后一代人无论是在历史遭遇、生存经验乃至诗歌写作都呈现出显豁的"尴尬"特征。这种尴尬性给他们的诗歌文本带来了无比的丰富性和复杂性。

杨庆祥:你提到70后的时候,实际上也意识到了作为一个整体中的差异性,而且你一直在强调这一点,我觉得这是重要的,因为没有差异实际上也就没有整体,这两者是很辩证的。我觉得有意思的是,你把1976年作为70年代生人的重要关节点,为什么是1976年?或者说,你觉得1976年的历史意义和美学意义何在?仅仅是"文革"的终结吗?仅仅是阅读谱系的改变吗？你这么处理是不是有自己独特的经验？

霍俊明：70后诗人内部的生存体验、精神型构，外部的社会、历史、政治和文化背景尽管是大体一致的，但是70后的内部仍然充满甚至掺杂了两个甚至多个声部。分割这两个声部的年份大概是1976年，1976年明显属于加上着重号的一年，显然带有历史节点的性质。实际上，80后诗歌同样如此，不是有人将1985年作为这一代诗歌写作的分界线吗？在研究70后诗歌的过程中，我甚至有将1977年至1979年出生的人划入下一代人的冲动。因为在我看来同样是出生于70年代的诗人，稍后出生的一部分诗人，他们在作品中所陈述、表达的心理特征、文化、社会背景、写作精神却与稍前几年出生的诗人有着不可否认的一些差异和不同。在我看来，出生于1970至1976年间的诗人较之1977年后出生的诗人显然要更为复杂也更为沉重，历史无意识的呈现更为突出。在他们身上具有一定的"60"年代出生诗人的理想主义的冲动和红色历史的集体情结。这主要是因为"文革"后期社会的、政治的、文学的、教育等强大的带有宏大的集体主义色彩的影响甚至是负面伤害都相当有力地在70后一代的生活、思想和写作上留下了永远难以消泯的时代符码和沉痛印记，而这种时代符码和印记更像是纪念碑在广场上投下的巨大阴影。尽管由于年龄的原因对于"文革"不可能有多少感同身受、刻骨铭心的像第三代诗人那样的记忆，但是不可否认的是，"文革"语境对于这些70年代初、中期出生的诗人而言，同样是不可忽视的重要因素。因为在此后这代人的童年、少年和青年时代，这种影响的遗传因子时不时甚至相当强烈地呈现出来，无论是在生活、学习还是在写作当中无不如此。换言之，1976年之前的一代人承继了前时代的社会主义的理想主义、英雄主义和集体主义教育，所以这代诗人的写作照之第三代诗人、中间代诗人和80后诗人而言，都显得那么不够纯粹，照之此前要么政治、运动到底，照之此后要么娱乐至死、要么时尚前卫的精神，总是令70后诗人欲言又止、遮遮掩掩，来不得全面的皈依、解放或是放纵，而是始终处于一种尴尬状态。基于此，70后一代诗人，尤其是1976年之前出生的诗人不能不处于政治话语和革命理想主义教育的巨大影响之下。广场上狂欢的巨浪、亢奋而盲目的激情,翻卷不息的手的海浪和绿色军装、红色旗帜的波涛,理想主义和革命浪漫主义的铺天盖地的豪言壮志注定没有随着1976年的结束而结束,而是成为一种习惯性的记忆与胎记。尽管可能这种红色的记忆随着年龄和阅历的增长已经遭到了他们的质疑甚至一定程度的颠覆。所以无论如何70后诗人集体主义特征的成长背景已经成为永远不能抹掉的"虚幻之门"。政治狂欢的年代结束了,集体主义的农场和村庄消失了,疯狂奔跑的红色卡车瘫痪了,然而这些都一起作为70后一代人的整体性胎记都如冰冷的黑夜里的那只幽灵一般的"红色田鼠"钻进了血管、融入了血液。不管你在生存的路上是迎合还是拒绝,政治年代的晚照和集体教义的时代阴影都牢牢地印刻在你的灵魂深处和生活的细节当中,而这一切在此后商业社会中不能不以最为尴尬的状态呈现出来。70后尤其是1976年之前出生的一代人是名符其实的"红旗下的蛋"。

杨庆祥:我还想和你讨论诗歌史写作的一些问题。我记得你的博士学位论文研究的是新诗史写作的问题,你对新中国成立以来中国新诗史的写作进行了非常仔细的学理化的梳理,并提炼出了一些不同的写作范式。在我看来,你的这本著作似乎和你以前归纳出来的那些范式都不太一样,既不是非常随性的,即兴式、印象式的点击和鉴赏,也不是非常严格的学术化的考量,而是介于这两者之间的一种状态:既有资料的收集整理,也有诗人诗作的分析批评,亦有对文学史的周边,包括历史语境、生产机制和文学场的分析概括。这种杂糅式的写作方式形成了一个"复调"意义的文本。我不知道你是否对你的这种写作方式有一种自觉的考虑?为什么会采用这种方式?

霍俊明:我曾一次又一次想到了马尔科姆·考利和他为同代人和自己所撰写的影响深远的《流放者归来——二十年代的文学流浪生涯》。而考利所做的正是为自己一代人的流浪生活和文学历史刻写的带有真切现场感和原生态性质的历史见证。我想我应该做的也是一个类似的工作。

那纵横交错的原野和地层下的河流与岩层正是我所要勘测和挖掘的,尽管这种勘测和挖掘只是初步的。《尴尬的一代》确实是我有意为之的一部带有个人性的断代诗歌史写作的尝试,但是它的整合方式、历史构架尤其是叙事方式明显与我们所熟悉的"有中国特色"的文学史写作有着很大的区别。我更想写出的是一部不仅有着历史框架和脉络,而且更想写出"有血有肉"的见证和细节式的新诗史。我们的文学史写作很长时期内成为集体性的一哄而上的配合各种教材和教学科研任务的相当浮躁、粗糙、浮光掠影的文本,这些文学史除了在不同时期和板块中填入诗人、作品和简单的评价之外没有任何的意义,甚至这些集约化的历史呈现在很大程度上遮蔽了历史的原貌,尽管我们并不能完全的呈现和复原历史。我曾长时间沉浸于勃兰兑斯在《十九世纪文学主流》中大量的、华采的、美轮美奂的散文诗般的带有修辞性和想象性的散漫的文学史书写体式。这也引发了我关于文学史写作模式的本体性思考,例如体例、叙述语言、结构方式等相关问题的思考。对于文学史写作,文学史家长期以来将其看得相当神圣而严肃,认为这是一种特殊的体式严谨、书写规范的与历史联系紧密的"求真意志"的客观再现式的写作。然而文学的历史真实或原貌是否一定按照文学史家所设计的体系性和体例在写作中依次显现?答案显然不是。而当后设史学将历史著作仅仅视为一种由书写者写出的文本,不可避免地带有主观性、修辞性和想象性时,我们看待文学史写作也就不必定于"常识"。当文学史的写作被我们看成是一种普通的文本操作时,我们就有可能看到文学史的书写本来就不必拘于格套而应是具有个性丰富多彩的。翻开几百部现当代文学史,"复写"的痕迹仍相当明显,尽管著者有别但叙述方式、基本结构雷同,资料重复、评述相仿,结论也相差无几,它们最终呈现的文学史状貌也多大同小异。作为"70后"的同代人和诗歌的见证者和参与者,我更想在文学史叙事中强调现场感和鲜活的资料的呈现。所以我想当年曹聚仁的《文坛五十年》并非一般意义上的个人回忆录,而是以"史人"和见证人的身份叙述所经年代的文坛景象。《文坛五十年》由于是当事人色彩的见证叙述,就与一般意义上的文学史家隔着遥远的年代仰视或俯视文坛的视角不同,而是采取了一种平视的姿态。而这种姿态使得曹聚仁笔下的文坛更为真切、平和甚至有些"闲话"色彩，没有一般文学史写作中的强烈的经典化和贬抑化的倾向。《文坛五十年》所叙述的历史对于当代人而言已经模糊遥远，但是曹聚仁带给我们的叙述却使我们相当真切地透过历史纷乱的烟云看到了一段文坛历史的鲜活细节和本真纹理，遥远纷繁的历史仿佛就在昨日刚刚发生。这不能不与曹聚仁作为见证人所不可取代的独特视角和真切体验有关。所以我更喜欢《左边——毛泽东时代的抒情诗人》、《旁观者》、《持灯的使者》、《沉沦的圣殿》等这些带有个人性、现场感和见证色彩的"另类"的历史叙事。这些带有见证色彩并提供大量新诗史细节的新诗史著作显然作为一种个人化的述史方式参与到新诗史的构建。由于多为当事人的回忆和评说，所以在文体上更接近于随笔和回忆录，且因为明显的个人好恶和价值取向而引起关注甚至争议。当然如果以目前传统的对文学史著作的认识，这些是很难归入到文学史写作（"大历史"）当中去的，但这些带有见证色彩的边缘化的新诗史叙述看作新诗史也自有其道理。这些细节新诗史的写作者基本都具有当事人的亲历者身份，对于各自的那段新诗发展历史也较为熟悉，他们提供了很多一般新诗史写作和研究中没有提及的重要历史细节和相关资料。而这些新诗史著作由于与教科书和正统新诗史写作大有差异，所以它们的面目都呈现出了日常的、芜杂的、丰富的、散漫的、质感的、细节的、鲜活的、生动的、跟踪式的特征，历史的复杂性和偶然性得以凸显。这些另一类的或边缘的新诗史叙述，大都是由对当事人的访谈以及回忆文章组成，更像是回忆性随笔的结集或资料汇编。但是由于书写者都有着相当强烈的文学史意识，并且一定程度上修复了被以往的文学史遮蔽和遗漏的历史真实和一些细节，而成为带有边缘化性质的新诗史写作模式。这些细节新诗史尤为强调历史细节和见证者知冷知热的贴心式的呈现，从而使叙述带有真实的现场感和清晰可辨的细节化，这是一般意义上的新诗史所不可能做到的。这些感性而生动的文字颠覆了以往历史叙述的条分缕析、体大虑周的叙述格局。这种开放的充满张力的冲突可感的文本，让读者看到了历史的另一侧面，对被历史叙述中减法原则所遗漏部分的强调和重视。所以我想提供的也应该是一本见证式的"另类"的历史叙事。

杨庆祥：这几年我渐渐对文学史和文学批评充满了怀疑，一来是怀疑批评究竟与写作能否发生有效的关系，二是怀疑现有的文学史写作是否能够建构出一个更具有历史感和意义感的文学史谱系。对当代文学史来说这个问题尤其严重，甚至一度有当代文学究竟能否写史的争论。当代写史有当代的有利之处，比如它的现场感和及时性，但也有不利之处，那就是在价值判断上往往容易受到自己以及社会环境的局限，不一定很准确。你的这本专著写的是最当下的文学现象，估计也一定受到上述问题的困扰。我在读你的这本专著的时候，一个很深的印象就是你投入了非常多的个人的感情，有一种强烈的认同感和自我建构的动机，这是无可厚非的，为一代人命名肯定要采取一些比较激烈的方式，但是从另外一个方面来考虑的话，如果你在写作的时候能够再拉开一些距离，把自我的历史同样放入一个对象化的位置来进行反思、重组和再读，效果是不是会更好一些？是不是就更具有"史"的价值？

霍俊明：我想"当代"写史和写作"当代史"永远都会因为时间性的问题和写作者的姿态成为聚讼纷纭的话题。新诗史写作由于都是"当代人"对前此或当下的文学史现象进行叙述，那么时间问题就是任何文学史家都难以回避的。法国文学社会学家埃斯卡皮根据美国心理学家莱曼的调查认为，由"历史记忆"（文学史，百科全书，教科书，学术论文等）所记住的作家，大概只占发表作品的人的百分之一；而"当代"（近30年左右）与过去的作家被记住的比例则大抵是一比一。因此文学史叙述的现象越靠近文学史家所生活的年代，就越有可能成为一大篇作家作品的目录。这无疑给"当代"写史提出了挑战。但是回溯文学史写作历程我们就会发现这样一个事实，随着新诗的草创和发展，带有见证者色彩的批评性质的当代人写作的"当代"新诗史写作与研究也一直与之相伴而行，如闻野鹤的《白话诗研究》（1925年）、胡怀琛的《新诗概说》、朱自清的《中国新文学研究纲要》的第四章《诗》（1929年）、草川未雨（张秀中）

的《中国新诗坛的昨日今日和明日》（1929年）等。值得强调的是，写作当代史不是一个简单的时间上"宜"与"不宜"的问题，而是史家是否具有一种对文学现象进行历史观照和情感上、精神上的优势，也即他是否具备对历史进行合理审视的能力。所以即使是对一般意义上的文学史家或对于已经成为过去的历史的后设性叙述，也同样会遭受质疑。研究者通常是以当下的立场和现在所遵循的文艺或史学观念来返观历史，这些观念在现代性话语系统中自有其合理性。文学史的写作实际上是"历史"与"现时"之间相互往返的过程，既要回到历史情境中去，又要从现实出发予以对历史的理解。实际上，在写作《尴尬的一代》的时候我也确实准备了两套叙述话语，一个就是尽量客观的、中性的、审视的甚至是旁白式的写作方式；另一个就是目前所呈现的带有明显的个人化、散文化、情绪化的介入式的写作方式。但最终我放弃了前者，因为人们普遍认为前者的历史叙事会更客观也更符合读者对历史叙述的阅读习惯，但是我们司空见惯了那么多的貌似客观的文学史叙事，但是它们真的是客观和真实的吗？我想作为"当代人"写作正在进行的文学史现象，审视和积淀历史的时间肯定是一个问题，因为我们深处现场和当下的涡旋之中，很多现象和文本我们个人的认识肯定会有诸多缺陷甚至偏见，但是我想这些悖论性的问题正是写作当代史的"宿命"性伦理。在我看来，既然当代人呈现当代史都很难说服当下的读者和研究者，很难不带个人情感的"意气用事"，很难做到所谓的冷静和客观，那么我们就没有必要用那种刻板的、僵化的、线性的毫无生机和生命感的干瘪说教式的写作方式，不如选用个人化的、情绪化的、散淡化的方式来呈现后来者所不能具备的现场感和介入式的体验。当然并不是说在现场和交往、介入中进行文学史叙事就不具备历史感。恰恰在我看来，历史感应该是当代人写当代史必须具备的前提条件，而这种历史感的具备甚至一定程度的完善再加之鲜活的现场感和见证者式的大量第一手材料，更会以个性和多元化的方式呈现出历史的原生状态，也可能会更为传神的在某一个方面更为深入地呈现历史，哪怕这可能只是历史原野上的一个小小的地貌。

杨庆祥：最后我想说的是，以我有限的阅读经验来看，70后先锋诗歌（如果这个概念能够在文学史上立足的话）存在两个问题，第一是作为一个整体缺乏意识形态的自觉，其二是作为个体还缺乏更"强力"的诗人，当然这些都不是一朝一夕就可以完成的任务，也有的"世代"根本就完成不了这个任务，然后就被历史"屏蔽"了，这是历史上常见的事情。当然这不是70后存在的问题，80后的诗人，还有即将登场的90后，都必须面对这个问题（顺便说一句，你似乎对80后有点偏见，这个偏见就像50后、60后对70后的偏见一样，我觉得都是没有必要的）。我想你也一定对这个问题有深入的思考，并一定会在将来的研究和写作中对此进行更有力的开掘。

霍俊明：时间是伟大的，写作有时候不能不是脆弱的。只有"坚硬"的诗歌和"强力"的诗人才能够扛住这个严峻的考验。我曾将70后一代人正在进行的诗歌写作比喻为一座生长着各种树木的森林，它们各自奇异的姿态一起呈现出这座森林的影像，在这隐现的森林中，我在不同的树身上感受和觉察到一些共同的姿势和声响。在森林蜿蜒的小路上，我发现了落叶，发现了根须，也发现了新蕊；我发现了日益茁壮的物种，也发现了日渐萎缩的躯干。确实，每一个时代的诗歌写作都要经受时间的筛选和历史的减法规则，曾经在各种报刊媒体上显豁的诗人最终昙花一现，也有默默坚持修成正果的"强力"诗人。在对70后一代人诗歌的大量文本细读之后，我想无愧地说70后一代人的诗歌写作不会比任何一个时代差，相反我会相信注定在这代人中间会默默走出几个高大的诗人，虽然和任何一代人一样，可能是极少数的几个；不但如此，他们，她们，还最终会站在时间档案的某个重要的位置实现自我的历史陈述。实际上，我写作《尴尬的一代》的目的也正是要让这一代人正视自己的诗歌写作，能够在持续和坚忍中把诗歌写作作为一种信仰，因为包括70后在内为数众多的诗人将诗歌看成了名利场上的敲门砖，诗歌作为个人乌托邦似乎已经成为后工业时代齿轮和商业吧台上抬高的大腿们所不屑的"过时"的举动。但我们知道这种信仰对于诗人的写作意味着什么。实际上，你说我对"80

后"和"90后"可能存在着一些偏见,由于代际上的原因我可能曾经会认为这两代人从物理年龄和写作年龄上较短尚需时间的锤炼,但是随着时间的推移和对这些诗人的文本阅读的理解,我越来越对他们的写作刮目相看,因为他们的写作照之"70后"可能更为自足、更为纯粹,甚至在语言和想象力上他们更为出色。当然这两代人的写作也有自身的问题。我希望,作为一个诗歌阅读者和批评者我尽量减轻的我的盲视。最后谢谢庆祥,占用你这么宝贵的时间,冬天的这次谈话我们无比贴心。谢谢!

第四辑

模糊的"当下"
与"新世纪"面孔

诗歌批评的伦理生态与"病态"机制

面对这新世纪以来看似自由、多元、开放和繁荣的诗歌写作和诗歌批评，我想起圣经里的一段话——"已过的世代，无人纪念；将来的世代，后来的人也不纪念"。而当我试图来追念这正在持续的"当代史"和诗歌批评的景观，我不能不指出尤其是新世纪以来愈益繁复甚至"杂花生树"的诗歌语境中诗歌批评生态的伦理性症候以及难以规避的批评话语的"新世纪"特色的"病态"机制。当然这并非意味着"新世纪"以来的诗歌批评已经无可救药，而是想强调当下的诗歌批评确实出现了显豁的诗学问题甚至难题。

一

2000年以来，诗歌写作和诗歌批评生态都发生了不小的变化，比如新媒体力量尤其是网络、博客、微博作为一种"自由性"话语方式的崛起，全球化、城市化和去地方化的浪潮以及新移民运动的到来。我们看到一个不争的事实：十多年来的诗歌批评因为显豁的被主流媒体和诗歌美学"征用"以及被娱乐时代和膨胀的个人欲望"消费"的主导精神特征而病灶频生。新世纪十年业已结束，在这一不长不短的时间段内中国的汉语写作生态尽管整体发展态势还是良好的，但是也毋庸置疑，无论是在诗歌写作还是诗歌批评倾向上都存在着一些问题，甚至其中有些问题由于其影响和受众的广泛加之不断褊狭化的过度阐释必须予以纠正。有些诗歌批评不仅视野远离了繁复的诗歌现场，而且即使是对现场予以关注和发言也大多是隔靴搔痒的短视与漠视。再有就是批评文章和批评者之间尽管时时显现出圈子式的集结和吹捧,但是基本上批评文章和批评家之间已经很少互通有无,往往是自说自话,所以这一时期以来真正的有意义的诗学争鸣和论争并未出现。而这在笔者看来显然是不正常的现象,因为新世纪以来中国的诗歌写作无论是在生产、传播和接受方式甚至是诗歌精神以及文化场域、社会型构上都与此前的诗歌有着明显的分野与差异,这都亟须批评者予以及时的观照、总结和反思。同时这一时期的诗歌写作在看似自由、多元的写作路径上仍然难以摆脱国家话语、主流意识形态诗歌话语的社会学导向以及诗歌伦理学的规范,比如新乡土(新农村)、打工、底层写作等等。这种大面积涌现的伦理化写作,不仅使得"写作伦理"这个老生常谈的问题被重新抬上日程,而且更为引人注目的还在于"伦理批评"的出场与流行。

新世纪以来的诗歌写作由于网络、博客和微博等新传播媒介的迅速发展,无论是在写作姿态还是在传播方式上都出现了宽广的空间和多元化趋向,而这一时期的诗歌批评同多变的诗歌写作之间出现了巨大的缝隙甚至分裂。我们都相当乐观地指认,我们现在已经进入到一个空前自由的阅读、写作、"发表"的时代,有了博客,有了微博,我们进入到"自媒体"的"云"时代,一切仿佛都开放了。我却觉得事实并非如此,我们的批评在今天仍然是不自由和不自知的。今天,无论是写作和阅读,还是评论作品,仍然有很多的限制,换言之,我们还不能在完全意义上自由地发表自己的看法。这些个人看法很多时候只能在圈子聚会和酒桌上悄悄完成。显然,如果批评只有一个频道的声音,如果我们连自由说话的权利都没有还谈什么批评?当下的诗歌批评已经遭受到很多挑战,这种挑战一部分来自所谓的"自媒体"对诗歌写作和阅读的激荡性影响。换言之,当下的批评家的身份已经和1980年代甚至1990年代发生很大的差异,很多的写作者已经不再将批评作为一种认定和检验自身写作的一门可靠甚至权威的学问。说到"自媒体"和全媒体时代的诗歌批评的伦理,还有一个关涉"诗歌选本"批评的问题。而我认为"诗歌选本"批评在当下语境几乎已经成为不可能。每当年终结束的时候就会有各种各样的诗歌选本登陆各大书市和排行榜,仅诗歌选本就有十几本之多。而这些诗歌选本之间的差异是非常明显的，那么相关的是诗歌的选定标准是什么，选出来的诗是否真的能代表"年度最佳"？面对网络博客等新媒体上不可计数的海量诗歌文本以及各个民间诗刊我们该如何进行阅读、筛选和评定？作为个人的批评有没有可能对当下的诗歌写作发出有效和可靠的声音？有了博客以后，在短短的 3 年之内我看过陌生的"诗人"名字不下三百多个，而且他们频频出现于各个纸质媒体，这对我们的阅读无疑是很大的挑战。而随着"微博控"和媒体"直播"时代的到来，两亿多的微博用户（并且这个数字还在不断激增）在用这个新平台写作、发表和传播。而作为传统意义上的诗歌批评，我们该何以置喙？而同时更为值得注意的是，网络等新媒体批评力量的出现也一定程度上在引导着当代诗歌批评的伦理和方向，而这些看似具有个人和"民间"、"民粹"性的批评话语也已经形成了一种新的机制。而其中良莠混杂、各种话语力量的胶着是需要有良知的批评者予以认真关注和反思的。时下的诗歌写作和批评生态随着新媒体力量的崛起以及全媒时代的到来其开放性、繁复性、娱乐性和无序性似乎已经达到了空前阶段。甚至我们可以作出这样一个大胆的评价，当下的诗歌写作已经进入了全民写作的"跃进"时代、无序时代和传统诗歌批评话语的"失范"年代。任何个体都可以借住网络等新媒体进行"写作"和"批评"，阅读和写作群体在网络这个虚拟的公共空间中进行审美的日常化和日常生活的审美化，但是这种媒介批评的话语方式显然问题重重。与网络和链接、点击尤其是与快速功利性的阅读和消费心理紧密联系甚至胶着在一起的诗歌批评成了全媒时代取悦受众的"读图"、"读屏"法则的参与者甚至是某种程度上的"共谋者"。这种愈益流行的诗歌批评话语甚至已经成为一种"隐性"的诗歌政治。电子阅读成了诗歌时尚，这是全媒时代的消费法则、娱乐精神和市场文化的必然趋向。越来越自由的个人化、电子化、及时性、选择性的阅读使得诗歌批评远远落后于写作的状态不仅依然存在而且愈演愈烈。诗歌批评由于远离了现场而重新成为一种"不及物"的失效的话语方式。作为个体的批评家已经无力对这些博客、微博的电子化、激增化的文本进行全面的甄别、臧否和分析，这使得诗歌批评不得不再次远离了现场，这也使得传统的诗歌批评话语方式的式微。这不能不是全媒时代的一种诗学的悖论。新媒体的出现使得我们能够有机会和更广阔的空间更为及时的回到或追近到诗歌现场，但是当新媒体发展到一定的程度和阶段（比如当下的博客、微博）却反而使得我们远离了现场。而相悖论的是我们在博客和微博中看到了大量的时评和短评，我们在各大纸质传媒和作家专栏上也能够看到那些"与时俱进"的"时尚体"的诗歌批评，但是这些批评因为过于限囿于诗歌现象而成为浮于表象的快餐式阅读。我们是否真的进入了"神马"诗歌批评都成了"浮云"的时代？正是这种妄谈诗歌的集体欣快症状使得诗歌批评已经失去了公信力和"权威"。在传统的纸媒时代或者说在 1990 年代末期以前，上到国家级下至市县级的诗歌刊物和那些与此密切关联的诗歌批评者们显然获得了不言自明的"权力"和"威信"，成了给一个个作家和文本加盖检验证明的公信机关。但是随着网络尤其是博客成为最为普遍、自由、迅捷也最为重要的诗歌生产和传播的重要媒介，博客时代的诗歌写作甚至成了新世纪以来最为激动人心的诗歌现象。无论是已经成名立万的，还是几乎还没有在正式纸刊上发表诗作的青涩写手和纯业余"选手"都可以在博客上一展身手。博客似乎为"个人"的自由尤其是写作的"个体主体性"提供了前所未有的广阔前景。博客之间的"互文性"关系尤其是省略了以前纸质传媒时代传统意义上的诗歌投稿、发表、编辑、修改、审查和批判的繁冗环节和周期更使得写作、传播和阅读、接受都显得过于"容易"和"自由"，发表欲望和评论欲望的膨胀已经到了极限。网络和博客的话语场域无形中起到了祛除诗歌批评的精英化和知识分子化的作用。庞大的数字化、类型化、复制化、快捷化、消费化的"便当"式的诗歌文本在给阅读和批评制造了眩晕和障碍的同时，也对批评家的认识、话语方式、美学趣味以及评骘尺度和批评范式提出了不无严峻的挑战。全媒时代的任何阅读者都能够对任何一个文本发表自己的看法，任何一个阅读者都能够利用屏幕和鼠标在最大限度上拥有自己对诗歌的发言权和评判权。甚至"梨花体"、"羊羔体"、"非诚勿扰体"的流行都是来自于新媒体的"民间"批评。媒介批评话语的优势是"短平快"，对文本和现象的反应速度快，易于引起反响，但是媒介批评的反讽、搞笑、颠覆、娱乐和"不负责任"的批判甚至谩骂显然不是正常的诗歌批评话语方式。这种话语方式往往是发挥了诗歌之外的某种功能（社会的、娱乐的、新闻的、噱头的），而没有真正讨论诗歌的本体和诗学问题。而如果一般意义上的诗歌批评受此"新潮"话语方式的影响其后果是可想而知的。传统意义上的诗歌批评在一定程度上被捆绑在了全媒时代的手术台或者展览台上。传统范式的诗歌批评更多的是知识的炫耀、套用以及自说自话，再加之这种批评已经被大学机制、课题项目和职称薪级限制或豢养，其话语的真实性、有效性已经大打折扣。在全媒时代的失范的"黑匣子"打开之后，我们同时看到了媒介批评和传统诗歌批评的双重问题和缺陷，大吵大闹和自以为是使得它们各自走向了极端。"共谋"、共生的这两种批评话语都在很大程度上远离了真正的诗歌批评，批评者的立场、情怀、操守和担当已经无从谈起。那么那些常年浸淫于纸质媒体且曾长期获得了诗歌生态赠与的"权力"甚至"权威"的公信度和光环的批评者们在全媒时代能够比那些并不"专业"和"学院"的诗歌阅读和批评者们多什么优势呢？显然更多地寄居于网络、博客的诗歌写作者们能够在相当短的时间内积聚自己的圈子和利益伙伴，他们的任何观念、活动和想法都能够在新媒体力量的帮助下在极短的时间内实现；任何人都能够在论坛和博客上发表关于编选某某年度作品选、某某诗歌大展和某某国际诗歌大奖的通知；任何一个人都能够在网络上发布他所撰写的任何文章，甚至不乏"来路不明"者所写的诗歌史。那么传统意义上批评者们扪心自问，全媒时代还需要一般意义上的诗歌批评吗？或者说批评者的身份、位置和作用以及"公信度"发生了什么样的变化？如果继续维持曾经的批评家们的"荣光"和"权威"我们该如何做？有没有出路？这显然是当下的诗歌批评所必须面对的难题和困惑。

然而我们看到在新世纪的"曙光"和诗歌进化论的神话故事里，对十年来的诗歌写作以及批评抱有乐观态度和立场的人并不在少数。当我们对新世纪的诗歌批评所出现的问题予以提出和分析的时候，当我们在题材神话重建、诗歌批评的本质主义倾向不断强化以及诗歌批评的时代伦理、社会学倾向予以显豁的时候，我们可以确认，当前的诗歌批评不是走在越来越广阔的道路上,而是成了旋转木马上的眩和沉溺的可怕的"蒙面者"。无论是作为批评者还是作为个人来说有一种宿命,作为中国人来说更是避免不了。我们说批评家有"今日的",也就有"昨日"的。"80后"以及马上浮出水面的"90后"批评家估计过不了三五年就会使"60后"和"70后"批评家们不得不成为"昨天"的批评家了。这是一种必然,也说明了一个悖论——诗歌批评是一门衰老得最快的学问。这也同时说明一个问题,作家可能不会"老"去,但是批评家很快就会沦落。而更为可怕的还在于,中国的诗歌批评生态在不断的恶性循环而又不自知的境遇下制造了大量的面对诗坛和"诗歌史"无力的失语者,中国已经进入了一个妄谈美学的暧昧时代。换言之,更多的诗歌批评所扮演的角色是从古今中外的各种名目纷繁的诗学概念出发圈定自己的领地,再加之中国文坛的圈子和山头的江湖气的排队占座的习气,诗歌批评在更多的时候成了个某种利益的美学借口。面对着同样的一个作家和一部作品,不同的批评者却会产生大相径庭的阅读和阐释。正是这种妄谈美学的集体症状使得诗歌批评已经失去了公信力,诗歌批评成了愈发可疑的行为。在政治年代这些面孔充当的是义正言辞的旗手和号角,在拨乱反正的年代这些面孔又扮演着道德审判者和历史的受害者,而在21世纪的后工业时代,这些面孔又沦落欲望和金钱的风尘,成了官僚、商人的抬轿者和令人肉麻的吹鼓手和"红包"写作。这也涉及一个重要的批评伦理问题。

说到批评的伦理甚至当下正在讨论的批评制度,我想说三件事,这在今天的诗歌批评语境中是具有寓言性质的。第一个要说的是一位权威批评家的一句话。在前不久的两次会议上我最为钦佩的某最著名的批评家说了一句话,我个人很不认同。他说中国的诗歌从1990年开始之后的20年读5首诗就足够了。我不知道他所讲的这5首诗是什么样的诗,这是虚无的拒绝和保守主义的诗歌批评观念作祟。这也一定程度上代表了当下诗歌批评中一些"老牌"的受到推崇的"学院派"批评家的声音。第二个要说的是我刚刚看了一篇关于女性诗歌的批评文章,我读的时候却感到非常奇怪,这让我立刻想到另外一篇文章。当我翻开1986年的一本期刊,发现作者竟然是同一个人。这两篇文章语调、格局,包括所有的观点都是一样的,只是换了几个诗人的名字,这也反映出一个批评的伦理——自我复制、批评惰性甚至学术作假和剽窃。第三个要说的是在今年南开大学召开的中国现代诗歌语言的国际研讨会上我提了一个问题,也是针对批评机制和批评伦理的。针对当年诗歌界的盘峰论争,我追问的是,当年为什么出现了如此激烈甚至"你死我活"的诗学论争?而当年的"民间派"、"知识分子派"以及"中间派"有没有在时隔多年之后在写作和诗学观念上发生变化?如果发生了变化它的背景和动因又是什么?换言之,很多的诗歌批评都不是深入的、追问和探询的,而往往是看似"条分缕析"实则浮光掠影的浮泛批评。而这三个判断也反映出当下的诗歌批评确实仍然带有不可回避的惯性机制和新的问题。

二

而谈论当下诗歌批评的语境、生态、机制甚至是体制,我认为还是应该回到一些具体的问题上来讨论更合宜。在一些诗歌批评者看来,世纪之交尤其是新世纪以来中国的诗歌场与经济生活之间的关系是越来越密切,事实也确是如此。据此,这些批评者就强调在市场权力和 GDP 力量不断强大的社会语境之下,中国的社会阶层不断分化为贫困化的底层人群和中产阶级的日益壮大,而诗歌则在此过程中扮演了"前所未有的奇怪角色"。

值得注意的是,在新世纪以来逐渐流行起一种新的诗歌批评倾向,即重返"道德"和"伦理"的社会学批评话语。在社会分化的图景中,一些批评家的伦理道德感和阶层意识愈益强烈、膨胀甚至有以此为圭臬取代其他评判诗歌标准的倾向和企图,而"底层"的苦痛、眼泪和愤懑就成了这些批评者控诉经济和工业时代的最为妥切的依托,所以我们听到了这样的声音——"历史注定要让道德来背负沉重而充满悲情的债务,要让一些人的命运成为这诗意崛起的牺牲品","底层人的命运从来也没有像今天这样充满着辛酸和愤懑。谁会为他们代言,记下他们那无声的哭泣和凄凉的内心?"。这种诗歌批评倾向在剥夺了"日常生活审美"的个人经验和"现实"的多重路径之后无形中助长了"底层"的"题材神话"和诗歌创作不断偏激和褊狭的"伦理"化的美学趣味和倾向。而"中产阶级趣味"的提出，更是使得诗歌批评界和作家在"伦理"幻觉和阶层意识中制造了新一轮的批评话语的危机和失效。与此同时，社会的剧烈分层也导致诗歌写作和诗歌批评的伦理化倾向越来越明显。

众多倚重诗歌社会学观念的批评家太过于强调了诗歌的社会属性和作家的阶层身份，这是否印证了当年库切所说的在新批评之后没有任何一个学派还愿意处理诗歌自身？而科恩·布拉姆施奈特早在《德国的贵族和中产阶级》一文中就强调，一个人只有从其他资料而不是从纯粹的文学作品中获得有关某一社会结构的知识，才能发现某些社会形态及其性质在文学中的重现程度。过于强调诗歌自身的社会属性显然又是当代诗歌宏大叙事和社会学批评的翻版与旧调重弹。在需要提醒的不良的诗歌批评倾向中，尤其要注意的是"政治"和"意识形态"批评话语的重返文坛和二元对立诗学观念的重新确立所导致的诸如题材神话的重新"崛起"，诗歌写作和批评的伦理化的不断加重和偏颇。而这种"伦理化"的社会学批评话语的重新确立不能不与现代化进程中新移民运动背景下复杂的社会分层状况有关。早在 1925 年，毛泽东就在《中国社会各阶级的分析》中将中国社会成员区分为地主阶级、买办阶级、中产阶级、小资产阶级、半无产阶级、无产阶级和游民无产者等阶级。而事隔七十多年之后一位著名作家则又重新对中国社会阶层进行了划分，如当代资产者阶层、"买办"阶层、中产者阶层、知识分子、城市平民和贫农、农民和黑社会等。而暴力革命年代的"谁是我们的敌人？谁是我们的朋友？这个问题是革命的首要问题"似乎重新在中国诗歌的写作方向和批评立场中产生了不小的回响，一场诗学和社会学的争论重新燃起。

在"泛政治"化的时代语境之下，这些重返"政治"批评的批评者在文章中不断使用"底层"、"人民"、"现实"、"苦难"、"阶层"（阶级）这些关键词，不断激烈地使用"二元对立"、"分裂"、"对峙"、"分化"、"反抗"这些意识形态词语，从而在很大程度上造成了极大的正义感和道德化身的印象，也从而获得了文坛、批评家和媒体的道德同情和话语权力的支持。为数不少的批评家呈现出简单而廉价的二元对立的冲动与伦理机制的狂想,在农村与城市、底层与中产、历史与当下、赞美与救赎、挽留与拒绝中设置鸿沟和立场,而正是这种分裂和"排队"的姿态,使得以上的二元对立项之间的张力和复杂性在不断消弭中呈现出强硬的"本质主义"倾向。这也同时衍生出了一种"仇恨"诗学。这种缺乏还原的历史主义和田野作业式的诗歌话语方式却在新媒介和话语权力的掩护和支撑下获得了"道义感"。当年的哈贝马斯把"市民阶层"作为"公众领域"的中坚力量,而现在则由"底层"替换市民阶层而成为公众领域的主体,这也使得这一群体成了民间话语和国家主流话语的共同塑造的"想象共同体"。但是以当前的诗歌写作语境而言,当新世纪以来诗歌写作中的底层、民工、草根、弱势群体、农村、城乡结合部成为国家主流驱动和社会伦理共识的时候,当这些带有"社会问题"题材的写作成为新一轮的"主旋律"和"时尚"的时候,当这些题材甚至成为数量不在少数的作家谋得利益的手段的时候,这些带有强烈的社会性和公共性特征的写作潮流在我看来不能不是可疑的。值得注意的现象就是,"底层"在社会现实中的弱势却成就了创作和批评上的"主流"和"强势",成了时代的"最强音"。在社会学和伦理学的现实层面来考察"底层"在身份、处境尤其是经济和物质上的状况确是值得关注并且是有意义的,因为我们一直在痛恨为富不仁;但是在诗歌上考量"底层"写作就不是单纯的伦理和社会维度就能够解决的。实际上,现在的众多批评者和写作者忽视了"底层"自身的多层面性,尤其是"底层"在精神上的一些缺陷和天生的不足。我想我们已经在中国诗歌史上看到了现代化进程中农民尤其是经典的诗歌作品中"农民"、"大众"的除了优点和值得同情之外的灵魂上的沉疴和劣根性。而现在流行的一哄而上的"打工诗歌"、"底层写作"、"新农村写作"以及相应的倡导者和鼓吹者却几乎是同时在阶级血泪仇和痛苦甚至怒吼中将这一阶层和诗歌写作现象抬到了至高无上的道德伦理的"圣坛",从而能够俯视和指责其他阶层和其他类型的诗歌写作。诗歌不排斥道德伦理,但一旦当道德伦理取代其他甚至一切的时候就是可怕的。正是在这种无限强调"底层"和"道德"的立场上,这些批评者就要树立一个相对立的

"敌人",这就是目前非常流行的言论"中产阶级趣味"("中产阶级趣味"有时可以替换为"白领文化"、"中产阶级文化"),而在笔者看来,在诗歌领域这些批评者所制造的"中产趣味"是个伪问题,是一厢情愿、无中生有的"假想敌"和话语策略。实际上这也存在着合理性的一面,但是我们看到众多的论者和写作者都在强调的是"底层"的苦、泪、痛,看到了这些被压抑甚至压迫者值得同情的一面,但是这一群体的其他的方面就被完全搁置,这从而使得问题不断走向了单一的阶级维度和社会学窠臼,使得这种写作和相应的批评支撑都显得不够可靠。换言之,在这些批评者和写作者看来,"底层"不仅在经济和物质上值得同情而且他们的"思想""情感"都是高尚的、进步的、正确的、正义的。我们都知道"底层"在中国目前的现实情境中其构成是相当复杂的,而各类人群的观念不仅差异很大且其中存在很多落后的传统观念和思维模式甚至是错误的想法。然而这一复杂的"底层"构成和差异性、多层面的"精神资源"却不断在那些写作者、批评者和鼓吹者那里被"过滤"。这就产生了一些批评者完全以社会学、阶级(阶层)论和道德化身来取代诗歌批评的流行倾向,而他们所欢欣鼓舞的就是"疼痛"和"感人"的"道德良知"的诗歌越来越多了,"介入"和"担当"的具有社会责任感的诗歌越来越多了。而这些论者在此基础之上就以绝对正确的姿势对"非底层"诗歌写作展开了义不容辞的批判与攻讦。诗歌不排斥道德和伦理功能,但一旦当道德和伦理取代其他甚至一切功能的时候,诗歌生态不能不是可怕的,这最终只能在运动心理中走向非诗歌的可悲命运。作为"个人"的写作仍会延续下去,因为这个推土机和拆迁队无比疯狂的年代同样制造了大量的"伦理话语"。这种类型的流行性写作的寓言性和"伦理话语"是显豁的,我们据此看到了越来越多的诗歌话语权力的争夺者以及在主流美学的规训下"思想"和"写作"一起被征用的流行的"底层作家"和"现实主义诗人"吗?然而我们看到的却是,一些批评家在私下和酒桌上对这种"底层"美学和"中产"趣味的诗歌的质疑,而在公开的场合这些批评家却充当了不批评、不认同、不介入的讨巧者和暧昧的"中性"角色和"中庸"立场。这多像我们当下娘里娘气的"中性"和"去势"的时代。这也在一定程度上揭示出诗歌批评生态的功利、庸俗、媚俗和可怕,甚至可耻。

我不无可悲地意识到,我的这篇文章已经成为了不折不扣的"伦理化"批评,差别可能只是在于立场的不同而已。这可能正是当下诗歌批评的可悲命运,我们一再谈论诗歌,而实际上我们的批评却正因陷于"娱乐"、"道德"、"伦理"甚至"意识形态"话语的泥淖而正在离诗歌远去。显然,新世纪以来的诗歌生态和批评伦理重新出现了具有"新时代"特色的一些病态,重新审视批评家的角色、功能以及重新反思和检视我们当下的诗歌生态和诗歌现场不仅是必备的功课,也是亟待解决的重要诗学难题。一切还都在持续甚至恶化之中,我们的诗歌批评是否能够为之一变还为未可知。还是回到多年前的那句话——我们的诗歌和诗歌批评是否在走着越来越宽广的道路?

"歧路花园"的一千零一夜

——两岸"70后"女性诗歌的精神地理

　　写作本文的初衷是想尝试着梳理两岸出生于"1970"年代诗人的写作症候,但是限于庞大的诗人数量和难以想见的文本阅读量,我最终不得不"投机取巧"地选择了"70后"女性诗歌这一更小的视阈作为考察的起点。本文为了论说的方便,在论述两岸出生于1970年代女性诗歌诗学禀赋和精神症候时并未采用台湾"新新世代"或"新新人类"(相当于"六年级")①的概念,而是采用了大陆所普遍使用的"70后"概念。尽管"70后"这种代际划分至今仍有异议者,但我觉得有其作为一种方法和视角的言说的便利(我所说的"70"更非流派意义上的)。而台湾所指称的"新世代"和"新新世代"所携带的"追新逐后"性的指称有一定的"进化论"色调,也可能有意或无意地扩大了代际之间的差异。而关于世代(代际)的诗歌概念以及相应的新诗研究已经是一个久远的传统。无论是韦勒克还是沃伦以及众多研究者都对文学代际兴趣浓厚。而中国当代诗歌尤其

---

① 当然也有台湾的学者对采用民国纪年的"年级说"持异议,如评论家杨宗翰在《台湾"崛起中的七字头后期女诗人"》(《诗歌月刊》,2011年第7期)中就认为"最近台湾文化圈内/外盛行'几年级'说,我一来实在看不出此词究竟有何种文学史意义;二来总觉得这些采'民国'纪年、断代者颇类于时风俗潮下的又一场流行性感冒——吾既身强体健、又厌随俗从众,何必取之?"据此,杨宗翰在2001年发表的《新浪袭岸》中提出拟仿中学时期的学号即以入学年份而生来划分世代,即"字头"断代法,如"六字头"、"七字头"等。同时感谢在写作此文的过程当中,台湾著名学者杨宗翰所提供的关于"七字头后期女性诗人"的一些代表性文本。

是从"第三代"(新生代)诗歌开始,代际的诗歌史现象和研究就成为显豁的事实。而在海峡的对岸,台湾的代际研究尤其是中生代、新世代、新新世代或者说以"年级"来划分显然已经成为值得研究的文学史现象。

一

毫无疑问,在经历长期的社会、政治和文学中女性被"无性化"和"男性化"的噩梦之后,在女性的文学和身份革命被长期"淘洗"和延宕之后,当无性叙述的性别场景逐渐隐退、消匿,放逐身体和欲望的克己和禁欲的动力结构一去不回,女性诗歌在经历了20世纪80年代中期到90年代的狂躁的性别风暴和权力话语突起的尖锐景观之后,近年来的"70后"女性诗歌写作在整体上呈现出一种视阈和姿态更为宽广、更为繁复的美学趋向。实际上不管我们在何种意义上来谈论"70后"女性诗歌以及1990年代后期以来的女性诗歌,我们都应该认识到女性写诗有着巨大难度,甚至在特殊的时期女性写诗不亚于一场残酷的战争,"你将要进行一场战斗,以便证明在你丰满健康的身体内存在着一种呼喊着要求被人们听到的才智……对你来说,要把这种情况大声讲出来将是非常困难的,而且你会经常吃亏,几乎总是吃亏。但你却不敢失去勇气"[①]。而由两岸的"70后"女性诗歌写作,我一直试图寻找相同或相通的质素,而在我有限的阅读中其"想象的共同体"的背后却看到了不尽相同的面影和差异。

"内心的迷津"仍然通过深深的海峡映射出当代女性波澜繁复的精神图景,而在共性和差异性的精神地理学上,我看到了一个别致而充满歧路的花园。花园里每夜都有人在讲着故事,而这些故事尽管有雷同、有重复,但更多的故事却更具有个人性、隐秘性和差异性。在一千零一夜般的"歧路花园"里,我们的倾听也许才刚刚开始。当我在2011年的4月,在台北的一个路边酒吧里拿到林维甫(1974年出生于高雄,台北长大,毕业于台湾大学历史系)的被称为台湾第一本铸铅活字印刷的抒情诗集《歧

[①] E.M.温德尔:《女性主义神学景观》,第62页,刁承俊译,生活·读书·新知三联书店,1995年。

路花园》(该诗集名与 Jorge Luis Borges 的小说集 The Garden of Forking Paths 同名,又译作《交叉小径的花园》,但如诗人林维甫自己所陈并无直接对应关系)时,我强烈感受到"歧路花园"正在成为当下青年诗歌写作精神现象学的最为准确的命名。当林维甫在暗淡的灯影中在书的扉页上写下"永远在歧路"时,我想这可能真正隐喻了诗人和诗歌的某种难以规约的命运甚至宿命。试想,如果诗人都走在同一条道路上该是如何可怕的景象!诗人与"未选择的路"之间应该是互相发现和勘问的过程。

二

我们一直在近些年排斥庸俗社会学方法对文学的介入,确实在历时性的向度考量各个时代的很多优秀诗人都是在"我行我素""自铸伟词"的追索精神世界的高迥与差异,但是我们也必须注意到,从诗人作为生命个体而言其存在状态不是真空的,而是注定与身边之外甚至一个时代的整体语境和精神氛围发生或显或隐的关系。而谈论台湾的"70后"女性诗歌也不能不一定程度上要注意到这些女性的精神成长期恰好是台湾社会发生重大变更的时期,相对稳定和宽松的政治、文化氛围以及紧随而来的城市文化、后工业文明以及新媒体的席卷都对她们的精神成长和诗歌成长起到了某种生态的调节和影响作用。可以肯定地说,前代诗人尤其是出生于1930—1950年间的诗人其意识形态上的集体焦虑以及"乡愁"情结基本上在这些"70后"的台湾女性诗人那里已经不那么明显(并不是不存在),相反一种"美丽岛"上的个人化写作的禀赋却日益显豁。值得注意的是,很多大陆甚至台湾本土的诗歌研究者在研究女性诗歌时往往容易犯同样的错误,这就是易将一些男性诗人误认为是女性。这一方面在于确实有些台湾的男性诗人的名字(更多是笔名)更像女性,而且在阅读过程中会发现这些男性诗人的写作一定程度上具有"阴性"特征。

本文所涉及的台湾"70后"女性诗人主要有:林怡翠、林婉瑜、林岸、林思涵、杨佳娴、吴菀菱、侯馨婷、何雅雯、潘宁馨、廖之韵、叶惠芳①、江月英等。这里基本上没有涉及台湾本土的原住民族的诗歌写作，此外"台语诗"由于笔者在语言上的差异也未予涉及。而鉴于言说的方便以及必须的诗歌学比较，本文也会涉及一部分"七年级女生"，也即"80后"女性诗人，比如台湾的廖亮羽、林禹瑄、崔舜华以及大陆的郑晓琼等。

随着两岸"泛政治"时代的远去，女性诗歌写作在多元的维度中又不约而同地呈现出对日常和无"诗意"场景的关注和重新"发现"。当下的女性诗歌在很大程度上呈现了一种"日常化诗学"。具体言之就是无限提速的时代使得目前的各种身份和阶层、经历的女性诗人面对的最大现实就是日复一日的平淡而又眩晕的生存语境，这些日常化语境为女性诗人的日常体验和想象提供了自白或对话的空间。所以无论是从题材、主题还是从语言和想象方式上女性诗歌越来越走向了"日常化"和"一己化"。在都市化、消费化和电子化的"后工业时代"的语境之下，台湾的这些女性诗歌真正复原了个体意义上的诗学努力，平面、个人、碎片、日常的低语或自白成为基本语型。正如何雅雯所说的"现在写诗等于梦呓"，"好日子过多了就不太写"，换言之，她们的写作更多指向了身边之物和日常经验。比如江月英的《晒衣绳上》就在景物素描般的场景中呈现出个人的生存状态与言说方式："晒衣绳上　吵闹闹地／一群剥光身体的衣服／在日光屋里　蒸气／大红胸罩摆着蕾丝粉碧　呵风／发白 BOX 牛仔裤追着长年风湿／旋高旋低泡泡袜叹着／人情淡薄／和经济不景气。"我也在"70后"女性诗歌中看到了从诗人活生生的社会生活、个体生存和现实场阈中生发出来的平静的吟唱或激烈的歌哭。这些诗歌呈现出一个个女性在日常生存现场中宿命般的时光感和生命的多种疼痛与忧伤以及带有与诗人的经验和想象力密不可分的阵痛与流连。当我们看到女性诗歌的限囿和存在问题的同时，也应该注意到女性诗歌广阔的写作和阅读、交流的

---

① 叶惠芳，女，1976年出生于台北，主修戏剧，为"摩羯剧场"成员。值得注意的是与其名字相近的另一位诗人叶蕙芳却是一位男性诗人。叶蕙芳，本名林群盛，1969年出生。连台湾本土的研究者也误将叶蕙芳判定为女性诗人，例如李元贞的《女性诗学》。

新的空间和可能性前景。为数不少的女性诗人使记忆的火光，生命的悲欣，时间的无常，个人化的想象力以及现代人在城市化背景下的无根的漂泊都在暗夜般的背景中透出白雪般的冷冷反光。诗歌在年轻一代女性这里更大程度上体现为个人化的言说，女性幽微细腻的情感体验与抽丝剥茧般的诗歌方式天然融合在一起。甚至在后起的台湾"80后"女性诗人廖亮羽、林禹瑄、崔舜华那里，一种类似于古代柔软、婉转、清新、细腻的"小令"式的诗歌写作已经出现。诗人的敏感甚至偏头痛是与生俱来的，女性诗人就更是如此。而这种敏感对于女性诗人而言显然是相当重要的，它能够在很大程度上刺激诗人的神经和想象，能够让诗人在司空见惯的事物和季节轮回中时时发现落英的新蕊，发现麻木的我们日日所见事物的另外一面，也因此呈现出一番与常人有些差异和距离的内心图景甚至精神风暴。她们特有的幽微而深入、敏感而脆弱、迟疑而执拗的对生命、爱情、性、命运的持续的思考与检视，斑驳的时光影像中的火车满载着并不轻松的梦想、记忆和尘世的繁杂。值得注意的是，当下的女性诗歌更大程度上表现出女性与自然之物间天然的接近，这也在很大程度上折射出工业化、城市化飞奔道路之上自然和人所经历的前所未有的孤独与惆怅，从而生命的本能和哲学、文化、语言上的"返乡"的冲动才愈益显豁。由于海洋文化和地形学的影响，台湾的"70后"女性诗歌中的植物意象更多带有热带海洋性特征，而大陆的"70后"女性的植物抒写则带有明显的"乡土性"。诗歌写作尤其是关注自然万有的诗歌写作能够成为消除时间的焦虑、生存的痛苦、死亡的宿命的抗争手段。换言之在植物这些卑微的生命身上，女性诗人得以不断的确证自身、反观自我。强烈的时间体验和生命的焦虑在自然物象面前得以唤醒和抒发，当然这种抒发很大程度上是低郁的、沉缓的、忧伤的。自然事物尤其植物纷纷闯进当下女性诗人的现实和诗歌的梦想视野之中，在这些植物身上投注了这些女性的特有童年体验、女性经验以及时光的折痕。在这些女性诗歌中植物意象往往是和生存片断中的某个细节同时呈现的，换言之，这些植物意象是诗人的真切的本原性质的生存体验的见证或客观对应物。在这些植物的身上我们能够反观普遍意义上的这个时代和女性整体的时代面影和内心灵魂。

　　据此，如果我们仍然从文学的社会功能和诗人"神圣"身份来衡估这新一代的女性写作显然有些不切实际也不够"明智"，因为对于这些台湾的"70后""新新世代"而言，她们的诗歌除了承担个人和语言之外似乎其余的都无须谈论。这早在1996年12月《双子星人文诗刊》推出的出生于1970年代的"新新诗人专辑"就刻意强调了这些被冠以"新新"一代人的独特甚至叛逆之处："出生于七十年代的新世代诗人，他们的骨肉、血液、食物、粪便都和五十、六十年代出生的先人们迥然不同。他们兼或作怪、兼或尖锐、兼或平庸、兼或不知所云，但无妨于真实。""诗坛的先人们，新世代写诗更多是玩票性质，何况他们也没有地方上台亮相，谁稀罕再继续坚持下去呢？"① 这里所强调的代际之间的巨大鸿沟和差异也不一定能够完全代表"70后"一代女性的写作观念和初衷，她们的写作也并非完全是不负任何责任和道义的"玩票"，这更多也是一代青年人急于"上位"的策略化噱头。正如当时的一个诗人所高声吁求的——"他们的出现，宣告了新时代的来临"，"他们终将占领未来的版图和全世界"。这种"PASS"前辈诗人的情结以及占山头、跑马圈地的心理在诗歌界并不鲜见。实际上，时隔三年之后，北京的一些"70后"诗人便同样以策略化、噱头式但更为激进的"下半身"的方式抢滩登陆诗坛。当时诗坛为之哗然的程度是今天的诗人们难以想象的。

三

　　当然除了这种日常的个人诗学的图景之外，也有一部分的女性诗人葆有了可贵的历史想象力和文化重构能力以及介入当下的具有"现实感"的质素。在这一方面具有代表性的是林怡翠。林怡翠（著有诗集《被月光抓伤的背》，麦田，2002年）在《被月光抓伤的背——写给带着"慰安妇"伤痛活着的台湾阿嬷》等诗作中则体现了与个人和精神地理密切关联的个

---

① 《编辑前言》，《双子星人文诗刊》，1996年第4期。

人化的历史想象能力与记忆重述能力。值得注意的是《被月光抓伤的背》一诗前面的一段文字:"夜半,在公视看见台籍慰安妇阿嬷的纪录片。在贞操洁癖的世界里,她们哭着或笑着说起自己的故事,多半是不甘心,是青春不再。她们很老很老了,像这段战争和妇女受难的日子一样,在镜头前苍老得有些难堪。可是,我感觉到了那种疼痛却不轻易叫出来的勇敢,当她们低头,在满身的伤口中看见自己的时候。我不由得尊敬起这些生命来了,然后才有诗。"显然,诗歌不是社会学,也不是历史和现实知识的翻版,当历史甚至现实进入到诗歌语境之后一种被"想象"和"修辞"的现实就产生了。显然,这种更具"现实感"和象征意味的修辞化的历史、现实与实有的历史和现实之间就必然产生了距离和差异。非常可贵和值得注意的是,林怡翠以个人化的视角进入到历史烟云的深处,以更具体温的知冷知热的细微方式和浓重的情感色彩的叙事语调试图和另一个时代的女性命运发生意味深长的对话关系。那一场场通天的大火就这样无情焚烧着卑微如蝼蚁的女性,而曾经洁白胜雪的流苏树一样的美丽生命和"没入远烟的十六岁"最终被一场场烈火过后的寒冷和无边无际的灰烬覆盖——"天已被焚化,灰烬是无处攀爬的/蝼蚁,我们驮伏着沉重过自己数倍的命运/那时流苏花还飘飞满天/怎么会就下了一场大火?"当青春的女性被战争和死亡的威胁蹂躏,当麻木与疼痛日夜纠缠,一个岛屿上的女性命运的屈辱史如何能够用唏嘘感叹和沉重足以描述,"一颗子弹穿过我的下体/竟像一片枯叶轻轻地飞过庭院/我已忘却的疼痛如一排一排的落花/不知黏在哪一双军靴跟底,一步/踩烂一个少女的春天"。更为重要的是女性诗人以女性特有的体验和想象更为本真地呈现了历史图景中女性命运的真实存在和个体命运。

  台湾"70后"女性诗歌再次证明了女性写作的自白性质素,再次呈现了女性与"爱情诗"之间的天然关系。当然在一些更为年轻的女性写作那里,"爱情诗"已经被置换为"情诗"、"性诗"甚至"无爱诗"、"同志诗"。而对于台湾"70后"这些在稳定的社会文化语境中几乎普遍有着大学教育的一代女性而言,她们早期的诗歌都带有"青春期"阶段"小女人"情感的投影,具有程度不同的"童话"氛围。但是当2000年左右经过人生和文学观念的双重淬炼,她们的诗歌文本呈现出愈益的复杂性甚至某些分裂性特征。当然也有为数不少的女性通过诗歌的修辞练习继续反思着女性命运、内心体验、身体感知的特殊性。其中林婉瑜的诗集《索爱练习》(尔雅,2001年)就集中而具有代表性地呈现了女性与"爱"之间的胶着状态,而其中的代表作《抗忧郁剂》更是呈现了青年女性无可疗救的精神症候。在"病人"和"医生"的对话与疑问中,我们可以看到他们都呈现了难以消弭的"病态"。这种"忧郁"甚至"变态"的精神问询和毫无"出路"的结局是否凸显了"新世纪"以来女性命运仍然是问题重重——"每个礼拜,我前去 / 扣问我灵魂的神 / 洗净我吧 / 赦免我 / 他白袍笔挺 / 彷佛纤尘不染的真理 // 让我描述 / 我内部正在发生的战争 / 金边眼镜透露冷静的眼神 / 医生—— / 你相信柏拉图所说的吗 / 我们在洞穴内 / 火光的倒映舞影中生活? / 你也犯错吗? / 你有一双探进护士裙的手? / 你逃税吗? / 你想像病人的身体,一边手淫? / 你比较想和男人做爱吗? / 你为自己写下处方? / 你心平气和看完新闻? / 你娶了你爱的女人?"当"忧郁"的女性祈求"神"的疗救时,"神"("医生")却被还原为世俗、淫恶、龌龊、病态的"男人",这重新呈现了性别之间的冲突以及女性自身的焦虑症状。诗歌中反复出现的黑暗"洞穴"不仅意指精神被囚禁的居所或者暗室,也是女性身体体验和情欲想象的凭依。而"柏拉图"在诗歌中的出现显然带有女性对精神之爱的虚无与诘问,也呈现了"洞穴"牢笼的巨大规训力量。而"洞穴"中倒映的火焰呈现的是真实还是幻想,这都成为女性诗人的白日梦或曰天鹅绒监狱一般的诗性体验与想象。女性的高烧仍将无可避免的持续……而这种特属于女性"偏头痛"般的"精神疾病"气息和"自省"姿态的诗歌写作在台湾"80后"女性一代那里相对来说比较罕见。尽管一些"80后"女性文本中也出现了病人、病房、疾病等意象和场景,但是它们在更大程度上呈现为诗人个体主体性的想象,更多指向了时间、生命和忧戚甚至悲剧性的体验。比如林禹瑄的《夜中病房》尽管诗中出现了男性人称"他",也可以视为两性之间的"低烧"而"平静"状态的对话和低语,但是这个"他"是"虚化"的。整首诗的情感基调是徐缓和平静的,尽管略带忧伤,而"他"实际上更近于一个诗人设置的关涉时间和爱情"病人"的倾听者与抚慰者，甚至在一定程度上"他"就是诗人的身体、心境和情感投影的另一种呈现方式："在夜里倾听你的鼻息，仿佛／一列火车自远而近，轮轨摩擦／时间发出金属的高音／然后淡去，如同为你熬煮的草叶／在滚水中慢慢舒开蜷曲的肢体／点一盏灯，让寂静拥有温度／让光淌进门缝，渗过你的指尖、梦境／和体内日形广阔的角隅／疾病的阴影缓缓摊开、爬行／我正聆听。"

值得注意的是，杨佳娴（著有诗集《屏息的文明》，木马，2003 年）主持的个人新闻台"女鲸学园"（http://mypaper1.ttimes.com.tw/user/chekhov/index.html）已经成为重要的女性和女性写作的平台与窗口。而由杨佳娴的诗需要提请注意的是女性诗歌的互文性特征。在台湾的青年女性写作中，与经典的传统诗词对接、仿写和改写的现象大量存在，例如夏宇、曾淑美、颜艾琳、杨佳娴等人。甚至曾淑美、夏宇等人都写过与汉乐府民歌《上邪》互文的文本，比如曾淑美的《上邪》、夏宇的《上邪》。其中杨佳娴的《木瓜诗》具有一定的代表性。这首《木瓜诗》显然与《诗经》中的《木瓜》具有互相打开的性质。这种带有互文甚至"寄生性"的诗歌文本显然对于诗人而言更具有挑战性和写作的难度。显然杨佳娴的"木瓜诗"更为幽微而深入地展现出现代女性的灵魂波澜和内心体验的小小"闪电"，相当细腻而从容地呈现出女性深沉而炽烈的内心的膂力："我呢焦躁难安地徘徊此岸／拉扯相思树遮掩赤裸的思维／感觉身体里充满鳞片／波浪向我移植骨髓／风刺刺地来了／线条汹涌，山也有海的基因／／木瓜已经向你掷去了／／此刻我神情鲜艳／亿万条微血管都酗了酒／等待你游牧着缄默而孤独的萤火／向这里徐徐而来。"

四

伴随着以"网路"（网络）尤其是部落格（大陆称为"博客"）等新媒体为主体的数位时代和电子化语境对女性诗人的影响，台湾"70 后"女性诗歌中的拼贴式的跨文体、超文本写作现象更为明显（比如影像诗、录影诗、广告诗），而这显然早于大陆同时代的女性。而诗歌的叙事性、戏剧化、碎片化、拼贴化的综合性和"后现代性"特征愈益明显，其中吴菡菱的《左右漆黑，一〇〇一演出新解》就通过43个看似零碎实则关联的戏剧性片段呈现了女性与性别、政治、宗教、哲学、时代、"民间"的诸多复杂关系以及激素化、狂欢化、怪诞性的体验："11. 肛门与阴道双重孔欲，异性恋与同性恋的纠葛。12. 带上沙德墨镜（sade）才能出现端倪的演出。13. 心眼与色眼窥淫之欲望。14. 突破两点禁忌，争取乳房与睾丸的裸露权。15. 夜行高速公路主道与干道的双重快感状态。16. 杠与糊的麻将术语。"这种"大尺度"的诗歌话语在大陆即使日益开化的纸质媒体上仍会有道德的禁忌和发表的障碍，从中也可以看出两地文化和文学语境共通之外的一些差异。

每一个时代的性别抒写与想象甚至"创设"都不能不与动态的文学场域有关。在21世纪的第一个十年已经结束的时候我们越来越发现网络尤其是博客成了最为普遍、自由、迅捷也最为重要的诗歌生产和传播的重要媒介。我们甚至可以在一定程度上说我们的诗歌已经进入了一个博客时代，而博客与"70后"甚至更为年代一代的女性在诗歌写作之间的关系似乎更值得我们关注。博客时代的女性诗歌甚至成了新世纪以来最为激动人心的文学现象。博客无疑已经成为女性诗人们必须面对的特殊"房间"和灵魂"自留地"（当然这个"房间"和"自留地"很大程度上已经公开、公共化了），对话、絮语、独白甚至梦呓、尖叫、呻吟、歌唱都可以在这里找到容身之所，更为重要的在于女性诗歌写作与博客之间的关系为研究女性写作又提出了一个新的话题。博客和自媒体时代的女性诗歌似乎像20世纪80年代一样，自由、开放的诗歌话语空间空前激发了女性诗人尤其是年轻的女性诗人的写作欲望和"发表渴求"，这也使得女性诗歌写作人口的日益壮大。网络和博客的话语场域无形中起到了祛除诗歌精英化和诗人知识分子化的作用。而博客时代的女性诗歌写作也同时带来另外一个问题，较之以前少得可怜的女性诗歌群体，当下庞大的博客女性诗歌群体的涌现以及大量的数字化的诗歌文本给阅读制造了眩晕和障碍。但可以肯定地说面对着当下女性诗人在博客上的无比丰富甚至繁杂的诗歌我们会发现女性诗歌的写作视阈已近相当宽远，面对她们更具内力也更为繁复、精深、个性的诗歌,当年的诗歌关键词,如"镜子"、"身体"、"黑色意识"、"房间"、"手指"、"一个人的战争"、"自白"等已经在很大程度上需要研究者予以调整和重新审视,这些词语已经不能完全准确概括当下的个人博客时代女性诗歌新的质素和症候。但是两岸"70 后"女性诗人的博客诗歌似乎仍然呈现了一种悖论性特征。按照常理来说博客的发表和传播的"交互性"和"及时性"、"公开性"会使得女性诗人会尽量维护自己的"隐私"和"秘密",但我们看到的是除了一部分博客上的女性诗歌在情感、经验和想象的言说上确实维持了更为隐幽、细腻和"晦涩"的方式。在一些日常化的场景和细节中能不断生发出诗人情思的颤动和灵魂的探问之外,我同时也注意到深有意味的一面。即为数不少的女性诗人将博客看成了是发表甚至宣泄自己的情感的一个"良方",一定程度在她们这里诗歌代替了日记,以公开化的方式袒露自己的情感甚至更为隐秘的幽思和体验,比如癖好、性爱、自慰、经期体验、婚外恋、秘密的约会、精神世界的柏拉图交往等等。尤其需要强调的是,博客时代的女性诗歌在看似极大地提供了写作自由和开放的广阔空间的同时也无形中设置了天鹅绒一般的监狱。漂亮的、华丽的、温暖的、可人的包裹之下的个体和"发声者"实则被限囿其中,个人的乌托邦想象和修辞、言说方式不能不随之发生变形甚至变质。当政治乌托邦解体,个人乌托邦的想象、冲动和话语方式似乎在网络和博客上找到了最为恰切的土壤和环境,似乎个人的世界成了最大的自由和现实。但是这种个人化的乌托邦是有着很大的局限性的。一定程度上与网络和链接尤其是与大众阅读、娱乐消费紧密联系甚至胶着在一起的博客女性诗歌成了消费时代、娱乐时代取悦读者的"读图"、"读屏"时代的参与者甚至是某种程度上的"共谋者"。20 世纪 90 年代后期纯文学刊物为了适应市场而纷纷改版,这从一个侧面凸现了商业时代的阅读期待以及网络文学对传统文学机制和观念的冲击与挑战。值得强调的是,在 2011 年的台北书展上,杨小滨主办的刊物《无情诗》以其大胆、情色、时尚的刺激性封面和内页大量的女性和身体彩照受到了包括马英九先生在内的众多读者的关注。这也在另一个层面呈现了纸质媒体的尴尬,甚至美国已经声称,到 2017 年纸质报纸将全面退出。很明显，在全球化语境之下，文学市场和大众文化也是一种隐性的政治。我们可能在一定程度上忽视了新传媒尤其是网络、博客和市场文化的能量和它们无所不在的巨大影响。市场文化最为重要的特征就是以娱乐精神和狂欢为旨归的大众化和商业化，而博客时代的女性诗歌写作势必在文学观念、作家的身份、职责和态度上发生变化。一切都无形中以市场和点击率为圭臬。很多女性诗人为了提高自己的博客点击率而与娱乐和消费"媾和"。实际上这不只是发生于女性诗人和女性诗歌，这是博客时代的消费法则、娱乐精神和市场文化的必然趋向。在女性诗歌的博客上我们看到了大量的女诗人的精彩纷呈甚至是"诱人"的工作照、生活照和闺房照。在无限提速的时代以及诗歌会议和活动铺天盖地的今天，有些女性诗人将自己在世界各地的风景照，与名人的"会见照"以及更为吸引受众的写真照甚至不无性感、暴露的图片随心所欲且更新频率极高地贴在个人的博客上。这在博客好友以及访友的跟帖留言中可以看到，阅读者对女性诗人博客的关注一定程度上是为了满足"窥视"和"意淫"的心理。当然我说的是一些个别现象，我的说法也可能有些过于尖锐。博客时代的女性诗歌到底在何种程度和哪些方面会改变诗歌的生态还有待随着写作现象的发展而做出结论，而最为重要的还在于面对博客兴起以来的大量女性诗歌群体和写作现象需要研究者及时发现一些诗学问题。就个人博客时代的女性诗歌写作，还没有到下"结论"甚至"定论"的时候，讨论仍会继续下去，这可能就是"当代"文学批评的命运！

五

谈论女性写作似乎一个避不开的话题就是"身体修辞"。而在那些出生于1950和1960年代女性诗人那里曾经相当激烈甚至极端的带有雅罗米尔式的"要么一切，要么全无"的精神疾病气息的性别话语仍然一定程度上延续在"70后"的一部分女性写作群体当中。相反在我有限的阅读中，台湾的"80后"女性诗人虽然也有为数不少的身体修辞，但是整体上而言已经不像此前女性的那样激烈和尖锐，而是将身体甚至性都还原为日常化经验的一部分。即使是在自认为擅长"细节叙写和身体抒写"的"不成熟的女权主义倾向"的崔舜华这里,"身体"抒写也是较为平静、日常和舒缓的,如"将久病的肌肤写成了字/嵌入浅眠的掌纹/若你触碰我,便可阅读/从谧凝的晚岚/到杜鹃的蕊心/我就是六月最棘手的隐喻"(《六月》);"命名你为:我的国土。/在我身体虚弱时/难以顺利地术驭/一套窗帘,一张床,一把扁梳/我的权位由这些构成"(《所有的边疆都存在矛盾》);"——或许并不是喜欢你/我躺在床上,吸着烟/夕阳的颜色偏向一种淫靡橘/我的肌肤熟烂而柔软/心在深处,产生动摇"(《沉默》)。这是否也说明,随着时代文化语境的转换,曾经如此激烈白热化的两性对抗和性别抒写已经成为明日黄花,对于更为年轻也更为开放的"80后"甚至"90后"女性而言,身体和性已经和饮食一样没有多少值得大肆渲染和作秀之处?值得强调的是,很多人批评"70后"女性诗歌时都是戴着有色的眼镜放大和歪曲了其诗歌中的身体与欲望。不容否认的是,对于"70后"女性诗歌写作而言,"身体"和"欲望"确实也成了绕不开的重要的关键词之一。但是,在近几年仍用这些词汇来限定"70后"女性诗歌写作就未免太过单一、武断、庸俗了,这对诗歌和评论都是不负责任的表征。但是我看到的却是,大量的诗人和批评者在近年的一些所谓的"权威"诗歌年选中仍然"我行我素"地用"身体"和"性"来评价包括"70后"在内的女性诗歌。这有很大的不合时宜的"脱钩阅读"的惯性势能导致的误区,因为他们这些读者、批评者几乎无视"70后"女性诗歌写作在近年来的新的发展趋向和更为繁复的运动轨迹。陈仲义在一篇文章中就谈到了对台湾的"躯体性"诗歌的认识,当然陈仲义的态度和论述是较为严密和富于学理性的,这照之一些抡着道德和道学的大棒的人或嬉皮笑脸的应和者形成了强大的反差。

　　从《下半身》等民刊,教人联想起彼岸台湾,类同的写作风气,早先有始作俑者夏宇,第二本诗集《腹语术》,充分施展身体优势,极尽女性躯体"以暴抗暴"的奇谲。晚近则有江文瑜、颜艾琳等。《男人的乳头》(江著),浑身使出肉欲杀手锏,青出于蓝而胜于蓝。卷一《爱情经济学》，把情欲之想像发挥到极致。卷二《愤怒的玫瑰》，戏剧性颠覆性中心暴力，浓稠的肉身气叫人窒息。卷三《巫师与无诗》，展演生育全过程，即使借此论诗，也充满令人咋舌的转喻。整部诗集采用或局部或特写或整体的裸像对读，变形、直呈、提喻。文类驳嫁转链，赤裸裸穿行于子宫、阴蒂、乳头，免不了腥臊之味？哪怕干净地拼贴"胸罩"与"凶兆"，粘连"精液"与"惊异"（"每夜用你亲手抚慰的最高敬意／冥想创造／精益／求精""每日用你喉咙尖声喃喃的劲呓／冥想创造／精液／求惊"。）即使高明文字的游走和文化穿透，要想得到多数受众认同，恐怕尚须耐心等待。

换言之，谈到诗歌中的"身体"，谈到女性诗人的"身体"叙事更多的人是将之狭隘化、伦理道德化，忽视了"身体"在文学和诗歌写作中的重要性。更应该强调的是，似乎一谈到那些从1990年代开始诗歌写作的"70后"的女诗人一些研究者就煞有介事的提起"身体"、"欲望"、"情色"、"性"等这些语词，似乎这些诗人除了这之外空无一物。如果说身体修辞和欲望抒写是诗歌和文学写作的合理性依据甚至基本质素，那么身体和欲望的表现和抒写就是合理的。但是女性的身体体验包括性爱体验只有在具有更多融合的视阈和提升的能力才有可能在另一种向度上抵达自身、灵魂和诗歌的内核。"70后"女性诗歌写作不能离开女性意识又不能将之极端化、偏执化，应该在一定程度上以更宽更深的超越性别意识的视阈进行写作、探询，辩难和挖掘。也许一个诗人的一句话宣告了一个恰切和合理的姿势——"我首先是一个诗人，其次才是一个女人"（张烨）。不可否认，在女性诗歌中尤其是1970年代出生的更为年轻的女性诗歌文本中似乎身体的感知、经验、欲望要更为显豁。除了大陆"下半身诗歌"的尹丽川、巫昂等诗人的欲望化叙事引起了很大的争议外，台湾的一些生于60年代末和70年代的女性诗人也同样遭受到了非议。

显然，台湾女性的"身体诗"（或曰"情色诗"、"性爱诗"，还有特殊的"同志诗"）写作显然要比大陆的女性来得更刺激、更大胆、更感官化也更尖锐化。实际上台湾的一些男性作家关于身体和性的抒写也一直作为一种"小传统"而存在,而这在大陆要迟至1980年代后期才出现。陈黎等人的《忽必烈汗》、焦桐的《完全壮阳食谱》、陈克华的《在A片流行的年代》和《下班后看A片》以及题目更为生猛刺激化的诗歌《女人的隐形阳具》、《男人的阴道庆典》都呈现了男性视角下的身体观和占有女性身体的殖民欲。而一些女性的身体和两性抒写显然在于反拨这种男权观照下的身体与欲望。说台湾的诗歌界自1980年代以来一直在上演着"身体争霸战"也许并不为过,而"蕾丝与鞭子的狂欢"似乎也点出了台湾情色文学的一些状况。针对着主导性的男性身体政治学,出生于1961年的江文瑜和出生于1968年的颜艾琳通过两部诗集《男人的乳头》和《骨皮肉》表达了属于女性这一"第二性"的话语突围和反叛。而这些同样感官化甚至更具有挑逗性的性别话语在一定程度上表达出女性独立和身体平等的时代和诗学意义的同时,也再次陷入到"女性展示——男性窥视"的圈套之中。在颜艾琳和江文瑜诗歌中大量出现的"乳头"、"乳液"、"精液"、"生殖器"、"勃起"、"潮湿"、"挺进"、"舔舐"、"呻吟"以及更为让一般读者难以接受的"成人化""段子式"甚至"A片镜头化"的词语谱系其过于明显的对立性、姿态性甚至性政治在一定程度上损害了诗歌。

而中国大陆自1980年代肇始的先锋文学中出现的林白、陈染以及诗歌界的伊蕾、翟永明和唐亚平的身体叙事也许并不比海峡对岸的台湾女性作家逊色,而是值得注意的是台湾的1960年代出生的诗人之后,那些"70后"女性的身体抒写并没有比前辈弱化甚至有"赶超"的倾向,而这在大陆的"70后"女性这里却十分罕见。除了2000年左右以"下半身"诗派出现的尹丽川和巫昂、春树曾经在短时期内大张旗鼓的上演"身体"修辞秀之后,也很快偃旗息鼓。更多的大陆的"70后"女性诗人也许不乏关于身体的想象和性的修辞,但更多是呈现了个人化、细腻化、情感化和私密化的状态,从而与此前女性诗人"战争般"的性别表达具有不小的差异。而再次反观台湾的"70后"女性的身体抒写,包括吴菀菱、潘宁馨、叶惠芳在内的诗人其性别和身体的情色表达要更为突出和刺激,也更挑战读者和男性诗人的阅读极限。吴菀菱甚至宣称"女性是个被分解的尸体",她在诗歌中宣称必须反对男性身体的奴役,而是应该相反,女性去"使劲的挑逗男人的肛门,以阴唇或手指"。

  相应的,提到大陆的"70后"女性诗歌的身体叙事人们马上就会想到尹丽川,众多专业研究者和一般阅读者首先会自然而然地将其和"下半身"直接联系起来。确实尹丽川的一些诗作所处理的题材是"身体"甚至是"下半身",早期的诗作也带有明显的精神疾病、过度的"身体修辞"的挥霍,但是尹丽川不能完全被判定为一个简单化了、欲望化的身体写作者,尹丽川的诗歌写作是丰富的多棱体。但是尹丽川诗歌文本的丰富性却被巨大的公论阴影所笼罩。单就诗歌趣味而言可能有人对尹丽川的诗极其赞赏,但也会有人极其反感,尤其是对其涉及"身体"、"性"的诗歌更是如此。但是我们是否注意到了尹丽川诗歌写作的"严肃性"的一面,也正如先锋批评家陈超所说的从诗歌趣味上而言,我们或许对一些诗人更为认同,而对某些诗人则不太适应,但是"我同样看到他们面对写作的严肃性的一面以及各自的可信赖的才能"。实际上,尹丽川的身体叙事更多是以疯癫状态呈现出的另一种"失语症"。读尹丽川的诗有时很困惑,尹丽川更像是一个吉普赛女郎,在迁徙与流浪中,在都市与乡村中间,在世间万象和内心潮汐之间,她所牵扯出的正像是眩目而暧昧的万花筒,而尹丽川在更多时候是被指认为"下半身"的诗人,《为什么不再舒服一些》就被认为是"经典"的"下半身"之作①。

  哎　再往上一点再往下一点再往左一点再往右一点
  这不是做爱　这是钉钉子
  噢　再快一点再慢一点再松一点再紧一点

---

① 2007年11月1日到2日,在海口召开的21世纪中国现代诗研讨会上,与会者重新提起了"70后"诗歌并且以沈浩波和尹丽川的"身体"性诗歌为例。非常有意思的是,与会者分成两派,一部分批评家对尹丽川和沈浩波口诛笔伐,另一部分人却对沈浩波和尹丽川大加赞赏。笔者在大会发言和讨论中集中谈论了"70后"诗歌写作的特征以及目前文学界对"70后"诗歌普遍的误解与歪曲。

这不是做爱　　这是扫黄或系鞋带
喔　再深一点再浅一点再轻一点再重一点
这不是做爱　　这是按摩、写诗、洗头或洗脚

为什么不再舒服一些呢　　嗯　再舒服一些嘛
再温柔一点再泼辣一点再知识分子一点再民间一点

为什么不再舒服一些

　　这首诗你可以说它暧昧、色情、下流、肮脏，或者说它根本就不是诗歌而是"淫词浪语"的荤段子，但是尹丽川的意图可能更多是出自激愤和反讽，她所想反拨和挑战的正是积习的男性化的阅读"意淫"，而诗中的"再知识分子一点"、"再民间一点"显然是"70后"诗人对当年盘峰论争的认识与批评，而"70后"诗歌包括"下半身"诗歌正是在1999年的那场世纪末的"知识分子写作"和"民间写作"的缝隙中冲杀出来的。正如不同的人面对同一部《红楼梦》会有完全不同的感受，而尹丽川《为什么不再舒服一些》最终所折射的是不同身份角色的灵魂，或高或低，或雅或俗，或善，或恶……但是，众多的阅读者在以快感或愤怒读这首诗的时候，可能忽略了这首诗最为重要的部分，当尹丽川有意或无意地将生活中的日常举动和性暗示放置在一起之后，就别有用心地出现了这样的诗句："再知识分子一点再民间一点"。这肯定不是可有可无的句子，甚至说相当富有意味的句子。当"知识分子"、"民间"和暧昧的场面混杂在一起的时候，尹丽川所想表达的远非人们想象的那么简单或低下。而如何正确体认女性与身体抒写之间的关系，我想巫昂的一段话很值得注意："我一向只能用女人的眼睛去看东西，它们给我的震撼和我的反应肯定也都是阴性的，每个女人的一生，都要被郁闷、慌张、恼怒和难以言表所困扰，但我决不是想当这个性别的代言人，因为，我已经遭遇了很多来自同性的攻击，我无法不仅仅代表自己发言。"（巫昂：《我为什么写性》）巫昂的诗歌写作在2000年之后多少显出关于身体和性的取向，写性，女性的性，可能有很多人误读了巫昂和她的这些"敏感"的诗作。而在我看来，巫昂的

诗歌中这些"性"的场景的出现都是和实实在在的生存感受和生命认知直接相关的。巫昂的诗歌中几乎很少有赤裸裸地对性和欲望的宣泄。巫昂诗歌中的性的元素所折射的是更为尖锐的女性生存的悖论、愤怒、阴郁甚至质疑。巫昂以特有的女性视角和个性化的抒写方式呈现了一个蜘蛛般的忧郁天气:"打开了又一瓶啤酒 / 这是德国老娘们开的酒吧 / 以前我们在这里 / 亲嘴、乱摸、倒头大睡 / 她在柜台后面看电视 / 她的床在墙后面发馊 / 后来。酒味变薄 / 我们越变越小 / 小到接近腐烂 / 有人开始抢 / 靠窗的位置。"(《好东西总是容易坏掉》)换言之,巫昂关注的不是单纯的性,而是与之相关的令人唏嘘感叹的黑色质地的沉重区域:"需要性来让我软弱 / 需要坚定的交往 / 你的生殖器无人可以替代 / 需要你覆盖我 / 如国旗和棺木。"(《需要性》)按照巫昂自己的说法就是,"作为女人,我关心性交带来的那些副产品,幼年到少年,我在母亲的产房里混,生产的血、引产婴儿满地躺着,生过八胎以上的瘪了的小老女人,14岁的小姑娘怀着老师的孩子,这些记忆太深了,好像没有什么比那更加动物、更不人性。相比之下,我觉得性交不算什么触目惊心的事,性交不是性的全部"(巫昂:《我为什么写性》)。但是在更多的"70后"女性诗人那里,关于身体的诗歌叙事显然并没有像当年的尹丽川和巫昂那样如此强烈、如此集中,而是将身体更多地还原为个体生存权利,身体、灵魂和那些卑微的事物一样,只是诗人面对世界、面对自我的一个言说的手段而已。或者说对身体的命名和发现已经不再是1980年代中国女性诗人的空前激烈的自白状态,而是上升为一种日常化的抚慰与感知:"身体有它受过的爱抚,蔷薇色的时刻 / 身体有它的寂寞 / 它的哀伤、痛楚、颤栗 / 身体有它的夜晚、一个唯一的夜、从未 / 到来的夜 / (一双唯一的眼睛)—— / 身体有它的相认 / 它的拒绝、洁癖 / 它固执的、不被看见的美丽 / 身体有它的柔情 / 有它的幻想、破灭、潦倒、衰败 / 它终生不愈的残缺…… / 身体有它的记忆,不向任何人道及。"(扶桑:《身体有它受过的爱抚》)即使是在身体和欲望在青春年少燃烧的年代,在写于1994年的早期诗作中,扶桑的关于身体的叙事也呈现出少有的知性的色彩:"在我的背后解开那颗细小的纽扣 / 你的手握着我的 乳房 / 仿佛两只温顺的鸽子栖落你的手掌 // 寂静的屋顶上,

有薄雪似的霜……"（扶桑：《霜》）

六

　　就笔者近些年对两岸"70后"女性诗歌的阅读观感而言，其写作变得更为广阔舒展，其视域与题材都呈现了令人赞叹的丰富性、复杂性。她们在葆有新的女性独有体验的同时又向着更为广阔的精神维度伸展。面对这种更有内力也更为繁复、精深、尴尬的诗歌，我们仅用一句"女性意识"来概括肯定是远远不够的。如李小洛的《省下我》不仅以反讽的方式呈现了一个时代尴尬的生存氛围而且凸现了"70后"女性基本的精神维度和价值取向："省下我吃的蔬菜、粮食和水果／省下我用的书本、稿纸和笔墨。／省下我穿的丝绸，我用的口红、香水／省下我拨打的电话，佩戴的首饰。／省下我坐的车辆，让道路宽畅／省下我住的房子，收留父亲。／省下我的恋爱，节省玫瑰和戒指／省下我的泪水，去浇灌麦子和中国。／省下我对这个世界无休无止的愿望和要求吧／省下我对这个世界一切的罪罚和折磨。／然后，请把我拿走。／拿走一个多余的人，一个／这样多余的活着／多余的用着姓名的人。"

　　"70后"女性诗人开始关注和打量生存的细部，体验着更为广大的群体的艰辛，同时也表达了新一代知识女性灵魂和生命体验的扎实可靠。但是这种无限开阔的"70后"女性诗歌的写作倾向也在另一个向度上印证了其尴尬和两难性的特征。与大陆的"70后"女性诗人相比，台湾的女性诗人在"乡土写作"、"家族谱系"甚至个人与历史关系的抒写上显得不够明显和突出。我于2011年的春天在台湾三个多月的交流考察中发现，曾经在1970年代余光中等诗人的诗作中大量出现的"乡土"意象，比如香蕉林、芒果园、凤梨地等在"70后"诗人这里几乎已经难觅影像。而随着台湾本土的日益城市化，更多的年轻诗人在投身城市化的激烈竞争的同时尽管多少还保留着自己曾经的"乡下"人的某些"口音"和惯性"乡愁"情结，但是更多的是个人与城市在诗歌中的交相叩问，尽管城市在这些女性诗人那里呈现为被质疑、颠覆甚至戏谑的客观对应物。限囿台湾岛悠闲的空间距离以及高速发展的交通，即使是所谓的"乡下"已经日益被城市化和去地方化，一代女性的"精神地理学"正在从"乡愁"的层面转换为"都市现代人"的繁复经验。与此同时，伦理化和社会化的写作在台湾的这些女性诗人这里也较为鲜见，家国意识、担当精神、介入姿态和使命感尽管偶尔在一些诗人那里有着稍纵即逝的显现，但更多的时候我们看到的是一个个女性、一个个个体在写作日常的、个人的诗。

原型甚至是弗洛伊德思想体系参照下的"俄尔浦斯"和"那喀索斯"形象曾在中国的先锋文学中得到了互文性的呈现和阐释，而更具诗学和历史意义的普泛层面的家族叙事则在女性文学尤其是女性诗歌中得到了越来越广泛和深入的体现。在很长时期内中国女性诗人的家族叙写更多是传统意义上的，这些传统的家族形象成为诗人们追踪、描述和认同的主体，"她生来就是这样造就的，绝没有属于她自己的什么意见或者愿望，而总是宁愿赞同别人的意见和愿望。最要紧的是——我其实不用说出来——她很纯洁。她的纯洁被视为首要的美"[①]。而值得注意的是台湾的"70后"女性诗人由于"乡土"经验的普遍缺乏，显然缺少一种对来自于"土地"和"家族"的谱系性抒写。而相应地，这些出生于大陆的"70后"女性诗人由于普遍具有"乡土中国"的农村经验和古典农耕情怀的遗留以及理想主义情绪的少量沉淀，她们的诗歌更多体现为"还乡"意识和个人化的历史想象力下对家族的不无沉重和多样化的抒写。当然，对于其中那些来自于城市的"70后"女性而言，她们的家族抒写更多带有反讽和颠覆的意味。据此我们可以发现，一些女性诗人是持着尊敬、怀念、赞颂之情将家族叙事在失落的农耕文明和强势的城市背景之下展开，但也有女性诗人对待家族叙事在不同程度上带有反思、背离和批判、颠覆的态度。

20世纪的70年代末，女性诗歌中的家族叙事更多是政治和社会学层面的，而到1980年代中后期女性诗人更多意义上成了西方自白派诗歌和伍尔芙、杜拉斯的追随者，更多是像伍尔芙在《一间自己的屋子》、《琼·马丁太太的日记》里所做的那样试图通过分析家族中的"母亲"形

---

① 弗吉尼亚·伍尔芙：《伍尔芙随笔》，第110页，伍厚凯、王晓路译，四川人民出版社，1998年。

象来寻找女性自身的历史、文化和生命的传统与困境并进而对抗维多利亚时代的男权文化霸权。这在伊蕾、翟永明、唐亚平、陆忆敏等女性诗人关于"母亲"的叙事那里得到了最为直接的带有"伤痕"性的疼痛式印证与母女关系的疏离,"岁月把我放在磨子里,让我亲眼看着自己被碾碎 / 呵,母亲,当我终于变得沉默,你是否为之欣喜 / 没有人知道我是怎样不着痕迹地爱你,这秘密 / 来自你的一部分,我的眼睛像两个伤口痛苦地望着你"(翟永明:《母亲》)。女性诗人对"母亲"的家族抒写无疑经历了由血缘和人格的"镜像"式认同到剥离和反思的艰难过程,这一时期的女性诗歌的家族叙写带有强烈的对抗性和道德色彩,表现出强大的对父权规训的反叛与挑战。而在笔者看来,新世纪以来的大陆女性诗歌写作显然已经呈现出了不同于此前诗歌的新的特质,其中最为显著的症候就是女性诗人在家族叙事上的新变,而这种变化无论是在诗歌美学还是在社会学的层面上都值得进行切片式的研究和关注。尽管这些"70后"女性诗人不乏强烈而又带有智性色彩的女性意识,但是这与"第三代"女性诗歌自白式的言说方式和一定程度上偏激的女权立场有着很大的区别。女性意识不等同于女权主义,由于这些青年女性诗人差异较大的生活背景、成长经验,这就使得这些女性诗人诗歌文本中同时出现了差异很大的甚至相互龃龉的家族谱系,同时呈现出对家族谱系的历史叙事和现实抒写中的赞颂性情感和背离性反叛精神:"那个瘦小的女人最后离去 / 我们家醉心纸牌的女人终于离去 / 你看不到这一切:在沿河地带 / 丢失狸猫的少年又失去母亲 // 在半夜流着血 / 在半夜寻找乡村巫师 / 符咒和草药相煎的气味弥漫在这些手稿中间 / 自杀者沉着、坚定,蔑视死神。"(白玛:《家族史:静静的阴影》)这种不无尴尬的家族谱系的建构甚至拆解,不能不呈现出近年来女性诗歌最为重要的尴尬性特征以及个人化的历史感和自省精神。当这一时期的女性诗歌中同时出现恶父、恶母、慈父、慈母甚至是不偏不倚的不带感情时色彩的家族的形象时,传统的家族谱系叙事在这些女性诗人这里得到了全方位的重新清洗和审视,当然也程度不同地仍然延续了传统的家族印象和一代人特有的集体记忆。在尹丽川的诗作中其彰显的女性意识有时候是相当强烈的,而值得注意的是,尹丽川的很多诗作中都出现了年迈的母亲和老妇人的形象。这些年迈的女人形象无不扭曲、平常、灰暗，这也从另一维度呈现了女性命运的尴尬，年长色衰、为人妻为人母的多重身份的重压，抑或诗人对女性身份的焦虑。当镜子中一个个容颜老去的时候，一种自恋、自问、怀疑和怨愤的情结就不能不空前强烈的凝聚和爆发出来。曾经的文学写作中"爱女慈母"的经典模式在尹丽川等"70后"和"80后"女性诗人这里遭到了解构与颠覆，"恶母"的形象在女性文学中一再闪现，这在一定程度上不能不有张爱玲的影响。对母女关系的重新认知成了包括尹丽川在内的"70后"女性诗人的一种近于天生的家族谱系审视。在《妈妈》这首诗中，血缘层面的母女关系被置换为女人和女人，年轻的女人和年老的女人的关系，熟悉与陌生，伦常与悖论，生命与符号所呈现的是男性读者非常陌生的经验和场景。"老女人"形象鲜明地揭示了尹丽川作为女性的性别焦虑和身份隐忧，这种焦虑和隐忧在《郊区公厕即景》的"不洁"场景和细节中被还原为年轻女人和老女人的错位的对话以及挑战性的否定。而作为一个女性诗人，尹丽川的诗歌文本中的"父亲"无疑是一个重要的、敏感的形象。在伊格尔顿看来，"父亲"是政治统治与国家权力的化身，而在尹丽川的诗歌中"父亲"还没有被提升或夸大到政治甚至国家的象征体系上，是更为真切的与个体的生存体验甚至现实世界直接关联。而诗人与"父亲"的关系则是尴尬的状态，既想回到本真性的亲切又不能不面对强大的血统乃至文化上的巨大差异和隔膜。与尹丽川在城市背景下更多的对家族谱系的反思性甚至质疑性的姿态不同，李小洛则更多是在乡土化的背景中呈现了沉重而不乏温情的家族叙事。在《大事件》这首叙事性的深情缱绻的诗作中，李小洛选取了相当具有震撼性的历时性的日常生活的"大事件"和戏剧性的场景以及个人化的历史想象力，从而呈现出真切的父亲生活史和情感履历以及其间诗人的反思、自责、痛苦、难以言说的深厚情感和生命无常的无奈与喟叹。实际上，在很多有着乡村背景甚至像郑小琼不仅有着乡村背景而且同时具有"打工"和"底层"身份的"80后"女性诗人那里同样呈现了李小洛一样的沉重而尴尬的家族叙事，家族叙事的背后有着诗人对后工业时代的生存场景和农耕文明失落的忧思和痛苦的家族记忆。郑小琼呈现了一个加速度前进的后工业时代诗人身份的多重性和写作经验以及想象力的无限可能的空间。在关于家族的诗歌叙写中,郑小琼从活生生的社会生活、个体生存和历史场阈中生发出平静的吟唱或激烈的歌哭,更为可贵的是,这些诗作闪现出在个体生命的旅程上时光的草线和死亡的灰烬以及对乡土、生命、往事、历史、家族的追忆。这些诗歌带有强烈的挽歌性质,更带有与诗人的经验和想象力密不可分的阵痛与流连。女性诗歌的家族叙事凸显了这些年代女性诗人艰难的生存背景,据此早期的过于对抗性和封闭性的女性欲望和身体叙事在这些更为年轻的女性诗人这里得到了转向,转向了更为值得文化反思和诗学呈现的视野也更为宽广的家族谱系的抒写。新世纪以来的女性诗人关于父亲、母亲的家族叙事大体是放在乡村和城市相交织的背景之下,沉寂,苍凉,孤独成为基本意绪。同样值得注意的是,这一时期的女性诗人在家族叙写上不仅对现实、身体体验和男性文化进行了相当富有深度的省思与反问,更为重要的是,她们普遍地具有历史意识观照下的沉重的家族叙事所呈现的社会景观以及更为驳杂的内心图景。换言之,这些女性诗人不乏个人化的历史想象力,这种关于历史的个性化表述不是来自于单纯的想象而是与一代人的生存背景和对文化、历史、政治的态度相当密切地联系在一起的,而且在女性主义的影响中张扬出个体和女性的双重光辉。

赘述了这么多,也注定是浮光掠影甚至是言不及义的个人表述和碎片化观感。两岸的"70后"女性诗歌的诸多共性和不可消弭的差异性都值得我们反复深入追问和研究。当这些女性已经不再年轻,当她们现在的诗歌精神地理已经和她们刚出道时候出现了不小的差异时,我们是否有足够的勇气和自信来面对一个写作数量日益激增,博客、微博、手机等自媒体日益发达的时代。只能说,对于仍然深不见底的海峡,对于更为多元和个性化的诗歌写作而言,两岸女性都以各自知冷知热的方式以及不可消弭的个性呈现出一个"歧路的花园"般的精神地理学。而这个漫步歧路和迷津的花园里正在上演着一千零一夜的故事。倾听,还需要继续下去。

被"征用"和"消费"的新世纪诗歌

新世纪诗歌写作所面临的问题并不比以往要少。

我们不能不发出这样的疑问：在一切都可能成为消费品和"娱乐至死"的全球化语境里，我们该如何进行真正意义上的诗歌写作？当我们的思想被主流话语和时尚潮流再一次集体"征用"和"消费"的时候，我们该如何处理词与物的关系？当我们可以在传统意义上的纸质媒体之外尽情展示个人的可能与无尽的写作幻觉，我们对文字和情怀是否还怀着应有的敬畏？当我们一再误将会写分行文字的人与诗人混淆，当我们仍然在高速前进的高铁上越来越眩晕和迷茫，是谁该帮我们踩一脚时代的刹车？

由此，在政治、文化、情感甚至底层命运和乡村苦难都成了"消费"对象的今天，我们来谈论新世纪诗歌写作和生态其难度是可想而知的。

可以肯定地说在很大程度上我们低估了我们目前所处的时代。

我们不约而同的认为，这是一个已经完全摆脱了政治和意识形态的商业化、消费主义化的开放、自由和个性的写作时代。但是无限加速度前进的商业、城市化和工业化的列车并没有降低写作的难度和思想的深度，只是我们过于迷信和乐观于时间的进步神话。

一

在中国的文学场域中谈论最多也长期争论不休话题就是文学与现实（时代）的关系。早在1988年余华就对所处的时代表现出了空前的困惑，我们"面对的是一个捉摸不定与喜新厌旧的时代"。而这作为消费社会最显豁的特征已经在此后得到了更为"深刻"的发展。就世纪初以来的诗歌情势，可能我们已经不会像当年谢冕先生所认为的诗歌发展不是走着越来越宽广的道路而是走着越来越狭窄的道路。面对着上个世纪90年代末期尤其是新世纪以来现代主义美学和个人化写作以及新媒体的迅猛推进，尤其是网络平台和博客的发展，诗歌写作似乎已经达到了空前的个人化、自由化和技术化的令人"欢欣鼓舞"的时期。在这种写作潮流的影响下，我们本应看到大量的不仅语言精粹、想象奇特、技艺超拔，而且在思想的先锋性、前沿性、独立性和自由性的探索上都相当出色的诗歌作品。但是我们看到的却是，在大量的复制性的写作中即使出现了上面所说的优异的作品，但它们也往往被这些泥沙淹没。2006年5月20日《南都周刊》发表了一篇《思想界炮轰文学界：当代中国文学脱离现实》的文章。今天看来这篇文章的言辞多少有些耸人听闻，而文章认为作家缺少对公共领域和现实生活的关怀显然并不符合事实。事实是1990年代后期以降，中国诗人与现实和公共生活之间的关系不是冷漠，而是近乎建立了如此焦灼的关系。甚至今天看来具有公共性题材的文学尤其是诗歌已经不仅成为主流话语而且有泛滥的趋向。

谈论新世纪以来的诗歌，我们不能不注意到"底层"、打工和"新农村"诗歌写作已经成为了诗歌主潮，而普遍的简单仿写和平庸复制已经成为这一流行性写作日益明显的缺陷和危险。我想我们需要写作"底层"和"新农村"等具有现实介入题材类型的"当代性"诗歌，我们需要具有直面现实和担当精神的诗人。但是我们需要的又不是简单的"伤痕性"的、"感动"的、"疼痛"的诗歌和简单庸俗的时代伦理道德的"苦难"和空洞的能指，更非消失个性和良知的被集体"征用"和"消费"的写作。显然阶级文学传统和中国"新左派"所关注的"底层"、控诉贫富差异在"底层"和"新农村"的诗歌写作中得到了最为及时和有力的呼应。甚至在一些诗歌中打工者、"底层"、农村和弱势群体成了被反复展览人性"丑陋"的空间。需要指出的是，"底层"和"新农村"概念是与所谓的"中产阶级"诗歌相对立而出现的。过于强烈的阶级归属和道德属性使得这些作品在整体性上出现了思想探索性的下滑。在当下的各种杂志和媒介中，这种类型的诗歌写作已经是以惊人的速度复制，甚至这种带有阶层和苦难叙事的写作类型已经成了新一轮的主流话语。在2009年《诗刊》社第25届青春诗会入选诗人中，为数众多的诗人都是在写工厂的机器、眼泪，写农村荒凉的土地、干草车，而无论是在思想深度探索上还是在言说方式上的乏善可陈都值得我们思考。由此可见，在经济全球化时代和新移民运动的语境中"新农村"和"底层"诗歌已经不再是中性的题材问题。这一人们谈论的"公共话题"显然被赋予了更多的意识形态的色彩和道德论倾向。而"底层"和"新农村"写作恰恰在很大程度上缺失的就是诗人的思想性和人文情怀的烛照。换言之，这种类型的诗歌往往成了叙述的空洞能指。而需要强调的是，之所以目前"底层"和"新农村"诗歌写作成了人们津津乐道的话题并且同时占据了主流话语和民间话语的主导性位置，这不能不与人们对一个新的世纪诗歌的某种集体想象有关。"新农村"和"底层"写作已经成为日益高涨的诗歌"主旋律"，一体化和集体化的症候越来越显豁。这成了黏合各种诗学观念的良方，而这也使得这种题材的写作带有了因一哄而上而导致的思想的贫乏和拙劣的仿写。

在这个时代，我们可以谈论金钱、谈论"自由"，可以娱乐和身体的狂欢，但除此之外我们在公共空间还能谈论什么？

二

目前，"公共写作"现象已为越来越多的新诗批评家甚至社会以及宣传媒体关注，而诗歌对底层公众、弱势群体和公共事物的关注也成为目前激动人心的文学景观。甚至有研究者强调这一类型文学的"新人民性"的伦理。这在一定程度上反拨了1980年代中期以来对诗歌语言形式的过度关注和对美学伦理的强调的本质主义的倾向，是值得肯定的。当年诗人将诗歌从意识形态话语中剥离出来的同时也导致诗人与复杂现实的隔膜。中国的文学尤其是诗歌很多时候都难以避免矫枉过正的美学冲动，当然这种状况更多是发生在重要的历史节点上。以往政治年代不需要个人和有个性的文学，带有强烈道德感的集体思想成为时代的美学标识。

而 1980 年代中期以来对政治美学的批判中个人和个性的美学不断张扬，个体的思想探索也达到了一定高度。而新世纪以来中国的诗歌写作显然已经不能再用当年的"个人化写作"来概括，因为就涌现的诗歌现象而言，真正的有思想深度和广度，有现实感、宗教感的灵魂探求性的作品的缺失已经成为普遍的现象。更多的诗人沉溺于纷繁杂乱的现实表象和浅层面的情感苦难和道德诉求，而真正的思想的声音却在多元化、个人化和自由化的乐观的时代景象中被搁置。这些带有强烈的社会性和公共性特征的写作潮流在我看来是可疑的。人民、底层、农民工、弱势群体这些复数概念成为这一时期的文学关键词。实际上诗歌无论是处理看起来绝对个人、绝对隐私，不断探向幽暗的内心深处和"自我"的个体性题材，还是处理宏大的国家的、民族的、集体的、时代的公共领域的重大事件、运动和场景都是"题中之义"。但是就目前来看，更多的诗歌写作者是为了迎合时代趣味甚至读者群而丧失了诗歌自主性和个体主体性应有的思想探询的努力。

在这一时代（也有学者认为是后革命时代，"新新中国"时代），"打工"阶层无疑构成了"底层"的重要构成部分，而打工诗歌也成了底层写作的重要现象。打工诗歌成为潮流是 1990 年代后期的事情，而作为文学概念则是在 1980 年代中期提出。"底层"写作作为一种新的现实主义文学色彩的冲击已经成为当今文坛普遍的文学现象甚至已经衍生为一场语言的盛宴与狂欢，这成为各个层级的文学机构扶持作家的重点考察范围。但是我们看到了很多诗人尤其是青年写作者写作目的的不纯粹性，为了迎合主流的审美趋向而说着空泛的假话和套话。在一定程度上底层、乡土在他们的文本中只是赢得某种利益的手段，疼痛和苦难成了换取荣誉的工具。这些本应该在工业化和城市化的进程中更能够凸现个体生存压力、种种尴尬的悖论性思想症候、更能够体现一个时代的思想史和灵魂史的写作的类型却在复制和利益驱动的争抢中一定程度上沦为了畸形的诗歌场域中廉价的"征用者"。

三

在现代化的路上和新移民时代乡村的稳定性结构已经解体。

新世纪以来的"新乡土"诗歌写作首先是与城市书写联系在一起的。换言之,二者具有不言自明的互文性。尽管中国在1980年代以来的工业、城市化和商业化的进程是空前加速度前进的,且因大量的农民工涌入城市的各个角落。诗人对城市的关注以及相关的作品也不在少数,但似乎诗人普遍缺乏对城市存在的命名与观照,至于通过城市来凸现几代人思想的困境和真实的内心状态似乎更无从谈起。实际上,中国诗人一直是集体无意识的以"农耕文明"的情怀和视野在观照和反观城市。正如当年的郁达夫对北平的评价"都市中的乡村,乡村中的都市"一样,城市在文学中就呈现了相当暧昧的景观,众多的作家大体都是以双重视野和双重态度来看待城市的。也即书写城市的同时时时呈现出乡村的背景,而对城市的态度也是爱恨交织——既充满对城市的向往,也对之疯狂和欲望予以痛击。基于此,如果诗人对城市的态度是一维的,不是简单的沉迷,就是庸俗的排斥,这都是可疑的。而之所以诗人在面对城市时表现出命名的乏力和思想的空洞恰恰在于更多的时候是以一元本质主义的倾向在面对城市,而无形中忽视和排斥了城市的多层次性结构。文化产业的兴起以及消费主义话语"天鹅绒监狱"式的"柔软"的强权使得城市作为一种"恐怖性的魅力"在一些"打工"和"底层"诗歌的作品中成了另一种方式的对欲望叙事的崇拜。发廊、歌舞厅、股票交易所、银行、美容院、健身中心、地下铁、酒吧、星级酒店、夜总会、酒吧、地下室、天桥、工地、浴池、洗脚屋、按摩吧也只是虚设的背景。这一切都成了吸引作为消费主体的读者的有效手段。而这种对城市深层次的文化考察和思想考量缺失的诗歌作品的现象不能不与中国"乡土"记忆和情结的强大生命力相关,即使作品中出现了城市也很多是以乡村的视角或乡村与城市相夹杂的视角予以叙事。换言之,城市仍然处于被观照和比照的位置。而值得警惕的则是,新世纪以来受到诗人和各种文学机构、文学奖项所追捧的"新农村"诗歌显然同样是国家农村政策调整和现代化蓝图的直接显现。在一些诗人的乡村叙事仍然承担了控诉者和启蒙者角色的同时,相当的一部分作品则充当了现代化蓝图的"颂体"调性的歌者,歌颂取代了真实,平庸替代了思想。当然也出现了少数的诗人,在思想开掘、文化观照、生命反思和个人化的历史想象力的综合视野中命名和发现了真实的乡村,如江非的"平墩湖"、张联的"小阳沟"、徐俊国的"鹅塘村"、东篱的"油葫芦泊"等等。在思想光辉的洞幽烛微之下,乡村的真实被冷酷地凸现出来,"乡村这个词一度与贫困联系在一起。今天,它已发生了细微却坚硬的变化。贫依然存在,但已退到次要位置,困则显得尤为突出。困惑、困苦、困难。尽你的想象,不管穷到什么程度,总能适应,这种适应能力似乎与生俱来。面对困则没有抵御与适应能力,所以困是可怕的,在困面前,乡村茫然无序"①。

我们需要这样的文学思想来救赎!

当下时代的诗歌之所以仍然处于思想状态的缺失还与整体的文学生态有关。

1990年代后期,纯文学刊物为了适应市场而纷纷改版,这从一个侧面凸现了商业时代的阅读期待以及网络文学对传统文学形式和观念的冲击与挑战。很明显,在全球化语境之下,市场和大众文化也是一种隐性的政治。当然,在一定程度上越来越开放的媒体似乎使文学从业者们有理由相信我们已经进入了文学发展最好的一个时期(或好的时期之一),我们也完全可以相信会出现各种各样的在思想深度和艺术高度上都相当重要的诗歌作品。但是我们可能在一定程度上忽视了新传媒和市场文化的能量和它们无所不在的巨大影响。市场文化最为重要的特征就是以娱乐精神和狂欢为旨归的大众化和商业化,而这就使得文学观念、作家的身份、职责和态度都势必要发生变化。一切都以市场和点击率为圭臬,谈论诗歌和文学的思想和深度多少成了被时代所"不齿"的话题。市场文化最终将写作者纳入到市场规则,经过加工、改造、包装和流通后成为文化消费品,这以"80后"、"90后"的网络写手为代表。这些诗人的作品已

---

① 胡学文:《命案高悬》,《北京文学·中篇小说月报》,2006年第8期。

经很多不缺乏纵横捭阖的想象力,也不缺乏语言和修辞技巧,但缺乏的恰恰是他们的被市场所征用的思想和知识分子的人文精神良知。网络文学和阵营的"民间立场"和"网民"的阅读期待在现在看来很大程度上是需要重新反思的。而"底层"和"新农村"诗歌显然与网络传媒有着相当重要的联系,而这两者又很容易被认定为是"民间"立场。网络的话语场域无形中起到了诗歌祛除精英化和知识分子化的作用,写作者的身份和"责任"都发生了很大的转换,而这就在很大程度上使得诗歌逐渐丧失了思想性和人文关怀。

我想,新的世纪以来,在市场"好天气"里诗歌活动频繁的年代,中国汉语诗歌的问题恰恰是普遍缺乏从日常生存场景中带有个人化的历史想象力的思想提升的能力。更多的写作者仍然沉浸于虚幻的个人化和时代伦理的双重泥淖之中,思想仍然被不断"征用"。

无论如何,让诗歌拒绝被"征用"和"消费"已然成了一个时代难题。

"只有黑夜适合一颗干净的心"
——新世纪诗歌的几个关键词

我愈来愈觉得中国诗歌存在着一个巨大的悖论。一方面我们每天看到那么多的诗人和大量的融合了各种资本的"民刊",至于各种诗歌活动更是乱花迷眼;而另一方面我却对这一时期的诗歌面貌无比模糊。诗人的整体水平无疑提高了,但是个性却消泯了,互相替代成为这个时代诗人的不可避免的集体悲剧。

而用几个"关键词"来概括新世纪以来的诗歌显然是一件危险和"不靠谱"的事情,但是显然,面对着一年来的诗歌这个庞然大物我又没有其他更为有效的方法。只能勉而为之,以点带面。

一 "寓言国"与"现实感"

面对着"新世纪"以来的十多年的诗歌,我们是继续失望还是有着新的期许?或者说,"诗歌正在离我们远去"的说法是否还适用于高铁的加速度时代和一个愈益"寓言化"的国度?或者说,我们的诗歌与"现实"之间到底发生了怎样的龃龉或"暧昧"关系?

从回车键到诗歌究竟有多远?从诗走到现实究竟有多远?这在一个文字练习者普遍缺乏敬畏的年代显然已经成了问题。

我们诗歌界这些年一直强调和"忧虑"甚至"质疑"的就是指认现在的诗歌写作已经远离了"社会"和"现实"。里尔克的名言"生活与伟大的作品之间,总存在着某种古老的敌意"在今天的中国是否还适用?新世纪以来诗歌和诗人与"现实"的关系是怎样的呢？或者说，当诗人作为一个社会的生存个体，甚至是各个阶层的象征符号，当他们的写作不能不具有伦理道德甚至社会学的色彩，那么他们所呈现的那些诗歌是什么"口味"的？我想这是一个相当困难的问题。因为任何企图回答这个问题的人都必须具备一个能力，那就是你的阅读量。2011 年 11 月 1 日，谢冕与洛夫在深圳的对话中批评自朦胧诗以来诗人们在自我的世界里越走越远，社会担当的缺失已经成为当代诗人的痼疾。还是接着上面提到的问题，新世纪以来年的诗歌和诗人与"社会"和"现实"的关系到底是怎样的？二者发生关系的结果是怎么样的？诗人是用什么"材料"和"成分"构建起的诗歌的"现实"？进一步需要追问的是这些与"现实"相关的诗歌具有"现实感"或"现实想象力"吗？

面对轰轰烈烈的在各种媒体上呈现的离奇的、荒诞的、难以置信的社会事件和热点现象，我觉得似乎中国已经进入了一个真正"寓言化"的时代。换言之，中国正在成为"寓言国"。首先应该注意到目前社会的分层化和各个阶层的现实和生存图景越来越复杂，越来越具有多层次性，越来越具有差异性。甚至这种复杂和差异已经远远超过了一般诗歌写作者的想象和虚构能力。也就是说，现实生活和个体命运的复杂程度早已经远远超过了诗人的虚构的限阈与想象的极限。诗人们所想象不到的空间、结构和切入点在日常生活中频频发生，诗人和作家的"虚构"和"想象"的能力受到空前挑战。由此，面对各种爆炸性和匪夷所思的社会奇观一般读者是否还需要诗歌甚至文学刊物？这个时代所出现的一些社会现象、问题和事件（可能是个别的）确确实实发生了，但是它们又几乎超过了作家和普通个体的想象和理解承受能力。一个新的天方夜谭的时代已经来临。当本·拉登和卡扎菲被击毙登上世界各个媒体头版头条，当紧随其后的本·拉登和卡扎菲的私人性生活和房间中的各种黄色光碟被曝光的时候，还有什么文学文本能与之相抗衡？无论是"河南性奴案"、"官员悬浮照"、"温州高铁事故"、"谣盐"、"郭美美"、"小悦悦"、"苍井空"、"小伊伊"，还是"微博打拐"、"萝卜招聘"、"万人签名赦小贩"、"网审药家鑫"、"天价酒单"、"围观开房"、"地沟油"、"染色馒头"等等，似乎我们离寓言化的"中国现实"越来越近了。尽管从诗歌的社会性功能来看,尽管还不能有"扫地老太太体"、"咆哮体"、"私奔体"、"高铁体"、"淘宝体"、"蓝精灵体"、"混搭体"、"本山体"、"凡客体"等流行的网络体的"社会学"力度和"围观度",但是从诗歌整体上而言与社会热点焦点话题、热议现象、重大活动和民生问题有着密切关联的诗歌数量是相当大的。至于诗歌"海啸体"、"微诗体"据说引起网友竞相模仿和传播多少有诗人炒作的嫌疑。而"7·23"动车追尾事故后,出现了大量的对此事故和相关社会问题予以反馈和热议的诗歌。《诗歌月刊》在第9期还推出了"7·23动车事故诗抄"专辑。

加之各个地区大大小小的"地方化"的文化软实力的角力和宣传活动也需要文学和诗歌的鼓吹,诗人们似乎与"现实"的胶着关系似乎从来都没有如此贴近和激烈过。这是好事,但也存在不小的危机。但是是否如一位诗人所偏激地强调的"足不出户的诗歌是可耻的"?实际上,诗人和现实的关系有时候往往不是拳击比赛一样直来直去,而更多的时候是间接、含蓄和迂回的。显然,中国当下的诗歌更多是直接的、表层的、低级的对所谓现实的回应。"足不出户"并非与现实不发生关系。"出户"的诗并非就一定能与现实发生关系。人们似乎已经忘却了1995年诺贝尔文学奖在希尼的授奖词中所强调的"既有优美的抒情,又有伦理思考的深度,能从日常生活中提炼出神奇的想象并使历史复活"。

值得注意的是,目前无论是大面积涌现的城市题材还是乡村题材,都出现了写作的双视角或多视角。换言之,写作者更多是从城市和乡村的双重角度进入乡村、进入城市。单纯的、绝缘的乡村写作似乎已经消失。而写作乡村(乡土)的诗歌中,雷平阳的《穷人啃骨头舞》和王琦的《滦河边,金钩屯》相当具有代表性。我甚至不知道王琦是怎样的一个诗人,但是如此深刻地呈现、还原和象征性、寓言化地抒写真正意义上的城市化时代的乡村之作确属成功之作——"金钩屯也笨,是榆木脑袋的笨/有些村只剩下摇摇晃晃的天空/把土地卖给工厂,领工资。而金钩屯连一个/外出打工的都没有,死守着滦河不断污染的稻田。/用最笨的方法插秧/用最笨的方式收割/每天都用最笨的大水桶/在河边排开,洗衣、淘米、吃力地把水桶提到高处 // 在这笨得让我心慌的地方 / 我的三间茅草房，太不起眼的茅草房 / 寒风一吹就能吹到河边的茅草房 / 一句话也没有 / 这样笨的一条河，笨到不忍心。"

二 "仿真性"与"同质化"

由此，我们必须正视每年各种纸质刊物发表的诗歌数量已经可观，但是我们发现这些发表的诗歌在谱系学或光谱学上来看具有很强的近似性，甚至具有相互替代的重复和生产性。这在诗歌写作中已经成为相当普遍的现象。

当我们一再抱怨诗歌远离了读者，诗歌越来越边缘化和"个人化"，可充满悖论的是我们已经进入了一个"泛诗"或"仿真诗"时代。无论是楼盘广告、政治宣言、商品广告以及各种反映社会焦点和民生热点的"民意"都往往是通过各种打油诗和仿诗歌的形式出现。新媒体的无限拓殖性和各种纸质诗刊（很多文学刊物都推出"下半月刊"，甚至推出旬刊）的大面积出现，似乎显示着诗歌传播的速度和广度已足够令人乐观。各种级别、资源和渠道的诗歌活动、诗歌节以及奖金成倍增长的诗歌奖似乎都令诗界同行们足够鼓舞。确实，诗歌活动、会议的频繁度已经超出了人们的想象，我们看到一个个诗人和批评家真正成了赶场的"在路上"的形色匆匆者。本年诗歌界流行的一个词汇就是"出场费"。无论是诗人还是批评家都对此心照不宣。诗歌批评和诗歌活动正在成为一种显豁的文化资本。

看起来正常甚至繁荣的诗歌生态却难以掩盖一个诗歌苍白无力的时代。换言之，诗歌的热度和产量与质量之间的反差也足够令人瞠目。2011 年即将结束的时候，臧棣以 9 万字的长篇访谈《北岛，不是我批评你》对北岛的批判引起了诗歌界的广泛关注甚至哗然。而早在 8 月北岛回国参加青海湖国际诗歌节期间，李笠就撰文对北岛的"妥协"进行了批评。实际上，臧棣并非单单批评了北岛本人，而是也同时指向了国内的文学批评界以及写作身份、文学史、文化场域等诸多方面。而值得注意的是，文学界同仁更多是充当了旁观者，他们似乎对此难以置喙。确实，面对着北岛和臧棣这样的诗歌界的重要人物以及背后更为复杂的文化现象和文学场域（如诗歌的物欲化、诗人抵抗意志的丧失、政治诗学、文学知识分子化、犬儒哲学），人们试图做出臧否和表态有些难度。而批评的鸵鸟哲学和犬儒主义由此可见一斑。

尽管本年度的诗歌看起来波澜不惊，但是当我们深入阅读各种刊物和博客、微博上的诗歌，我们会发现一种精神事实。这种精神事实却呈现为两个极端。一个极端就是诗人普遍存在的"懒散"的状态，换言之他们已经逐渐或正在丧失诗歌言说的能力。好像已经没有任何事物能够刺激他们的神经和内心，他们只是为了写作而写作。文本充斥大量的"知识"和"引文"。这种类型的诗歌写作已经偏离了诗歌的"别裁"本源。另一个极端就是仍然有数量惊人的诗歌指向了所谓的社会现实和敏感事件，高铁事故、乡村悲剧、留守儿童、工厂血泪、就业无门、讨薪无果、中产麻木、社会不公成为他们诗歌中频频造访的主题。这些诗歌中优秀之作稀少，更多是带有"仿真性"的新闻播报体和打油诗的廉价替代品。

由此，就新世纪以来的中国诗坛，我们已经看到了很多的中国诗人成了旅游见闻者、红包写作者、流行吹鼓手、新闻报道者、娱乐花边偷窥者、"痛苦"表演者、国际化的"土鳖"分子、翻译体的贩卖者、自我抚慰者、犬儒主义者、鸵鸟哲学崇拜者、征文写作者。话说回来，我们的诗人学会了抱怨，也学会了撒娇，学会了演戏，学会了波普，但是就是没有学会"诗人"的"良知"。各种各样的大大小小甚至国际的、全球的诗歌奖把诗人们宠溺坏了。

而当我试图从"主题学"或者"同质性"的视野来进入这一时期的诗歌写作，我也感到了这甚至有些不可能，因为诗歌的好坏优劣和题材没有必然的关系。但是，我们是否可以凭着对新世纪以来10年的诗歌阅读经验在诗歌主题上来一次检测？比如底层、打工、农村、城市……当翻阅了大量的刊物之后，我最终发现了一些诗歌（数量绝不在少数）与"乡村"、"乡土"以及"乡愁"、"还乡"（更多以城市和城乡结合部为背景，回溯的视角，时间的感怀，乡土的追忆）有着主题学上的密切联系。而这么多在谱系学上相近的诗歌文本的出现说明了什么问题？而这些"同质性"的诗歌又是来自于国内那么多的期刊这又说明了什么问题？我想这并不是编选者或者期刊"趣味"或者"标准"问题，而是牵涉到当下诗歌的生态和诗人所面对的一个难以规避的"现实"——阅读的同质化、趣味的同质化、写作的同质化。无论是过去还是新世纪以来的"伦理学"性质的新一轮的"题材化"写作，我们一再强调诗人和"现实"的关系，诗人要介入、承担云云。但是我们却一直是在浮泛的意义上谈论"现实"，甚至更为忽略了诗歌所处理的"现实"的特殊性。但是，当新世纪以来诗歌中不断出现黑色的"离乡"意识和尴尬的"异乡人"的乡愁，不断出现那些在城乡结合部和城市奔走的人流与不断疏离和远去的"乡村"、"乡土"时的焦虑、尴尬和分裂的"集体性"的面影，我们不能不正视这作为一种分层激烈社会的显豁"现实"以及这种"现实"对这些作为生存个体的诗人们的影响。由这些诗歌我愈益感受到"现实感"或"现实想象力"之于诗人和写作的重要性。我想说的是，当下诗歌不是离"现实"太远了，而是"太现实了"。尤其是在一个加速度前进的"新寓言"化时代，各种层出不穷的"现实"实则对写作者提出了巨大的挑战。试图贴近和呈现"现实"的诗作不是太少而是太多了，而相应的具有提升度的来自于现实又超越现实的具有理想、热度、冷度和情怀的诗歌却真的是越来越稀有了。更多诗人浮于现实表层，用类似于新闻播报体和现场直播体的方式复制事件。而这些诗歌显然是在借用"非虚构"的力量引起受众的注意，而这些诗歌从本体考量却恰恰是劣诗、伪诗和反诗歌的。诗人们普遍缺乏的恰恰是通过诗歌的方式感受现象、反思现实、超越现实的想象能力。换言之，诗人试图反映现实和热点问题以及重大事件时，无论从诗歌的材料、构架、肌质还是诗人的眼光、态度和情怀都是有问题的。曾记得 2009 年，在北京的一位艺术家徐冰用废弃的钢铁、建筑垃圾等材料打造成了两只巨大的凤凰。这本身更像是一场诗歌行动，时代这只巨大"凤凰"的绚烂、飞升、涅槃却是由这些被废弃、被抛弃、被搁置的"无用"、"剩余"事物构成的。这就是诗歌的真实、艺术的真实。讽喻性的诗歌写作已经逐渐成为带有伦理化倾向的一种潮流和趋势。

新世纪以来，打工和底层越来越成为社会学和文化诗学上越来越主流的词汇，这种写作路径越来越成为无论是官方还是所谓的民间不约而同摇旗呐喊的大旗的时候，我想这种写作带给我们这个时代甚至文学本身的除了一部分有意义之外，更多的却是需要重新的反思和检视。人们对此种类型诗歌的语言、技巧和结构已经不闻不问，只对诗歌题材中具有社会性、伦理性和阶层性的内容予以高强度的关注和阐释。

也许在这个时代谈论诗歌理想多少有些令人生疑，或者起码有些矫情，但是我想诗人必须具备写作的诚意——不管你写作什么题材类型和什么风格的诗。在诗歌中我们不仅要看到一个生命的历史以及想象，还应感受到一个人的血肉、骨架、呼吸和灵魂。我非常认同诗人谷禾所说的"我一直对那种虚幻的乡村镜像保持着足够的警惕"。确实，在当下诗坛甚至小说界我看到了那么多虚假的乡村写作和底层写作。当诗人开始消费泪水和痛苦，这更是可怕的事情。或者视野再推进一步，在一个愈益复杂、分化以及"去地方化"和"去乡村化"的时代，诗人该如何以诗歌的方式予以介入或者担当？正如一位异域小说家所说，"认识故乡的办法就是离开它；寻找故乡的办法，是到自己的心中，自己的记忆中，自己的精神中以及到一个异乡去寻找它。"这是必然，也是悖论。

说到文学生态，诗歌所呈现的"同质化"倾向，就不能不涉及刊物、编辑对写作者和读者无形中的"培训"和"塑造"功能。尤其是那些"大牌"刊物和"国刊"（当然，在那些持有"个人"和"独立"立场的写作者而言他们从来都不认为存在什么刊物的级别和重量）。显然，传统意义上的纸质媒体在"编辑"和"审稿"的过程中会有一个总体的风格、选择标准或者基本的"底线"。有人说编辑队伍是"老化"最严重的，我一定程度上认同这个判断。刊物的"风格"作为一种持续性的要求和惯性"气质"从积极的意义上讲会保障诗歌的质量和刊物的"个性"，但是这种期刊普遍存在的"气质"、"风格"和"个性"显然会对与之相悖或者具有差异性"风格"的诗人诗作形成搁置甚至遮蔽。我们不能不承认，阅读者越来越呈现为专业化和圈子化。或者说，写作、阅读和批评都越来越在"自说自话"且"自以为是"。我们知道自古以来就有些好诗写得就不像"诗"。显然,很多刊物都会不同程度地将这些"不像诗的诗"阻挡在门外。而更为重要的还在于,尤其是国家级期刊的用稿标准会对写作者、阅读者和批评者形成巨大的"塑形"作用。其中刊载的诗歌无形中已经成了很多诗人尤其是青年诗人仿效的"样本",诗歌趣味和写作的"同质化"问题就出现了。这也很大程度上形成了诗歌写作的"同质化"倾向,而这个不良倾向已经存在了很多年。或者说,这种"题材类同化"、"表达趋同化"、"意识社会化"的诗歌写作现象的出现,不能不反映了诗人身份的复杂性以及生存压力和影响的焦虑,当然也不能排除作协系统、评奖标准、主流趣味、刊物口味所一起形成的对诗歌写作者尤其是年轻写作者们的重要影响和"规训"。再进一步,由"同质化"的诗歌写作我们必须面对另外一个重要的层面——阅读。由这些文学期刊每年的发行量(有的每况愈下,发行数量已经难以示人)我们要说我们的读者是谁?读者群的"成分"?流失的读者哪里去了?尤其是对于诗歌刊物而言,其阅读者无外乎诗人、诗歌习作者、批评家和各大高校院所的一部分学生(更多是与文学相关专业的研究生)。这实际上就形成了一种"小阅读",或者说这种阅读带有小范围内的"专业化"倾向。而更令人担忧的是,各大期刊不仅形成了写作者的"同质化",而且也对阅读者和研究者形成了带有同质化倾向的阅读趣味和评判标准。实际上,这就形成了一个封闭的系统,而其结果就是每年下来,在汪洋般的诗歌大海上,能够真正站立的岛屿般的诗人,寥寥无几。我们是否也会由此引发这样一系列追问:我们是否进入了"纯文学"式微的年代?

三 "自媒体"、"跨界"与"微阅读"

一定程度上还要感谢"主流媒体"尤其是网络新媒体和博客、微博以及手机等"自媒体"的开放度和"水军力量"。很多热点问题都是在媒体和直播平台最先引发围观和热议,似乎网络民主的呼吁正在频频敲门(当然网络以及"网络"民主自身就具有复杂性,也具有不可避免的负面性和欺诈性)。而这种社会事实的复杂性、多层次性和差异性实际上并非是在近些年才出现的历史事实。而我们普遍忽视了最为重要的就是媒体的力量。正是媒介和"电子"的力量,众多在以前不可能被沉默的大多数知晓的各种社会现象终于能够每天及时性地传递和互动。尤其需要注意的是,更多诗人的个人化的想象力已经远远跟不上瞬息万变的各种"惊天动地"的关涉社会日常生活和"小人物"的个人事件和冲突。那么,当诗歌已经无力对社会事实和更为繁复的精神事实与想象空间作出合理和及时有效的呼应和回应的话,诗人就不能不遭遇到尴尬的地步。或者简而言之,"诗歌"如何能与"新闻"和媒体相抗衡或者发生特殊的合作关系?据此,我们可以发现,20世纪五六十年代西方的"非虚构写作"和"新新闻主义"无论是从写作者的身份到写作方向的调整都与记者、"新闻"工作等有着非常密切的关系。换言之,文学与"新闻"之间的"紧张"或"互动"关系从那时候即已开始。当"新闻"都出现了松动与变化,文学的命运自然大同小异。实际上,新闻并非是完全客观的,而是因为各种社会力量和主体的介入呈现出被塑造的特征。而在社会分层愈益明显、社会现象和民生问题愈益显豁的语境下,网络、博客以及微博等迅捷自媒介和"新闻体"效应对诗歌写作、诗歌刊物和诗歌接受都构成了某种挑战。而这种挑战也不能不影响到对传统意义上诗歌的诸多重新认识甚至反拨,从而也随之出现一系列变化、变体、跨界和调整的过程。或者,这是否为一个诗歌遭遇更多的挑战和"文学性"高度扩散甚至消弭的年代?由此,我们是否该重新思考传统意义上的"诗歌"和诗人以及阅读、世界之间的关系?与此同时我们是否该重新反思我们对"诗歌"的理解是否足够宽阔?目前的诗人是否仍然在一定程度上坚持着精英知识分子的惯性"幻觉"与那喀索斯一样的自我迷恋?而多年来"圆滑""圆润""令人舒服"的缺乏真实感、摩擦感和疼痛感甚至原生粗砺感的文学趣味是如何形成的?

在一个社会分层激荡以及全媒体和自媒体(博客、微博、直播)的"灌水"和"围观"的"微"时代,似乎无论是诗人的人数还是诗歌的数量我们都有难以置喙之感。这让我想到了一首关于"网络中国"的词(临江仙)——"全国人民来灌水,/ 管他狗熊英雄。/ 嘻怒笑骂转头空,/ 帖子依旧在,/ 几块板砖红。// 各种 PAD 一起上,/ 急了就用 IPHONE。/ @ 你我喜相逢，/辛卯那些事儿，/都在网络中。"文学期刊和纸质媒体已经不能完全具备承载各类诗人的写作"自由"、发表"民主"和诗歌"个性"和"自由"的空间。那么当这种空间被一定程度上转移到民刊、网络论坛，尤其是博客和微博上，这无论是对阅读还是对于批评都提出了相当的挑战。诗歌写作者与网络、博客以及智能手机的关系越来越密切，诗歌的写作、发表和评价途径因此发生变化，我们必须正视的一个问题就是，"新媒体"的出现是否一定程度上改变了诗歌生态（包括文学生态，目前出现了很多以"博客"为主要资源的刊物）？是否一定程度上修正了"正规"渠道和"主流"系统的诗歌美学与评判标准？

　　网络不可能改变中国诗歌发展的基本格局，网络只是作为一种新媒介的方式使得诗歌写作、发表和传播变得愈益快捷。这使得任何人都能够发挥自己的话语权力。但是网络也使得众多更为年轻的诗歌习作者空前缩短了诗歌写作的"黑暗期"和"沉淀期"，他们对诗歌的敬畏心理正在空前淡化。当然并不是说诗歌写作有多么神圣，但是显然诗歌的精英化和知识分子传统正在遭受到挑战。与此同时，网络也使得快餐化、一次性的诗歌写作和诗歌批评泛滥。随着新媒体（网络用户 2011 年已突破 5 亿）尤其是手机（用户 3 亿）、博客、微博等自媒体的出现，诗歌生态确实在一定程度上发生了相应的变化。但是值得注意和反思的是，有些研究者和诗人就此为网络喝彩并声称什么网络诗歌引领了诗歌的复兴，显然是片面夸大了网络的作用，显然也是哗众取宠的无稽之谈。

　　随着新媒体、自媒体以及传播渠道的多样化和迅捷化，诗歌的"跨界"表现越来越明显。《人民文学》推出的"新乐府"也在一定程度上反思诗歌的功能以及诗歌的类型。诗和歌的关系思考以及对一般和传统意义上的诗歌概念和趣味的拨正无疑具有积极的作用。无论是周云蓬作为诗歌与民谣甚至摇滚结合的代表，还是黑大春的歌诗小组、曹克非的"诗歌剧场"，都一定程度上回归了"诗歌"的"音乐性"和"耳感"源头。而"中国诗剧场"、"第一朗读者"、"新诗实验课"以及"词场·诗歌计划"活动也都呈现出诗歌与其他艺术形式之间的互动。

　　新媒体尤其是自媒体的盛行，不能不使得诗歌生态发生变化。这种变化一个最为显著的特征就是"微阅读"。在我看来,"微阅读"涉及几个层面:面对数量极其庞大并且每一刻都在激增的各种媒体介质上的诗歌,任何一个阅读者和批评者的视野与阅读量都显得微乎其微;现在阅读的发生已经很大程度上转移到了电子阅读,论坛、博客、微博成为阅读最为集中的空间;阅读传统纸质刊物的读者越来越呈现出了小圈子化、知识化、专业化,甚至这种阅读人数也是非常微小的。这种阅读实际上一种"伪阅读",换言之,读者更多是专业人士构成的(写诗的、评诗的)。值得注意的是,透过诗坛我们不仅发现了仍然有些人试图做"后退"的先锋主义者。仍然有隐逸的自铸个人冷暖的清音者,而且几乎更多的诗人自觉或不自觉的向生活的暗处、生存的漩涡和时代的冰山投注了目光。这仍然是一个存在着伦理化写作甚至"泛政治"的写作的年代。这个时代可能不一定需要与风车大战的勇士,但是肯定需要那些敢于说出"真话"的诗人。说句心里话,我向那些仍然彷徨、仍然分裂、仍然有些愤青的诗人们致敬!在一个所谓不断加速度"前进"的时代,心存真诚和敬畏地做一个不断后退的先锋主义者。确实,有时候或更多的时候我们需要逆流而上和顶风前行。

拟象的欢娱与公众的窥欲
——影视的公共空间与诗歌生态

我从来都不像一些心怀悲悯的诗人和评论家所忧心忡忡地指认当下不是一个诗歌的时代。诗歌在任何时代都能生存，只是围绕着诗歌我们看到和听见了各种各样障人耳目的声音和非诗力量的困扰。优异的诗人在任何情境下都在写作，无论是政治年代流放的风雪之路上，还是在滚滚物欲大潮的黄金大道上。然而我们也不能不正视这样一个事实：当下的诗歌写作确实在一定程度上受到了众多的挑战。正如在2009年11月12日北京罕见的大雪中，在第二届中坤国际诗歌奖颁奖典礼上，北岛在受奖词中同样表达了对全球化语境下诗歌写作的难度与危机，"四十年后的今天，汉语诗歌再度危机四伏。由于商业化与体制化合围的铜墙铁壁，由于全球化导致地方性差异的消失，由于新媒体所带来的新洗脑方式，汉语在解放的狂欢中耗尽能量而走向衰竭"。尤其是在全媒体和"草根明星"一夜蹿红的时代，冒牌性的仿写在诗歌写作中大量存在。

一

人们一直认为当下的诗歌是无力的，诗人的精神世界也是虚无苍白的。甚至人们一直拿青春早逝的诗人海子说事儿。当海子在一个黄昏走入昌平小县城的乌烟瘴气的小酒馆，面对着食客们怪异的眼光向老板提出以为大家朗诵诗歌来换取啤酒喝的时候，那个理想年代尾声里所有的嘲讽和不屑都一起泼向了这个并不坚强的青年诗人。

海子绝对不会想到多年之后他的诗歌不仅红遍整个中国,而且各种舞台甚至楼盘广告上到处都是他的身影。当我 2012 年 8 月在青海德令哈听到关于海子的电影正在筹备当中时,我看着游船上海子的侄子查锐的身影不知是该庆幸还是不幸。而在网络游戏、电玩、虚拟世界和浅阅读、轻阅读的读屏时代人们似乎一直都延续和加深着一个惯常的刻板印象——诗歌已经离我们远去了。但是,我们似乎被什么东西给蒙蔽了,诗歌似乎一直是以"被"涮、被"搞"和被大众"戏拟"和寻开心的方式在公共世界里传播和误解。

看看这个时代是什么在为诗人和诗歌抹了一层层的油彩,是谁将小丑的衣服套在诗人身上?

在此,我想提请大家注意的是诗歌和影视的关系。或者说影视作为一种在中国强有力的经济和娱乐手段如何与纯文学意义上的诗歌发生着摩擦、龃龉和冲撞。而影视作为一种不可替代的拟象和娱乐方式在塑造诗人故事的时候,我们是否和诗人一起成了被消费和窥视的对象?无可否认的事实是自从电影产生以来就以其直感方式和画面、音乐的视觉冲击吸引着大量观众,其中也包括知识分子阶层。如在 20 世纪二三十年代,无论是鲁迅、田汉、洪深、夏衍、徐迟还是张爱玲、叶灵凤、刘呐鸥、穆时英、张若谷等居住上海的作家都深爱电影。电影的影响是巨大的,正如在张爱玲看来电影院就是"最大众化的王宫"(张爱玲:《多少恨》)。正如丹尼尔·贝尔所说的,"目前居统治地位的是视觉观念。声音和形象,尤其是后者,组织了美学,统率了观众。在一个大众社会里,这几乎是不可避免的"[①]。确实,随着读图、读屏时代的到来,影视文化在社会文化场阈中扮演着越来越重要的角色。随着 1990 年代后期以来中国社会现代化进程的加速,文化和文学语境的剧烈转换以及大规模的大众文化、消费文化、影视文化的迅猛发展和娱乐精神的全面张扬,诗歌的生态正在发生变化。例如 1990 年代以来,很多研究文章和各种媒体报刊(包括大量的通俗读

[①] 丹尼尔·贝尔:《资本主义文化矛盾》,第 154 页,赵一凡等译,生活·读书·新知三联书店,1989 年。

物,如《读者》、《知音》、《译林》、《大众电影》、《世界电影》、《视野》等)都不断强调拉美著名诗人、诺贝尔文学奖获得者聂鲁达的情感生活和传奇故事。而随着电影《邮差》(又译作《事先公开的求爱事件》)、电视剧《似水年华》、中国中央电视台制作的《极地跨越》等影视作品的强大影响以及网络等多元媒介的迅速发展,研究者和读者所关注的已经不再是聂鲁达的政治抒情诗,也不只是爱情诗篇,而是更为关注聂鲁达多变的婚姻、恋情生活以及其传奇性的一生。当聂鲁达的私人生活最终成为公众视野中的噱头和卖点的时候,这不能不是一个诗人生前所没有预料到的悲哀。1995年上映的具有世界性影响的意大利电影《邮差》以及智利和西班牙合拍的纪录片《聂鲁达在瓦尔帕拉伊索》都使拉丁美洲家喻户晓的智利诗人聂鲁达变得举世皆知,也再次在中国掀起了聂鲁达热潮[①]。《邮差》这部电影曾获西班牙韦尔瓦"哥伦布金奖"并荣获1996年美国奥斯卡金像奖最佳剧情片音乐奖,这更有力地推动了对聂鲁达在世界范围内的传播。尽管在这部著名的意大利电影《邮差》中,遭放逐的诗人聂鲁达并非故事的一号主人公,但是一些重要的关于聂鲁达和妻子马蒂尔德的情节以及大海边山顶上的那栋小房子以及小唱机的缠绵而苍凉的音乐,窗外的海风、海浪都给观众留下了极其深刻的印象。聂鲁达在墨西哥流亡期间与智利歌手马蒂尔德重逢并瞒着妻子开始了长达六年之久的秘密恋情,这也是电影《邮差》的故事背景。据此,《邮差》中聂鲁达的情感生活和不无浪漫的生活场景使得中国的观众、读者甚至是专业研究者不再只是在聂鲁达的诗歌和文学世界中徜徉,而是深入到了聂鲁达的爱情、婚姻、传奇故事的世界中。这在中国的诗人徐志摩和顾城那里有着和聂鲁达一样的命运。换言之,我们通过影视所塑造的徐志摩和顾城的形象更多是世俗化的、情欲化和消费化的。而无论是小说《聂鲁达的邮递员》,还是电影《邮差》,马里奥·赫梅内斯都是一个爱情和欲望的幻想家和践行者,而小说和电影也都是以爱情为核心展开叙事的。马里奥是一个带

[①] 甚至青年作家邱华栋在短篇小说《她说毁灭》中以电影《邮差》作为男女主人公情感发生变化的背景。

有一定"病态"的形象,他整日"做着大胆的爱情美梦","在甜美的梦呓中觅爱寻欢",最爱看爱情电影,对大嘴的性感女郎"心驰神往",到旧杂志书店里抚摸他喜欢的女演员们的照片,酒吧里穿着小了两个号码的衬衫紧裹着胸部和躯干的打台球的姑娘——比阿特丽斯,都让马里奥如此沉迷,"她那栗色卷曲的头发被微风吹得有些凌乱,像樱桃一样圆溜溜的棕色眼睛流露出几分忧郁而又充满着自信,胸部'别有用心'地被小两号的运动衫紧紧地'压迫'着,两只乳房虽遮盖严实,但仍有几分不安分,那腰肢能诱人搂着她大跳起探戈舞来,直跳得把黎明送走、酒全喝光。就在姑娘离开柜台,走在厅上地板的一瞬间,支撑着的各个姣好的部位就显露了出来:在姑娘娇小的腰肢下,双臀扭动袅娜多姿,身着一条别有韵味的迷你裙,使得那修长的大腿格外引人注目,从大腿到古铜色皮肤的膝盖部,像一段慢板舞蹈一样直至那赤裸的双脚"①。值得注意的是,当年英文版的《邮差》电影海报相当煽情并充满欲望的暗示,画面是一个手拿信件的男人和一个裸露胸部的性感女人,显然是在宣扬这是一部伟大的浪漫爱情剧作。好莱坞唱片公司出版的电影原声带还特别加进了聂鲁达的十四首诗作,并由著名的好莱坞影星和歌星如麦当娜(Madonna)、朱莉娅·罗伯茨(Julia Roberts)、安迪·加西亚(Andy Garcia)、拉尔夫·费因斯(Ralph Fiennes)等这些"聂鲁达迷"来朗诵。这显然已经不是纯粹的文学宣传而是好莱坞式的商业运作了。在由黄磊、刘若英、李心洁等演员出演并热播的电视剧《似水年华》中,黄磊扮演的男主角在故事的结尾就朗诵了聂鲁达的诗歌名篇——"当华美的叶片落尽/生命的脉络才历历可见/是不是,我们的爱情也要到霜染/时光逝去时/才能像北方冬天的质感一般/清晰 勇敢 坚强"。很多的中国读者和观众就是在这部电视剧《似水年华》中进一步认识和了解聂鲁达的,而这也能够返观影视文化在诗人形象的接受与传播过程中的重要作用。

---

① 安东尼奥·斯卡尔梅达:《聂鲁达的邮递员》,李红琴译,《当代外国文学》,1998年第3期。

二

电影怎么能和诗歌发生关系呢?

这也许是人们的第一反应和不解。

作为大众传媒的重要方式,电影无疑更多程度上具有娱乐化、消费化、欲望化特征。而诗歌则在众多的文艺形式上更大程度上给人形成了个人化、小众化和精英性的刻板印象(stereotype)。电影这种越来越商业化和取悦大众和票房的消费手段与越来越走向"个人"的诗歌写作到底存在着怎样的关联呢?影视是否作为重要现代媒介和公共空间使得连诗歌这样更为自足的文体也形成了审美的日常化。诗歌是否也要主动或被动地参与票房、收视率、点击率的商业法则?诗歌是否也要在消费时代的公共场域中受制于市场逻辑并取悦大众的审美趣味?电影《死亡诗社》中的基丁老师和诗歌、诗社的尴尬关系实则也显现出诗歌作为纯粹的文学形式和大众化、消费化的电影媒介之间的龃龉和冲突。而就中国1990年代以来的事实来看,电影和诗歌确实发生着不同寻常的耐人寻味的关系。实际上还不只是诗歌,一个大众化和娱乐化的手段都与诗歌发生着关系。电视等媒介作为一种重要的叙事方式显然丰富甚至已经改变了我们的生活,"媒介事件是对电视的节目性收看,指电视直播的历史事件:国家级事件;划时代的政治和体育竞赛;表现超凡魅力的政治使命;以及大人物所经历的过渡仪式——我们分别称之为'竞赛'、'征服'和'加冕'。为电子媒介展示其唤起广泛而同期的注意,以讲述一个始发的时事故事的独特潜能提供了一种新的叙事方式。这些事件为电视机架起了一道光环,改变了人们的收看经验"[①]。事件和生活被不断地以政治或娱乐的方式媒介化,甚至诗歌也不例外。

2010年的夏天,在香港街头的一个咖啡馆里我在有一口没一口地喝着没有加糖的咖啡,我承认是窗外的雨让我在这里停留的时间更长一些。正在消磨时光中,服务生打开了店内的电视。当一个电视美女主播突然

[①] 丹尼尔·戴扬、伊莱休·卡茨:《媒介事件》,第1页,麻争旗译,北京广播学院出版社,2000年。

在征婚节目中朗诵起海子的《面朝大海，春暖花开》的时候，我真的有些恍惚失措。如果说这个主持人自己喜欢或厌恶诗歌都没有什么关系，这都是她的权利。但是当她在公共平台触及诗歌的时候，这就成了必须面对的社会问题。那个征婚节目似乎因为那首诗歌而使场面变得沸腾。在这场仍在持续的雨和狂欢的征婚节目中，我第一次觉得我们并没有了解诗歌在当下人们大众心中的位置，或者说诗歌写作以及诗歌生态遭受到了怎样"天鹅绒监狱"一般的温柔的扼杀和挑战。我想尼尔·波兹曼对"娱乐至死"的忧虑并不是一种夸张的话语姿态，"电视为电报和摄影术提供了最有力的表现形式，把图像和瞬息时刻的结合发挥到了危险的完美境界，而且进入了千家万户"①。2010 年的冬天，这种诗歌以特殊的文化产品的方式在大众中"上演"的方式仍在继续。在赵本山出动赵家班人马打造贺岁喜剧《大笑江湖》时我并没有期待它能够给我的生活带来什么。但是电影中突然出现的一个场面让人大跌眼镜。台湾的主持人吴宗宪扮演被打落悬崖而多年被困仍然在走火入魔中大练神功的大侠。我看到，在昏暗的谷底丛林里这位大侠在掌力惊人的神功中用四川话朗诵着海子的诗。还是那首诗——《面朝大海，春暖花开》。这让我不断追问的是，人们都似乎认为诗歌在这个时代已经发挥不了什么作用，大众也远离了诗歌。但是，为什么连电视、电影这样的大众化的公共空间却在不断地传播着一些诗歌，不管它们是认真的态度还是搞笑。海子成为今天的文学界和公共空间中仍被热烈追捧和谈论的人物已经司空见惯，但是我海子在中国的经典化和普及性的传播与他的特殊的死亡方式和社会政治文化有着不可忽视的关系。自从 1989 年 3 月 26 日之后，每年的春天都成了一个诗人的节日，这个诗人就是海子。每年三月全国各大大中小学和各个省份都展开官方的或民间的纪念活动，海子不仅进入了教材和诗歌史，也成了房地产开发商赚得资本的噱头，而且海子的经典化仍在继续。我觉得在当下谈论海子更多的时候成了一种流行的消费行为。而在我看来，海子现象已经成为当代汉语诗歌生态的一个经典化的寓言。换

---

① 尼尔·波兹曼：《娱乐至死》，第 103 页，章艳译，广西师范大学出版社，2004 年。

言之，就海子的诗歌和人生可以反观中国当代汉语诗歌生态存在的种种显豁的问题和弊病。海子在接受和传播过程中被不断概念化和消费化，与此相应诗歌生态开始失衡。而揭开中国当代汉语诗歌生态问题的序幕必须从海子开始，此外的任何诗人都不可能替代海子，因为海子在当下甚至多年前海子已经成了"回望80年代"的一个标志性符号甚至是被人瞻仰的纪念碑。海子的诗集在书店大卖，他的诗歌选入大中小学教材被人捧读的时候，一些人为此弹冠相庆，而我却感到了深深的不适与悲哀。试想，如果海子活在今天，他可能仍然默默无闻，那些诗人仍然会对他"恶语相向"。在这个意义上，海子恰恰是以极端的方式被这个时代所记住的诗人，尽管无可非议他在诗歌写作上确实是一个天才。就海子的诗歌不断在报纸、刊物、咖啡馆、电影院、朗诵会这些公共空间被继续传播的时候，我们应该进一步追问公共世界面前的"大众"是否需要诗人和诗歌。从我的这两次经历我能够感受到观众会心的笑声，起码对于他们而言是知道海子这位诗人的。

而当年"地下"文学的发生以及1990年代后，影视话语的兴起显然和公共空间有着密切的关联。在新中国成立后随着政治运动和阶级斗争频繁而暴风骤雨般的进行，国家政治文化对日常生活和私人空间的侵占甚至剥夺成为显豁的社会和文化现象，"新政权的建立，使国家机器的强化达到顶峰，这是20世纪现代化国家建构的一个重要过程"。以往农耕文明的缓慢的生活方式和交通方式产生出的相对封闭也相对自足、特征更为明显的地方文化和文学话语方式也随着现代化进程和政治化倾向的加剧而逐渐丧失了地方文化个性和文学的个性以及多样化的方式。地方与国家，个人生活与公共空间之间的关系在这一时期似乎形成了一体化的强硬的关系，地方和个人缩减到了最小的程度。这就形成了有"国家"无"地方"，有"公共"无"个人"的事实，但是这种挤破也在特殊时期的特殊条件下形成了地方、个人和国家以及公共生活秩序之间的矛盾和冲突，一些青年人尤其是诗人的叛逆性反拨，从而以诗歌话语的方式形成了罕见而弥足珍贵的个人与地方的重新复活与创生。这也是考察20世纪六七十年代诗歌的关键所在。众所周知，国家政治话语的极度膨胀和公共空间生活的极端集体化和国家化，个人的生存空间和交流场所的个人性逐渐丧失。而文学社团在当代的消失以及各种丧失了独立性社会组织的不断集体化就形成了国家政权机构的强大力量，只有到了1970年代末期随着社会政治语境的艰难转换，个人和公共空间才逐渐恢复了真正的个人性、交互性和渐渐敞开的自由性，也正是在此条件下形成了这一时期大量涌现的民间刊物和由地下到地上的诗歌交往和诗歌活动。而电影和诗歌发生关系实际上要更早。就华语电影和诗歌的结合而言，还有两个重要的例子。一个是吴宇森导演的《英雄本色II》（1987年），一个是冯小刚的《不见不散》（1998年）。前者通过周润发扮演的小马哥，在一个流星划过夜空的晚上朗诵了徐志摩的《再别康桥》："轻轻的我走了，正如我轻轻的来；/我轻轻的招手，/作别西天的云彩。"后者通过葛优扮演的角色刘元，戴着墨镜冒充盲人在咖啡馆见到李清时双手搭在她的肩上以非常搞笑的口吻浪速了顾城的代表作《一代人》："黑夜给了我黑色的眼睛/我却用它寻找光明。"

李清：What happened？

刘元：谁啊谁啊谁啊这是？

刘元：是李清，你还是来了！

李清：你怎么了，你看不见了吗？看不见李清了吗？

刘元：不，我看得见。黑夜给了我黑色的眼睛，我看见，你望着我。你像玻璃杯里的冰块一样透明。

刘元："现在的刘元，是个瞎子，是个废人。难道我还能像一个正常人一样去憧憬什么，去追求什么吗？我的眼前一片漆黑，只有在梦里我才能见到光明，回到阳光灿烂的记忆里，有几次我梦见了你，你如此清晰地站在我的面前，使我激动不已。一旦惊醒，心如刀绞。我拼命想看见哪怕一丝的光亮，可我只能听，用听觉去想象……能替我送一束花给你吗？"

李清："应该我送花给你呀。你喜欢什么花儿？是红色的，还是蓝色的？——对不起，我忘了你看不见了。"

刘元:"没关系,我可以闻。眼睛看不见了,嗅觉就发达起来。"(偷瞟美女)

李清(察觉):"咱们走吧。——呦,这是谁的钱包啊?"

刘元:"哪儿呢,哪儿呢?——我又能看见了,这是爱情的力量!"

既然电影中出现诗歌的桥段并非孤立的案例,而是早在八九十年代以来就成了一种"局部"现象,那么我们应该予以注意和思考。电影作为一种文化产业和娱乐商品,电视作为一种更为常见的娱乐平台,从导演、编剧、演员、主持人、编导和制片人、投资方和发行方既然能够在一定程度上允许诗歌进入电影和公共空间,这就说明诗歌在大众心目中是有一定的空间和位置的。绝对不像一些诗人和研究者们仍在坚持认为的1989年海子死亡之后中国的诗歌已经衰落了,理想的黄金年代已经结束了。当然,海子以及当代诗歌在公共空间一定程度上成了娱乐化的对象。而人们似乎对此乐此不疲,在公共娱乐空间里诗人和诗歌仍以这种特殊的方式在上演。

三

值得注意的是1990年代以来关于作家的传记大量涌现,而包括作者和读者更为看重的不是这些作家的文学成就,而是这些作家纷繁错乱的生活履历和传奇性的一生(包括一些作家的非正常死亡事件)。而这无疑满足了商业时代的大众接受期待。以著名的朦胧诗人顾城为例,在1993年之前,人们更为关注他的"童话诗人"形象,而当1993年10月18日顾城在法国激流岛杀妻自缢之后,读者更为关注诗人的性格畸变、爱情、婚姻和多角恋的传奇性故事。这也是为什么顾城、雷米合写的自传性小说《英儿》在当时畅销的原因了。[1] 猎奇、窥私欲望成为1990年代后期以

---

[1] 《英儿》由华艺出版社出版发行,1993年11月第一版首印50000册,不久之后二次印刷加印100000册。

来的一个典型的阅读心理,这一时期也出现了大量热销的关于个人隐私、婚外恋的书籍①。在影视的视觉文化和文化产品构成的公共空间和话语场域内,尽管参与主体和参与方式具有交互性、自主性和开放性,但是这种自主性和开放性更大程度上受制于消费和娱乐的法则。而电影院则"提供了营造一个截然不同的全新的公共空间的可能性,一个弥合高雅文化和消费主义之间沟壑的机会"②。在这种法则下,影视如果又非常复杂地牵扯到诗歌的话,那么这预示着诗歌生态和文化语境发生了怎样的变化?而这进而又对当下的诗歌写作和批评产生了怎样的影响?

1993年,"朦胧诗人"顾城在新西兰基希岛用斧头砍死妻子谢烨后上吊自杀。此时迅速作为公共事件在内地以及华人范围内传播。顾城事件此后曾长时期占据新闻报刊的显豁位置。甚至有导演将顾城事件拍成了电影,名为《顾城别恋》。此片尽管只在港台放映,但是影响巨大并且参加了多伦多国际电影节。当年的电影宣传海报大肆渲染了顾城作为诗人的特殊性,然而这已经成了消费时代的噱头,成为公共空间的招牌。画面的上方是在秋日的无人的草原上,顾城赤身趴在草地上(当然他的标志性帽子仍然戴在头上),眼含憧憬地望着远方。而"英儿"则全身赤裸、双手搭在胸前,双目微闭而有些心事地躺靠在顾城身上。画面的下方同样是在漫无边际的草地上,诗人在独自一人前行。不远处就是幽深的峡谷,还有一棵诗人最终在上面上吊自杀的树。电影海报还配有顾城的诗《我是一个任性的孩子》:"我是一个孩子/一个被幻想妈妈宠坏的孩子/我任性。"当年的出版商争相抢夺顾城遗作长篇小说《英儿》的版权,甚至街头巷尾出现大量的盗版都加速了顾城和死亡事件的公众化和消费化。在顾城事件发生不到一个月的时间,北京的华艺出版社就以难以想象的

---

① 如《绝对隐私——当代中国人情感口述实录》、《单身隐私——50名单身男女情爱生活的口述纪实》、《贞操隐私——27名记者采访当代夫妻婚外情实录》、《非常隐私》、《情人现象——中国36对情人之间情爱生活的真实报告》、《独身女人的情与爱——上海34位独身女人情爱生活的内心独白》、《廊桥遗梦》等。

② 米瑞姆·汉森:《巴别和巴比伦:美国无声电影时代的观众》,第15页,哈佛大学出版社,1991年。

速度出版了《英儿》(珍藏全本)。该书黑色的书封上是一个被遮住头部双手持一树枝的裸女。在公共空间的交互和消费中,顾城的个人生活和隐秘的情感空间被文字和摄像机公开。那些满怀惊奇和窥私欲望的大众得以通过这种特殊的方式走入了顾城远在异国荒凉小岛上的住所,走进了诗人的书房甚至卧室。窥视的欲望在顾城事件之后的影视作品和出版物中得到了满足。众所周知,后来公开出版的《英儿》尽管标明是小说,其中也有诗人天马行空的想象和虚构,但是综合来看这更接近于诗人的自传。其中很多场景、事件、人物都是与现实高度吻合的,这一切都是具有极强的私人性的日记性记录。《英儿》这本小说几乎成了《顾城别恋》这部电影的全部蓝本,比如《英儿》中描写的顾城和英儿之间的交往以及"婚外情"在后来的电影《顾城别恋》中就被以重头戏的方式呈现出来。小说的描述已经足够吸引读者的窥视欲望和探奇心理了,更何况再通过画面和声音的方式进入影院和家庭私人影碟机和电视机:"英儿不知道该做什么。一个新的地方,窗下放着卵石,大陶瓶里插着干了的花。我在自己缓缓升起的欲望中,轻轻把她抱住。她顺从地退在沙发上,在一个新的地方,总会有一种新的感觉。我替她解开衣服,她平声说:一会雷就回来了,还是里边去吧。""她洗完澡就坐在床边,我看她自己脱去淡紫的浴衣,然后把手伸给我。我抚摸她洁净光柔的皮肤,她的乳房,心里忽然的有种感动,一种幽深而平常的感动。我和她在一起了,接着逐渐的快乐起来。我们彼此感觉着对方的身体,我才知道她有怎样的悸动,她的快乐是怎样的。我从小盒子里拿出避孕套。她轻声问我:你戴上吗。我忙了一会儿,不好意思地承认,我没怎么用过它。她就笑了:'连这个都不会。'"[①]文字出版物和影视的介入就使得公共空间内的大众直接介入到了个体的私人空间,私人利益被公共空间的各种话语力量所利用。

2010年底上映的《非诚勿扰2》又以诗歌的方式成了眼球经济时代的焦点。当人们在影院的大灯打开后即将走出影院的时候,他们在走入现实世界的街头和超市的时候谈论最多的是电影中的那首诗和片尾曲。

[①] 顾城、雷米:《英儿》,第36—37页,华艺出版社,1993年。

诗歌又一次在公共空间里被人们广泛谈论，而这里面不能不存在一个悖论。在大量的个人经济力量介入诗歌刊物、诗集和诗歌奖，尤其是博客时代给诗歌写作、发表和传播带来的空前快捷的空间却没有给诗歌带来真正的繁荣，没有吸引更多的读者。我们确实可以从精英的立场指认诗歌是献给无限的少数人的事业，我们也不希求能读懂诗的大众的基数越来越大。但是，我想应该注意的倒是公共世界和诗歌传播的关系。为什么当诗歌进入电视、电影和时尚消费类的杂志的时候，那些大众却印象深刻的接受了相关的诗歌和诗人？这是一种正常的现象，还是被扭曲和消费的娱乐法则的荒诞剧？我认为电影在诗歌传播过程中，起到了一定好的作用，在画面、音乐更为直观的方式中一般意义上的阅读性的诗歌通过可视可听性更容易为受众接受。在《非诚勿扰2》上映期间，某研究机构在观众中做了调查问卷。在被问及这部电影中印象最深评价最高的段落时100%的观众给出的答案是川川给父亲朗诵的诗《见与不见》，而90%以上的观众对电影的片尾曲《最好不相见》给予了高度肯定。而无论是《见与不见》，还是《最好不相见》都再一次印证了公共空间所形成的公众舆论以及诗歌自身的某种不可替代的力量。在李香山的"人生告别会"上，在鲜花丛中，年幼文静的女孩川川双臂抱拢爸爸面容憔悴的李香山的臂膀，将头倚在爸爸肩上朗诵了诗歌《见与不见》："你见，或者不见我／我就在这里／不悲不喜／／你念，或者不念我／情就在那里／不来不去／／你爱，或者不爱我／爱就在那里／不增不减／／你跟，或者不跟我／我的手就在你手里／不舍不弃／／来我的怀里／或者／让我住进你的心里／默然　相爱／寂静　欢喜。"就是这样，诗歌以"临终关怀"的特殊方式在公共空间里获得了出人意料的认可。而值得注意的是《非诚勿扰2》通过电影手段将一个诗人拉近了大众的视野，这就是六世达赖喇嘛仓央嘉措（1683—？）。但是电影中川川朗诵的《见与不见》并不是出自仓央嘉措，而是出自另一个"70后"女诗人扎西拉姆·多多（谈笑靖）的诗《班扎古鲁白玛的沉默》，她在电影《非诚勿扰2》播映后不久出版诗歌随笔集《当你途径我的盛放》。仓央嘉措流传下来的情诗有70首左右，而与《非诚勿扰2》片尾曲《最好不相见》（栾树作曲，仓央嘉措作词，李漠演唱）相似的诗句是:"但曾相见便相知,相间何如不见时。安得与君相决绝,免教生死作相思。"而电影片尾曲的歌词实际是一个网名为白衣悠蓝在仓央嘉措的诗句上续写了后面的部分,称为《十诫诗》。《最好不相见》:"最好不相见　便可不相恋／最好不相知　便可不相思／最好不相伴　便可不相欠／最好不相惜　便可不相忆／最好不相爱　便可不相弃／最好不相对　便可不相会／最好不相误　便可不相负／最好不相许　便可不相续／但曾相见便相知／相见何如不见时／安得与君相决绝　免教生死作相思"。

在一个"维基"的网络"造句"的时代,很多热词就是以这种更为大众、更为通俗和更为便捷的方式被制造。而《见与不见》就是因为热门电影以及其所触及了大众现实心理而成了被戏拟和复制的对象。在此层面,诗歌不折不扣成了被戏仿甚至恶搞的目标,尽管这些戏仿者的初衷可能更为复杂。在戏仿《见与不见》的众多版本中最有影响力,或者借用网络热词最"给力"的是"超级堵车"版、"减肥"版和"人生如梦"版。先看"超级堵车"版:"你开,或者不开车,／路就堵在那里,不走不动；你买,或者不买车,／油价就在那里,只增不减；你上,或者不上高速,／收费站就在那里,不给不开；／出门挤高峰,或者,让高峰来挤你,／淡定　憋尿／焦躁　淅沥。"再看"减肥"版:"你舔,或者不舔,／零食甜品就在那里,不吃不腻；你喝,或者不喝,／冻柠奶茶就在那里,不喝不涨／你蘸,或者不蘸,／咖喱牛腩和烤饼就在那里,不辣不甜／让我立马减掉二百斤／或者干脆让我不进高档餐厅／减肥　扯淡　悲催　伤悲。"最后再看"人生如梦"版:"你买,或者不买房,／房子就在那里,不来不去；你急,或者不急,／房价就在那里,时缓时急；你拼,或者不打拼,／青春就在那里,时晴时雨；你啃,或者不啃老,／父母就在那里,日渐老去；／人生如梦,或者,让梦如人生／神马　豪言／奋斗　浮云。"这些版本通过借助电影的强势影响在中央电视台等权威媒体以及网络媒体上广泛传播。而这些众多的寄生性版本之所以能够在坊间迅速传播并引起共鸣,其根源就在于这些仿制性的甚至不乏拙劣的文本触动到了当下社会的最引人注目的现象和焦点问题以及具有代表性的大众甚至"草根"的心理。而这些文本的受追捧的程度显然应该得力于电影这种特殊的公共空间的力量。

由海子和仓央嘉措，我们看到了电影作为公共空间和娱乐手段在诗歌的特殊传播过程中起到了令人意外的效果。而那些网友和民众仿制的诗作也只能是一种时代心态的表达。真正的诗歌仍需要被我们认知，诗歌写作既要面向内心，也应该让大众来倾听诗歌的心跳。只能说，还是"非诗勿扰"吧。诗歌不管是以传统的方式来传播，还是通过更为社会化的公共空间，有一点是不变的。即优秀的甚至伟大的诗歌永远都不可能被改写和因为被大众接受而降低了品质。

　　还是套用那句话："你看，或者不看／诗歌就在那里，非诚勿扰。"

第五辑

从"广场"到"地方性"

地缘的"北方"诗学：从杏花村到白洋淀

"文革"之前在北京即已出现了圈子性的"地下"性质的诗歌圈子和文艺沙龙，以至后来张郎郎和郭世英成了被广为传颂的诗歌"英雄"和最早的思想"启蒙者"之一。相比照而言，南方的类似的诗歌组织和圈子的影响就处于巨大的忽略之中。实际上在1960年代初，上海的陈建华和钱玉林、朱育琳、王定国和汪圣宝等人就已经形成了读书会。"文革"时期被定性为"反革命小组"，朱育琳被红卫兵拷打致死[①]。更多的时候，"文革"之中产生的白洋淀诗群独领风骚并成为北方诗歌的绝好象征。

一

我记住了多年前一个插队白洋淀的女知青的一段话：

> 尘封的记忆就是从这里开始。从这片凝固的湖水开始。颜料的色泽已被流逝的时光作旧：在黑蓝色的天空与黑蓝色的湖水之间，月光划开一条小路，把记忆引向幽暗的深渊。这是关于我们自己的，关于个人的记忆。[②]

在众多的具有群落性质的诗歌写作中，为什么单单是白洋淀诗群成为了当今新诗史叙述中一个绕不过去的"经典"？

---

① 陈建华：《天鹅，在一条永恒的溪旁》，《今天》，1993年第3期。
② 潘婧：《抒情年代》，第3页，作家出版社，2005年。

我们不能不注意到这样一个事实,"文革"时期的地下诗歌写作群体,如贵州诗人群、上海诗人群、福建诗歌人、内蒙诗人群等之所以没有获得像白洋淀诗群受到文学史如此的青睐,当然与这些诗群的写作成就和被挖掘的程度有关,也不能不说与朦胧诗的关系的亲疏远近有关。著名历史学家雷海宗曾经在《中国文化与中国的兵》中将淝水之战看作南方文化主导中国的开始,确实,在此后漫长的历史时期内南方文化一直在主导性的位置上俯瞰北方,而在20世纪中国诗歌地理版图上的北方诗歌似乎一直被江浙一带的南方诗人们覆盖,也似乎只有在60到80年代北方诗歌才显现出了它的中心位置。

1968年底,在毛泽东的"接受贫下中农再教育"的指示下,大规模的轰轰烈烈的上山下乡运动开始,1700万青年学生离开城市来到边疆和僻远的乡村,以一颗颗需要不断地"锻造"的红心接受贫下中农精神的"洗礼"和再教育。这些知青在"流放"岁月中产生了思想群落和文学群落,而目前留给我们更多的是文学群落的历史印记。在当时如此众多的知青点中,后来只有"杏花村"和白洋淀独领风骚,尽管当时插队白洋淀的多多等人也没有预料到白洋淀是诗歌的"一个摇篮"[①]。照之其他的地方,"白洋淀"和"杏花村"显然具有一种不无强大的文学和文化的召唤结构。这使得那些流浪的青年人在这里暂时找到了精神的安慰和诗歌的栖居之地,而其他的地方则一定程度上不具有这种结构。正如一些研究者所指出的,"进入乡村世界的知识青年,并未被土地的魅力所征服。一方面是难以忍受的贫苦生活,一方面是单调乏味的农业场景,这两者都驱赶着知青,令他们继续处在剧烈的地域流走和心灵动荡之中"[②]。可以说,在特殊的背景下是杏花村和白洋淀这样的地理和文化空间诞生了"文革"一代人的诗歌写作和精神成长。这让我想到了19世纪中叶以后不断呼喊着"到欧洲去"的俄国年代人,看到了1867年迷茫的风雪之路上陀思妥耶夫斯基和他第二个妻子安娜·格里戈里奔赴欧洲的身影。而"文革"

[①] 多多:《1970—1978北京的地下诗坛》,《今天》,1991年第1期。
[②] 朱大可:《流氓的盛宴——当代中国的流氓叙事》,第162页,新星出版社,2006年。

中下乡知青一代人的异地"流放"更让我想到的是20世纪20年代的美国的"迷惘的一代"。在当时经济大萧条的背景下,海明威、马尔科姆·考利、克莱恩、菲茨杰拉德、怀尔德、帕索斯和他们同时代的作家一起"流落"甚至"逃亡"到欧洲,其中一部分人在30年代返回美国成为短暂的流放者,而有的则永远留在了欧洲成为永远的流放者。这种异域的流放显然并非来自于单纯的经济原因,而是有着"迷惘的一代"在精神、政治、文学和生存上的多重复杂想象和精神冲动,"欧洲"则成了这种想象的代名词和空间。我想,"欧洲"和"杏花村"、"白洋淀"一样成为一代人拓展文学与生活、想象和现实边界的空间,从而生动地展现了激烈时代的社会动荡和文学精神轨迹。海明威、马尔科姆·考利、克莱恩、菲茨杰拉德、怀尔德、帕索斯、哈米特、肯明斯、布罗姆菲尔德都曾在"迷惘"和"出走"的路上成为卡车司机和战地救护车司机,他们和汽车的身影奔跑在大地、山地和丛林之中;而食指、多多、芒克等人则以乘坐着火车、汽车、牛车、马车甚至骑着自行车的方式在政治年代的乡村和城市中"流放",甚至以船代步在纵横交错的水道和芦苇荡中穿行、交游和继续流浪。

正如"迷惘的一代"战后暂时寄居在纽约市的格林威治村和郊区偏僻的蒙帕那斯一样,白洋淀、杏花村成为文学家们流放生活的时代缩影。白洋淀、杏花村还有南方的野鸭塘等地,已经不再是一个单纯的地方,而是成为一种精神空间,成为一种精神成长的方式和文学理想滋生的产床。

二

北方的一个又一个寒冷的冬天成为那个政治寒冬时代最为形象的说明,而郭路生(北京五十六中高中)也在北方的冬天里,面对这冰封的河面写下了《鱼群三部曲》等诗篇。

1968年冬天,20岁的郭路生(后来名满天下的食指)赴山西汾阳杏花村插队。临行前,北京火车站,郭路生的朋友高小刚、张小红等和他一起照了合影。照片上的人们都穿着厚厚的棉衣,有人光着头,更多的则戴着棉帽,也有的还戴着夹帽。在这些表情僵硬的一群年青人当中只有高大的郭路生面带微笑。此时还没有登上火车感受送别的撕心裂肺场面的郭路生还没有预料到此次晋中之行的艰辛与痛苦。当然，他也没有料到他即将写于 1968 年 12 月 20 日开往山西的火车上的《这时四点零八分的北京》和之前写成的《相信未来》在杏花村，在此后的一个个黑夜给一代人所带来的不可想象的震撼与共鸣。

当上山下乡运动被宣传和塑造成为伟大的理想主义的青年行动时，食指却以力透纸背的诗作呈现出了欺和瞒背后的事实真相和一代人真实、疼痛的面影和被遗弃的漂泊的无家可归感。1968 年 12 月 20 日下午四点零八分的北京车站，在时代的列车上，食指以当时诗坛罕见的敏锐、真诚和良知反现了现实的残酷和悲凉：" 这是四点零八分的北京 / 一片手的海浪翻动 / 这是四点零八分的北京 / 一声尖厉的汽笛长鸣 / 北京车站高大的建筑 / 突然一阵剧烈地抖动 / 我吃惊地望着窗外 / 不知发生了什么事情"（《这是四点零八分的北京》）。迷茫、困惑在食指这里第一次得以呈现，而且呈现得如此真实。而这种真实确是以一代人的青春和生命为代价的，食指以良知的带血的针线穿透了时代的虚假面纱，"我的心骤然一阵疼痛，一定是 / 妈妈缀扣子的针线穿透了心胸 / 这时，我的心变成了一只风筝 / 风筝的线绳就在妈妈的手中"。值得注意的是食指这首歌中的 " 北京 " 形象。曾有研究者认为，" 这首诗歌完全扭转了五十年代以来所形成的对于'北京'这个词语的象征倾向的运用，把'北京'这一'超级事实'，下降为一种现场真实，把'北京'作为国家和革命话语的象征性存在，转变为一个人生活中最普通的存在"①。但我认为这种说法过于抬高了食指诗歌的 " 超时代 " 意义。尽管食指的这首诗歌是在个体和一代人的生存现场中所抒写的际遇与内心的挣扎，但是 " 北京 " 这个国家和文化的高大形象的象征并没有被消解，反倒是在上山下乡运动中，对于那些带着户口离开北京的大批知青而言，" 北京 " 无论是作为出生地的故乡还是作为精神故乡甚至文化和国家的象征都获得了更为重要的意义。正因如此，他们才

---

① 朱周斌：《个体在人世间的意义——作为朦胧诗与当代汉语现代诗原型之一的食指》，《诗林》，2010 年第 4 期。

在离开北京的时候带有难以言说的痛苦、分裂和漂泊感。所以我们才会看到众多的知青诗歌中大量的对"北京"的回忆、留恋和希望"返回"的冲动,这成为那代人的情结。实际上,食指这里的"北京"和十七年以及"文革"主流诗歌中的"北京"文学形象并没有本质上的区别,只是食指在诗歌中加入了个体的真实感受,而"北京"所象征的国家和文化寓意是没有太大差别的。

1968年12月20日黄昏,到达陕西省汾阳县杏花村的北京知青们(大多来自人大附中、北京女一中、101中学)是带着离乡的孤独和失落来插队的,但是这些"北京人"、"大学生"(在当时的中国尤其是农村初中和高中学历显然是很高的了)却受到了公社和村里的热烈欢迎。当时的食指戴着灰呢子老头帽、身穿棉大衣,左手提着行李和生活必需品,右手提着一盆花——仙人掌。仙人掌的执著、坚强是否呈现了食指作为诗人的一个侧面?而其他的知青有的带来了书籍,有的甚至还带了唱片、电唱机和手摇留声机。

杏花村这个在中国文学中承担了如此诗意的地方重新在"文革"这样非诗的年代焕发出新异的芬芳,正如春暖花开的时候四处盛开的杏花、桃花。而这完全是因为一群知青来到这里写诗、朗诵和交游,尤其是其代表诗人食指更是以"文革"地下和先锋诗歌的先驱、启蒙人物和"朦胧诗的一个小小的传统"更是让杏花村成为中国先锋诗歌的一个地理版图。

不久,食指开始在杏花村,这座晋中大地的一个农村写诗、朗诵。他写满诗歌的笔记本被知青传抄且传播范围越来越广泛。按照食指同时代的诗人和插队知青的说法,当时在北京、河北、山西、陕西、内蒙和黑龙江以及云南等地都有人传抄他的诗歌,甚至如一同插队的戈小丽所说杏花村一时成了诗圣朝拜地。显然,食指诗歌的真实性和特殊的朗诵时的抑扬顿挫的音乐性不仅使那些在杏花村亲自听过食指朗诵的知青们印象深刻,而且在其他外地的知青和工人们第一次在手抄本上读到食指的诗歌时的那种激动、感动和震撼是难以用语言来表述的。手抄本就是这样以完全不同于铅印出版物的亲近、陌生、新奇吸引着那么多文学青年和普通读者,"一九七三年,我从朋友手中得到一本诗集,如果是一本铅印的书,可能不会引起我的兴趣,作家、诗人在我的心目中神圣得高不可攀,会因为离我太遥远反而被忽略。但那恰恰是一个手抄本,用的是当年文具店里仅有的那种六角钱一本的硬面横格本,字迹清秀,干净得没有一处涂改的痕迹。仅猜测那笔迹是出自男性还是女性之手,就足以使我好奇得一口气把它看完"①。手抄本诗歌之所以能够受到如此追捧,也在于当时这些新奇的现代诗歌打开或更新了阅读空前贫乏的、受贺敬之等政治抒情诗影响的一代青年的视阈。这种手抄本上的诗歌因其私人性和真实性更容易走进这些青年人干渴的内心,"最让我好奇的是手抄本小说和诗,在一凡那里,这些全被翻拍成照片,像扑克牌一样装在盒子里……我把《相信未来》抄在笔记本上背诵:当蜘蛛网无情地查封了我的炉台,当灰烬的余烟叹息着贫困的悲哀,我依然固执地铺平失望的灰烬,用美丽的雪花写下:相信未来"②。当插队内蒙后因病回京的史保嘉在一个夜晚第一次读到食指的诗歌时显然不啻于一次心灵的地震,从这里能够看到在一个手抄本时代食指诗歌的传播范围和他不可替代的影响,"记得那晚停电,屋里又没有蜡烛,情急中把煤油灯的罩子取下来,点着油捻权当火把。第二天天亮一照镜子,满脸的油烟和泪痕","郭路生的诗在更大范围的知青中不胫而走,用不同字体不同纸张被传抄着。世界上不会有第二个诗人数不清自己诗集的版本,郭路生独领这一风骚"③。而后来的《今天》即可以看作手抄本时代诗歌传播的一个最典型的例子。尽管《今天》已经不再是手抄本形式,但是其第一期的纯手工的刻蜡版油印,手推式油印机,然后一次次重复的折页、配页、装订;《今天》第二期开始通过私人关系和出钱的方式找打字员采用打字油印的和手摇机印刷(当时《今天》编辑部花费三百多元购买)的方式;这都以非常民间和地下的方式在制作生产和传播着诗歌。而通过各种关系和偷梁换柱的介绍信最后在印刷厂印制的天蓝色封面的铅印《今天》则引起巨大的轰动和吸引了更多的

---

① 徐晓:《半生为人》,第136页,同心出版社,2005年。
② 廖亦武主编:《沉沦的圣殿》,第66页,新疆青少年出版社,1999年。
③ 史保嘉:《诗的往事》,见刘禾编《持灯的使者》,第8页,广西师范大学出版社,2009年。

读者。这几乎是当时众多民刊中唯一的铅印的封面,从这里也能够看到民间和地下刊物的意义和价值,"我闻着那油墨的芳香,心里是多么欣慰"(《今天》的读者来信)。

当时食指他们知青临时住在杏花村的一个小小山坡的两排青砖农房里,这里成了知青劳动之余谈论文学、朗诵诗歌和文艺交流的据点。是食指的诗歌使得这些远离家乡的迷茫、低落的知青们得以找到精神上的安慰,而杏花村特有的地理环境也使得这些远离城市的人找到了乡土中国和诗歌过度的诗意和自然伟大的一面,"杏花村的春天美极了,粉红色的桃花和白色的杏花开得绚烂一片,点缀了那古老的青砖瓦房。背景再衬上那青青的紫华山和山顶缭绕的白云,天然一幅古香古色的农家美景。这或许就是引发杜牧写出'借问酒家何处有,牧童遥指杏花村'这样佳句的原因吧"①。食指的《新情歌对唱》、《窗花》显然出自于晋中农村给诗人的引发,而村中漂亮的村姑金莲也焕发了食指这样年轻诗人的激情。当春天各地的知青纷纷慕名来拜见食指的时候,四周盛开的杏花和食指的诗歌一起成为那个时代的文学传奇,也成为后来文学史所津津乐道的"故事"。尤其是后来食指的遭际和个人的悲剧性命运也在很大程度上增加了故事的传奇性和诗歌的历史性。然而这两排农舍实际上是无比普通,甚至非常简陋寒酸的,但是就是这些简陋的农舍却在一个非常时代孕育出了中国先锋诗歌的前驱性人物。两排房舍其中的一间有供知青们自己做饭的厨房,厨房就是用破旧的砖搭成的,厨房的左边是一个大灶以及用木架支起的长条木制案板,灶的上方是没有窗纸的窗户;大灶的右侧是水缸、扁担、水桶和一些农具。而就是这个简单的厨房,夜幕降临的时候,这里却开始活跃起来,有人跳舞、唱歌,有人看书、交谈;而更为知青津津乐道的盛事则是由郭路生朗诵他的诗歌,而《相信未来》和《这时四点零八分的北京》每次都成了保留节目,而女知青每次都会在朗诵中泪流满面。我们可以看到"听众"以灶台为中心围坐在扁担、木凳、水桶和南

---

① 戈小丽:《郭路生在杏花村》,见刘禾编《持灯的使者》,第152页,广西师范大学出版社,2009年。

瓜、红薯堆上，灶台上是微弱的油灯，郭路上背对黑夜、面对如豆的灯火，其高大的身影投在窗棂上，"郭路生的嗓子略带沙哑，朗诵时声调抑扬顿挫，念到轻时轻得像是把词语用一丝微风送到你耳边，有时还会停顿片刻让诗句的余味继续蔓延，真达到了'此时无声胜有声'的效果；念到激昂处，他的嗓音放大而不失含蓄，洋溢着热情和急切。念到靠近结尾的排比句时，他那急切的声音像炽热的火球不断地滚动上去，把听众的情绪完全调动起来"①。而郭路生朗诵诗歌时投入的表情更是给那些知青以最直接的感染，"念到低沉处，他半闭眼睛，眼神幽沉而迷茫；念到抒情处，眼睛里充满快乐和跳跃的波光；念到激昂处，他执著地看着前方，眼里充满热情"②。很多次，都有知青尤其是女知青还没听完郭路生的朗诵就跑出厨房在黑夜中放声大哭。

当 1990 年代，诗歌的理想主义年代早已经过去，当食指在北京嘈乱的酒吧里朗诵诗歌的时候，这些听众是否真的在倾听诗歌？是否还有观众透过食指高大的身影和微笑以及低沉的嗓音来回溯杏花村时代的食指，来怀念风雨之的北京车站的四点零八分？

三

尽管杏花村以及当地村长和村民给了郭路生美好的记忆，他的诗歌也开始在杏花村、山西以及全国各地产生影响，但是插队杏花村的第二年，也就是 1969 年郭路生来到河北白洋淀实地"考察"并企图转到这里插队，但以失败告终。

换言之，在当时还有比杏花村更吸引知青的地方，这就是——白洋淀。

当我们谈论芒克、多多、根子等诗人的时候，白洋淀已经成为中国汉语诗坛的"圣地"之一，尽管今天这里作为旅游地已经被商业文明熏染得

---

① 戈小丽：《郭路生在杏花村》，见刘禾编《持灯的使者》，第 150、151 页，广西师范大学出版社，2009 年。
② 同上，第 155 页。

有些面目全非。

可能人们不会想到，白洋淀竟会因为北京来的一些诗人而成为精神和诗歌的圣地，尽管时光和历史留给我们更多的是烟雾迷津中模糊的碎片，"在秋风寒瑟的湖面上，飘过云团一般的雾气；我们的船与他们的船交错而过，倏忽之间，令人心悸的惊险，划船的男孩高高的个子，轮廓分明的漂亮的脸，新鲜刺人的笑容，这或许就是我记忆中的芒克"，"他们的船迅速地隐入浓雾之中，若隐若现，正如记忆的虚无缥缈"①。

白洋淀古称"祖泽"，位于河北省中部，保定正东八十里左右的安新县境内，距离北京300华里。白洋淀是海河平原上最大的湖泊，现在属于北方湿地自然保护区。当时的安新县城是一个名副其实的荒凉小城，整个城只有一条街道，街道两旁是低矮的民居，小城唯一的副食品商店食品稀少，门前网可罗雀。但是离开县城，散落在白洋淀336平方公里上的143个淀泊中的大大小小的村庄却是名副其实的丰饶的鱼米之乡。白洋淀，一片片洼地，连成一气，常年积水，故称"淀"。南北最长处约50里，东西40里。其上游有唐河、猪泷河、漕河、瀑河等九条河流，号称"九河下潲白洋淀"。其下游与白沟河汇合，改称大清河，在河北独流并入子牙河，当雨季上涨，可向西漫延二十多里，连旧县城安州也合并处于一片烟波浩淼的濛濛之中。如果说京、津、保（定）这一三角区域是荷花淀派成长的沃土，那么作为华北明珠的安新境内的白洋淀水乡则可视为荷花淀派文学获得灵性的象征性源泉。同样这块土地也孕育和滋养了充满现代性特质的白洋淀诗群。作为距离北京最近的水乡，白洋淀的湿地文化、京畿文化和乡野风貌在一定程度上缓解了知识青年的时代压抑，激发了这些青年人对现代文明的眷恋与追求。而相对边缘、封闭的地理空间也在一定程度上培养了这些青年人追求自由、反拨主流意识形态文化的精神。位于冀中平原，地处京、津、保三角地带的白洋淀已经成为诗人心目中滋养诗歌的最好的地理板块，这里的湖泊、芦苇、荷花、水禽、鱼虾都

---

① 潘婧：《抒情年代》，第14页，作家出版社，2005年。

与诗歌水乳交融在一起，而这里特有的大抬杆①、"小牛蹄"②、透溜湾、青果③以及冰船曾让来自北京的知青们大开眼界。而白洋淀作为北方少见的水乡，以其"燕南赵北"、"塞北江南"和"华北明珠"所特有的水乡和湿地环境给在政治年代来到这里的一代青年提供了不可替代的宝贵的地理资源和人文精神。而大清河南岸与北岸赵北口之间长达两华里的大石桥——十二座联桥更是成为一个时代诗歌精神的象征。十二座联桥的历史沧桑和燕赵文化仍然闪现着古老的光芒。十二座联桥是战国时期燕国和赵国的分界线，桥的两侧各竖石碑一块，上刻"燕南"、"赵北"。桥北可以通往北京和天津，桥南则可以顺千里堤到达任丘、河间。走水路，这里上经白洋淀走府河可到保定，下顺大清河到天津。而白洋淀的水则通过这十二座联桥东流入海。

在很长时期内，白洋淀作为冀中大地上抗日和革命斗争的堡垒在当代战争文学如《白洋淀纪事》、《小兵张嘎》中得到不断的闪现和强调，而白洋淀特殊的地理环境在战争年代的文学上只不过是强化了这里交通在战时的重要性："这是间坐北朝南的破'河神庙'，木刻的'河神'早被游击组搬去，留下个三面墙的庙筒，成了行人避寒的地方。庙的左侧，是通津庄大街南口。从街口往南走几步，有个陡坡，坡下有个土台，台上有块刻有'一叶通津'四个篆字的古碑，那就是有名的'通津码头'了。这儿的河道有三奇：一是宽得出奇，白洋淀苇塘连绵不断，唯独这一溜苇子少，河道足有十来丈宽；二是深的出奇，就是天旱的淀泊干枯，满载的对槽大船在这里也探不到底；三是直的出奇，东西十几里，就像拉着墨线裁过一样。所以，白洋淀的鱼、米、虾、蟹、苇、席，天津的日用百货，多从这里集散。"④而在其他燕赵作家尤其是保定地区作家的革命小说中，白洋淀的

---

① 白洋淀地区特有的打大雁、野鸭用的三寸多粗一丈来长的猎枪。
② "小牛蹄"也称牛皮绑，是白洋淀渔民在冬天穿的一种短筒牛皮靴，制作粗糙，形制肥大，里面装有麦秸，可以隔湿御寒。
③ 白洋淀地区成鸭蛋为青果。
④ 云起：《智锄伪队长》，第38页，见保定地区革命文员会文化局创作组编《雁翎队的故事》，河北人民出版社，1974年。

地理和交通上的重要性得到强调，只是在很小的程度上呈现了这一水乡的特点和地缘文化上的特殊性。白洋淀纵横交错的大大小小的湖泊流传得更多是雁翎队抗日寇、除恶霸、端炮楼、夺军火、打火轮的故事，这些湖泊也成了革命的据点："动员了全国的老百姓，就造成了陷敌于灭顶之灾的汪洋大海，造成了弥补武器等等缺陷的补救条件，造成了克服一切战争困难的前提。""依据河湖港汊发展游击战争……并在河湖港汊之中及其近旁建立起持久的根据地，作为发展全国游击战争的一个方面。"（毛泽东语录）而白洋淀特殊的地理环境形成的风物、习俗以及漫延百里的水乡特有的自然气候和精神气候则是长时间被作家们所忽视。这一时期的白洋淀诗歌也是典型的口号诗："百里淀泊驶战船，/万顷芦荡摆战场；/抬杆猎枪威力大，/百发百中打豺狼。"也只有到了孙犁那里，尤其是到了"文革"时期的芒克、多多、根子和林莽等白洋淀诗人那里，白洋淀才从真正意义上独立和凸显出其特有的燕赵文化的"慷慨悲歌"的魅力："古秋风台之北／祖泽中　那个小小的村落／一股阴气笼罩着／那是源于两千年的寒风／高渐离的筑声骤起　我随之悲歌／我将怨恨埋于心中／我将匕首裹入诗行／它们激越的悲鸣／穿越燕南赵北的祖泽／易城以南的祖泽／浑然一片白茫茫的水泊。"① 我们关于白洋淀的文学记忆以及关于对白洋淀水乡的想象最早是来自于孙犁和他所营设的"荷花淀"和白洋淀纪事："要问白洋淀有多少苇地？不知道。每年出多少苇子？不知道。只晓得，每年芦花飘飞苇叶黄的时候，全淀的芦苇收割，垛起垛来，在白洋淀周围的广场上，就成了一条苇子的长城。女人们，在场里院里编着席。编成了多少席？六月里，淀水涨满，有无数的船只，运输银白雪亮的席子出口，不久，各地的城市村庄，就全有了花纹又密、又精致的席子用了。"② 关于白洋淀，孙犁留给我们的是水乡漂亮、能干、淳朴、勇敢、温柔识大体的北方女性，她们在朦胧月光下编席子，岸边的荷叶荷花的香气以及小船上的私房说笑都让我们对这一水乡有着美好的记忆："月亮升起来，院子里

---

① 林莽：《林莽诗选》，第203页，时代文艺出版社，2005年。
② 孙犁：《荷花淀》，《解放日报》，1945年5月15日，第4版。

凉爽得很，干净得很，白天破好的苇眉子潮润润的，正好编席。女人坐在小院当中，手指上缠绞着柔滑修长的苇眉子。苇眉子又薄又细，在她怀里跳跃着。""女人编着席。不久在她的身子下面，就编成了一大片。她像坐在一片洁白的雪地上，也像坐在一片洁白的云彩上。"① 这些温柔、贤惠、大方、漂亮能干的燕赵水乡女子是否也在一定程度上吸引了芒克等这些当时的年青人不得而知，而芒克、多多、根子等人在白洋淀的村子里和当地的姑娘谈恋爱，甚至芒克和姑娘都到了谈婚论嫁的程度却是不争的事实："大多数人都经历了恋爱，因为无事可做；大多数的爱情都顺理成章地以失败告终。"② 非常有意思的是，诗人江河在白洋淀交游时期曾给当时的女友潘青萍照过一张照片：少女时代的潘青萍正在织苇席，她半蹲半跪，低着头，面带微笑。

　　六七十年代的白洋淀与先锋诗歌结下了不解之缘，而最初吸引北京的知青来白洋淀的，是因为他们此前对孙犁小说和散文有着美好印象，"最初，是孙犁的散文使我们想到这片被称为'华北明珠'的地方"③。这里交错纵横的水路更像是迷宫，"在大淀里，很容易迷路。我尤其辨不出东西南北。我看淀里的景致总是大同小异；小路的两侧是方阵一样的芦苇荡，鸭子在那里游来游去。靠芦苇的地方总能看见鸭子下的蛋"④。遮天蔽日的芦苇荡显然成了一种最好的屏障并与北京等地的政治运动疏离开来。这些从城市里分离、从父辈的受难和个人的痛苦中来到这个北方水乡的时候，他们最初是痛苦的，"那时我们还都年轻，那年我们只有离家远行。那是一个多雪的冬天，那年的寒冷让我们从肌肤到内心都已冻透"，"在白洋淀，在华北的水乡，我的内心也听到了冰层冻裂的轰鸣"⑤。而当冬日被春天消融，迷茫的水面、水鸟的鸣叫、时而闪现的波光粼粼之上的

---

① 孙犁：《荷花淀》，《解放日报》，1945年5月15日，第4版。
② 潘婧：《抒情年代》，第133页，作家出版社，2005年。
③ 潘婧：《心路历程——"文革"中的四封信》，《中国作家》，1994年第6期。
④ 甘铁生：《春季白洋淀》，见廖亦武主编《沉沦的圣殿：中国20世纪70年代地下诗歌遗照》，第273页，新疆青少年出版社，1999年。
⑤ 林莽：《林莽诗选》，第200页，时代文艺出版社，2005年。

渔船以及夏天里的荷花、菱角、跳出水面的鱼却在此后的日子让这些来自北京的城市青年感受到前所未有的舒畅的"云梦泽国"的乡野气息和诗意的氛围,精神的饥渴、内心的迷茫、青春的激情和身体的膨胀都在这一片水乡中找到释放的空间,"那些浩淼的湖水,是怎样抚平了我心头的创伤,芦苇的倒影中有鸟儿幻觉的翅膀。那源自心灵的向往不只是寄托,而是真挚的祷告。无法抑制的激情,在夏季暴涨的淀水中呼啸"①。

四

我想,插队白洋淀的白青(潘青萍)所说的"妈妈孕育了我,白洋淀孕育了一代诗人"是准确的。

白洋淀靠近北京,具有天然的地理上的优势,而白洋淀又确实有着她自身的特殊性,甚至带有那个极端年代少有的北方偏远水乡所带来的"异域"特征。插队白洋淀的宋海泉就曾发现白洋淀的渔民的眼睛是蓝色或者绿色的并怀疑他们是西域色目人的后裔②。尽管这些来自北京的年轻人在这里仅仅呆了几年的时间,但就是这短短的时日却成就了后来长久的文学史记忆甚至成就了传奇性的诗歌故事和诗人英雄。白洋淀也成为这个诗人英雄们赖以生存的诗歌江湖和民间诗歌的中心,起码是北方的中心:"北京是中国政治、经济、文化的中心,是历朝历代领风气之先的地方,而在离北京不太远的白洋淀,却是一片烟波浩渺,宛如世外桃源的边缘之地。从中心放逐到边缘,然后又从边缘回到中心,一个地下诗歌的江湖就这样形成。"③

白洋淀之所以吸引这些知青,还在于这些知青非常清楚白洋淀只不过是他们暂时的居住地,他们都不会最终成为这里的"村民"而终将或早

---

① 林莽:《林莽诗选》,第202页,时代文艺出版社,2005年。
② 宋海泉:《白洋淀琐忆》,见刘禾编《持灯的使者》,第109页,广西师范大学出版社,2009年。
③ 廖亦武主编:《沉沦的圣殿:中国20世纪70年代地下诗歌遗照》,第179—180页,新疆青少年出版社,1999年。

或晚地离开这里,"如果说,我热爱这片湖,似乎不真是;我并没有留在这里,也从未想到要在这里生活一辈子,像当时的许多激情的插队的知青那样。我是城市的孩子,这一点是不能改变的。在我走进村里为我们准备的房子,开始用柴锅烧水的时候,我就明白,我们将离开这里"①。恰恰是这种短暂的"路过"和"流窜"状态而不是真正的永远离开城市在这里居住下来,才让他们不断发现与北京和城市截然不同的白洋淀的魅力和特殊之处并在未来的回忆中不断提炼其美好之处(比如田园诗、水乡、风光),而省略和忽视了这里偏远、落后、边缘的一面。而反过来,我们很少看到白洋淀当地与这些知识青年一样大的青年人对白洋淀的歌唱和赞美,正所谓"熟悉之地无风景"。

当时插队在白洋淀的北京知青据说有五六百人之多,而这些知青中因为圈子性和互相交往的缘故写诗的人为数不少。我们今天在文学史和各种相关文字中只看到了芒克、多多、根子等少数的几个,而当时在白洋淀写诗的其他诗人尤其是女性诗人则可能永远被文学史叙事所忽略和省略。实际上在北京知青在1968、1969年左右来白洋淀插队之前,这些学生都是以各自的学校为圈子组织了大小不等的诗歌交流的群体,比如北师大女附中的史保嘉、孔令姚、戎雪兰、潘青萍(潘青萍和戎雪兰是北师大女附中的同班同学)、陶雒涌、武嘉范、张雷,清华附中的宋海泉、甘铁生、郑义、刘满强、车宏生,男四中的北岛、史康成、曹一凡等。后来这些群体中的很多成员都赴白洋淀插队,这些文学交流群体为他们插队白洋淀后的诗歌写作和交游建立了基础。而这些知青甚至包括多多、北岛等人都曾写作旧体诗显然带有那个时代的印记,这一代人的诗歌影响一定程度上还来自于毛泽东诗词。旧体诗词的功能在这一代人身上,尤其是在"文革"的中后期开始受到反思,也即旧体诗词在朋友唱和和玩赏中是有作用的。但是真正表达一代人复杂、痛苦的内心和波诡云谲的政治年代时很明显古典诗词已经失效了,"写古体诗对我来说已经得心应手,可以不假思索,一挥而就。但翻检几年间的四十余首作品,却没有什么满

---

① 潘婧:《抒情年代》,第11页,作家出版社,2005年。

意之作，总觉得是隔靴搔痒，意犹未尽，写不出内心深处真正的感觉。这是一种形式与内容的矛盾：古人用他们的语言表达自己的情怀，其形式也经历了从《诗经》到唐宋到明清到民国的发展变化，成为精美绝伦的园艺盆景；我们可以将其用于玩赏，真要用于意思表达，就难免有矫揉造作之嫌"①。这也是为什么曾经一度受到传统诗词影响的知青在插队时第一次接触到手抄本形式的现代诗歌时的震惊和陌生以及随后产生的喜欢，也是为什么很多知青在随后停止古体诗词写作的一个原因。这种分行的现代诗歌显然更适合于表达一代人的灵魂和体验。

1969年3月深夜，宋海泉、刘满强、崔健强、许建新一同乘火车赶赴白洋淀，同行的有插队白洋淀另一个公社的师大女附中的戎雪兰、潘青萍、孔令姚和夏柳燕等人。一行十几人在凌晨到河北徐水，之后换乘马车前往70里之外的安新县城……之后，大淀头村、赵庄子、李庄子、北河庄、邸庄、寨南、王家寨、关城、同口、大田庄、郭里口、端村以其相对宽松、自由的地理生态和既封闭（地理上）又开放（知青之间的交往）的环境成为这些来自北京和天津等外地知青的临时落脚点和诗歌生产的基地。

北京三中初一七班的同班同学一起插队白洋淀的芒克、多多和根子，就居住在公社为他们搭建的位于土堤上的一排简易平房里。从此，白洋淀以她特有的水乡风貌以及远离时代政治漩涡的更为契合那一代人的自由、轻松的精神文化氛围影响了来这里插队、交游、来访的青年人。当北岛的弟弟赵振先在1974年春天踏上白洋淀的那一刻起，这里的一切就让他明白了为什么这里会产生了那么多的精英，"那里所具有的'世外桃源'景色与情调，那种青年学生浪迹天涯的氛围，使我感到这里才是我们这一代人要回归的伊甸园"②。

尽管插队白洋淀的知青在此后或长或短的岁月里感受到了这里精神与物质、理想和现实之间极度紧张和分裂的状态，但是白洋淀特殊的地理环境以及这种环境在特殊年代所营造的不无诗意的人文氛围无不影响着

---

① 史保嘉：《诗的往事》，见刘禾编《持灯的使者》，第7页，广西师范大学出版社，2009年。
② 郑先：《未完成的诗篇》，见刘禾编《持灯的使者》，第73页，广西师范大学出版社，2009年。

这些十几岁的青年人,而一年四季变化的水乡风光更是成为他们永远都抹不去的灵魂胎记和精神记忆。

当 18 岁的潘青萍和戎雪兰在 1968 年冬天背着行李第一次站在白洋淀大堤上的时候,展现在她们这些北京知青、城市人眼里的景色是让她们如此惊讶,"远望一片冰原,穿着一身黑棉衣的农民划起雪橇,迅忽如弦上的箭,直射向地平线上的桔红色的落日;我们沿着柳堤一直走向湖心的村庄,冰面升腾的雾气凝结在柳树上,形成罕有的雾凇现象:十里长堤如同雕琢着玉树琼花"①。而夏日的白洋淀同样令燥热郁闷的人们心情凉爽、心旷神怡,"夏天的湖,浓翠欲滴。连绵的芦苇荡,以一抹抹浓重的墨绿分割了浩淼的水面;芦苇之间狭长的水道,木棹拨动青碧的水,在万籁俱静之中发出碎玉似的琅琅的声音。绿柳环绕的水中村庄。正是莲蓬收获的季节,水边的坡地上,丢弃着一丛丛的荷花,粉紫色的撕碎的花瓣,一抹华丽的色块"②。秋天的白洋淀是宁静的,朦胧诗的,潮湿的,也更充满了迷蒙的诗意美,"深秋。芦苇转呈铁锈红色,像厚重的油画颜料,泼抹在湖水寒瑟的碧蓝之间。秋天的湖畔,单纯的,水火不容的色块。秋天,湖被壮观的雾海淹没。船在翻滚的雾中摸索着缓缓迟行。村庄忽然地显现,仿佛是耸立于云层的缥缈的仙山;岸边的芦苇像模糊的丛林"③。

根子、多多和芒克是初中的同班同学,三人又一起去白洋淀插队,这为诗坛增加了那个时代的传奇性。而同为北京诗人,他们后来又成为中国先锋诗歌在"文革"时期和新时期的北方诗歌的代表人物。而根子(岳重)家谱中所记述的他是岳飞的第 33 代传人显然更增添这位诗人特殊的一面。根子在白洋淀 3 年,多多是 6 年,芒克是 7 年。而这些诗人在白洋淀游历的日子不仅体现了特殊政治年代的先锋诗歌的同样特殊的生产方式、传播渠道和交往方式,而且这种特殊性一直延续到"文革"结束之后甚至到第三代诗歌的生发史。无论是第三代诗歌的自制诗刊、不断的交

---

① 潘婧:《心路历程——"文革"中的四封信》,《中国作家》,1994 年第 6 期。
② 潘婧:《抒情年代》,第 28 页,作家出版社,2005 年。
③ 同上,第 39 页。

往、谈诗和诗人游历和诗歌活动都能够在白洋淀诗群这里找到某种源头性的对应和反光。实际上，因为白洋淀地区知青没有集体户，落户的村子也没有人专门管理这些知青，所以当时很多插队白洋淀的北京知青如候鸟一样，在北京、白洋淀等地之间穿梭。往往在冬天他们离开白洋淀回到父母居住的城里，春天的时候再回到白洋淀。而更为自由的芒克、多多和根子等在白洋淀的几年，是时常去其他知青点甚至到全国的知青点进行诗歌的"串联"、"交游"甚至"流落"，奔跑的火车、汽车和自行车上是这一代人忙碌而热情的诗歌的身影。这在80年代先锋诗歌中有着最后的延续。80年代的诗人仍然为了一首诗不惜连夜坐火车去另外一个城市和朋友、诗友们交换意见，茫茫夜色中背着诗歌手稿的诗人成为最后理想年代的注脚。当理想主义年代即将结束的时候，北岛、多多、根子、顾城、江河、杨炼等等纷纷以一种更为极端的"交游"出走国门的时候，不知道这是不是一代人的诗歌宿命，或者说诗歌的"交游"和"流落"成为他们一生的诗歌事实。

五

值得注意的是，为什么当时北京和天津有五六百知青到这样一个弹丸之地插队？这除了白洋淀离北京和天津都非常近、交通方便以及白洋淀相对来说比较富足和自由的原因外，当时这些或者出身有问题或者有着其他问题的知青在去白洋淀插队的时候可以自己带着档案，这样档案中有问题的部分就可以被抽掉。

根子天生的歌唱才华在他的长诗《三月和末日》（1971）以及《白洋淀》等诗中得到全面呈现。实际上，我们一直将根子等人认定为"地下"诗歌的代表人物，但实际上，这些诗人都是多层面的，具有复杂性，比如根子早在中学时代就曾在苏联的刊物上发表作品。

芒克于1950年11月16日生于沈阳，6年后随父母迁往北京。也许是东北时期的生活增添了这位日后北方汉子的豪爽和直率以及抵抗自然和"政治"寒冷的强健身体和强壮的内心。芒克早在1967年"文革"开始初期就与同学和朋友到广州、上海、昆明和重庆等地串连,这些南方的省份和城市以及农村给芒克留下了深刻的记忆。1968年芒克一年在家无所事事,到处闲逛。按照芒克的说法,当时赴白洋淀插队是被多多强行拉去的。当时芒克正发着近40度的高烧,顶着纷飞的大雪一行人先乘火车到保定,再改乘最原始的交通工具马车走了百十里路到达安新县城,之后在黑夜中穿过结冰的河面到达大淀头村。

大淀头村这个四面环水的渔村,显然天然获得了一种水乡特有的气息,而水所环绕的这个小小村庄显然使得这些青年人在这里暂时找到了青春和灵魂的避难和安慰之地。实际上,除了芒克在白洋淀呆的时间最长并与白洋淀结下了最深情谊之外,像其他诗人在白洋淀的时间都不长。比如多多,曾因到天津挖海河而不幸传染了肝炎,此后便回北京修养,"他一去不返,在白洋淀就再也见不到他的影儿了"①。而芒克这个偶然中被强行拉去白洋淀的人却是所有知青诗人中在这里生活时间最长的诗人,7年。据说还是芒克的母亲托陶雒诵将芒克的户口一起转到了北京。在大淀头村村支部的通知下达后,芒克才是被迫离开了白洋淀,而其他所有的白洋淀诗人都是想尽办法主动离开这里的。芒克、多多在当时的白洋淀和北京产生了不小的影响,这种影响后来经过一些当事人的口述和回忆显然更具有了一种传奇性。芒克等人在白洋淀时期并不是完全住在白洋淀,而是有些时候去外地流浪。比如芒克就曾在1970年初只身前往内蒙和山西等地流落数月并创作了一些早期的诗歌,年底开始在白洋淀正式写诗。那时林莽和宋海泉、崔健强等人在白洋淀另一个渔村插队。青春的激情和诗歌的理想就是通过出走和交游实现的,在这些诗人最早接触的这些城市和外省,成为最初点燃他们诗歌激情的最好空间。这些外省的地理也因此沾染上那个年代所特有的气象。1970年代初尽管北京寒风肆虐,但是芒克和彭刚两位被青春和艺术点燃的青年人决定出走到全国各地宣传"先锋派"。这是他们第一次离开他们所熟悉的北京和北方,翻越车站的护栏跳上了开往南方的火车。他们第一站到了武汉,尽管这次

---

① 芒克:《多多》,《瞧!这些人》,第13页,时代文艺出版社,2003年。

出行的荒唐让人啼笑皆非，两个身无分文的人卖掉外套换口饭吃最终被遣返北京的经历却极好地呈现了那个年代年轻人的精神状态。在一个边缘的无名小站，两个没有车票的青年人的那种状态极好地象征了那个年代诗人、青年和诗歌的位置和境遇。1972年到1973年是芒克白洋淀时期诗歌创作的黄金时期，此后北岛、严力、马佳、江河等人不断前往白洋淀以诗会友。到1975年的时候，曾经喧闹火热的白洋淀已经冷清下来，北京和外地知青所剩无几。

1976年1月，芒克在返回北京前一把大火烧掉了所有写于白洋淀时期的诗歌。

说到白洋淀诗群，说到芒克、多多和根子、林莽等这些诗人，时下的文学史研究和批评给他们赋予了足够多的"意义"和"价值"。当然，这在一定程度上也是无可厚非的。但是有一个必须予以强调的一个事实，其中很多白洋淀时期的诗人的诗歌写作与其特有的青春状态尤其是爱情生活有着相当重要的不可分割的关系。很大程度上这些青年诗人插队农村时的爱情生活以及这种情感对诗歌写作有影响和刺激作用，比如当时多多和根子就因为农村的女友发生冲突，芒克也爱上了村里的一个姑娘，而陶雒诵和赵京兴、北岛和史保嘉、江河和潘清萍、戎雪兰和她的男友在当时都是情侣关系，而当时各个文艺圈子和文学沙龙也不排除参与者的爱情因素，比如徐浩渊和依群等。同时插队白洋淀的知青的出身也值得关注。当时这些知青以落魄的干部子弟和知识分子家庭出身为主，而这种出生和成分也决定了他们程度不同的怀疑和反抗性。他们大多不肯接受硬性的指令和安排，而是试图脱离北京这个极端政治中心和原来的集体，试图寻找相对自由的地方插队。很多知青插队时他们的父母正在接受审查和改造。白洋淀时期的多多留着背头，经常穿一件白色的上衣，而此时的芒克却剃了光头。当芒克和根子在20世纪70年代初期已经在白洋淀的水乡开始诗歌写作的时候，而多多仍然执着于对哲学和政治的关注和热情。而突然在1972年，多多竟然发了疯似地写起诗来并且与芒克和根子在诗歌上"较劲"并且在1973年开始和芒克进行"诗歌决斗"其中一个原因就是多多以为（按照根子的说法这是多多的特有性格导致的误解)自己在白洋淀的女友双子看上了根子,这让他十分恼火,甚至有了更为极端的举动剃了大光头。尽管这可能是个爱情的误会(据相关当事人回忆多多和根子之间确实存在因女朋友而存在的矛盾,甚至认为不是一般的三角关系,而是多角关系),但是这个误会却成就了一个时代的诗歌。多多的个性和他对诗歌写作的执拗和顽强的"决斗"的脾性让他最终在诗歌的层面赢得了读者,尽管多多有时候是一个难以接触的诗人,"栗世征生得唇红齿白,眉目清秀如少女,诗却写得动荡不羁。他的诗也最多,我见到时就已有两大本,用的是当时文具店所能买到的最豪华的那种三块五一本的厚厚的硬皮笔记本,其中一本的扉页上题着俄国女诗人阿赫玛杜林娜或是茨维塔耶娃的诗句"①。

　　无论是缘于爱情、敌意、嫉妒,还是青春的偏执和热情开始的诗歌写作,白洋淀那连绵不断的湖泊都作为一个重要的生存场景与文化氛围深深感染和激发着这些年轻人,"深秋的湖水,/已深沉得碧澄。/深秋里的人,/何时穿透这冥思的梦境"(林莽:《深秋》)。当时这些白洋淀诗人诗歌中出现最多的意象就是特殊于这片水乡的,以林莽为例,他白洋淀时期的诗歌,如《深秋》、《暮秋时节》等,反复出现的意象显然是白洋淀所特有的,比如湖水(溪水)、大雁、芦苇(苇眉子)等。显然对于出生于河北徐水的林莽而言,燕赵大地上的这片汪洋的水域显然具有比其他知青更为复杂和特殊的情感。白洋淀在这些诗人心目中的地位是可以想见的,当这些诗人在80年代末期纷纷远走异国,留给他们的诗歌时光已经转换为异地的乡愁和落寞,而曾经的白洋淀时期产生的诗歌的光芒成为中国汉语诗歌地理版图中醒目而意味深长的地标。

　　1989年冬天,身处异国的多多写下了《阿姆斯特丹的河流》,北京被置换成荷兰,北方渔村被置换为异国城市,北方水乡白洋淀被置换为阿姆斯特丹茫茫的河流。此后汉语诗人曾长时间处于这种"异地"、"流落"、

---

① 史保嘉:《诗的往事》,见刘禾编《持灯的使者》,第10页,广西师范大学出版社,2009年。那时的多多最喜欢的诗人之一就是茨维塔耶娃,而对阿赫玛杜林娜所知甚少,所以多多诗歌本扉页上所抄诗句应该是来自于茨维塔耶娃。

"乡愁"和"落寞"的精神氛围和时代语境之下，80年代就在这样场景中落幕了，"十一月入夜的城市／惟有阿姆斯特丹的河流／／突然／／我家树上的桔子／在秋风中晃动／／我关上窗户，也没有用／河流倒流，也没有用／那镶满珍珠的太阳，升起来了／／也没有用／鸽群像铁屑散落／没有男孩子的街道突然显得空阔／秋雨过后／那爬满蜗牛的屋顶／——从我祖国／／从阿姆斯特丹的河上，缓缓驶过……"（多多：《阿姆斯特丹的河流》）。多多没有像其他诗人参加后来的"今天"，其中重要原因就在于多多孤傲的性格，同时也与他瞧不起北岛的诗歌有关。在多多和北岛的印象里双方第一次见面留下的印象都是孤傲。当时经过插队白洋淀的史康成的介绍，1972年北岛去北京多多的家里找多多，当多多从楼梯上下来的时候给北岛的感受是"非常傲慢的样子"，而在多多的眼里北岛比他还傲慢，"戴着一个口罩，根本就不摘口罩下来"[①]。

六

值得注意的是，聚集在白洋淀以及周边的除了诗人北岛、江河等人之外，还有小说家、画家等精英人物。他们集体而富有个性地呈现了北方文学和艺术的整体时代景象，也成为当时和后来的"外省"尤其是南方诗人羡慕、嫉妒甚至觊觎的对象、对手和"假想敌"。

"今天"的插图作者、画家、小说家阿城，后来的著名导演陈凯歌，何平（其哥哥何伴伴在白洋淀插队）、田壮壮都与白洋淀和"今天"有着密切交往。这些后来谋得大名的人物无疑为白洋淀和北方诗歌添加了砝码。这些人曾不定期赶往白洋淀寻友和谈诗，白洋淀成为那个时代北京以及河北等地诗人心中的圣地。很多北京的知青、诗人以及外地各省的知青和作家第一次走进白洋淀的时候，都无比为白洋淀水乡迷人的景色感染，为这里聚集的大大小小的村庄里的知青诗人们特殊而热烈的诗歌氛围撼动。这些来访的诗人和青年无疑在一定程度上扩大了白洋淀和白

---

① 《北岛访谈录》，见刘禾编《持灯的使者》，第227页，广西师范大学出版社，2009年。

洋淀诗群的传播范围，也无形中提高了知名度。至今我们能够在北岛等人关于白洋淀的回忆中看到这种情景，无论如何，白洋淀确实在当时起码在诗人和一代青年人眼中具有相当的特殊性。

　　林莽毕业于北京四十一中，与江河是同学。1969 年林莽插队白洋淀之后，江河曾数次到白洋淀与当时女友潘婧相见并于白洋淀诗群写诗论诗。

　　最早来白洋淀拜访的就是江河（于友泽），时间大概在 1970 年初春。他在这里寄居的时间也是最长的，当然这有特殊的原因。当时江河来往于寨南和北河庄，在寨南就前后呆了多半年时间。1971 年江河在白洋淀北庄河开始写诗……当时插队在白洋淀邸庄的潘青萍尽管后来写起了小说，但是白洋淀时期她受到江河以及其他白洋淀诗人的影响开始写诗。她的诗《赠友》可以看作当时白洋淀的精神日记和个人情感履历，"我们并肩走过沼泽／沼泽被我们的足泥填平了／……乡间日记，焚烧了／好像有一重古老的隐忧／葡萄架下，迎来一群群超逸的朋友／大家都像云彩在那飘过／只有故事流传着"。1972 年潘青萍离开白洋淀到渤海边荒凉的大港油田的采油站成了一名输油工，戎雪兰仍留在白洋淀。18 岁开始在白洋淀插队的潘青萍以及后来来到这里的江河，都被华北平原上的北方特殊的水乡、渔村感染，这里也从此成为诗歌和文学的策源地，"那个被笼罩在绿树中的村庄坐落在华北平原的美丽的湖泊中。我永远记得那里的清晨和黄昏，早晨和晚霞热烈而宁静，像燃烧的冰，把湖水染成点着碎金的景泰蓝；有时阴天，黑云沉重得快要落下来；大雨把整个世界融为辽阔的灰色，水，水，岸和远处的芦苇荡被夺去了色彩"[①]。而与白洋淀纵横交错的水道相同的是并不遥远的北京的同样纵横交错的胡同和街道。当时潘青萍和戎雪兰等知青所在的邸庄是在一个湖心岛上，居住的是 1950 年代建造的村小学教室，只有一间屋子的教室。这间屋子没有北方常见的土炕，而是知青们自己用木板搭建的床铺。到了冬天，这种寒冷可想而知。尽管冬天的白洋淀异常寒冷，但是这些知青在巨大空旷的冰面上还是体验到了特有的劳动的快乐，尽管这快乐可能是短暂的。他们穿着用

---

① 潘婧：《抒情年代》，第 7 页，作家出版社，2005 年。

轮胎皮子制成的靴子（里面塞满芦苇叶）砸开冰面捕鱼，巨大的冰块做成冰车，上面拉着成垛的早已干枯的芦苇。江河在白洋淀写诗，离开这里回到北京之后尤其是"今天"热潮中江河的诗与白洋淀时期的忧郁、纯净和浪漫简直有了天壤之别。而从私人的角度，"我不喜欢他的诗，我无法容忍一个分裂的人格；在我们一起相处的那几年，他的诗是纤弱的，有一种肤浅的浪漫，而后来，却发展为上天入地，古往今来的壮阔；我知道这嬗变过程中的内在的隐秘"，"他已经为自己创造了一个神话，在世人面前扮演着著名诗人的角色。他需要抹去辛酸的成长的历史"[①]。我们可以透过当事人的回忆和文字，透过历史的云烟重回白洋淀湖边的那个简陋的房舍，看看当时的江河的身影，"他坐在炉台边，用木棍拨弄着柴火，似乎有些拘谨，失却了他在那些做作的客厅里侃侃而谈的风度。灰烬的紫红的微光勾勒出他的脸的轮廓，浓密的黑发下面是一个高高的，显示出智慧的额头，镜片后面的眼睛是隐藏的，偶尔他摘下眼镜的时候，他并不像一般的近视患者，眯起眼睛以调整焦距，而是如盲人那样，茫然而淡漠地凝视着虚空，仿佛有意地不想看清楚什么"[②]。而就是这个有时沉静、忧郁、有时又侃侃而谈的江河在白洋淀和他早期的诗歌中除了写有抒情的、温柔的爱情诗之外，也写出了一些非常具有探索性的诗作。比如写于1974年的运用连环紧张的不分行句式且不使用任何标点的诗，"结实的痛苦失重的痛苦慢慢撕纱巾的痛苦无声的痛苦橡胶味儿的痛苦钻石戒指的刺眼的痛苦滚烫的痛苦超低温的痛苦鞋后跟踏在柏油路上的响亮的痛苦变速的痛苦黑色的痛苦灰蒙蒙的痛苦没有颜色的痛苦透明的痛苦"。显然，白洋淀无论是对于江河这样临时借住和游玩的青年，还是对于芒克、根子、潘青萍等这些知青在当时都具有不言自明的重要性。一年四季变换景色的白洋淀，尤其是村子四周茫茫的水域带给了这些青年时代人们落寞和孤独中的幻想和激情。而夜晚的白洋淀，尤其是月光下的白洋淀更是给那些外出访友和回程的青年人以少有的诗意和温柔的情怀，甚至这在那

[①] 潘婧：《抒情年代》，第8、78页，作家出版社，2005年。
[②] 同上，第78页。

个仍然风雨飘摇、动荡激烈的红色年代显得有些不够真实,"夜晚,我们划着船,穿过芦苇丛中的狭长的水道,划到大淀上。夜色掩盖了尘世生活的细微末节,湖水与天空贴近,浑然一体,深浅浓浓的墨色中,月光倾泻,仿佛是凝固的瀑布。小船顺水飘荡,岛上的灯光渐渐地远了,像伏在天边的星星,闪烁在层层叠叠的芦苇丛中。在黑暗中,我们找不到回家的路。从开阔的水面进入另一条芦苇掩映的细长的水路,来到另一片铺满月光的湖域,仿佛可以这样无穷无尽地走下去"[①]……

　　1974年夏天,北岛等一行七人从北京出发搭乘火车去保定,因为没有买票出站时被管理人员发现并且被警察搜身。到白洋淀后,北岛和芒克、彭刚等人划船、打鱼、游玩,晚上就着花生米、水萝卜、拌白菜心喝当地的最便宜的白薯酒(四毛钱一斤),于酒酣耳热之际在芦苇起伏的风中听水鸟啁啾。因为当时物质贫乏,无物充饥时北岛和彭刚即登岸到镇上赶集,彭刚一面和菜农小贩们热烈的交谈,一面顺手将各种蔬菜一路塞进菜篮子,让对面的行人目瞪口呆。这正如北岛所记述的,"赶早集,彭刚窃得瓜菜一篮,做成丰盛晚餐"[②]。其时插队在白洋淀的诗人们留下的照片不多,我们仅能够看到1974年北岛和彭刚等人到此游历的照片。照片上是彭刚的剪影,他站在船头正在高歌,波光粼粼的湖面远处就是成片的芦苇荡。林莽在白洋淀水中游泳的微笑,站在岸上的沉思都成了白洋淀永恒的记忆。而芒克更是以超拔出众的个人魅力成为白洋淀的明星人物,也反过来给这里的自然环境染上了不无鲜明的诗歌的光芒和人性的臂力。1973年春节过后没多久,北岛和女友史保嘉随当时在白洋淀插队的宋海泉去拜访陶雒诵。北岛一行午夜时分从北京的永定门车站出发,缓慢的列车在清晨到达保定,三人在喧嚣的车站旁的一个油腻腻的小饭馆吃完早餐。之后,三人从保定乘长途汽车到达安新县城,再从县城乘船走水路到陶雒诵插队的邸庄。之后北岛和史保嘉还到大淀头村找芒克等人,"淀头是姜世伟、栗世征和岳重落户的地方,当时只有姜世伟一人在村子里,

---

[①] 潘婧:《抒情年代》,第136页,作家出版社,2005年。
[②] 北岛:《彭刚》,见刘禾编《持灯的使者》,第98页,广西师范大学出版社,2009年。

他将我们送到端村。在那道长长的河堤上白茫茫的夜雾中,他活泼泼如顽童般的身影给我留下了深刻的印象"①。芒克、根子和陈凯歌等人当时交往甚密,我们能够透过一张1970年时他们的合影看出他们的交往程度。1979年《今天》在玉渊潭公园的八一湖举行诗歌朗诵,陈凯歌当时朗诵了食指的《相信未来》。就是这次朗诵会,现场有众多的警察和便衣在检察和维护秩序,也因此吸引了更多的年轻人参加这次朗诵会,甚至当时有人站在树上听诗歌朗诵。当时参加朗诵会的诗人和观众有一千余人,这种自发的壮观的"民间"场面在90年代基本绝迹。会后,北岛和芒克为了避难跑到当时陈凯歌在朱辛庄的大学宿舍并结识了田壮壮。

现在众多研究者在看待"文革"地下诗歌、白洋淀诗群以及"朦胧诗"时都是将食指作为一个前驱者的角色。确实,食指对当时的青年人和知青的影响是很大的,但是不能过于夸大了食指。正如芒克所说,尽管在1967年左右就知道了食指这个人,但是芒克读到食指的诗已经到了1973年,那时的芒克写诗已经有两年多时间了,所以"根本不是有些人所说的那么回事,我们这些人最初开始写诗都是因为了他的影响"②。

尽管从"文革"结束之后芒克、林莽等人都不定期的重返白洋淀,例如最近一次是2010年5月林莽、吴思敬、潘洗尘等人带领二三十位全国各地的诗人重返白洋淀的"白洋淀之春·新世纪主题诗会"活动。但是白洋淀诗群之所以在90年代以来能够成名远播,以及在此后的新诗史写作和研究受到少有的青睐甚至成为考察中国当代先锋诗歌必备的指标,除了得力于这些诗人自身的成就以及诗歌交往之外,其中一个重要因素是《诗探索》在1994年所组织的重访白洋淀的文学活动。尽管作为当时唯一的诗歌理论刊物《诗探索》是着眼于全国的角度进行诗歌理论和批评的推介和研究,但是1994年关于白洋淀的活动一方面在于林莽等人的联络,另一方面也体现出这一北京刊物对北京诗人的倚重,因为白洋淀诗群的成员几乎无一例外都是来自于北京。而当年的重访白洋淀诗群的活

---

① 史保嘉:《诗的往事》,见刘禾编《持灯的使者》,第10页,广西师范大学出版社,2009年。
② 芒克:《食指》,《瞧!这些人》,第34页,时代文艺出版社,2003年。

动,参加者除了芒克、林莽等白洋淀诗群成员之外,参加的诗人和批评家也完全来自北京和华北,如牛汉、食指、吴思敬、唐晓渡、陈超、西川等。时至今日,芒克和林莽仍不定期前往白洋淀寻根,白洋淀显然成了这一代人的诗歌之根、血脉之根。唐山大地震后,芒克为自己搭建了一个类似于渔船形状的地震棚,"芒克看来是有意搭建成渔船形的,对他来说,白洋淀依然是一个挥之不去的情结"[①]。

　　白洋淀,这片北方水乡就是这样在特殊和极端的年代里给一群来自异地的流落的城市年青人以诗歌的启蒙和人文的观照,尽管岁月流逝,时代更替,这片水乡已经成为中国先锋诗歌在北方地理版图上的重要坐标和文化的象征。时至今日,白洋淀已经成为文学史叙事中的一个坐标,而这片水位不断下降的冀中大地上的湖泊仍然引领着那些已经日渐苍老的一代人的内心和灵魂,"对于记忆/你是一片光/风掀动叶子,薄翅一张一合/那声音很远/在白天有梦翔过水乡的村落/白色和灰色的墙上/阳光明亮//如果你还记得我/那些被收割的芦苇在一片片倒下/淀子已进入了深秋后的开阔/脚下落叶很软/隔岸,我听到了你的呼唤……/对于记忆/这一切已经远了/很快地你消失于操劳的生活中//风吹动系住缆的船舶/忧伤阵阵拍击心灵/在那些悄然逝去的日子里/我忘不掉/你涌动于心底的温情//这一切已经远了/对于记忆/梦依旧翔过下午三点钟的村落"(林莽:《水乡纪事》)。

---

① 严力:《我也与白洋淀沾点边》,见廖亦武主编《沉沦的圣殿:中国20世纪70年代地下诗歌遗照》,第279页,新疆青少年出版社,1999年。

广场诗学与"饥饿"之歌

从1990年代末期"70后"作为整体性的诗歌运动的出现以及此后十多年时间的诗歌写作历史来看,其诗歌美学和思想立场的分化已经愈益明显。其存在的问题也亟待梳理和反思。而这一代人的诗歌写作从一些方面凸显了一代人的共性,比如整体性上的历史想象和对生存现状、写作场域的焦虑感。这就体现为"70后"诗人在政治、经济、文化和后工业场域下的"广场"地理上所展开的带有"饥饿"性质的尴尬写作和繁复的精神履历。

在一定程度上,研究者要合宜、准确地了解和概括整整"70后"一代人不无繁复甚至驳杂的诗歌写作无疑有着很大的难度,因为这所指涉的诗人、文本、现象甚至包括的运动和争吵都还在进行与发展当中。但是从整个"70后"一代人的生存背景、社会政治语境、文化机制、精神症候、写作心态等复杂的因素出发寻找这一代人诗歌写作中存在的某些共同的因子却是有"根"可依的。这对于梳理一代人的精神履历和写作症候是有裨益的。特殊的社会政治文化语境以及此后在1980年代末期开始的翻天覆地的颠覆性社会转型,注定了"70后"一代人不能不尴尬地生活在政治、商业和城市的广场地理之中。而连接杂乱的广场和遥远异乡的正是黑沉沉的铁轨和寂寞的乡村小站以及绵绵不断的时代"乡愁"。在第六代导演贾樟柯(1970年代出生)的《小武》、《站台》、《逍遥游》甚至《三峡好人》的电影叙事中,我们能够清晰地看到"70后"一代人在1980年代以来的成长故事和生存寓言。

一

　　宏大广场所构筑的地理和精神的"异乡"让"外省"诗人们无路可走。值得庆幸的是"70后"诗人以义无反顾的姿势来构筑自己精神"基地"的地缘政治学。他们不断地给散落在各处的地理空间以诗化的意义，不断在日常化景观中呈现当代诗人的微观精神图景。围绕着广场弥漫开来被利用和矫正过度的政治文化、乡野文化和城市文化给诗歌写作带来了巨大的挑战。"70后"诗人在真实地域和想象空间的交织中通过梦呓与白日梦，现实与寓言相交织的文本世界呈现了一个时代的"广场"诗学和"缺氧"与"饥饿"状态的灵魂风暴。

　　"70后"一代诗人依然有他们内心的"广场"，而且他们从出生之日起就宿命般地生活在政治年代尾声的集体性广场之下。尽管商业、城市的广场早已遍布中国的各个城市和乡镇。虽然这种宏大的政治广场在"70后"一代人的现实生活中并未维持多久，但是这短暂的政治和革命理想主义的晚照却已永远地留存在这代人的灵魂深处。1970年代人出生的时候特殊的社会文化语境以及此后在1980年代末期开始的翻天覆地的颠覆性转折和"轰响"声中新的社会时代的开始，这就注定了"70后"一代人不能不生活在这样的尴尬境地——广场。愈益"成熟"和沧桑的"70后"一代人已经开始重新认识和反思一代人不可更改的广场意识和理想主义情结。1990年代的商业和都市的广场取代了政治广场，一块块五彩斑斓的工业瓷砖代替和铺满了曾经的墓地、纪念碑和英雄的故居。麦当劳的快餐文化已经取代十字架和鲜血。这成为新一轮的广场诗学。

　　但是"70后"一代人所面对的却是物质和精神上的双重"饥饿"。政治的广场和城市的广场共同投下的无所不在的阴影将他们并不高大的身躯深深覆盖。"饥饿"甚至在一定程度上成了"70后"一代人的墓志铭："你站在我的嘴唇上喂我／我却吃到了一块阴影／我的肚子好饿／胃里没有钢琴∥月亮是一个瘦鬼／砸到天上的一个大坑／月亮是一块／我吃不到的薄饼∥奄奄一息的国家／到处是奄奄一息的啄木鸟／到处都是／咬着沉默的蛀虫∥在地狱弥漫的年代／你册封我为越狱的逃犯／一只在白日飞翔的雄鹰／我却只向往着黑夜／那只欠条里的萤火虫"（江非：《后饥饿之歌》）。灯塔倒下后是大片的废墟，前行的路上充满了腐臭的气息。在"70后"一代诗人的身上同时流淌着理想主义和务实主义的河流，这两条河流又不时地在河道的改向和飓风的席卷中纠缠、混杂在一起。这些河流里所有的浮游生物和水生植物都不适合"70后"一代人的胃口，他们是如此的在物质和精神的饥饿中徘徊、流浪。

在谈论"70后"诗人的广场诗学时，不能不在文学的谱系性上提到朦胧诗时代的北岛和1990年代的欧阳江河。显然，"70后"一代人的广场诗学与北岛和欧阳江河等人有着相当明显的差异，但是也存在着不容忽视的历史关联。

北岛作为"今天"诗群的主将，其强烈的对决意识和精英立场、启蒙姿态使得他不断扔下决战的白手套。他不断地在黑暗的现实和想象性的视阈中清洗和擦拭着一切。北岛诗歌中的广场成为那一代人在红色年代里狂乱而荒谬的精神"履历"和时代寓言——"我曾正步走过广场／剃光脑袋／为了更好地寻找太阳／却在疯狂的季节／转了向，隔着栅栏／会见那些表情冷漠的山羊"（《履历》）。显而易见，北岛在这里所指涉的广场就是最具象征意义的天安门广场。这对于中国人来说是一个再熟悉不过的政治和文化空间。天安门，曾经是（现在仍是）亿万未曾目睹其真容的外省"人民"一生的梦想，是一代又一代人的朝圣地。而作为一个具有特殊意味的地理和人文概念，天安门广场也见证了半个多世纪命运多舛的新中国的社会巨变："第二次世界大战结束和1949年全国解放后，紫禁城被辟为博物院，天安门前拥挤的小胡同被夷平了，建起一个巨大而壮观的广场。在广场的正中央，耸立着高耸入云的革命烈士纪念碑。两旁是新成立的共和国的公共建筑，肃穆而庄严，没有任何修饰。1966年'文化大革命'期间，天安门成为一个检阅台，成百万计的红卫兵云集于此。门楼上迄今悬挂着那一代精神领袖的巨大彩色画像。"[①]"广场"一词，在中国新诗史上早已经成为一个内涵丰富的政治寄寓甚至是理想寄托。而欧阳

[①] 史景迁：《天安门：知识分子与中国革命》，第3页，尹庆军等译，中央编译出版社，1998年。

江河的《傍晚穿过广场》则成为"90年代"诗歌和社会转型的时代寓言。这正如黄昏下的广场，昏暗、暧昧、模糊，曾经的鲜血和牺牲已被喷射的商业时代的清水冲刷干净。曾经站立或倒下的广场上的人群成了时代最好的见证。一个曾经的理想主义时代已经结束了，强硬的政治铁板也已经粉碎："我没有想到这么多的人会在一个明媚的早晨／穿过广场，避开孤独和永生。／他们是幽闭时代的幸存者。／我没想到他们会在傍晚离去或倒下。／／一个无人倒下的地方不是广场。／一个无人站立的地方也不是。／我曾经是站着的吗？还要站立多久？／毕竟我和那些倒下去的人一样，／从来不是一个永生者。"正如"傍晚"来临的时候一种渐渐阴暗的黑色基调笼罩了这首关于历史、时代、现实和精神的反讽与自审之作。这是一个时代的结束，也是另一个时代的开始。然而，尽管欧阳江河在《傍晚穿过广场》这首诗中同样设置了城市的意象，尽管欧阳江河和北岛的广场抒写与"70后"诗人的"广场"相同之处在于，二者都具有深刻的历史想象力和对个体命运的省思与剖视，但是我们仍可以清晰地看到北岛和欧阳江河他们更多的是强调了内心对宏大的政治历史场景的质问。他们不约而同是在陈述一个遥远而模糊的"红色"历史的必然结束和一个灰蒙蒙的工业时代的强行开始。我们甚至可以说，关于广场的宏大叙事正是在北岛和欧阳江河这里得以最终完成，而真正意义上同时呈现了个人与历史、生存、精神的融合性的广场写作却还是从"70后"诗人这里开始的。

尽管这一代的诗歌写作一直试图在多元化的路径中进行拓殖，但是他们一直存留着"广场"时代黑色"乡愁"的见证者和命名者的身份和胎记。通往圣洁、"乡愁"之路的灵魂安栖之旅被一个个巨大的难以跋涉的广场所隔断。

二

"70后"一代诗人在"广场"上更为关注的是后工业和城市的语境，叩问一代人的尴尬宿命性和生存和精神履历。尤其是那些有着乡村背景的"70后"诗人，他们在童年时期基本上是在吃不饱、穿不暖的生存边缘徘徊，一块糖，一个冰砖（当时的一种冰棍儿，五分钱一支）就成了最大的满足。他们穿着过时、打着补丁的黑色或蓝色的布衣在田野上寻找朴素的快乐。他们的整个童年被泥巴、石块、污水池、玻璃球、自制的弹弓、火枪、铁刀、铁环这些玩具所充斥并且乐此不疲。他们在公社时代遗留的土地、废墟、生产队牲畜饲养室里上演着童年廉价的欢乐。他们同样挖过野菜，捡过柴禾，甚至在放学后到收割后的田野捡拾麦穗是一项必修的功课。"70后"这代人青少年时期的学习生活、阅读范围和娱乐活动都是相当匮乏的，连环画几乎成了他们最为深刻和珍爱的读物。需要强调的是"红色"政治文化对"70后"一代人的影响。《毛泽东选集》和毛泽东的瓷像曾摆放在家家户户的显要位置，公社的大喇叭以高分贝宣传着时代精神和重要的方针指示。革命文章、革命歌曲是每次盛大的节日联欢的必选曲目。他们从很小的年纪开始就被塑造成了同一的刻板形象——"五讲四美三热爱"。但是到了1980年代，政治和集体主义时代的禁欲不可避免开始瓦解，而与此同时商业、金钱、物欲、务实主义的社会气息也越来越强烈。几毛钱一场的空气污秽的录像厅，摆在大城市、小乡镇大街上用于娱乐和赌博的台桌球，大量通俗的、低俗、恶俗的带有赤裸美女音像图书制品在烟尘飞扬的大街上搔首弄姿。大款、奸商、官倒、大哥大、茶叶蛋、小贩、站街女、下海、下岗工人、流氓、"严打"等等一起强烈的冲击着"70后"这代人尚未成熟的惊恐的眼睛和稚拙的内心。"红色"革命教育和传统的农耕情怀规训了他们的奉献精神和纯真理想，但是成长年代里越来越复杂的社会使得他们成了清醒而困惑的一代，理想而务实的一代，守旧而背叛的一代，沉默而张扬的一代。这就注定了"70后"诗人身上普遍有一种对广场等宏大的集体或政治事务的疏离甚至反拨。懵懂年代的革命、政治、运动的广场已经成为遥远的历史烟云，而无限膨胀的现代化进程则成为这一代人生存的一个全新的"广场"。广场上狂欢的巨浪、亢奋而盲目的激情、翻卷不息的手的海浪和绿色军装、红色旗帜的波涛，理想主义和革命浪漫主义的铺天盖地的豪言壮志注定没有随着1976年的结束而结束，而是成为一种习惯性的融入血液的集体记忆。尽管这种红色的记忆随着年龄和阅历的增长可能已经遭到了这一代人的质疑甚至一定程度的颠覆。"70后"一代在"广场"上更为关注的是后工业和城市语境下个体的尴尬宿命和生存的沉重与艰辛以及巨大的荒诞感。革命的、政治的、运动的集体性的广场尽管已经成为遥远的过去,但是那广场和纪念碑高大的阴影却难以抹掉。而更为令人尴尬的还在于,在无限膨胀、无限加速度的现代化进程中一个新的后工业时代的广场正在建成。金钱和欲望正在成为新时代广场上的旗帜或新的纪念碑。

在一些"70后"诗人那里,广场也遭到了前所未有的质疑,但这种诗歌话语仍然是采用了寓言的方式,"除了当众滋事的念头/我对广场没有什么想法/当下午的阳光把整座大楼移向广场/我听到内心坍塌的声音/想挖广场的墙脚"(安石榴:《文化大楼前的广场》)。革命的、政治的、运动的集体性的广场尽管已经成为过去,但是广场和纪念碑高大的阴影却难以抹掉。而更为令人尴尬的还在于,在无限膨胀、无限加速度的现代化进程中一个新的后工业时代的广场正在建成。

在这个市场天气的城市广场上,迷蒙的光线照耀的不再是挥舞的铁拳、昂扬的歌声和摇动的红旗,而是迟疑的、沉重的来自"外省"和异乡的青年。广场这个最具时代象征意味的公共空间也成为诗人言说的场域性的精神现实。他们在观照以往历史的同时背负着更为巨大的生存包袱,这甚至使他们在压抑中患上了精神分裂的症候,"广场上的青草和黄昏。/吞吞吐吐的割草机和面色灰暗的步行人。/一半的颜色在减褪,另一半的颜色正在缓慢地加深。/像昨天有人从雕像下慢慢走过。/像今天也有人这样从雕像下走过/却是另一些抛弃历史的人。/他们牵着孩子,别着胸针/嘴里轻唱着时光的流失/啊心灵,心灵,腐烂的草根"(江非:《沧海雀·17》)。在我看来,江非诗歌中广场上的"这些抛弃历史的人"并非简单的要张扬历史的记忆,而是要强调真实的一代人的心灵感受和苦涩的草根世界并借此对历史乌托邦的想象和神话提出了巨大的挑战。

在"70后"诗人群体大量的广场抒写中,我们可以感受到城市化、生存化、日常化的"广场"和曾经的政治化、集体性的革命"广场"具有同样强大的规训力量。而这种规训力量的实施无疑是采用了仪式化的方式。当空旷的广场、黄昏、象征时间的割草机和枯燥重复的生活一起呈现的时候，广场更多是沾染上一种空前孤寂的商业时代的霉味。而这种霉味则是实实在在的个体生活况味和精神状态的对应。即使在"70后"女诗人那里，这种个体与生存、历史与现实之间的龃龉和张力关系同样显豁，例如苏浅在《从我现在的地方》中就写到"终于来了，三月／但还不是春天。但他们说广场上已经／有了春天的样子，那是敞开的心／太阳和风／／那将是我们，被一只风筝带到高处／是空寂的天空，突然涌入了人群，有了生气／／我们将站在所有方向上／看得到的／看失去的／那曾经使我们仰望的，现在，从云彩中／我们一一俯身去看"（《从我现在的地方》）。在仰望与俯身、日常生活与历史场域的张力关系中，诗人尽管提到了"春天"、"风"和"太阳"这些温暖的意象，但是这仍然掩盖不了内心深处的孤独、不安和难耐的寒冷与沉暗。

　　关于"广场"的书写是"70后"诗歌精神地理学上的一个重要坐标。当然我所指涉的"广场"更多是一代人个人化的历史想象力和文化反思立场的一种精神式的内在呈现，而非简单的关于场景甚至装置性"广场"的直接比附。在政治的、工业的、力比多过剩的广场上，诗人不得不夹着"理想主义的尾巴"在肃杀的夤夜承受无尽的寒冷与孤独。很多的"70后"诗人的诗歌中都大量存在着"广场"意象，而广场在他们看来无疑是一个反讽的角色。在他们的诗歌中"美妙和谐"的广场几乎是不存在的，"那个在广州街头写诗的流浪汉／一身贫穷　居无定所／现在他头枕英雄广场审视天宇／犹如审视多年来蜗行的生活／星辰相互闪耀　不傲不屈／整个夜空弥漫着美妙和谐的气息"（温志峰：《暴雨后繁星满天的午夜》）。广场上的主体已不单纯是高大的英雄雕像和挺立的纪念碑，同样重要的还有那些来自外省的青年。他们有权利自由地来到广场上，而迎接他们的是巨大的生存阴影——"这是一个四处透风的地方／天气永远一样／一块中性的地方／互不相容的东西再次相遇／／太阳在下午将尽时将倾斜拉长／一个阴影／从纪念碑的侧面倒下／阳光清明尖刻的刀／把各种物体铭记在记忆中／但从不爱抚它们／从不提供安宁幸福的感觉／／现在，空间以风景画的透视形象／从民工眼前冲出去／／广场被视线拉长了——／这使物体有了一种神的疏远／和清澈的感觉／在压缩中变异互相抵触／竭力保持自尊

的外套 // 纪念碑浑身裂纹而缄默 / 民工呆坐着 / 用碎片支撑着自身的废墟"(《民工呆坐在广场上》)。在雕像与废墟、高大与碎片、重压与尊严、城市与外乡、阳光与阴影的张力冲突中,诗歌的刻刀雕凿的是沉重个体的生存状态和不无压抑的精神图景。可能在包括"70后"一代人的所有时代的人们看来"广场"从来都不是一个中性的不偏不倚的词汇,而是充满了伦理道德甚至教义的气息。吴情水诗歌中午夜的广场就具有强烈的历史感和荒芜体验,"什么人,顶着风寒 / 黑暗在长大 / 什么样的伤痕 / 如风烟,如午夜 / 什么枪声 几乎 / 击倒 // 在破旧的古老的石街上面 / 我低着头 低过我的愿望 / 我沿着什么样的青苔走动 / 叩我的空洞 / 什么样的家门"(吴情水:《午夜,我的广场》)。

三

广场的宏大性特征、仪式感在任何时代都是存在的,尽管这种存在在特殊的时代会附加额外的政治、历史、文化的因素。但是即使在战争和运动远去的时代,单就视觉和物理学的意义而言广场的宏大特征仍然是显豁的。甚至一定程度上这种宏大的广场以其不可辩白的力量给个体形成了影响的焦虑感。

而对于"孩子"而言,广场更像是游戏的乐园,但是广场的宏大性也不能不给包括"孩子"在内的生命个体带来茫然尴尬和手足无措的感受——"一个孩子 专注于个人的游戏 / 他跳一次 落在一块花岗岩地砖上 / 他想要搞清楚 广场的空阔 / 需要多少方石拼接 / 突然 一个念头 让他停了下来 他 / 站在那里 显然是 / 怀疑起默记的数字 / 他回头 想弄清楚自己跳跃的次数 / 已经困难 // 我转过脸 为了不让他 / 看见 有人发现他的沮丧"(徐南鹏:《广场》)。在谭克修对"县城行政中心广场"的深层度量中这个时代的缩影或典型症状更获得了空前的意义与深度,"崇尚构图美学的建筑师,被一根斑驳的 / 电线杆吸引。广告里的老军医发明了 / 新专利,让他对不检点的生活作风 / 重新拾起了信心。他身后的市规划局 / 展示了法国人设计的城市中心模型 / 数十公顷范围内的建筑将夷为平地／变成一个椭圆形的草坪。'当它被周边的／高层建筑围合，真像一只硕大的浴盆'"（谭克修：《海南六日游·海口》）。这些关涉广场的诗句充满了强烈的批判意识和怀疑精神。这种去魅的诗歌话语方式更像是黑暗病区中光亮的手术刀。广场在"70后"诗人身上更多呈现为没有英雄雕像的日常生存场景的混乱与平庸。但杂乱无章、缺乏诗意和快感的生活却总不因为广场和纪念碑的出现而改变秩序："没有人造灌木／在除草机卟卟的轰鸣中／散发腥湿的滤汁、腻香／没有高大偶像／顶着光柱无穷上升／没有、没有地方志／门牙全无的老朽姓氏／纠缠着时光划花的镜片／没有休息日古怪的狂欢弥撒／呼吸与呼吸杂交废气／沉淀下来／便成为尘土／没有一场暴雨扫射过／回行针曲折相连的闾巷"（刘泽球：《汹涌的广场》）。在杨邪的诗中广场的公共空间尽管同样是日常的生活景象，但是人群和广场显然对"个体"而言构成了无处不在的"监视"与训诫——"在广场（它巨大而古老）／／那么多早起的人在锻炼／（显然他们是为了体魄和延年益寿）／而我只是其中的一名晨跑者／心不在焉，并且不妨说是／有点鬼鬼祟祟／／'看，这是个滥竽充数者／他的腿像圆规、肌肉松弛／他的胸膛根本已经／无法挺拔……'"（杨邪：《在广场》）。众多"70后"诗人的广场抒写中所呈现的则是乡村与都市，旷野与广场，古典与现代、历史与现实之间的龃龉和冲撞。冬日的广场在冷寂中呈现了诗人同样冷峻的反思和诘问，而"冬日的广场"也整体性带有了时代寓言的性质："冬日的时代广场与它的名字并不相称／集会的季节已过，没有了乘凉者／喷泉不再喷涌，音乐停止，树叶落尽／除了几个健身的人，连情侣都不愿在此逗留／……现在看去／时代广场已经落后于时代。冷清、空旷／在这一季节不可避免地没落／但另一种情景来临，一阵寒风吹过／半轮月亮悬挂于这片开阔地之上／愈见古典"（曹五木：《时代广场》）。特殊的成长背景和生存环境使得"70后"诗人无形中形成一种集体无意识，广场的荣光、血腥、伟大尽管仍在这些怀有理想主义的一代人的身上有着碎片般的闪光，但是更为强大的城市生存的压力和无所不在的压抑成为他们首先要面对的难题。基于此，对于"70后"一代而言广场是直接和生存（城市）联系在一起的，而非像以前的诗人从革命、战争和政治运动的视域来考察广场的存在和意义。远人在长诗《失眠的笔记·广场》中对广场的描述和界定基本可以看作一代人具有代表性的认识:"它的建立使城市与乡村得以严格的区分。一个广场的位置,与它同义的往往是物质的中心和建构在乌托邦性质上的高点。尽管它提供的不过是十字路口中央的一处花坛、一个喷泉,或者一尊塑像——就仿佛是城市在它结构里努力出生的幻境,朝着某个梦想的、同时又是垄断的方向延伸。非常容易看出,在广场上茫然回头的人不会来自城市。广场的巨大平面似乎始终都在排斥一种另外的命运。可以说,它通过象征所维持的,是不带激情与妄想的世界,这正如随同它的复制而被删除掉的诗篇,在形成之前,就已达到了妥协和某种不明确的授意。因为在我每每穿过这城市的广场之时,我感到的眩晕不是来自日光的照耀,而是在我和城市贫血的关系中,广场所赋予的那种强烈、巨大以及无言的压迫。"显然,宿命性的广场已经成为"70 后"一代人尴尬的出生地。广场也见证了这一代人尴尬的外省意识和漂泊宿命。这一代人在广场上面对理想情怀的失落默默地发呆和失语,他们在异乡面对生存和现实的旋转木马而眩晕、致幻。在大起大落、交错纵横的时代背景转换中,一代人的成长、生活和写作都与广场和异乡如此暧昧地纠结在一起。甚至可以说广场和异乡成为"70 后"一代人不无尴尬的宿命性存在。这一代人的广场叙事并非简单的要张扬或祛除历史的记忆,而是在普遍的反讽意识和"离心"状态中揭示出一代人真实的生存现实、历史境遇、心灵感受。

政治年代最后残存的火焰和理想主义精神仍然燎烤着这些"70 后"一代人日渐沧桑的面庞和内心。然而当工业时代在无限制的加速度中到来的时候,理想情怀和生存的挣扎所构成的巨大龃龉也使得这一代的生存和诗歌话语中呈现了不无强烈的诘问精神和怀疑立场。广场成为"70 后"一代人在由残存的理想主义的尾声年代向商业时代过渡的重要象征。而当商业时代的广场上的落日投射出他们长长的身影的时候,一个农耕情怀的年代是如此真实地结束了。

诗歌风水在"江南"

我所要论及的1980年代末期以来的诗歌视阈中的"江南"已经不再是政治经济地理版图上的长江三角洲,而是经过了诗性主体创设和构造成的精神图景和文化景观。

一

尽管当年的鲁迅曾对江南表现过不满,如他说的"我不爱江南,秀气是秀气,但小气",但是无论是对于众多的南方本土作家还是对于外省尤其是北方作家而言,江南显然已经不单是一个地理概念和地域形象,而更多带有文化气象和文学性格的象征,"较之地理、行政和经济概念,作为文化区域的江南更难界定。因为江南是一个特定的名字,是一种流行的诗意暗示、想象出的丰富形象"[①]。

尽管作为一个非本土的江南之外的旁观者我们不能排斥像浙江的一个小说家曾经批评的那种刻板印象和惯见:"吴越这一块,也惨得很,被蒙上了不白之冤。而今人们(尤其是北方的同志)谈起吴越文化,就只晓得它的风花雪月、小家碧玉、秦淮名妓、西湖骚客。"[②] 无论是对于江南的本土诗人(离开本土去异地的诗人更是如此)还是对于本土之外的诗人,江南显然成了一份难以抗拒的文人的乡愁和诗意想象的空间,例如废名在谈论林庚的诗歌时就强调了文化地理的重要性,"林庚是福建人,但他

[①] 高彦颐:《闺塾师——明末清初江南的才女文化》,第23页,江苏人民出版社,2005年。
[②] 李杭育:《理一理我们的"根"》,《作家》,1985年第9期。

是不是生长在福建我还不知道，他是在北平长大的确是我知道的，凡属南方人而住在北方沙漠上，最羡慕江南，江南对于他们真是太美丽了，无论在他们的想象中，或者有一天他们到江南去了"①。所以林庚在《江南》、《沪之雨夜》中不断在江南的场景和诗意想象中充满难以排遣的一个身在北方的南方诗人的孤独、惆怅和根性的遥寄和追念，"来在沪上的雨夜里／听街上汽车逝过／檐间的雨漏乃如高山流水／打着柄杭州的油伞出去吧／／雨水湿了一片柏油路／巷中楼上有人拉南胡／是一曲似不关心的幽怨／孟姜女寻夫到长城"（《沪之雨夜》）。但是无论如何，"江南"在中国先锋诗歌地理版图上已经成了一种特殊的文化场域和文学想象的空间，"我不禁迎了上去：对，到江南去！我看见／那尽头外亮出十里荷花，南风折叠，它／像一个道理，在阡陌上蹦着，向前扑着"（张枣：《到江南去》）。

二

距离上海 300 公里、位于长江下游的南京显然是另一番文化和诗歌图景。

作为六朝古都、东南重镇的南京（金陵、秣陵、建康、建业、昇州、上元、白下、江宁、集庆、应天）却在抗战沦陷后渐渐失去了曾经的光辉和显豁的地位，而今我们更多的是对乌衣巷、秦淮河、雨花台、燕子矶、凤凰台、玄武湖等这些历史遗迹和地理景观的意象和象征性的重新体味，只能在文学和诗歌记忆中回想当年南京的繁华，"城里几十条大街，几百条小巷，都是人烟凑集，金粉楼台。城里一道河，东水关到西水关，足有十里，便是秦淮河。水满的时候，画船箫鼓，昼夜不绝。城里城外，琳宫梵宇，碧瓦朱甍，在六朝时，是四百八十寺；到如今，何止四千八百寺！大街小巷，合共起来，大小酒楼有六七百座，茶社有一千余处"②。南京也

---

① 冯文炳：《林庚同朱英诞的新诗》，《谈新诗》，第 188 页，人民文学出版社，1982 年。
② 吴敬梓：《儒林外史》，第 136 页，第二十四回"牛浦郎牵连多讼事鲍文卿整理旧生涯"，人民文学出版社，1958 年。

曾在诗歌史上一次次谱写过传奇，如南齐竟陵王肖子良移居南京鸡笼山西邸后所成的雅集唱和以及文人集团，也即以沈约、谢朓、王融为代表的竟陵八友。

占水资源83%的南方其氤氲漫延的水汽所形成的诗歌气候显然与北方有着明显的差异。其间，江浙一带的诗歌曾一度在新文学史上有着重要的影响，"如果说五四时期文学的天空群星灿烂，那么浙江上空的星星特别多，特别明亮。这种突出的文学现象应该怎样解释？除了越人自古以来自强不息、耻为人后这些文化心理因素之外，是不是和最近100多年浙江得风气之先，反清救国走在前列，去外国的留学生也特别多有关系呢？"① 而新世纪以来举行的"三月三"诗会显然成为"江南"诗学的再次复苏，"三月三是一个古代诗歌的节日，作为她地理上的原样，江南水乡所扮演的，甚至超过了诗词歌赋本身。农历三月三，江南莺飞草长，杨柳岸晓风残月，垂柳拂动所有中国各省诗人的脸庞，仿佛是陶渊明《桃花源记》之外又一段佳话。多数出席者甚至不是冲着诗歌，而是冲着这块土地上神秘的节令而来……1633年（癸酉春）中国江南省就有了地球上最早的诗歌节"②。

南京东倚钟山、西临长江，这个六朝古都、金陵春梦的南京曾因为李后主的"隔江犹唱后庭花"、历来南渡和游历的著名诗人凭吊、怀古、歌咏和留恋以及曹雪芹的"秦淮风月忆繁华"而成了汉语古典诗歌美学的经典之地。即使在工业和商业油污泛滥的今天，这个城市仍然会给我们在不经意间显现它曾经伟大而让人浮想联翩的诗意、清雅和娴静的一面，"每年四月半后，秦淮景致渐渐好了。那外江的船，都下掉了楼子，换上凉篷，撑了进来。船舱中间，放一张小方金漆桌子，桌上摆着宜兴砂壶，极细的成窑，宣窑的杯子，烹的上好的雨水毛尖茶"③。余怀在《板桥杂

---

① 严家炎:《二十世纪中国文学与区域文学丛书总序》，见李怡《现代四川文学的巴蜀文化阐释》，第6页，湖南教育出版社，1995年。
② 2010年泰和江南江阴三月三半农诗会宣传册。
③ 吴敬梓:《儒林外史》，第186页，第四十一回"庄濯江话旧秦淮河沈琼枝押解江都县"，人民文学出版社，1958年。

记》中也曾盛赞南京,"秦淮灯船之盛,天下所无。两岸河房,雕栏画槛,绮窗丝障,十里珠帘";而张岱对秦淮河的描述更是极尽语言之能事,"河房之外,家有露台,朱栏绮疏,竹帘纱幔","船如烛龙火蜃,屈曲连蜷,蟠委旋折,水火激射。舟鏾钹星铙,宴歌弦管,腾腾如沸"[①]。而南京的繁华、脂粉气和某种消颓的没落贵族气也使得"英雄气短",难怪当年的使人萨都剌登上石头城会发出这样的慨叹,"一江南北,消磨多少豪杰",也无怪乎后来的鲁迅所揶揄的"满洲人住江南三百年,便连骑马也不会骑了,整天坐茶馆"。南京盛产亡国之君,如南朝梁武帝萧衍、陈后主陈叔宝和五代南唐后主李煜,也未必全是历史的巧合。这个金粉之地甚至连妓女都是如此的出名,美其名曰"秦淮八艳"(柳如是、陈圆圆、董小宛、李香君、马湘兰、卞玉京、顾横波、寇白门)。而更广泛意义上的"南方"曾长期代表了中国文学和文化的发源地和令人浮想联翩的葳蕤之地,"在每一个国家,南方并不是一个地理位置,一般来说更不是工业发展的条件。它却象征着艺术创作的地方。在那儿,个体的人通过想象力的表现,在一个封闭的和工匠式的方式中来反抗主流文化。在这个意义上说,难返代表了典型的艺术空间,一个反抗外部环境的个人的想象空间"[②]。以江浙为代表的"南方"诗歌可能像陈东东所说的带有更多的感性的成分,更热烈、柔媚、繁复和细致,也更有梦和幻想的成分,而相较言之北方则更为理性、神圣、冷峻、刚毅、简明、粗砺以及清醒和现实[③]。然而可惜的是,由于诸多原因在当代汉语诗歌史上,南京很长时期处于"无声"的存在,这是否也在更为内里的层面暗合了江南诗歌隐逸的古典传统?南京在当代诗歌历史中曾经在"文革"时期留给我们一首轰动一时的知青诗歌《知青之歌》(原名为《我的家乡》),"蓝蓝的天上,白云在飞翔,/美丽的扬子江畔可爱的南京古城我的家乡,/啊……雄伟的大桥横跨长江威武雄壮,/巍峨的钟山就虎踞在我的家乡。//告别的妈妈,再见了我的家乡,/金色的

[①] 张岱:《秦淮河房》,《张中子小品》,第52页,魏崇武选注,文化艺术出版社,1996年。
[②] 于坚:《滇风·主持人的话》,《上海文学》,1997年第4期。
[③] 陈东东:《二十四个书面问答》,《明净的部分》,第239页,湖南文艺出版社,1997年。

学生时代（就伴随着青春的史册一去不复返 / 啊……未来的生活多么艰难多么漫长, / 生活的道路就夺去了我的理想）已载入了青春的史册一去不复返, / 啊……未来的生活多么艰难多么漫长, / 生活的脚步深浅在偏僻的异乡"。而这首诗的作者, 毕业于南京第五中学的任毅却因为当时苏联莫斯科广播电台播放这首歌而身陷囹圄。而此后, 南京诗歌也只是在1986年的第三代诗歌大潮中才开始涌现了一批个性的诗人。

三

当韩东等"他们"诗人已经成为南京诗歌甚至南方诗歌声名赫赫代表的时候, 另一位西南诗人柏桦才在几年之后在南京与韩东相遇, 一个西南诗人才开始惊讶于南京之美和江南诗歌风水的温润和伟大。

当我一次次看到韩东80年代照片的时候, 这个瘦弱的南京诗人一贯地戴着他的眼镜, 一贯的休闲服装和面无表情的印象。这种波澜不惊的内隐和理性的影像正好与那些成都诗人和上海诗人产生了巨大的差异, 这似乎也显示了某种因为地缘和文化以及性格所带来的诗歌美学和诗歌行为的差异。南京曾在一个时期里给那些从外地来到这里的诗人留下了极其暧昧的印象, 这个城市曾经有过的繁华、荣光连同苦难似乎一起被隐藏在历史的深处。它留给诗人们的只是中国版图上的一个省会城市, 一个普通的世俗之地。

而对于张枣而言, 南京这座城市的存在只是因为这里有他的一个朋友, 一个从重庆来这里工作的诗人兼大学教师——柏桦,"醒来, 雷电正袭在五月的窗上, / 昨夜的星辰缀满松林间。/ 我坐起, 在等待着什么。一些碎片 / 闪耀, 像在五年前的南京车站: / 你迎上来, 你已经是一个 // 英语教员。暗红的灯芯绒上装 / 结着细白的芝麻点。你领我 / 换几次车, 丢开全城的陌生人。/ 这是郊外, '这是我们的住房—— / 今夜它像水变成酒一样 // 没有谁会看出异样。'灯, 用门 / 抵住夜的尾巴, 窗帘掐紧夜的鬃毛, / 于是在夜宽柔的怀抱, 时间 / 便像欢醉的蟋蟀放肆起来。/ 隔壁, 四邻的长梦陡然现出噩兆。// 茶杯提心吊胆地注视这十天。/ 像神害怕两片同样的树叶，/ 门，害怕外面来的同一片钥匙。/ 但它没有来。我想，如果我 / 现在归去，一定会把你惊呆。// 我坐在这儿。同样的钥匙却通向 / 别的里面。嘴在道歉。我的头 / 偎着光明像偎着你的乳房。/ 陌生的灯泡像儿子，吊在我们 / 中间——我们中间的山水 // 结满正午的果实，航着子夜的航帆。/ 我坐着，嗅着。雷电后的焦糊味。/ 我冥想远方。别哭，我的忒勒玛科斯 / 这封迷信得瞒过母亲，直到 / 我们的铜矛刺尽她周身的黑暗"（《南京》）。

1988 年，南京的夏天酷热难耐，据当时材料显示已经有六七百人死于这场空前的酷热。而在渐渐清亮的八月末的一个晚上，来自重庆的诗人在南京登岸，即将开始为期四年的南京生活。到达南京的当晚，柏桦来不及整理行装就在南京的一个并不显眼的住宅小区瑞金北村的 5 楼见到了韩东，也开始了对于柏桦而言一生中非常重要的一个游历和诗歌写作时期。尽管此时已经是 1980 年代的尾声，理想主义的诗歌年代即将结束，轰轰烈烈的第三代诗歌运动即将宣告终结，但是韩东和柏桦的见面仍然是典型的 80 年代式的。他们互相交换刚刚完成的诗稿，阅读、点评、交流。我相信南京给诗人柏桦的第一印象正呈现了曾经有着极其辉煌和灿烂历程的江南诗歌文化一样，南京在骨子里切合了一位诗人的精神气象。而当年南京所展现给柏桦的已经不是一般意义上的风景，而是文学的风景，诗歌的风景。这种风景的无穷无尽的安静展开恰恰呈现了伟大的诗歌地理文化因子的力量，尽管今天看来这种力量正在经受全球化时代野蛮推土机的摧毁。我将柏桦第一次到南京时的心灵感受和诗意文化的影响和震撼直接抄录于此，我想它的力量远远超过我的聒噪和曲意的阐释。

这一夜我睡得很沉，我知道我的第一个任务就是熟悉环境，与环境早日融为一体。我的感官在上岸那一刻已经全部打开，森林般古老的树木、幽暗贴切的街道、瑞金北村一所诗人的房间，这一切已随着我平静的呼吸进入睡梦。我的诗歌在江南等待着新的出发点。第二日，清晰的路线如一把古老的钥匙，韩东为我打开南京的风景之门，款款岁月流逝于森秀的绿荫，"到处都是树呀！"我感叹着面前的秋阳和晨钟拾级而上。我们来到了鸡鸣寺一间清雅闲淡的茶室，凭窗眺望，烟波浩渺的玄武湖尽收眼底，小桥连接着几个岛屿，其中有一个岛叫梁州，是昭明太子萧统编《昭明文选》的地方。在古意盎然的山水间垂柳拂岸，初秋的云彩高悬于湖面，成群的水鸟在水上或轻轻滑过水面享受着凉爽，"千里江山寒色远"，南国的清秋就要开始了。我们一边远眺，一边品茶聊天。他说话不多，缓慢而准确，很难看到他情绪的流露，犹如昨夜我读过的诗篇，他只在诗中流露含蓄的理性热忱。他以这种一贯的理性热忱保持了对当代生活的高度敏感和心细如发的洞察力。很注意个人修养，从最初到后来他都给我留下这样的印象……吃罢精致的素面和一盘豆腐干丝我们登上寺后的古城墙，墙上生长着齐腰高的荒草，在爬满青藤的城墙下面，曾流传过多少古代刺客的传奇——他们就是从这密林杀出重围，轻身跃过水中的小桥去某间密室做最后的一刺。我们漫步于长长的城墙，直到日影西斜、落霞散金，这时我已完全忘却了旅途的疲劳。晚间我们去了繁华如织、灯火通明的夫子庙，汽车运送着游客，店铺五彩流光。红楼、暗树、风俗、绸衣、摩肩接踵的人流在古色古香的秦淮河两岸一点也不显得拥挤，倍添人间之趣。我们在平凡而亲切的热闹间漫步胜于信步在幽寂的闲庭，韩东引我走上一座"车如流水马如龙"的石桥，石桥的对岸就是典型的"秦淮人家"的深巷。月色朦胧下的乌衣巷依稀可见。[1]

由于当时柏桦工作的南京农业大学紧邻着中山陵，后来在春夏秋冬不同的季节里柏桦感受到"可怕的美已经诞生"。这种曾有的帝王气象和难以言说的山水树木，明孝陵的布满青苔的拱门以及黄昏深处的民居和苍老的城楼都给这位来自重庆的诗人上了一次生动的地理课。而更为可贵

---

[1] 柏桦：《左边——毛泽东时代的抒情诗人》，第188—189页，江苏文艺出版社，2009年。

的是在南京这座时刻让人充满宽怀和想象力的城市仍然时时闪现出古典遗风的神韵。刚到南京不久,柏桦在骑着老旧的自行车穿过中山门的时候看到成千上万的市民正涌向城外到梅花山赏梅踏春。我们能够在一次次的江南古诗的行间里想象这种难得的诗意之美、江南之美和诗歌之美。

南京特有的山楂酒调浓了一个外来诗人的诗意,不久之后,韩东写下了他到南京后的第一首诗作《往事》。在南京这座平和、安静有着理性的中年之美的城市,秋风中微醺的诗人似乎感受到了一个毛泽东时代的"左边"的挽歌已经接近了尾声,一切都将成为往事,而一个新的时代也即将更为陌生地开始,"这些无辜的使者/她们平凡地穿着夏天的衣服/坐在这里,我的身旁/向我微笑/向我微露老年的害羞的乳房//我曾经多么热烈的旅途/那无知的疲乏/都停在这陌生的一刻/这善意的、令人哭泣的一刻/老年,如此多的鞠躬/本地普通话/温柔的色情的假牙/一腔烈火//我已集中精力看到了/中午的清风/它吹拂相遇的眼神/这伤感/这坦开的仁慈/这纯属旧时代的风流韵事//呵,这些无辜的使者/她们频频走动/悄悄叩门/满怀恋爱和敬仰/来到我经历太少的人生"(柏桦:《往事》)。1988年夏末初秋柏桦在南京写下的这首《往事》已经呈现出诗歌应有的节制,而与此前柏桦的诗歌有了不小的差异。这既是当时诗人游历江南最初触动的诗作,也带有个人命运和南京的特殊气息,"其中弥漫着南京的气味,树木、草地、落日的气味,江南游子、身世飘零,其间又夹着一点洋味。是我如此,还是江南如此,仿佛有某种命运的契合"①。在柏桦看来,诗歌中的地理是容纳广泛的,这些地名已经不再是简单的地貌和气候、环境,而是像柏桦所说的"这些地名在新的指意系统中有了丰富的所指,这便是一词多义或符号多价性的结果。如我的一行诗'好听的地名是南京',这里'南京'这个能指已经包含了多个所指,如江南、汉风、古都、中国哀愁、甚至我热爱的明代的二个闻人,如南京的王月生、柳敬亭,他们也流动在'南京'这个能指之中"②。

---

① 柏桦:《今天的激情:柏桦十年文选》,第100页,上海人民出版社,2006年。
② 同上,第148页。

尽管柏桦在南京的时间只有四年,但是这些时日的南京显然以其难以言说的地理文化和诗歌气象深深影响了像柏桦这样一个诗人以及他的诗歌写作。可见在一定的条件下,一个城市,一个地理会产生奇妙的心理影响和文化的集体无意识:"它使我过去的尖锐变得柔和,既硬又软,或许南京的地理及风物潜在地影响了我。我曾说过我在南京经历了一次风景整容术。"至于柏桦南京时期的这些诗作"那是我对南京——我心目中最美丽的城市的一次献礼!至于对南京的感受是如何获得的,这就一言难尽了。但我曾生活在那里,我的饮食起居便顺应那里的节律,日复一日,连续四年,我自然就有了一点'金陵春梦'的味道"[①]。

四

1988年秋天,柏桦在南京结识上海诗人陈东东。

不久,1988年寒冬,柏桦从南京出发同诗人郑单衣一起乘火车到上海。一路上,柏桦这位西南诗人在越来越靠近的南方风景中正感受到一种普遍而来的海上诗风。到上海后,柏桦和郑单衣直奔上海音乐学院找陈东东。自此,陈东东、王寅和陆忆敏这三位当年上海师范大学中文系的同班同学真正走入了柏桦的视野,也展现出与西南诗歌迥异的海上诗学气息:"来自记忆内部的女神/高举一枝东方/蓝火焰。血肉俱全的黎明升起/遮闭了长星/开放出大花//这不是北国雨中的黎明/不曾被粗犷的牧马人/歌唱。它的琴要唱奏/爱情的音乐,在大海和稻米间/完成的仪式//黎明中注定的行吟诗人/走进了涨潮的赤杨树林/一大片海光反照着/天堂——裸露的女神/把生命孕育"(陈东东:《南方》)。早在1980年陈东东在上海师范大学中文系读书起,他就开始参与学生刊物《冲击岛》以及同仁诗刊《作品》(前后出了20期)的编辑工作。1984年到1986年,陈东东在上海第十一中学任语文老师,这一时期陈东东诗歌中的上海在带有埃利蒂斯等西方诗歌印记的同时非常清晰地记录了上海在这个年

[①] 柏桦:《今天的激情:柏桦十年文选》,第257—258页,上海人民出版社,2006年。

轻诗人眼中的形象,潮湿、暧昧、新鲜和某种城市生活的焦虑和某种期待,"现在我走出十一中学/看到南京路上一带晴空夏意欲滴/街口的姑娘面容姣好/汽车像鸟,低低地从她们身边飞过/接着我拐进了另一条大街/渴望能闻到海的气息/无所事事的男人女人走到水里/黑礁石灿烂/诗集被风吹成了火把"(《从十一中学到南京路,想起一个希腊诗人》)。80年代的陈东东其诗歌形象带有典型的古典诗歌的现代阐释性和个人化创造,企图查找中国精神与"禅"的超现实主义融汇的多种可能性。同时其现代性特征的"江南"诗风开始形成,尽管陈东东所在的上海是一个已经相当城市化和去古典化的典型城市,所以一定程度上陈东东是游离于上海之外的一个现代性的"江南"诗人,"你边想边把手伸进内裤,当一声细软的口音说:/'如果没有耐心,侬就会失去上海'"(张枣:《大地之歌》)。陈东东那一时期的以《独坐载酒亭。我们该怎样去读古诗》、《买回一本有关六朝文人的书》等为代表的诗歌呈现了一个南方诗人对古典诗歌精神和传统的"重读"、思考和反拨,对南方地理以独特想象和现代经验的重新观照和审思——"江面上雾锁孤帆。清晨入寺/红色的大石头潮湿而饱满/像秋染霜叶/风吹花落/像知更鸟停进了阴影之手/这一些/这些都可能是他的诗句。在宋朝/海落见山石,一个枯水季节/尘昏市楼//但我却经历了一夜的大雨/红石块上/绿叶像无数垂死的/鱼,被天气浸泡得又肥又鲜/而树皮这时候依然粗糙,漂在池中/什么也不像/隔江望过去,过午的载酒亭依山静坐/我在其中/见匠心里有一群撕咬的猛禽/翼翅如刀/我们也必须有刀一样的想法/在载酒亭/苏轼的诗句已不再有效/我独坐,开始学着用自己的眼睛/看山高月小"(《独坐载酒亭。我们该怎样去读古诗》)。

确实,沿海城市上海似乎从近代开始就是迅速掩埋陈迹和"历史"的地方,这里的城市化、现代化甚至一段时期里为人所说的"洋化"的速度是惊人的。曾经的石库门文化和当年的上海"土著"气象在这座移民城市里迅速消解,"上海,这座梦幻之城,被植入了多少异族的思想和意念。苏州河上的烟雾,如此迷离,带着硫磺和肉体的气息,漂浮着纸币和胭脂,铁桥和水泥桥的两侧,布满了移动的人形,衔着纸烟,在雨天举着伞,或者在夕阳中垂荡着双手,肩膀与陌生人相接,挤上日趋旧去的电车。那些标语、横幅、招贴、广告、商标,转眼化为无痕春梦。路面已经重新铺设,60年代尚存的电车路轨的闪光和嚓嚓声,仿佛街头游行的人群散去之后,为魔法所撤走"[1]。上海迅速"洋化"的过程和随之带来的城市构造和生活方式的翻天覆地的变化给诗人带来了不适和反感,甚至在激进的居住在北京的诗人沈浩波那里上海成了一个"不洁"的象征,"初秋的夜晚 / 微风醺暖 / 这个城市 / 光滑极了 / 她已经一根根的 / 拔光了腿毛 / 从前 / 她只是一个渔家姑娘 / 脸膛红红 / 身子有些腥气 / 被几个洋人 / 奸了之后 / 尝到了甜头 / 从此 / 就出来卖了 / 她常常想起 / 刚出来卖的日子 / 那时她还年轻 / 总是能被操得尖叫起来 / 她小心翼翼地 / 保存着嫖客老爷们的精液 / 那些精致的小洋楼 / 一滩一滩 / 可值钱了 / 现在年纪渐大 / 有了些成熟妇人的韵致 / 卖起来 / 也熟门熟路 / 已经有了合法的 / 注册商标 / 一个叫明珠 / 一个叫金贸 / 戳在她 / 身体最潮湿的地方 / 以前 / 还有些害羞 / 穿旗袍的时候 / 只露出一半臀部 / 如今可不同了 / 把另一半 / 也开发出来 / 丰满滑嫩的 / 两瓣屁股 / 中间就是 / 美丽的黄浦江"(《上海是一个婊子》)。

在南方诗歌地理版图上,上海似乎一直是一个特例。

在20世纪中国现代汉语诗歌史上,小说作为消费和大众文学在上海从来都不缺乏丰厚的土壤,但是上海的诗歌却一直是一种近乎可有可无的存在,只是在80年代的复旦校园诗歌和撒娇、海上诗人的一闪而过中吹来短暂的风。尽管上海不乏一些优秀的诗人,但是从整体上而言上海这片过早开始现代化和"西化"的城市似乎一直缺乏古老的诗意的传统和人们对乡土中国的文学想象,反倒是城市化写作的流行成为潮流。以我们印象深刻的上海、苏州河、外白渡桥为例,最初建造于1856年的外白渡桥是一座木桥,木桥在中国诗歌文化中是如此充满着古典美和诗意的暗示。但是即使是这座木桥已然带有非本土化的成分,这座木桥的建造者是英国威尔公司组建的"苏州河桥梁建筑公司",因此外白渡桥有另外一个洋名字——威尔司桥。33年后,同样是英国人开始将这座木桥拆

---

[1] 孙甘露:《此地是他乡》,见阿成等著《一个人和一座城市》,第20页,团结出版社,2009年。

毁打造钢铁之桥。一百多年前一个英国人梅恩站在桥上统计过往的行人和车辆,那时是以步行、马车和黄包车、马、轿子为主流,而今天它们基本上消失了。1907年开始展现在我们面前的上海和外白渡桥更符合"西方"和"现代化"的意味。而时至今日,这种改造正在加速度前进,我们赖以生存和想象的地理空间正在发生颠覆性的变化,而我们的诗歌又该如何持续,"还不足以保证南京路不进出轨道,不足以阻止 / 我们看着看着电扇旋闪一下子忘了 / 自己的姓名,坐着呆想了好几秒,比 / 文明还长的好几秒,直到中午和街景,隔壁 / 保姆的安徽口音,放大的米粒,洁水器,/ 小学生的广播操,刹车,蝴蝶,突然 / 归还原位:一切都似乎既在这儿,/ 又在 / 飞啊。/ 鹤,/ 不只是这与那,而是 / 一切跟一切都相关","我们得坚持在它正对着 / 浦东电视塔的景点上,为你爱人塑一座雕像:/ 她失去的左乳,用一只闹钟来接替,她 / 骄傲而高耸,洋溢着补天的意态"(张枣:《大地之歌》)。

　　在现代化进程中,上海似乎一直保持了某种混血一样的暧昧性,成了中国这片土地上带有异样化和非本土化的风气之先,"欧洲人看他,一眼便看出更多的亚洲人的细节;而亚洲人看他,活生生就是一个欧洲人"[①]。1988—1992年间,南京时期的柏桦高度评价陈东东的诗歌并指认其诗歌有"古风"气象,确实陈东东一直在诗歌写作中怀有一种想象式的中国情怀,这一定程度上与陈东东所言的身处上海这个"不是中国"的地方有关。陈东东认为上海"不是中国"的观点看起来有些让人莫名其妙,但是我理解陈东东的意思。起码在一般的在长期的农耕文明濡染中的人看来,上海不言而喻具有其强烈的特殊性。而从方言与诗歌的关系,从诗歌的书面语和日常口语之间的关系来看,上海诗歌也带有像诗人陈东东所言的独一无二的特殊性——日常口语和诗歌书面语之间的完全脱节和矛盾——以及写作时的尴尬性:"跟其他上海诗人一样,我差不多完全舍弃上海话,用一种被称作'现代汉语'的书面语写作。以我的考察,这

---

① 陈丹燕:《地方化的世界主义》,见任欢迎等主编《读城——当代作家笔下的城市人文》,第55页,同心出版社,2010年。

种'现代汉语'在读音和语法方面的规定性跟大多数（几乎所有的）中国人的日常口头表达都不太一致，跟上海话则风马牛不相及。我知道北方的诗人，甚至四川、云南、贵州和南腔北调的南京诗人如果愿意，都可以尽量用他们的地方口音去读出他们写下的诗篇，他们也大可以把自己日常口语的许多特色用于写作。也就是说，他们可以把'现代汉语'这种书面语拉向自己的口语这一边，甚至把'现代汉语'改装成书面的'北方汉语'、'四川汉语'、'云南汉语'、'贵州汉语'。然而不会有'上海汉语'。上海话排斥汉字对它的记录，想象中书面化的'上海汉语'，一定不再是中国话了。"[1]陈东东诗歌与上海的关系可能也代表了 1990 年代之后诸多的诗人。尽管我们好像每天都与这个城市耳鬓厮磨，但是在诗歌和精神的层面我们却和它若即若离甚至完全背离，尤其是和越来越城市化和全球化的城市。在陈东东这位上海诗人那里，他的诗歌中的上海也只是一种精神和想象，而诗人窗外的活生生的上海却一次次受到诗人的批评。这充其量也只是一种肉身化的世俗的城市，而非一个带来诗意滋养的南方之城，"一直存在着两个上海。一个是我窗外的上海，浮华、喧嚣、杂乱、俗艳、假时髦和假诗意、耗散精力、自以为是、喜新厌旧、轻薄伪饰，是我总想以肉体的方式远离的上海，在其中生活只带来厌烦。但另一个上海却极具传奇色彩，它有着密谋和神迹、事变和血案、械斗和盟誓、沦陷和收复，有着镜子里凋谢的容颜、混淆视听的逸闻、昏暗的光芒、春风沉醉的良夜，有着冒险故事、黑道英雄、无稽之谈和各种旧址，隐晦、蒙尘、被遗失和深埋，它来自回忆，但更可能来自幻想，是午睡时的一场反复的旧梦"[2]。

柏桦从上海回来之后曾在冬日去过一次扬州，按照柏桦的说法扬州是众多城市中最像"故园"的城市。尽管是冬天，柏桦仍然感受了扬州这座城市的地理文化气象的无处不在。但是到了 21 世纪，当陈东东在阳春三月再次踏上扬州这片像柏桦所说的"故园"的城市时，他感受到的传

---

[1] 桑克、陈东东：《既然它带来欢乐……》，《作家杂志》，2006 年 4 月号。
[2] 陈东东：《二十四个书面问答》，《明净的部分》，第 228 页，湖南文艺出版社，1997 年。

统诗歌想象中无比诗意的"下扬州"已经成了现代化进程背景下"新现实"的虚妄。换言之,"扬州"已不再是"扬州",荒诞、吵闹、娱乐、浮华、献媚在这里上演,而仇恨、诗意、落日、忧愁、悲愤、丹顶鹤、斗篷连同古老的想象中的扬州一起也成了反讽语境中显得滑稽的事物,"发明摘星辰天梯的那个人 / 也相应地去发明 / 保藏起迢迢河汉的天幕 / 他站在杂技场最高的天桥上 / 光着膀子,仿佛云中君 / 为下界繁华里一丝 / 寂静而低眉……神伤 // 他要令观望不至于观望 / 借一点灵光,他发明丹顶鹤 / 披上猎猎的防雨大抖蓬,他 / 出场——然而他栖落处 / 已不是扬州 // 然而他栖落处 / 一支军队正演习反恐怖 / 把全城的每一条僻静的小弄堂 / 都当作下水道疏通又 / 疏通……却不料假想敌 / 竟来自空中……那个人 / 迫降,在旧世界唯一的 // 魔术舞台上——他声称有能力 / 发明仇恨,至少他可以 / 立即抖擞那被称作悲愤的 / 娱乐和激情。不过,一转脸 / 他已经隐没在看客们中间 // 不过一转脸他已经浮现 / 像有着七十二变相的政治家 / 顺带发明了落日……忧愁 / 那个人收敛防雨大斗蓬 / 却露出献媚的粉红色肚兜 / ——新现实将他巧妙地刺绣 / 并且他栖落处,已不是扬州"(陈东东:《下扬州》)。

五

很值得注意的 80 年代的一个诗歌现象是,很多南方诗人以及北方诗人除了在自己周边省份活动外,将更多的时间和精力放在了远方。换言之,南方诗人到北方去,北方诗人到南方去成了那个时代诗人特殊的选择。当然一定程度上我们可以说熟悉之处没有风景,诗人到远方去有着好奇的心理。但是在 80 年代特殊的环境之下,这种诗人和"远方"的关系更多带有那个时代鲜明的时代精神和诗歌理想。"远方"正是那一代人被空前激发的诗歌热情在青春年代的高能量释放。尤其是诗人海子几乎在现实和想象的"远方"中难以自拔——"远在远方的风比远方更远"。

柏桦一个关于诗歌地理和风水不断南移的说法,即首先是北京的"今天派"(1978—1985),接着风水转向四川(1985—1992),此后则诗歌风水继续东移抵达江南（1992— ）[①］；"2005年7月下旬的一天，我曾给北岛的一封邮件中说：'我刚去过伟大的江南。'此话如何讲来，其实我的隐含意思是：当地的江南诗人及古镇风景令我产生了一个信念，那就是中国的诗歌风水或中国诗歌气象不仅已经转移到江南，而且某种伟大的东西就要呼之欲出"[②］。我基本同意柏桦说的"文革"之后的先锋诗歌确实存在着由北京渐次向西南中心的位移和变化，但是说1992年之后诗歌风水在"江南"是我不认同的。首先柏桦所提出的诗歌风水在"江南"是基于他个人的诗歌观察和感受，而柏桦是一个明显有"江南"情结的诗人，因为他的气质和诗歌症候正需要想象和现实中的"江南气象"予以补充和印证；另一方面柏桦的这个说法是专为南方7位诗人（杨键、庞培、陈东东、小海、长岛、王寅、潘维）的诗集写的文章，更多是朋友间的相互赏识，而不具备更大视野下对中国诗歌的考察和说服力，仅为一家之言。当然江南诗歌的文人雅集传统尤其是20世纪初期柳亚子等南社诗人在虎丘的诗文以及二三十年代的鸳鸯蝴蝶派在苏州的文学聚会确实是南方文学气象的文脉之一。苏州确实以其安静、阴柔、温润和清雅成为文化和文学滋生和成长的最为合宜的城市。

不管1990年代诗歌诗歌风水是否在"江南"，我们应该予以关注的是，无论是江南还是北方正在遭受着前所未有的城市化、工业化和去地方化时代的挑战和损毁。

这是地方"旧梦"的延续，还是我们早已经变得更为现实？当我们说到诗歌风水和江南的时候，动车正在祖国大地上加速度地奔跑。一同快速奔跑的还有城市包围地方的速度！

[①］ 柏桦：《诗歌风水在江南》，《左边——毛泽东时代的抒情诗人》，第223页，江苏文艺出版社，2009年。
[②］ 柏桦：《左边——毛泽东时代的抒情诗人》，第231页，江苏文艺出版社，2009年。

最后的"江南汉语"与"地方知识"

> 我的疾病治愈了南方。
>
> ——潘维

在先锋诗歌运动结束之后，包括江南和南方在内，地方性知识正遭受到改写和消减。而作为"江南"写作的最具代表性的诗人，潘维以诗歌的方式印证了一个时代的尴尬与失落。一个必须正视的现实是包括潘维在内的诗歌写作成了最后的"江南汉语"与"地方知识"。

在谈论潘维的诗歌之前还是先说说印象里和生活里的潘维。

2012年8月1日，西宁，某宾馆。我们刚从雨水中的德令哈一路疲惫赶到西宁。早上起来后我和潘维到大街上去吃兰州拉面。吃完面后我和潘维转到不远处的一个喧闹的早市，两个大男人开始在各式蔬菜和水果摊间穿行和讨价还价。我买了几斤红枣，潘维则买了十斤牦牛肉，然后找到一个饭店进行真空包装。回来的路上我们竟然遇到谢冕老师，他双手拉着我和潘维，我则大声告诉先生这里的大枣既便宜又好吃。而每次和潘维见面，人们都会询问他的情感生活，格外关注他爱过的那些女孩子。这似乎成了文坛上的一个惯例。然而吊诡的则是人们真正谈论诗人和诗歌的机会却越来越少，而诗人和评论家们却时时在各个文学场合和活动中频繁露面和不可开交地忙碌。我不能不记得潘维在住处和酒桌的微醺中深情而忘我地朗读自己诗歌的情形。尤其是在7月末的德令哈的那个雨夜，他在朗诵《今夜，我请你睡觉》的时候，我想到不远处的巴音河，还有多年前那个满身雨水和泪水的青年诗人——海子。

我听到了被现代化脏水玷污的汉语在高原上一个江南诗人那里被清洗的声音,我也听到了低郁的呐喊——"可没有人请我睡觉。/ 为什么?!/ 为什么 / 在这比愚昧无知还弱小多倍的地球上,/ 居然没有人请我睡觉。/ 我,潘维,汉语的丧家犬,/ 是否只能对着全人类孤独地吠叫;/ 今夜,我请你睡觉。"我不知道潘维和别的诗人交往是什么样子,而无论多么喧闹的场面,潘维每次都会极其认真地和我交流诗歌的看法。

有了诗,诗人才存在。

现在看来,谈论潘维的诗歌无疑有着必要性和随之而来的难度。因为,有时候我甚至会觉得我们已经不再是单单在谈论潘维个体的诗歌文本,而是围绕着他的文本我们不得不面对那些与传统、历史、地方、汉语以及当下的种种诗歌问题之间的缠绕甚至冲突。面对潘维,我想到的只有这样的句子——最后的"江南汉语",最后的"地方知识"!潘维在自己的诗集《水的事情》所做的跋中开篇第一句就是——"上世纪 60 年代,我出生在汉语最肥沃的地域:宋朝以来的江南。"

2005 年 7 月下旬的一天。诗人柏桦在给北岛的一封邮件中这样说道:"'我刚去过伟大的江南。'此话如何讲来,其实我的隐含意思是:当地的江南诗人及古镇风景令我产生了一个信念,那就是中国的诗歌风水或中国诗歌气象不仅已经转移到江南,而且某种伟大的东西就要呼之欲出"。但是包括柏桦在内必须正视这个残酷的现实——"江南"已经不是当年的江南。一切几乎都烟消云散了!我不是一个时代落伍者,但一切转换得太过于激烈和匆促。甚至像我这样一个云时代的土鳖分子在第一次听到鸟叔的"江南 style"的时候居然想到的是中国的柔软绮靡的"江南"。实际上当下的中国本土"江南"和首尔的"江南区"有什么本质的区别吗?资本的堆积和移山填海的现代化推土机又有何国家和地区的区别?当我们在江南的城市和小镇寻觅那些古老诗意的游踪的时候,我们不得不一次次和花枝招展、妖娆作态的现代化"伪娘"们相遇。一切在经历了现代化和城镇化的涤荡之后,连诗歌中的江南都几乎不复存在了。我一直在思考一个问题。有那么多的人在"江南"出生和写作,但是为什么多年来我们提到"江南诗人"的时候,第一个想到的也是唯一一个能想到的就是潘维？换言之，潘维以什么样的心智、性格和精神癖性在文字中与睽违的"江南"相遇？为什么单单是潘维而不是其他人"发现"了江南的"汉语"和"地方知识"？

无疑，潘维是这个时代的"异数"！

无论潘维在哪里出现，你都会在各种背景和各色人群中将他区分出来。他也许来错了时代，但他也命定地以汉语来再造"江南"。当然潘维的诗歌精神是多向度的，但是他的底色无疑是特有的江南这块"南方中的南方"的地方知识。潘维以未经现代性和西方话语以及媒介话语"污染"的原生汉语还原和再造了一个话语形态的"江南"——"阴寒造就了江南的基因，那些露水，/凝成思想的晶体，渗入骨髓。/木匠们将房梁抬高的同时也扩展了/秘密的湿度。从街巷那张多雨的脸上，/忙碌的季节来回掠过白色的翅翼。//梦幻和战栗，是密集的水网在呼吸，/赤裸的神经枝叶繁茂。/当我本土的脚踩上青石板悠长的回声，/一股湿润的兴奋，使旅游鞋导电，/那鞋，曾深陷比睡眠更黑的泥泞。"潘维的命运性和性格化的南方诗学和南方想象，显然在当下的语境下具有不言自明的重要性、两难性以及难以排遣的现代性的焦虑。在这个时代，我们被迫成了"地方知识"的挽歌追悼者和莫名"乡愁"的怀乡病人。

"江南"在文化、存在和历史想象力的容留中浓缩了一个时代的民族志、原生情怀和地方知识。

在话语塑造的一个个想象的江南那里，我们很容易联想到诗歌和文化的既古老又历久弥新的魅力与传统。然而在同一化的城市景观和工业化推进中这种南方传统和江南气韵似乎受到了前所未有的挑战。由此，潘维"在南方"的写作就具有了不可替代性。当然，潘维诗歌话语所要遭受到的尴尬性甚至分裂性是可以想见的。而多年来潘维的诗歌写作恰恰就是要不断恢复和强化诗歌的"南方汉语"和"地方性知识"，企图不断恢复"个人"的精神"基地"和地缘文化的基点。这就是此时代一个"南方"诗人的命运，睽违的伟大汉语的痛苦命运——"不久之前，我仿佛天眼突然开启，我明晰地认识到，是汉语选择了我这个器官，为它奉献。不知道是幸抑或不幸，我别无选择。我的性格、心智，我的孤独、痛苦和颓废的迷失，我的交往、阅读、荣誉和失落的时光，一切的一切，都是汉语在塑造我这个器官。"[1] 正是因为地方性在潘维这里获得可贵的恢复和重新确立，我们的地方知识才没有被统一和格式化的时代完全剔除。潘维的身后实际上叠加着一个个古老的背影，只是这些背影在当下的时代粉尘中不断打着寒噤。在潘维身上我看到了南方水域明亮、沉痛、阴暗和迟疑的一面，看到了城市化时代江南烟雨的冷与密。那种挥之不去的传统、古典、忧郁、生命和爱的冲涌是永远都不能稀释和抹去的吗？潘维以不断被破碎的汉语整合成那个"太湖龙镜"来折射出前世今生的"江南"以及水银般沉暗的内心。潘维的这些诗歌犹如反观过往和地理精神的镜像，这些诗句显然是诗人内心深处强大的生命体验与想象力相互拓殖与挖掘的结果。这些句子是潘维一个人的，但又是生发于江南的，属于中国诗歌不灭的血脉的。它来自于我们曾经熟悉的这个国度和地方，更来自于"前朝"式的隔岸的歌吟和本源性的生命和文化的多重乡愁。

对于评价和考察从 1985 年（诗集《水的事情》所收诗作标明的最早时间是 1986 年）即已开始诗歌写作的潘维而言，其难度是可想而知的。时至今日，我仍然清晰地记得当年读到《第一首诗》（尽管这并不是潘维真正的"第一首诗"，此前他已经在诗行里练习了很久）的感受。这让我在新世纪的北方对江南，对诗歌有着难以名状的期许。它们就如温暖而生疏的雨水淋洒着工业时代干涸的河床："在我居住的这个南方山乡 / 雨水日子般落下来 / 我把它们捆好、扎紧、晒在麦场上 / 入冬之后就用他们来烤火 / 小鸟赤裸着烫伤的爪 / 哭着飞远了 / 很深的山沟窝里 / 斧头整日整夜地嗥叫 / 农夫播种时的寂寞击拍着蓝色湖岸"。有人提起潘维时总是会使用"堕落"、"天才"、"贵族"和"前朝"等词汇，这也许在一定程度上揭示了潘维的一些精神气质、诗歌方式和生活状态上与同时代人的差异。

潘维的在诗歌中不断叠加着一个特殊的诗人形象。这让我想到了一只难染纤尘而又满怀心事的"长久静默"、"灰色眺望"的白猫——"金铃子的鸣叫串成一条条项链， / 向少女的脖颈献媚。一片草丛 / 乱涂着阴影。

---

[1] 潘维：《水的事情·跋》，未刊稿。

从低矮的屋顶一掠而过的猫，/ 尖爪踩痛破瓦上的月光。/ 它消失了，带走了弹性：使老年人僵硬如死，/ 使空气锈蚀、烦闷如铁栅栏"。它慵懒而敏感，宁静又不安。它静静地蹲踞在江南迷蒙烟雨的屋檐，又似乎随时准备投入到阴郁潮湿的时间迷阵与情感的迷津之中。这只看似慵懒不问世事的"隐士"的猫，却以它无比敏锐的嗅觉和锐利的发现提前领受了时间闪电般的寒冷和战栗。它不安、孤独、阴郁、怀疑、恐惧、探询、自省、迟疑。我还看到了一个经年都穿着"灯芯绒裤子"的"双鱼星座"的怀想者。

《鼎甲桥乡》和《太湖龙镜》等"地方性知识"显豁的诗歌所显现出来的更像是诗人的精神成长史和灵魂自传书。现代性的庞杂喧嚣并不能阻止他无时不在的记忆和内心的冲涌。可以说，潘维是一个典型的沉浸于诗歌语言和想象的南方才子。他的南方、他的出生地、他的女人、他的孤独和他不可替代的想象方式以及人生经验传递给我们缕缕不绝的传统与现代相容留而又不断盘诘的回声。在潘维的诗歌中，不断出现的"水"的主体意象就是最为恰切的时间的隐喻与其无处不在的锋锐和力量的见证。雨水、露水、湖水、潮汐、河水、泪水、流水，不断蔓延和再生出个体的生存语境、想象性处境和地方知识。在暮色黄昏里，在迷濛的桥头和水边站立和徘徊的那个喟叹者和发现者已经听到了来自时间和历史深处锈蚀的声响，"如果此刻你站在桥头，暮色苍白，/ 窗格子像一个灰暗的故事出没于空气，/ 你是否感觉到人生中的一个个小幽灵 / 将树叶沙沙翻动。你无法捉住 / 呼吸中的那个时间贩子，他逃税般狡猾，/ 用顺流而下的漩涡表达出某些犹豫"。潘维的诗歌音乐性极其突出，这来自于他真正意义上的对汉语的"心领神会"和个人性再造。值得注意的是，潘维很多诗作中的"秋天"景象（如"立秋"、"初秋"、"入秋"、"九月"）和时间场景（尤其是黄昏、暮晚、垂暮、午夜）在本质性地呈现了强烈的时间体验和生命感的同时，也无情地揭示了此时诗人"中年"写作的特征——成熟、迟缓、犹疑。在中午的光线中，诗人已经在落叶的寒意中提前看到了黄昏的匆匆身影。潘维正是以梦为工具，以水为材料见证了时间和生命以及记忆之间的角逐和博弈，"趁夜色低能、溃漫，把集中营的古园林建筑师 / 营救到手里：掸掉满身的尘土、秩序和恐惧，/ 让他以梦为工具，使绿土

'无意间吐出'一只泉源，/以水为材料，矗起一座金字塔"。

诗歌中的潘维是孤独的、忧郁的、惆怅的，正如他诗行中不断出现的"蛇"、"蛙"、"蜗牛"等动物性意象。而这些意象是属于南方的，更是潘维一个人的。在黄昏的晦暗之中，阴冷的细雨打湿了自己写就的或来自远方的信纸。文字和情感的力量有时候就是抵挡不过时间。在巨大而空旷的广场上，诗人感受到的是病痛般的苍白和无力。这在酒杯、白色药片、熄灭的烟斗等类似的细节中可以折射出，诗人的身影正处身于黑暗般的孤独与纠结之中。潘维处于无处不在的冥想和浩叹之中！尽管他的诗行中不时涌现出王妃、国王、木船、镜子、铜镜、玉器、寺庙、紫禁城等我们久违的古典性的中国场景和词语，但是这些词语在本质上都指向了一个核心——诗人在交错甚至错置的时间背景上对生命、存在、友情、爱欲的梳理和盘诘式的叩问。寂静和阴郁，空白和冥想连缀成一个黄昏式的挽歌。我们完全可以把潘维诸多诗歌中的场景、细节、氛围看成是一场不折不扣的白日梦——前朝的旧梦，江南的春梦，前世今生的情梦。但是这样说又似乎不太确切，因为潘维在诗歌中也不断营设了现实性以及公共性的场景与空间，比如湖边的煤渣路、街道、城市、城市郊外、开发区、推土机、县府大楼、办公室、公共汽车、乡村、剧院等。而在我看来，这些现实性甚至伦理化的场景在本源上实际和诗人冥想的那些流逝的象征性场景是一致的，彼此之间是互相打开的。因而，潘维的诗歌具有自白书和行吟体相交织的寓言化和抒情性的容留共生效果。潘维的诗歌既层层剥开了内心，也打开了时代的一个个黑暗的抽屉。潘维的很多诗句都具有极强烈的个人体验和真切的"现实感"，比如"铃声过后，孩子们像化肥一样撒落在/田野各处"，"村庄像一副犬嘴里的脏牙，从未使用过/牙刷和牙膏，被咀嚼又吐出的房屋/缺肢少腿，杂乱的堆积在破晓前的冷光里/瑟瑟作响的树叶翻阅本地人家史"。同时，我又看到了一个压抑的寻找喷发契机的潘维，他在犹豫中有坚执，在回溯中有面对，在低语中有高歌，在慵懒中有不甘。他似乎在排斥一种强大的东西，是时间，是现世，还是个人的喜怒悲欢，"我最天才的手艺是懒惰。当抽屉一只只打开，/苹果一只只烂掉，而星空凋谢，/雷电像花瓣似的撒入发丛，/我会吹唿哨，读信,抓住犹豫的杂草,/我会说,走开,一切;统统走开,全部"。潘维的诗歌无论是在精神型构、情绪基调、主体意识、语言方式、抒写特征还是想象空间上,它的基调始终是对地方、生命、时间的无以言说坚持命名和发现式的探询。甚至,他的很多天启式的惊人诗句通向了遥远的诗歌写作的源头和母语隐约的传统。这无疑使的潘维的诗歌更能引起母语和情感的双重共鸣,因为这种基本的情绪、经验和话语方式是汉语诗歌所特有的。值得注意的是,潘维的诗歌中有大量的繁复叠加的悖论修辞,比如"转瞬即逝的秘密"、"梦尘土飞扬"、"生锈的藤蔓"、"带芳香的痛楚"、"炽热的泥泞"、"齿轮将城镇送入睡眠"、"失效的安眠药"等等。这些矛盾重重的修辞方式放慢了诗歌的速度,也加深了时间和生命自身浓重的阴影。潘维在语言的现实和创设中不断渐出了时间苦涩的盐粒和苍白的疼痛。

阅读潘维的诗可以从其中任何一首开始,但不可以在任何一首诗那里结束,因为这些诗正如典型的江南园林和烟雨中多路的小镇,曲折繁复,意境深幽。那些既敞开又封闭的情感空间与不断变换的场景之间生出不尽的感怀。我想,潘维的诗歌话语方式最为有力也最具说服力的印证了布罗茨基的话——诗歌是对人类记忆的表达,显然布罗茨基是潘维相当钟情的一个诗人。但是我从内心里讨厌那种动不动就拿外国的诗人比附中国诗人的做法,想当然地就忽略和遮蔽本土诗人的创造性体验和汉语的伟大光辉。我这样说并不意味着包括布罗茨基在内的大师级诗人对潘维没有影响,而是说现在反观潘维的诗歌写作我们可以相信这是一个任何诗人都不能取代和涵括的。他的诗歌个性正如江南的烟雨,那种挥之不去的传统、古典、忧郁、生命和爱的冲涌是永远都不能稀释和抹去的。潘维多年来的诗歌数量不多,但是我们可以在他的任何一句诗面前停留下来,揣味再三。这些句子显然是发自诗人的内心深处和强大的生命体验与想象力相拓展和挖掘的结果,但是这些句子又是出于江南的,属于中国诗歌不灭的血脉的。它来自我们所熟悉又陌生的这个国度,更来自于"前朝"式的隔岸的歌吟。

久违的,才是持久的。

潘维是一个不断蹲踞屋宇或桥头的高处,又不断跋涉在精神之路上的白猫,它似乎不断在有意拉开与我们所熟知的世界的距离,它的内心高古而又难以捉摸。但是可以肯定地说,潘维的诗歌更为有力地呈现了生命的多重状态,时间的虚无和力量。换言之,在具体的细节擦亮和情感的呈示中,潘维以极其开阔的想象和再造显现出久违的"江南汉语"和"地方性知识"。在江南烟雨里,在暮秋的河岸,在高耸的屋檐,这只白猫仍沉浸于自己的一方天空,或者前朝的白日梦想——"一把木椅已安然度过半个世纪 / 猫倦伏在上面,还有灰尘、光线 / 像蜥蜴一样在空气里碎成粉粒 / 屋顶的静穆向天空翘起"。而在那些污染严重的河岸、城镇和工厂,我们也可以见到这个满面狐疑的诗人在敲打着那些可疑之物。他要做的就是倾听汉语的泠泠之声以及内心渊薮起伏不定的潮汐。

我是个左撇子（后记）

记得2011年4月的时候，我还在台湾海峡最南部的屏东市一个三层公寓楼里寄居讲学。我在那里已经感受到炎热夏天的到来，而北京的春天此时正阑珊未尽。屏东教育大学的校园公寓红色大铁门，师校巷22号，路上闲散悠然的土狗，校园里高大的面包树和橄榄树，屏东的乡下，钟理和故居，高雄以及台北、恒春如今都已经成了实实在在的记忆。正是在亚热带海风的吹拂和中午烈阳的烘烤下，我申请了中国现代文学馆首届客座研究员。当我从深深的海峡对岸飞临北京的时候，我深深感动于被有幸聘为中国现代文学馆首届客座研究员，这是一份意外的惊喜。我也会深深记得2011年5月19日（星期四）这天开始的真正的文学和文学批评之旅。

这本诗学批评集《无能的右手》是对自己多年来诗歌批评的一次总结，也算是一次重新的开始！

我是一个左撇子。

除了写字、画画用右手外，做其他所有的事情我几乎都是用左手，比如做饭、吃饭、打台球、乒乓球、割麦子、弹吉他等等。每当我看到别人用右手切菜的时候我就特别不适应，我妻子则说看你左手切菜才不舒服呢。我这个左撇子还得感谢父母。在第一天上学的时候，第一次开始写字我就本能地用左手写字，结果立刻就被那个严厉的乡村女教师呵斥，立马改为右手。而此后我除了写字其他的时候都是本能地使用左手。记得一次中午吃饭的时候，二叔来家里闲聊。看到我用左手吃饭就问我父母为什么不让我改为右手呢？我父母说用左手也没有什么不好的。

感谢父母让这个世界上多了一个左撇子！感谢在餐桌上一个不合规矩的左撇子！

阅读、写作成了我工作中最大的乐趣，这些文字成了我的精神建筑。我把写作和批评看成了种植，我就像一个农民不断把那些文字培植成有生命力的植物。写文章几乎都是在晚上。深夜里的安静和心无旁骛让我找到了面对"故乡"的感觉，找到了返回"故乡"的泛黄的小路。纸上书写甚至成了多年来我最大的快乐和安慰。我也深知我的很多文章属于应时应景和随感之作，很多说辞也不够周全，但是我想我在文字和写作中找到了我精神上最大的慰藉，这就足够了。我喜欢诗歌是因为我能够更为尽情地发挥我的想象力和言说的快感，能够在想象甚至一定的虚构中无比真实地回到历史、回到记忆本身。同时诗歌写作还代表了个人的一点"私心"和秘密，一些不适于在文章中说出的情绪和故事更适合在诗歌中找到它的窄门和出路。我想真正的文学批评是沈从文、朱自清和废名式的，不只是和诗歌、诗人的对话，更是一种有生命力的新的创造。

很多人在第一次见到我的时候都觉得现实中的我和那个写评论、写诗歌的"我"挂不上号。他们往往认为我生得应该非常高大、健壮和生猛，包括著名诗人绿原、郑敏、牛汉他们在第一次见到我的时候都这么说。这种印象的误差肯定来自于他们对我文章的印象，因为我的一些批评文章是非常尖锐的，语言也较为执拗和个性化。我承认我的性格里有"燕赵风骨"的因子，有时候我在批评文章中是不怕得罪人的，也许是还存在些许的锋芒、真实和"看不惯"也得到了很多同行们的认可。记得几年前我在河北一所海滨城市的高校做兼职教授的时候，一个女生和我同行回北京。在火车上她好奇而惊讶地问我："霍老师您怎么不爱说话啊？课堂上的您可是口若悬河啊！"生活中的我更多的时候是沉默寡言、不善言辞，甚至有时候会突然陷入孤独和虚无之中。我在28岁之前更多是孤独和沉默的状态。早在大学的时候，同班高大的女生递给我她单放机的耳机，里面播放的是张楚的《孤独的人是可耻的》。实际上那时候我非常享受自己的这种孤独状态。但是面对能够谈心的人，我是一个优秀的倾听者，也是一个合格的言说者。难怪诗人路也说我有时太像个"演说家"了。这种

"怪癖"我想更大程度上是我太过于"真实"和"较劲",或者有点"一根筋"。在交朋友的时候我是非常有选择性的,甚至几近于苛刻,当然这导致我的朋友不多,但能够成为我朋友的都是铁哥们了(包括一些异性)。在对待工作、事物尤其是诗歌的态度上我仍然难以宽容,对于一些品质有问题的人写的诗歌我是嗤之以鼻,尽管坏蛋可以写出好诗。对人和事如此分明的态度还体现在我对喝酒的态度上。我几乎在很多场合滴酒不沾,但我也会连续几天喝倒在酒桌上。我每年为数不多的喝酒都是因为最好的朋友,包括商震、江非、李少君、雷平阳、侯马、刘春、东篱、邰筐、辛泊平等,还有我的导师陈超、吴思敬先生以及我的一些同学。我不善饮酒,但有时候属于酒胆惊人和临场发挥那一拨儿。

来北京转眼已经快十年了,这真的是一场不小的战役。在很长的时间里,我对这个城市是无比的喜欢而又无比的陌生,时至今日我仍痛恨于这座城市的巨大和车流的铺天盖地,我每天都会面对这个城市中令人陌生和恐惧的一面。但是我的虚荣心有时候在暗示让我尽量接受这个城市。如果说我接受了这座城市,更大程度上是因为这里有我的家,我的师长、我的朋友、我的同事。